Pres

Gestaltungsformen
urheberrechtlicher Softwarelizenzverträge

Rechtsfragen der Wirtschaft

Heft 6

Gestaltungsformen urheberrechtlicher Softwarelizenzverträge

Eine juristische und ökonomische Untersuchung unter besonderer Berücksichtigung des Zweiten Gesetzes zur Änderung des Urheberrechtsgesetzes vom 9. Juni 1993

von

Dr. Andreas Pres

Verlag Dr. Otto Schmidt · Köln

Die Deutsche Bibliothek – CIP-Einheitsaufnahme

Pres, Andreas:
Gestaltungsformen urheberrechtlicher Softwarelizenzverträge: eine juristische und ökonomische Untersuchung unter besonderer Berücksichtigung des Zweiten Gesetzes zur Änderung des Urheberrechtsgesetzes vom 9. Juni 1993 / von Andreas Pres. – Köln: O. Schmidt, 1994

(Rechtsfragen der Wirtschaft; H. 6)

Zugl.: München, Univ., Diss., 1994

ISBN 3-504-68004-0

NE: GT

Verlag Dr. Otto Schmidt KG
Unter den Ulmen 96–98, 50968 Köln
Tel.: 02 21/9 37 38-01, Fax: 02 21/9 37 38-9 21

© 1994 by Verlag Dr. Otto Schmidt KG

Das Werk einschließlich aller seiner Teile ist urheberrechtlich geschützt. Jede Verwertung, die nicht ausdrücklich vom Urheberrechtsgesetz zugelassen ist, bedarf der vorherigen Zustimmung des Verlages. Das gilt insbesondere für Vervielfältigungen, Bearbeitungen, Übersetzungen, Mikroverfilmungen und die Einspeicherung und Verarbeitung in elektronischen Systemen.

Druck: Bercker Graphischer Betrieb GmbH, Kevelaer

Printed in Germany

Meinen Eltern

VORWORT

Eine Dissertation ist für ihren Autor in aller Regel ein besonderes Buch. Für mich markiert sie den Abschluß meiner akademischen Ausbildung und den Übergang ins Berufsleben – ihre Fertigstellung war somit ein spannender Moment. Obwohl die Anfertigung einer Doktorarbeit nicht immer leicht fällt und man auch einige Augenblicke der Unzufriedenheit erlebt, so z. B., wenn man glaubt, die Menge an Lesestoff nicht mehr bewältigen zu können, kann ich allen, die sich noch inmitten ihrer Promotion befinden, versichern, daß sich die Mühe lohnt. Geplagten Doktoranden im Softwarerecht, die sich nun auch noch mit meiner Arbeit auseinandersetzen, sowie Lesern mit Vorkenntnissen sei zur Erleichterung ein Einstieg auf Seite 260 empfohlen. Dort sind die Ausgangspunkte und Kernthesen der Arbeit zusammengefaßt und Verweise angegeben.

Ohne wertvolle Unterstützung wäre die vorliegende Dissertation nicht so zügig und unproblematisch zustande gekommen. In erster Linie möchte ich mich bei meinem Doktorvater Herrn Professor Dr. Michael Lehmann vom Max-Planck-Institut für ausländisches und internationales Patent-, Urheber- und Wettbewerbsrecht in München für viele richtungsweisende Anregungen und eine aus Doktorandensicht optimale Betreuung herzlichst bedanken. Ihm und Herrn Professor Dr. Gerhard Schricker als Zweitgutachter verdanke ich auch die überaus rasche Durchführung des Promotionsverfahrens noch im Wintersemester 1993/1994. Danken möchte ich ferner meinen Freunden am Institut für Urheber- und Medienrecht für immerwährende Diskussionsbereitschaft, allen voran Anette Schmidt, die zudem eine zeitaufwendige Durchsicht des Manuskripts vorgenommen hat.

Die Möglichkeit, mich frei und ohne Sorgen viele Jahre an der Universität ausbilden und nachfolgend noch einer Doktorarbeit widmen zu können, verdanke ich meinen Eltern, die mich während dieser ganzen Zeit uneingeschränkt unterstützt haben. Ihnen ist daher die Arbeit gewidmet.

München, im April 1994   Andreas Pres

INHALTSÜBERSICHT

Einleitung 1

A. Rechtliche und wirtschaftliche Grundlagen der Softwareüberlassung 4
    I. Einführung in die Problematik 4
    II. Rechtliche Grundlagen: Vertragstypologie bei der Überlassung
        von Software 16
    III. Wirtschaftliche Grundlagen: Sachverhaltstypologie bei der
        Überlassung von Software 63
    IV. Vergleich von rechtlicher und wirtschaftlicher Systematik und
        ökonomische Analyse des Softwarevertragsrechts 91
    V. Zusammenfassung zu Teil A und Konsequenzen 105

B. Der urheberrechtliche Softwarelizenzvertrag im weiteren Sinne 107
    I. Die Neuregelung des Softwarerechts durch die §§ 69a ff. UrhG 108
    II. Grundsätze des allgemeinen Urhebervertragsrechts und
        vertraglich relevante Grundsätze des übrigen Urheberrechts 146
    III. Spezifikation und Modifikation von Nutzungsarten beim
        Softwarelizenzvertrag 151
    IV. Die einzelnen Vertragstypen bei der Softwareüberlassung an den
        Anwender 165
    V. Vertriebsverträge 194
    VI. Zusammenfassung zu Teil B 203

**C. Die Gestaltung des urheberrechtlichen Softwarelizenzvertrages in
Standardsituationen** 206
    I. Überlassung von Standardsoftware an den Anwender 207
    II. Vertrieb von Standardsoftware 245
    III. Zusammenfassung zu Teil C und Ergebnis 259

D. Zentrale Thesen 260

E. Ergebnis und Ausblick 261

F. Anhang 263
    I. Kaufvertrag über Standardsoftware 263
    II. Lizenzvertrag über Standardsoftware 267
    III. Vertriebsvertrag über Standardsoftware 271

INHALTSVERZEICHNIS

Abkürzungsverzeichnis XVIII
Literaturverzeichnis XXI
Einleitung 1
A. Rechtliche und wirtschaftliche Grundlagen der Softwareüberlassung 4
   I. Einführung in die Problematik 4
      1. Wirtschaftliche Rahmenbedingungen 5
         a) Software als Wirtschaftsgut 5
         b) Interdependenzen zwischen Softwaremarkt und
            Hardwaremarkt 6
         c) Software Engineering 7
      2. Begriffsdefinitionen 8
         a) Algorithmus 8
         b) Computerprogramm 9
         c) Software 10
         d) Hardware 11
         e) Schnittstelle 12
      3. Softwarespezifische Besonderheiten 12
         a) Unbegrenzte Reproduzierbarkeit 12
         b) Keine Abnutzung 13
         c) Unabhängigkeit von konkreter körperlicher Fixierung 13
         d) Vielfalt der Erscheinungsformen 14
         e) Komplexität und Fehleranfälligkeit 15
         f) Vielfalt ökonomischer Gestaltungslagen 15
      4. Grundlegende Problemstellungen bei der rechtlichen Behandlung von Software 15
   II. Rechtliche Grundlagen: Vertragstypologie bei der Überlassung
      von Software 16
      1. Allgemeiner Teil 18
         a) Rechtliche Qualität von Software 19
         b) Rechtsschutz von Software 22
            aa) Urheberrechtlicher Schutz 22
                (1) Die Entwicklung im Urheberrecht –
                     Schutzvoraussetzungen 23
                (2) Schutzgegenstand 28
                (3) Schutzumfang im einzelnen 29
                (4) Schutzdauer 34
                (5) Rechtsfolgen der Urheberrechtsschutzfähigkeit 34
            bb) Patentrechtlicher Schutz 37
            cc) Wettbewerbsrechtlicher Schutz 40
            dd) Eigenständiges Leistungsschutzrecht 41

ee) Vertraglicher Schutz und Schutz nach BGB 41
c) Gekoppelter Vertrieb und Erwerb von Hardware und
   Software 41
   aa) Rechtliche Verknüpfung und Konsequenzen von
       Vertragsstörungen 42
   bb) Kartellrechtliche Zulässigkeit von Bundling 43
d) Kartellrechtliche Vertragskontrolle 44
e) Formbedürftigkeit gemäß § 34 GWB 45
2. Schuldrechtliche Verträge 46
   a) Kaufvertrag 46
   b) Schenkungsvertrag 49
   c) Werkvertrag 49
      aa) Erstellung von Individualsoftware 49
      bb) Anpassung von Software 50
      cc) Erwerb von Standardsoftware 51
   d) Dienstvertrag 52
   e) Mietvertrag 52
   f) Pachtvertrag 52
   g) Leasingvertrag 53
   h) Urheberrechtlicher Lizenzvertrag 53
   i) Patentlizenzvertrag 55
   j) Know-how-Vertrag 56
      aa) Know-how-Eigenschaft 56
      bb) Vertragsart 58
      cc) Anwendungsbereich 59
   k) Vertrag sui generis 59
   l) Umfassendere vertragliche Regelungen 60
      aa) Projektvertrag 60
      bb) Systemvertrag 60
3. Erfüllungsgeschäfte 61
   a) Tatsächliche Zurverfügungstellung 61
   b) Einräumung von Nutzungsrechten 61
   c) Übereignung 62
   d) Nießbrauchsbestellung an Fahrnis 62
4. Zusammenfassung 63

III. Wirtschaftliche Grundlagen: Sachverhaltstypologie bei der
     Überlassung von Software 63
  1. Differenzierung nach Beteiligten 64
     a) Beteiligte 64
        aa) Der Entwickler 64
        bb) Der Hersteller 65
        cc) Der Händler 66
        dd) Der Anwender 67
     b) Überlassung von Entwickler an Hersteller 68
     c) Überlassung von Hersteller an Händler 68
     d) Überlassung von Händler an Anwender 70
     e) Überlassung von Hersteller an Anwender 71

f) Überlassung von Anwender an Anwender 72
g) Überlassung von Hersteller an Hersteller 72
h) Eigenerstellung von Software 73
i) Überlassung von Anwender an Hersteller 73
2. Differenzierung nach Software 74
   a) Überlassung von Standardsoftware 74
   b) Anpassung von Standardsoftware 75
   c) Erstellung von Individualsoftware 76
   d) Spielesoftware 77
   e) Kommerzielle Software 78
   f) Systemsoftware 78
   g) Software im Entwicklungsstadium 78
3. Differenzierung nach Geschäftszweck und -inhalt 78
   a) Überlassung auf Zeit 79
   b) Dauerhafte Überlassung 79
   c) Ausschließliche Nutzung durch den Abnehmer 80
   d) Einfache Nutzung durch den Abnehmer neben anderen 80
   e) Inhaltliche Nutzungsbeschränkungen beim Abnehmer 80
   f) Netzwerknutzung 81
   g) Überlassung des Quellcodes 81
      aa) Besonderes Vertrauensverhältnis 82
      bb) Veränderung 82
      cc) Offenlegung der Schnittstellen 82
      dd) Überwiegendes Interesse des Anwenders 82
      ee) Bei vollständiger Übertragung der Software 83
   h) Überlassung von Software zum Zwecke des Vertriebs 83
      aa) OEM-Geschäft 84
      bb) VAR-Geschäft 85
      cc) SHAP-Beziehung 85
   i) Freie Verbreitung und Nutzung (Freeware und
     Shareware) 85
   j) Vergütung 87
4. Zusammenfassung und Matrixdarstellung 87

IV. Vergleich von rechtlicher und wirtschaftlicher Systematik und
    ökonomische Analyse des Softwarevertragsrechts 91
   1. Zuordnung der Vertragstypen zu Sachverhalten – Matrix-
      darstellung 91
   2. Ökonomische Analyse 94
     a) Ökonomische Anforderungen an rechtliche Strukturen 94
        aa) Wirtschaftlich effiziente Gestaltung der
           Einzeltransaktion 94
        bb) Gesamtwirtschaftliche Optimalität 94
        cc) Internationale Wettbewerbsfähigkeit 95
     b) Property-Rights-Theorie – Analyse der sachenrechtlichen
        Ebene und des Rechtsschutzes von Software 96
     c) Transaktionskostentheorie – Analyse der
        Einzeltransaktion 99

d) Risikoallokation – Analyse der schuldrechtlichen Ebene 101
e) Coase-Theorem und spieltheoretischer Ansatz 103
3. Ergebnis 104
V. Zusammenfassung zu Teil A und Konsequenzen 105

B. Der urheberrechtliche Softwarelizenzvertrag im weiteren Sinne 107
   I. Die Neuregelung des Softwarerechts durch die §§ 69a ff. UrhG 108
      1. § 69a UrhG Gegenstand des Schutzes 108
      2. § 69b UrhG Urheber in Arbeits- und Dienstverhältnissen 109
      3. § 69c UrhG Zustimmungsbedürftige Handlungen 109
         a) § 69c Nr. 1 UrhG: Die Vervielfältigung 109
         b) § 69c Nr. 2 UrhG: Die Umarbeitung 112
         c) § 69c Nr. 3 UrhG: Die Verbreitung 115
      4. § 69d UrhG Ausnahmen von den zustimmungsbedürftigen
        Handlungen 118
         a) § 69d Abs. 1 UrhG: Bestimmungsgemäße Benutzung und
           Fehlerberichtigung 119
           aa) Normcharakter 120
           bb) Bestimmungsgemäße Benutzung i. S. v. § 69d Abs. 1
              UrhG 128
           cc) Umfang des Rechts zur Fehlerberichtigung 130
           dd) Verhältnis zur Zweckübertragungstheorie bzw. § 31
              Abs. 5 UrhG 132
           ee) Zusammenfassung zu § 69d Abs. 1 UrhG 133
         b) § 69d Abs. 2 UrhG: Erstellung einer Sicherungskopie 133
         c) § 69d Abs. 3 UrhG: Beobachten, Untersuchen und Testen
           der Funktionsweise des Computerprogramms 134
         d) Zusammenfassung zu § 69d UrhG 136
      5. § 69e UrhG Dekompilierung 136
         a) Reverse Engineering und Schnittstellenproblematik 137
         b) Zulässigkeit der Verwertung der gewonnenen
           Informationen bei der Erstellung von Ersatzprogrammen 140
         c) Verhältnis zum Geheimnis- und Know-how-Schutz 142
         d) Tatbestandsvoraussetzungen von § 69e UrhG 142
         e) Ökonomische Konsequenzen 142
      6. § 69f UrhG Rechtsverletzungen 143
      7. § 69g UrhG Anwendung sonstiger Rechtsvorschriften 144
      8. Zusammenfassung 145
   II. Grundsätze des allgemeinen Urhebervertragsrechts und
      vertraglich relevante Grundsätze des übrigen Urheberrechts 146
      1. Der Begriff der Nutzungsart, des Nutzungsrechts und die
         Beschränkbarkeit urheberrechtlicher Nutzungsrechte gem.
         § 32 UrhG 146
      2. Zweckübertragungstheorie und § 31 Abs. 5 UrhG 148
      3. Die Rechtsnatur urheberrechtlicher Nutzungsrechte 149
      4. Die Ungültigkeit des sachenrechtlichen Abstraktionsprinzips 150

5. Leitbildfunktion des UrhG ... 150
III. Spezifikation und Modifikation von Nutzungsarten beim Softwarelizenzvertrag ... 151
   1. Nutzungsarten im Anwenderbereich ... 153
      a) Normalgebrauch ... 153
      b) Netzwerkbetrieb ... 155
      c) Programmveränderung ... 157
      d) Reverse Engineering ... 157
      e) Vermietung ... 158
      f) Modifikation der Nutzungsarten ... 158
   2. Nutzungsarten im Vertriebsbereich ... 159
      a) Schlichter Vertrieb ... 159
      b) Vertrieb eigenerstellter Werkexemplare ... 161
      c) Vermietung ... 162
      d) Mailbox-Vertrieb ... 162
      e) Vertrieb als Firmware ... 163
      f) Vertrieb nach Veränderung ... 163
      g) Verbreitung von Programmlistings ... 163
      h) OEM-Vertrieb ... 164
      i) Shareware-Vertrieb ... 164
      j) Modifikation der Nutzungsarten ... 164
   3. Zusammenfassung und Konsequenzen ... 165
IV. Die einzelnen Vertragstypen bei der Softwareüberlassung an den Anwender ... 165
   1. Werkvertrag ... 166
      a) Erstellung von Individualsoftware ... 166
          aa) Hauptleistungspflichten des Werkunternehmers ... 166
          bb) Hauptleistungspflichten des Bestellers ... 168
          cc) Gewährleistung ... 169
      b) Anpassung von Software ... 170
   2. Kaufvertrag ... 170
      a) Hauptleistungspflichten des Verkäufers ... 170
      b) Gewährleistungsrecht ... 172
      c) Allgemeine Geschäftsbedingungen ... 175
   3. Urheberrechtlicher Lizenzvertrag im engeren Sinne ... 175
      a) Hauptleistungspflichten des Lizenzgebers ... 175
      b) Vertragsart ... 176
      c) Gewährleistung ... 177
      d) Allgemeine Geschäftsbedingungen ... 178
   4. Ergänzender Nutzungsvertrag mit dem Hersteller ... 179
      a) Schutzhüllenvertrag ... 179
          aa) Einbeziehungsklauseln als Inhalt des Vertrages mit dem Händler ... 180
          bb) Einbeziehungsklauseln als Inhalt eines Vertrages mit dem Hersteller ... 183
          cc) Formbedürftigkeit ... 184
          dd) Ergebnis ... 185

b) ENTER-Vereinbarung 185
c) Registrierkartenvertrag 185
d) Ergebnis 186
5. Freeware- und Shareware-Verträge 187
   a) Verträge über Freeware 189
   b) Verträge über Shareware 190
      aa) Verhältnis Urheber-Händler 191
      bb) Verhältnis Händler-Anwender 191
      cc) Verhältnis Urheber-Anwender 193
      dd) Verhältnis Anwender-Anwender 193
   c) Ergebnis 194
6. Zusammenfassung 194

V. Vertriebsverträge 194
   1. Urheberrechtliche Regelungskomplexe im Softwarevertriebs-
      vertrag – Interdependenzen zur Vertragsgestaltung im An-
      wenderbereich 195
   2. Kaufvertrag 197
   3. Urheberrechtlicher Lizenzvertrag im engeren Sinne 198
      a) Hauptleistungspflichten des Herstellers 199
      b) Vertragsart 200
      c) Gewährleistungsrecht 201
      d) AGB-rechtliche Kontrolle 202
   4. Ergebnis 203

VI. Zusammenfassung zu Teil B 203

C. Die Gestaltung des urheberrechtlichen Softwarelizenzvertrages in
Standardsituationen 206

I. Überlassung von Standardsoftware an den Anwender 207
   1. Überlassung auf Dauer (Kaufvertrag) 208
      a) Vertragsentwurf und Kommentierung 208
         § 1 Parteien, Kaufgegenstand, Vergütung 208
         § 2 Nutzungsrecht am Computerprogramm 209
         § 3 Installation und Sicherungskopie 211
         § 4 Laden und Ablauf des Programms 214
         § 5 Fehlerberichtigung 215
         § 6 Reverse Engineering und Schnittstellen 219
         § 7 Grenzen der Nutzung 221
         § 8 Weitergabe und Weitervermietung 223
         § 9 Gewährleistung 227
         § 10 Haftung 230
      b) Unzulässige Regelungen der bisherigen Vertragspraxis ... 232
         aa) CPU-Klauseln 232
         bb) Kündigungsrecht und Vertragsende 233
         cc) Abnahmeregelungen 234
   2. Überlassung auf Zeit oder unter besonderer Beschränkung
      (Lizenzvertrag) 234

§ 1 Parteien, Gegenstand, Laufzeit, Vergütung 235
§ 2 Nutzungsrecht am Computerprogramm 236
§ 3 Installation und Sicherungskopie 236
§ 4 Laden und Ablauf des Programms 237
§ 5 Fehlerberichtigung 237
§ 6 Reverse Engineering und Schnittstellen 238
§ 7 Bindung an eine bestimmte Hardware 239
§ 8 Weitergabe- und Überlassungsverbot 241
§ 9 Gewährleistung 241
§ 10 Haftung 243
§ 11 Kündigung und Rückgabepflicht 243
3. Zusammenfassung 244
II. Vertrieb von Standardsoftware 245
1. Vertragsentwurf und Kommentierung 246
§ 1 Parteien, Gegenstand, Vertragsdauer, Vergütung 247
§ 2 Übergabe und Abnahme der Software, Pflicht zum
Vertrieb 248
§ 3 Vertriebslizenz 249
§ 4 Ermächtigung, Inhalt der Verträge mit dem
Abnehmer 250
§ 5 Gebrauchsrecht 252
§ 6 Grenzen der Nutzung 252
§ 7 Weitergabemodalitäten 254
§ 8 Informationspflichten 254
§ 9 Vertrieb von Updates 255
§ 10 Außerordentliche Kündigung 257
§ 11 Pflichten bei Vertragsbeendigung 257
§ 12 Anwendbares Recht, Gerichtsstand 258
2. Weitere Regelungspunkte 258
III. Zusammenfassung zu Teil C und Ergebnis 259

D. Zentrale Thesen 260

E. Ergebnis und Ausblick 261

F. Anhang 263
I. Kaufvertrag über Standardsoftware 263
II. Lizenzvertrag über Standardsoftware 267
III. Vertriebsvertrag über Standardsoftware 271

Abkürzungsverzeichnis

a. A.	anderer Ansicht
a. a. O.	am angegebenen Ort
a. E.	am Ende
a. F.	alter Fassung
ABl. EG	Amtsblatt der EG
Abs.	Absatz
AbzG	Abzahlungsgesetz
AcP	Archiv für die civilistische Praxis
AG	Amtsgericht, Aktiengesellschaft
AGBG	Gesetz zur Regelung des Rechts der Allgemeinen Geschäftsbedingungen
Alt.	Alternative
Anm.	Anmerkung
Art.	Artikel
BayObLG	Bayerisches Oberstes Landesgericht
BB	Der Betriebs-Berater
Bd.	Band
BFH	Bundesfinanzhof
BGB	Bürgerliches Gesetzbuch
BGBl.	Bundesgesetzblatt
BGH	Bundesgerichtshof
BGHZ	Bundesgerichtshof, Entscheidungen in Zivilsachen
BlPMZ	Blatt für Patent-, Muster- und Zeichenwesen
BPatG	Bundespatentgericht
BT-Drs.	Drucksache des Deutschen Bundestages
BVB	Besondere Vertragsbedingungen (der öffentlichen Hand)
bzw.	beziehungsweise
CR	Computer und Recht
d. h.	das heißt
DB	Der Betrieb
ders.	derselbe
DFÜ	Datenfernübertragung
DGRI	Deutsche Gesellschaft für Recht und Informatik e. V., vormals DGIR
dies.	dieselbe(n)
DIN	Deutsche Industrienorm
Diss.	Dissertation
DV	Datenverarbeitung

EDV	Elektronische Datenverarbeitung
EG	Europäische Gemeinschaften
EGBGB	Einführungsgesetz zum Bürgerlichen Gesetzbuche
etc.	et cetera
EWGV	Vertrag zur Gründung der Europäischen Wirtschaftsgemeinschaft
EWiR	Entscheidungen zum Wirtschaftsrecht
f., ff.	folgend(e)
FAZ	Frankfurter Allgemeine Zeitung
FG	Finanzgericht
Fn.	Fußnote
FS	Festschrift
gem.	gemäß
ggf.	gegebenenfalls
GPC	General Purpose Computer
GRUR	Gewerblicher Rechtsschutz und Urheberrecht
GRUR Int.	Gewerblicher Rechtsschutz und Urheberrecht. Internationaler Teil
GWB	Gesetz gegen Wettbewerbsbeschränkungen
h. M.	herrschende Meinung
HGB	Handelsgesetzbuch
Hrsg.	Herausgeber
i. d. R.	in der Regel
i. Erg.	im Ergebnis
i. H. v.	in Höhe von
i. S. d.	im Sinne des, im Sinne der
i. S. v.	im Sinne von
i. ü.	im übrigen
insb.	insbesondere
IuR	Informatik und Recht
Jura	Juristische Ausbildung
JuS	Juristische Schulung
JZ	Juristenzeitung
KG	Kammergericht
LAN	Local Area Network
l. Sp.	linke Spalte
LG	Landgericht
lit.	litera, literae
m. Anm. v.	mit Anmerkung von
m. w. N.	mit weitern Nachweisen
MACup	Computerzeitschrift

MDR	Monatsschrift für Deutsches Recht
Mrd.	Milliarden
NJW	Neue Juristische Wochenschrift
NJW-CoR	NJW-Computerreport
NJW-RR	NJW-Rechtsprechungsreport Zivilrecht
Nr.	Nummer(n)
OLG	Oberlandesgericht
ÖVD	Öffentliche Verwaltung und Datenverarbeitung
PatG	Patentgesetz
PC	Personal Computer
ProdHaftG	Gesetz über die Haftung für fehlerhafte Produkte
r. Sp.	rechte Spalte
RBÜ	Revidierte Berner Übereinkunft zum Schutz von Werken der Literatur und Kunst
Rdnr.	Randnummer(n)
RDV	Zeitschrift für das Recht der Datenverarbeitung
RG	Reichsgericht
S.	Seite
SBS	Small Business Systems
StGB	Strafgesetzbuch
u. a.	unter anderem, und andere
UFITA	Archiv für Urheber-, Film-, Funk- und Theaterrecht
UrhG	Gesetz über Urheberrecht und verwandte Schutzrechte (Urheberrechtsgesetz)
UWG	Gesetz gegen den unlauteren Wettbewerb
VerbrKrG	Verbraucherkreditgesetz
VerlG	Gesetz über das Verlagsrecht
vgl.	vergleiche
WIPO	World Intellectual Property Organization
WM	Wertpapier-Mitteilungen
WRP	Wettbewerb in Recht und Praxis
WUA	Welturheberrechtsabkommen
z. B.	zum Beispiel
ZHR	Zeitschrift für das gesamte Handelsrecht und Wirtschaftsrecht
zit.	zitiert
ZPO	Zivilprozeßordnung
ZUM	Zeitschrift für Urheber- und Medienrecht

LITERATURVERZEICHNIS

Adloff, Thomas	Rechtsschutz der Computersoftware, Frankfurt am Main 1989
AIPPI	Grundprinzipien für den Rechtsschutz des Know-how, GRUR Int. 1974, S. 362 f.
Anders, Wilfried	Patentierbare Computerprogramme, GRUR 1990, S. 498 ff.
Bachofer, Thomas	Der OEM-Vertrag, CR 1988, S. 1 ff.
Bachofer, Thomas	Der SHAP-Vertrag, CR 1989, S. 89 ff.
Bachofer, Thomas	Der VAR-Vertrag, CR 1988, S. 809 ff.
Balzert, Helmut	CASE: Systeme und Werkzeuge, Mannheim 1989
Bappert/Maunz/Schricker	Verlagsrecht, Kommentar zum Gesetz über das Verlagsrecht vom 19.6.1901, 2. Auflage, München 1984
Bartl, Harald	Hardware, Software und Allgemeine Geschäftsbedingungen, CR 1985, S.13 ff.
Bartl, Harald	Rechtliche Problematik der Softwareverträge, BB 1988, S. 2122 ff.
Bartsch, Michael	Anmerkung zum Urteil des OLG Stuttgart vom 8.11.1988, CR 1989, S. 694
Bartsch, Michael	Schadensersatz-Klauseln in Software-Überlassungsverträgen, in: Peter Gorny/Wolfgang Kilian (Hrsg.), Computer-Software und Mängelhaftung, Berichte des German Chapter of the ACM, Bd.20, Stuttgart 1985, S. 148 ff.; zitiert: Bartsch, Schadensersatz-Klauseln
Bartsch, Michael	Softwareüberlassung - was ist das? CR 1992, S. 393 ff.
Bartsch, Michael	Weitergabeverbot in AGB-Verträgen über die Überlassung von Standardsoftware, CR 1987, S. 8 ff.
Bauer, Klaus-Albert	Rechtsschutz von Computerprogrammen in der Bundesrepublik Deutschland - eine Bestandsaufnahme nach dem Urteil des Bundesgerichtshofs vom 9. Mai 1985, CR 1985, S. 5 ff.
Bauer, Klaus-Albert	Reverse Engineering und Urheberrecht, CR 1990, S. 89 ff.
Baumbach/Hefermehl	Kommentar zum Wettbewerbsrecht, 16. Auflage, München 1990
Betten, Jürgen	Anmerkung zum Urteil des BGH - Tauchcomputer, CR 1992, S. 603 f.
Betten, Jürgen	Patentschutz von Computerprogrammen, CR 1986, S. 311 ff.
Beyer, Hans	Der Begriff der "technischen Erfindung" aus naturwissenschaftlichtechnischer Sicht, in: Bundespatentgericht (Hrsg.), 25 Jahre Bundespatentgericht, Köln 1986, S. 189 ff.
Boehm, Barry W.	Software Engineering Economics, Englewood Cliffs 1981
Bömer, Roland	Die Pflichten im Computersoftwarevertrag, München 1988
Bömer, Roland	Risikozuweisung für unvermeidbare Softwarefehler, CR 1989, S. 361 ff.
Bösert, Bernd	Nießbrauch an Computerprogrammen, Köln 1992
Bössmann, Eva	Volkswirtschaftliche Probleme der Transaktionskosten, ZStW 138 (1982), S. 664 ff.
Böventer, Edwin von	Einführung in die Mikroökonomie, 4. Auflage, München 1986

Literaturverzeichnis

Bokelmann, Gunther	Anmerkung zum Urteil des BGH v. 5.7.1989, CR 1990, S. 194 f.
Bonn, Heinz Paul	Das wichtigste Kapital der Softwarehäuser ist Marktnähe, Computerwoche vom 14.6.1991, S. 8
Bons, Heinz	Fehler und Fehlerauswertungen, in: Peter Gorny/Wolfgang Kilian (Hrsg.), Computer-Software und Mängelhaftung, Berichte des German Chapter of the ACM, Bd. 20, Stuttgart 1985, S. 35 ff.
Brandi-Dohrn, Matthias	Anmerkung zum Urteil des LG Nürnberg-Fürth vom 16.12.1991 - 9 O 5720/90, CR 1992, S. 340 f.
Brandi-Dohrn, Matthias	Die gewährleistungsrechtliche Einordnung des Software-Überlassungsvertrags, CR 1986, S. 63 ff.
Braun, Bernd	Überlassung von Computerprogrammen an den Anwender als Werkvertrag, BB 1992, S. 154 ff.
Broy, Manfred/Lehmann, Michael	Die Schutzfähigkeit von Computerprogrammen nach dem neuen europäischen und deutschen Urheberrecht, GRUR 1992, S. 419 ff.
Brzuska, Wolfgang	EDV-Leasing, CR 1989, S. 223 ff.
Buchmüller, Hans-Jürgen	Urheberrecht und Computersoftware, Hamm/Westf., 1986
Bundesminister der Finanzen	Schreiben vom 20.1.1992, CR 1992, S. 317 f.
Centner, Thomas	Zwischen Angebot und Nachfrage, Frankfurter Allgemeine Zeitung vom 12.3.1991, S. B8
Chrocziel, Peter	Verwendungsbeschränkungen in Softwareverträgen, Teile I und II, CR 1989, S. 675 ff. und 790 ff.
Deutsch, Christian	Lean Computing - Absurdes Verhältnis, Wirtschaftswoche vom 8.1.1993, S. 33 f.
Diebold (Hrsg.)	Dynamik im Softwaremarkt, Diebold Management Report Nr. 10-1989, S. 1 ff.
Diebold (Hrsg.)	Software-Modellierkunst, Diebold Management Report Nr. 11-1989, S. 1 ff.
Diebold (Hrsg.)	Softwaremanagement statt Flickschusterei, Diebold Management Report Nr. 8/9-1989, S. 1 ff.
Dierck, Ralf/Lehmann, Michael	Die Bekämpfung der Produktpiraterie nach der Urheberrechtsnovelle, CR 1993, S. 537 ff.
Dietz, Adolf	Die Entwicklung des Urheberrechts in der Bundesrepublik Deutschland (1989 bis Anfang 1993), UFITA, Bd. 122 (1993), S. 5 ff.
Dörner/Jersch	Die Rechtsnatur der Software-Überlassungsverträge, IuR 1988, S. 137 ff.
Donle, Christian	Die Bedeutung des § 31 Abs. 5 UrhG für das Urhebervertragsrecht, München 1993
Dreier, Thomas	Die internationale Entwicklung des Rechtsschutzes von Computerprogrammen, in: Lehmann, Michael (Hrsg.), Rechtsschutz und Verwertung von Computerprogrammen, 2. Auflage, Köln 1993, S. 31 ff.
Dreier, Thomas	Rechtsschutz von Computerprogrammen, CR 1991, S. 577 ff.
Düpre, Stefan	Share the Ware, Frankfurter Allgemeine Zeitung vom 12.3.1991, S. B 31
Eickmeier, Lars/Eickmeier, Jens	Verkauf von Standardsoftware mit Installationsverpflichtung, CR 1993, S. 73 ff.

Ellenberger, Martin H./Müller, Claus-Dieter	Zweckmäßige Gestaltung von Hardware-, Software- und Projektverträgen, RWS-Skript 111, 2. Auflage, Köln 1984
Emmerich, Torsten	Rechtsschutz für Standardsoftware, Ammersbek 1991
Emmerich, Volker	Kartellrecht, 5. Auflage, München 1988
Engel, Friedrich-Wilhelm	Mängelansprüche bei Software-Verträgen, BB 1985, S.1159 ff.
Engel, Friedrich-Wilhelm	Produzentenhaftung für Software, CR 1986, S. 702 ff.
Engel, Friedrich-Wilhelm	Über "Computerprogramme als solche", GRUR 1993, S. 194 ff.
Ensthaler, Jürgen	Urheberrechtsschutz von Computerprogrammen - Zur Kritik an der Rechtsprechung des BGH, GRUR 1991, S. 881 ff.
Erdmann, Ulrich	Systemintegrationsverträge in der Datenverarbeitung, in: Nicklisch, Fritz (Hrsg.), Verträge über Computertechnik in Forschung, Verwaltung, Wirtschaft und Technik, Heidelberg 1990, S. 29 ff.
Erdmann, Willi	Möglichkeiten und Grenzen des Urheberrechts, CR 1986, S. 249 ff.
Erdmann, Willi/Bornkamm, Joachim	Schutz von Computerprogrammen, GRUR 1991, S. 877 ff.
Erman, Walter	Handkommentar zum Bürgerlichen Gesetzbuch, Westermann, Harm Peter (Hrsg.), 7. Auflage, Münster 1981; zitiert: Erman/Bearbeiter
Ernestus, Justus	Nutzung und Vervielfältigung eines Computerprogrammes, CR 1989, S. 784 ff.
Fezer, Karl-Heinz	Aspekte einer Rechtskritik an der economic analysis of law und am property rights approach, JZ 1986, S. 817 ff.
Franzheim, Horst	Überkriminalisierung durch Urheberrechtsnovelle, CR 1993, S. 101 ff.
Frotzheim, Ulf W.	Softwareindustrie - Offen für rauhe Sitten, Wirtschaftswoche vom 26.3.1993, S. 64 ff.
Gamm, Otto-Friedrich Freiherr von	Der urheberrechtliche und wettbewerbsrechtliche Schutz von Computerprogrammen, WRP 1969, S. 96 ff.
Gamm, Otto-Friedrich Freiherr von	Kartellrecht, Kommentar, 2. Auflage, Köln 1990
Gamm, Otto-Friedrich Freiherr von	Urheberrechtsgesetz, Kommentar, München 1968
Geissler, Bernhard/Pagenberg, Jochen	Der Software-Lizenzvertrag in der Praxis, in: Lehmann, Michael (Hrsg.), Rechtsschutz und Verwertung von Computerprogrammen, 2. Auflage, Köln 1993, S. 629 ff.
Gerhardt, Tilman	Strategie und Struktur in der deutschen Softwareindustrie, München 1992
Ghiron, Mario	Grundsätzliche Betrachtungen über die Urheberrechte, UFITA, Bd. 5 (1932), S. 34 ff.
Gorny, Peter	Fehlerbehaftete Software - Einige Gedanken aus der Sicht der Informatik, in: Peter Gorny/Wolfgang Kilian (Hrsg.), Computer-Software und Mängelhaftung, Berichte des German Chapter of the ACM, Bd.20, Stuttgart 1985, S. 7 ff.; zitiert: Gorny, Fehlerbehaftete Software
Gravenreuth, Günter Freiherr von	Anmerkung zum Urteil des BGH vom 9.5.1985 - Inkassoprogramm, BB 1985, S. 2002 ff.

Gravenreuth, Günter Freiherr von	Juristisch relevante technische Fragen zur Beurteilung von Computer-Programmen, GRUR 1986, S. 720 ff.
Groß, Michael	Der Lizenzgeber im System der Produzenten- und Produkthaftung, CR 1990, S. 438 ff.
Groß, Michael	Lizenzvertrag Individualsoftware, Heidelberg 1991
Groß, Michael	Lizenzvertrag Standardsoftware, Heidelberg 1991
Habel, Oliver Michael	Know-how in Computerprogrammen, CR 1991, S. 257 ff.
Habel, Oliver Michael	Nutzungsrechte an Standardanwenderprogrammen, München 1989
Haberstumpf, Helmut	Computerprogramm und Algorithmus, UFITA, Bd. 95 (1983), S. 221 ff.
Haberstumpf, Helmut	Das Software-Urhebervertragsrecht im Lichte der bevorstehenden Umsetzung der EG-Richtlinie über den Rechtsschutz von Computerprogrammen, GRUR Int. 1992, S. 715 ff.
Haberstumpf, Helmut	Der Ablauf eines Computerprogramms im System der urheberrechtlichen Verwertungsrechte, CR 1987, S. 409 ff.
Haberstumpf, Helmut	Der urheberrechtliche Schutz von Computerprogrammen, in: Lehmann, Michael (Hrsg.), Rechtsschutz und Verwertung von Computerprogrammen, 2. Auflage, Köln 1993, S. 69 ff.
Haberstumpf, Helmut	Die Zulässigkeit des Reverse Engineering, CR 1991, S. 129 ff.
Haberstumpf, Helmut	Grundsätzliches zum Urheberrechtsschutz von Computerprogrammen nach dem Urteil des Bundesgerichtshofs vom 9. Mai 1985, GRUR 1986, S. 222 ff.
Haberstumpf, Helmut	Neue Entwicklungen im Software-Urheberrecht, NJW 1991, S. 2105 ff.
Hager, Johannes	Rechtsfragen des Finanzierungsleasing von Hard- und Software, AcP 190 (1990), S. 324 ff.
Harte-Bavendamm, Henning	Wettbewerbsrechtliche Aspekte des Reverse Engineering von Computerprogrammen, GRUR 1990, S. 657 ff.
Heinrichs, Helmut	Die EG-Richtlinie über mißbräuchliche Klauseln in Verbraucherverträgen, NJW 1993, S. 1817 ff.
Hellfeld, Axel von	Sind Algorithmen schutzfähig? GRUR 1989, S. 471 ff.
Henn, Günter	Patent- und Know-how-Lizenzvertrag, Heidelberg 1988
Herberger, Maximilian	Zwischen "Public-Domain" und "User-Supported"-Software, IuR 1987, S. 87 f.
Heussen, Benno	Systemverantwortung bei Computerverträgen, NJW 1988, S. 2441 ff.
Heussen, Benno	Technische und rechtliche Besonderheiten von Mängeln bei Computerleistungen, Teile I und II, CR 1988, S. 894 ff., 986 ff.
Heussen, Benno	Urheber- und lizenzrechtliche Aspekte bei der Gewährleistung für Computersoftware, GRUR 1987, S. 779 ff.
Heymann, Thomas	Anmerkung zum Urteil des BGH vom 18.10.1989, CR 1990, S. 112 f.
Heymann, Thomas	Rechtsprobleme des Sharewarevertriebs, CR 1991, S. 6 ff.
Hoeren, Thomas	Anmerkung zum Urteil des BGH vom 14.7.1993, CR 1993, S. 756 ff.
Hoeren, Thomas	Der Public-Domain-Vertrag, CR 1989, S. 887 ff.
Hoeren, Thomas	Der Softwareüberlassungsvertrag als Sachkauf, CR 1988, S. 908 ff.
Hoeren, Thomas	EDV-Gewährleistungsrecht - Aktuelle Entwicklungen, CR 1992, S. 533 ff.

Hoeren, Thomas	Softwareüberlassung als Sachkauf - Konsequenzen aus dem Urteil des BGH vom 4. November 1987, RDV 1988, S. 115 ff.
Hoeren, Thomas	Softwareüberlassung als Sachkauf, München 1989
Hoeren, Thomas	Softwareüberlassung an der Schnittstelle von Urheber- und Vertragsrecht, GRUR 1988, S. 340 ff.
Hoeren, Thomas	Urheberrechtsfähgkeit von Software, CR 1991, S. 463 ff.
Holländer, Günther	Arbeitnehmerrechte an Software, Bayreuth 1991
Holländer, Günther	Urheberrechtsschutz nur für weit überdurchschnittliche Computerprogramme? CR 1991, S. 715 ff.
Holler, M./Illing, G.	Einführung in die Spieltheorie, Hamburg 1991
Holzinger, Ernst	Können Objektprogramme urheberrechtlich geschützt sein? GRUR 1991, S. 366 f.
Horn, Norbert	Zur ökonomischen Rationalität des Privatrechts, Die privatrechtstheoretische Verwertbarkeit der "Economic Analysis of Law", AcP 176 (1976), S. 307 ff.
Hubmann, Heinrich/Rehbinder, Manfred	Urheber- und Verlagsrecht, 7. Auflage, München 1991
Ilzhöfer, Volker	Die Inkassoprogramm-Entscheidung des Bundesgerichtshofs aus informatik-technischer Sicht, Teile I und II, CR 1988, S. 332 ff., 423 ff.
Ilzhöfer, Volker	Reverse-Engineering und Urheberrecht, CR 1990, S. 578 ff.
Immenga, Ulrich	Wege zur Software-Piraterie, Frankfurter Allgemeine Zeitung vom 8.11.1990, S. 19
Jaeger, Lothar	Haftungsausschluß und Haftungsbegrenzung durch AGB im Bereich der EDV, MDR 1992, S. 96 ff.
Jauernig, Ottmar (Hrsg.)	Bürgerliches Gesetzbuch, 6. Auflage, München 1991; zitiert: Jauernig/Bearbeiter
Jersch, Ralf	Ergänzender Leistungsschutz und Computersoftware, München 1993
Jersch, Ralf	Software, Hardware und Vertragsrecht, JURA 1988, S. 580 ff.
Junker, Abbo	Computerrecht, 1. Auflage, Baden-Baden 1988
Junker, Abbo	Die Entwicklung des Computerrechts im Jahre 1990, NJW 1992, S. 1733 ff.
Junker, Abbo	Die Entwicklung des Computerrechts in den Jahren 1991 und 1992, NJW 1993, S. 824 ff.
Junker, Abbo	Ist Software Ware? Teile I und II, WM 1988, S. 1217 ff. und S. 1249 ff.
Kaldor, Nicholas	Welfare Propositions of Economics and Interpersonal Comparisons of Utlity, Economic Journal, Vol. 49 (1939), S. 549 ff.
Kilian, Wolfgang	Haftung für Mängel der Computer-Software, Heidelberg 1986; zitiert: Kilian, S.
Kilian, Wolfgang	Haftung für Software-Mängel, in: Peter Gorny/Wolfgang Kilian (Hrsg.), Computer-Software und Mängelhaftung, Berichte des German Chapter of the ACM, Bd.20, Stuttgart 1985, S. 19 ff.; zitiert: Kilian, Softwaremängel
Kilian, Wolfgang	Vertragsgestaltung und Mängelhaftung bei Computersoftware, CR 1986, S.187 ff.

Kilian, Wolfgang/Heussen, Benno	Computerrechts-Handbuch, Stand Mai 1993, München 1993; zitiert: Bearbeiter, in: Kilian/Heussen
Kindermann, Manfred	Reverse Engineering von Computerprogrammen, CR 1990, S. 638 ff.
Kindermann, Manfred	Softwarepatentierung, Teile I und II, CR 1992, S. 577 ff., 658 ff.
Kindermann, Manfred	Urheberrechtsschutz von Computerprogrammen, CR 1989, S. 880 ff.
Kindermann, Manfred	Vertrieb und Nutzung von Computersoftware aus urheberrechtlicher Sicht, GRUR 1983, S. 150 ff.
Kindermann, Manfred	Was ist Computer-Software? ZUM 1985, S. 2 ff.
Koch, Frank A./Schnupp, Peter	Software-Recht, Band 1, Berlin 1991
Koch, Frank Alexander	Computervertragsrecht, 4. Auflage, Freiburg 1988
Koch, Frank Alexander	Rechtsschutz für Benutzeroberflächen von Software, GRUR 1991, S. 180 ff.
Köhler, Helmut	Rechtsfragen zum Softwarevertrag, CR 1987, S. 827 ff.
Köhler, Helmut	Vertragsrecht und "Property Rights"-Theorie, ZHR 144 (1980), S. 589 ff.
Köhler, Helmut/Fritzsche, Jörg	Die Herstellung und Überlassung von Software im bürgerlichen Recht, in: Lehmann, Michael (Hrsg.), Rechtsschutz und Verwertung von Computerprogrammen, 2. Auflage, Köln 1993, S. 513 ff.
König, M. Michael	Computerprogramme und Datensammlungen in der neueren Finanzrechtsprechung, CR 1990, S. 106 ff.
König, M. Michael	Das Computerprogramm im Recht, Köln 1991
König, M. Michael	Die Qualifizierung von Computerprogrammen als Sachen i. S. des § 90 BGB, NJW 1989, S. 2604.
König, M. Michael	Sind Standardprogramme materielle Wirtschaftsgüter? CR 1989, S. 372 ff.
König, M. Michael	Urheberrechtsschutz von Computerprogrammen, CR 1991, S. 584 ff.
König, M. Michael	Zur rechtlichen Bewertung der Überlassung von Quellprogrammen/ -codes, NJW 1992, S. 1731 ff.
König, M. Michael	Zur Sacheigenschaft von Computerprogrammen und deren Überlassung, NJW 1990, S. 1584 ff.
Kolle, Gert	Der Rechtsschutz von Computerprogrammen aus nationaler und internationaler Sicht, Teil II, GRUR 1974, S. 7 ff.
Kolle, Gert	Schutz der Computerprogramme, GRUR Int. 1974, S. 448 ff.
Kraßer, Rudolf	Der Schutz von Computerprogrammen nach deutschem Patentrecht, in: Lehmann, Michael (Hrsg.), Rechtsschutz und Verwertung von Computerprogrammen, 2. Auflage, Köln 1993, S. 221 ff.
Kullmann, Walburga	Der Schutz von Computerprogrammen und -chips in der Bundesrepublik Deutschland und den USA, Berlin 1988
Larenz, Karl	Allgemeiner Teil des Bürgerlichen Rechts, 6. Auflage, München 1983; zitiert: Larenz, AT
Larenz, Karl	Lehrbuch des Schuldrechts, 2. Band, Besonderer Teil, 1. Halbband, 13. Auflage, München 1986
Larenz, Karl	Schuldrecht, Band 1, 14. Auflage, München 1987
Lauer, Jörg	Verträge über Software-Leistungen in der Praxis, BB 1982, S.1758 ff.

Lehmann, Michael	Aktuelle kartell- und wettbewerbsrechtliche Probleme der Lizenzierung von urheberrechtlich geschützten Programmen, BB 1985, S.1209 ff.
Lehmann, Michael	Anmerkung zum Urteil des BGH vom 14.7.1993, CR 1993, S. 755 f.
Lehmann, Michael	Anmerkung zum Urteil des BGH vom 25.3.1987, CR 1987, S. 422 f.
Lehmann, Michael	Anmerkung zum Urteil des BGH vom 4.10.1990, CR 1991, S. 150 f.
Lehmann, Michael	Anmerkung zum Urteil des OLG Stuttgart vom 10.2.1989, CR 1989, S. 688
Lehmann, Michael	Bürgerliches Recht und Handelsrecht - Eine juristische und ökonomische Analyse, Stuttgart 1983; zitiert: Lehmann, Ökonomische Analyse
Lehmann, Michael	Das neue deutsche Software-Recht, CR 1992, S. 324 ff.
Lehmann, Michael	Das neue Software-Vertragsrecht - Verkauf und Lizenzierung von Computerprogrammen, NJW 1993, S. 1822 ff.
Lehmann, Michael	Der neue Europäische Rechtsschutz von Computerprogrammen, NJW 1991, S. 2112 ff.
Lehmann, Michael	Der Rechtsschutz von Computerprogrammen in Deutschland, NJW 1988, S. 2419 ff.
Lehmann, Michael	Der wettbewerbsrechtliche Schutz von Computerprogrammen gem. § 1 UWG - sklavische Nachahmung und unmittelbare Leistungsübernahme, in: Lehmann, Michael (Hrsg.), Rechtsschutz und Verwertung von Computerprogrammen, 2. Auflage, Köln 1993, S. 383 ff.; zitiert: Lehmann, Wettbewerbsrechtlicher Schutz
Lehmann, Michael	Der wettbewerbsrechtliche Titelschutz von Computerprogrammen, in: Lehmann, Michael (Hrsg.), Rechtsschutz und Verwertung von Computerprogrammen, 2. Auflage, Köln 1993, S. 407 ff.
Lehmann, Michael	Die Europäische Richtlinie über den Schutz von Computerprogrammen, in: Lehmann, Michael (Hrsg.), Rechtsschutz und Verwertung von Computerprogrammen, 2. Auflage, Köln 1993, S. 1 ff.; zitiert: Lehmann, Europäische Richtlinie
Lehmann, Michael	Die Europäsche Richtlinie über den Schutz von Computerprogrammen, GRUR Int. 1991, S. 327 ff.
Lehmann, Michael	Die kartellrechtlichen Grenzen der Lizenzierung von Computerprogrammen, in: Lehmann, Michael (Hrsg.), Rechtsschutz und Verwertung von Computerprogrammen, 2. Auflage, Köln 1993, S. 775 ff.; zitiert: Lehmann, Kartellrechtliche Grenzen
Lehmann, Michael	EG-Richtlinie über den Rechtsschutz von Computerprogrammen, CR 1991, S. 316
Lehmann, Michael	Eigentum, geistiges Eigentum, gewerbliche Schutzrechte, Property Rights als Wettbewerbsbeschränkungen zur Förderung des Wettbewerbs, GRUR Int. 1983, S. 356 ff.
Lehmann, Michael	Erwiderung - Reverse Engineering ist keine Vervielfältigung i. S. d, §§ 16,53 UrhG, CR 1990, S. 94 f.
Lehmann, Michael	Freie Schnittstellen ("interfaces") und freier Zugang zu den Ideen ("reverse engineering"), CR 1989, S. 1057 ff.
Lehmann, Michael	Portierung und Migration von Anwendersoftware, Kartell- und AGB-rechtliche Probleme, CR 1990, S. 700 ff.

Lehmann, Michael	Portierung und Migration von Anwendersoftware, Urheberrechtliche Probleme, CR 1990, S. 625 ff.
Lehmann, Michael	Theorie der Property Rights und Schutz von Computerprogrammen, in: Lehmann, Michael (Hrsg.), Rechtsschutz und Verwertung von Computerprogrammen, 1. Auflage, Köln 1988, S. 1 ff.; zitiert: Lehmann, Property Rights
Lehmann, Michael	Vertragsanbahnung durch Werbung, München 1981; zitiert: Lehmann, Vertragsanbahnung
Lehmann, Michael/Schneider, Jochen	Computerspiele - Prüfungskriterien für die Schutzfähigkeit gem. § 2 UrhG, RDV 1990, S. 68 ff.
Lehmann, Michael/Schneider, Jochen	Kriterien der Werkqualität von Computerspielen gem § 2 UrhG, NJW 1990, S. 3181 ff.
Lehmann, Michael/Schneider, Jochen	Prüfungskriterien für die Schutzfähigkeit von Computerspielen, RDV 1991, S. 30 f.
Lesshaft, Karl	Anforderungen an Spezifikation und Dokumentation (I), CR 1989, S. 146 ff.
Lesshaft, Karl/Ulmer, Detlev	Softwarefehler und Gewährleistung, CR 1988, S. 813 ff.
Lesshaft, Karl/Ulmer, Detlev	Urheberrechtliche Schutzwürdigkeit und tatsächliche Schutzfähigkeit von Software, CR 1993, S. 607 ff.
Lesshaft, Karl/Ulmer, Detlev	Urheberrechtsschutz von Computerprogrammen nach der Europäischen Richtlinie, CR 1991, S. 519 ff.
Lietz, Bernd	Technische Aspekte des Reverse Engineering, CR 1991, S. 564 ff.
Link, Klaus-Ulrich	Die Auswirkungen des Urheberrechts auf die vertraglichen Beziehungen bei der Erstellung von Computerprogrammen, GRUR 1986, S. 141 ff.
Loewenheim, Ulrich	Benutzung von Computerprogrammen und Vervielfältigung im Sinne des § 16 UrhG, in: Festschrift für Otto-Friedrich Frhr. v. Gamm, Köln 1990, S. 423 ff.
Loewenheim, Ulrich	Möglichkeiten des Rechtsschutzes für Computerprogramme, CR 1988, S. 799 ff.
Löwenstein, Michael Prinz zu	AGB-Probleme beim Ein- und Verkauf von Computersoftware, BB 1985, S.1695 ff.
Lutz, Helmuth	Lizenzierung von Computerprogrammen, GRUR 1976, S. 331 ff.
Malzer, Hans Michael	Der Softwarevertrag, Köln 1991
Malzer, Hans Michael	Rechtsprechungsübersicht zum gesamten DV-Vertragsrecht (II), CR 1989, S. 1084 ff.
Marly, Jochen	Der neue Urheberrechtsschutz für Computersoftware, NJW-CoR 4/93, S. 21 ff.
Marly, Jochen	Die Qualifizierung der Computerprogramme als Sachen nach § 90 BGB, BB 1991, S. 432 ff.
Marly, Jochen	Softwareüberlassungsverträge, München 1991
Marly, Jochen	Softwareverträge, in: Friedrich Graf von Westphalen (Hrsg.), Vertragsrecht und AGB-Klauselwerke, München 1993, Grundwerk: Stand April 1993; zitiert: v. Westphalen/Marly

Marly, Jochen	Stellungnahme zum Diskussionsentwurf des Bundejustizministeriums zur Änderung des Urheberrechtsgesetzes (Teile 1 und 2), jur-pc 1992, S. 1620 ff., 1652 ff.
Martinek, Michael	Moderne Vertragstypen, Bd. III, Computerverträge, Kreditkartenverträge sowie sonstige moderne Vertragstypen, München 1993
Megede, Ekkehard zur	Bemerkungen zu Rechtsfragen im Bereich der EDV, NJW 1989, S. 2580 ff.
Megede, Ekkehard zur	Rechtsschutz von Software, 2. Auflage, Berlin 1989
Mehrings, Josef	Computersoftware und Gewährleistungsrecht, NJW 1986, S.1904 ff.
Mehrings, Josef	Computersoftware und Mängelhaftung, GRUR 1985, S. 189 ff.
Mehrings, Josef	Juristische und ökonomische Aspekte eines Rechtsschutzes für Software, DB 1987, S. 1405 ff.
Mehrings, Josef	Zum Wandlungsrecht beim Erwerb von Standardsoftware, NJW 1988, S. 2438 ff.
Merke, Gerd	Gruppenfreistellungsverordnung für Know-how-Vereinbarungen, CR 1989, S. 457 ff.
Möhring, Philipp/Nicolini, Käte	Urheberrechtsgesetz, Berlin 1970
Moritz, Hans-Werner	Die EG-Richtlinie vom 14. Mai 1991 über den Rechtsschutz von Computerprogrammen im Lichte der Bestrebungen zur Harmonisierung des Urheberrechts, GRUR Int. 1991, S. 687 ff.
Moritz, Hans-Werner	Softwarelizenzverträge, Teile I, II und III, CR 1993, S. 257 ff., S. 341 ff. und 414 ff.
Moritz, Hans-Werner	Überlassung von Computersoftware, CR 1989, S. 1049 ff.
Moritz, Hans-Werner/Tybusseck, Barbara	Computersoftware, Rechtsschutz und Vertragsgestaltung, 2. Auflage, München 1992
Müller-Hengstenberg, Claus Dieter	Zuordnung von Softwarefehlern in Risikobereiche, CR 1989, S. 900 f.
Müller-Hengstenberg, Claus Dieter/Wild, Hans Jochen	Abnahme von Computerprogrammen, CR 1991, S. 327 ff.
Müller-Hengstenberg, Claus-Dieter	Bemerkungen zum Software-Gewährleistungsrecht, CR 1986, S. 441 ff.
Münchener Kommentar zum Bürgerlichen Gesetzbuch	Rebmann, Kurt/Säcker, Franz Jürgen (Hrsg.), 3. Auflage, München; zitiert: MüKo/Bearbeiter
Nicklisch, Fritz	Komplexe Computerverträge und das Konzept des komplexen Langzeitvertrags, in: Nicklisch, Fritz (Hrsg.), Verträge über Computertechnik in Forschung,Verwaltung, Wirtschaft und Technik, Heidelberg 1990, S. 95 ff.
Nomina (Hrsg.)	ISIS Software Report, München 1990
Nordemann, Wilhelm	Der urheberrechtliche Schutz der Computer-Software, ZUM 1985, S. 10 ff.
Nordemann, Wilhelm	Wettbewerbsrecht, 5. Auflage, Baden-Baden 1986
OECD	Software: An Emerging Industry, 1985; zitiert: OECD-Report

Ohlen, Jürgen von	Die rechtliche Einordnung des Softwareüberlassungsvertrages, Göttingen 1990
Ouchi, W. G.	Markets, Bureaucracies and Clans, Administrative Science Quaterly, 25, S. 129 ff.
Paefgen, Thomas Christian	Anmerkung zum Urteil des LG Hamburg vom 22.7.1988, CR 1989, S. 699 ff.
Pagenberg, Jochen/Geissler, Bernhard	Lizenzverträge, 3. Auflage, Köln 1991; zitiert: Pagenberg/Geissler, Lizenzverträge
Palandt, Otto	Bürgerliches Gesetzbuch, 52. Auflage, München 1993; zitiert: Palandt/Bearbeiter
Pander, Michael	Einwendungsdurchgriff bei Hard- und Software-Verträgen, IuR 1988, S. 408
Pardey, Hans-Heinrich	Nichts geht ohne Microsoft, Frankfurter Allgemeine Zeitung vom 21.5.1991, S. T6
Pardey, Hans-Heinrich	"Weniger Geschrei, mehr Verbraucherfreundlichkeit", Frankfurter Allgemeine Zeitung vom 31.3.1992, S. T1
Pfaff, Dieter	Der Know how-Vertrag im bürgerlichen Recht, BB 1974, S. 565 ff.
Picot, Arnold	Der Beitrag der Theorie der Verfügungsrechte zur ökonomischen Analyse von Unternehmensverfassungen, in: Bohr/Drukarczyk/Drumm/Scherrer (Hrsg.), Unternehmungsverfassung als Problem der Betriebswirtschaftslehre, Berlin 1981, S. 153 ff.
Picot, Arnold	Transaktionskostenansatz in der Organisationstheorie: Stand der Diskussion und Aussagewert, DBW 1982, S. 267 ff.
Picot, Arnold	Zur Bedeutung allgemeiner Theorieansätze für die betriebswirtschaftliche Information und Kommunikation: Der Beitrag der Transaktionskosten- und Principal-Agent-Theorie, in: Kirsch/Picot (Hrsg.), Die Bertriebswirtschaftslehre im Spannungsfeld zwischen Generalisierung und Spezialisierung, Wiesbaden 1989, S. 363 ff.
Picot, Arnold/Reichwald, Ralf	Informationswirtschaft, in: Heinen, Edmund (Hrsg.), Industriebetriebslehre, 9. Auflage, Wiesbaden 1991, S. 241 ff.
Pilny, Karl H.	Schnittstellen in Computerprogrammen, GRUR Int. 1990, S. 431 ff.
Pötzsch, Thorsten	Die rechtliche Einheit von Hard- und Software, CR 1989, S. 1063 ff.
Pötzsch, Thorsten	Die rechtliche Einheit von Hardware und Software, Berlin 1991
Posner, Richard A.	Economic Analysis of Law, 2nd edition, Boston and Toronto 1977
Prasch, Hermann	Technische Problemlösungen mit Datenverarbeitungssystemen aus patentrechtlicher Sicht, CR 1987, S. 337 ff.
Preuß, Inge Nora	Der Rechtsschutz von Computerprogrammen - unter besonderer Berücksichtigung der Systematik des Immaterialgüterrechts, Diss., Erlangen-Nürnberg 1987
Raczinski, Bernd/ Rademacher, Ulrich/ Ivenz, Martin	Rechtsschutz »tool«-gestützter Software, CR 1991, S. 722 ff.
Redeker, Helmut	Der Rechtsbegriff des Mangels beim Erwerb von Software, CR 1993, S. 193 ff.
Redeker, Helmut	Fehlernachweis bei Softwaremängelprozessen, CR 1991, S. 654 ff.
Redeker, Helmut	Wer ist Eigentümer von Goethes Werther? NJW 1992, S. 1739 f.

Reichwald, Ralf/Dietel, Bernhard	Produktionswirtschaft, in: Heinen, Edmund (Hrsg.), Industriebetriebslehre, 9. Auflage, Wiesbaden 1991, S. 395 ff.
Röttinger, Moritz	Die Diskussion zum Rechtsschutz von Computerprogrammen in der BRD, in Österreich und der Schweiz in den vergangenen 20 Jahren, IuR 1987, S. 93 ff.
Röttinger, Moritz	Finden beim Lauf eines Computerprogramms Vervielfältigungsvorgänge im Sinne des Urheberrechts statt? IuR 1987, S. 267 ff.
Rupp, Wolfgang	Verstößt die unbefugte Benutzung eines urheberrechtlich geschützten Computerprogramms gegen §§ 97 ff., 106 UrhG? GRUR 1986, 147 ff.
Ruppelt, Martin	Anmerkung zum Urteil des BGH vom 4.11.1987, CR 1988, S. 994 f.
Ruppelt, Martin	Die Überlassung von Computerprogrammen, Baden-Baden 1990
Ruppelt, Martin	Verjährung der Gewährleistungsansprüche bei fehlerhaften Computerprogrammen, CR 1990, S. 256 ff.
Schack, Haimo	Buchbesprechung von Kilian: Haftung für Mängel der Computer-Software, UFITA, Bd.105 (1987), S. 282 ff.
Schäfer, Hans-Bernd/Ott, Claus	Lehrbuch der ökonomischen Analyse des Zivilrechts, Berlin, Heidelberg 1986
Schlatter, Sibylle	Der Rechtsschutz von Computerspielen, Benutzeroberflächen und Computerkunst, in: Lehmann, Michael (Hrsg.), Rechtsschutz und Verwertung von Computerprogrammen, 2. Auflage, Köln 1993, S. 169 ff.
Schmidt, Harry	Die Kontrolle Allgemeiner Geschäftsbedingungen in Programmüberlassungsverträgen, in: Lehmann, Michael (Hrsg.), Rechtsschutz und Verwertung von Computerprogrammen, 2. Auflage, Köln 1993, S. 701 ff.
Schneider, Jochen	Das Fehlen der Dokumentation/Bedienungsanleitung - kein Mangel? CR 1989, S. 193 ff.
Schneider, Jochen	Praxis des EDV-Rechts, Köln 1990
Schneider, Jochen	Rechtsfragen bei Hard- und Software, Stuttgart 1989; zitiert: Jochen Schneider, Rechtsfragen
Schneider, Jochen	Urheberrechtserschöpfung und Softwarevertragstyp, CR 1991, S. 393 ff.
Schneider, Jörg	Softwarenutzungsverträge im Spannungsfeld von Urheber- und Kartellrecht, München 1988
Schneider, Jörg	Vervielfältigungsvorgänge beim Einsatz von Computerprogrammen, CR 1990, S. 503 ff.
Schnell, Angelika/Fresca, Anna	Reverse Engineering, CR 1990, S. 157 ff.
Scholz, Matthias	Die rechtliche Stellung des Computerprogramme erstellenden Arbeitnehmers nach Urheberrecht, Patentrecht und Arbeitnehmererfindungsrecht, Köln 1989
Scholz, Peter	Gewährleistungsansprüche im Hard- und Softwarebereich, MDR 1989, S. 107 ff.
Schricker, Gerhard (Hrsg.)	Urheberrecht, Kommentar, München 1987
Schulte, Dieter	Der Referentenentwurf eines zweiten Gesetzes zur Änderung des Urheberrechtsgesetzes, CR 1992, S. 588 ff., 648 ff.
Schulte, Rainer	Patentgesetz, Kommentar, 4. Auflage, Köln 1987

Schulz, Bernd	Shareware, CR 1990, S. 296 ff.
Schulze, Gernot	Können Objektprogramme urheberrechtlich geschützt sein? GRUR 1990, S.103 f.
Schulze, Gernot	Urheberrechtsschutz von Computerprogrammen - geklärte Rechtsfrage oder bloße Illusion? GRUR 1985, S. 997 ff.
Schwaiger, Henning/ Kockler, Franz-Josef	Zum Inhalt und Anwendungsbereich der sog. Zweckübertragungstheorie, UFITA, Bd. 73 (1975), S. 21 ff.
Sickinger, Mirko	Vertrieb von Standardsoftware, Köln 1993
Sneed, Harry M.	Systematisches Testen von Programmen, ÖVD 1984, S. 28ff.
Soergel, Hs. Th.	Bürgerliches Gesetzbuch, Kommentar, Siebert, W. (Hrsg.), Stuttgart, Band 2.2.: 11. Auflage 1986, Band 2.1.: 12. Auflage 1990; zitiert: Soergel/Bearbeiter
Stahlknecht, Peter	Computerunterstützung in den betriebswirtschaftlichen Funktionsbereichen, in: Kurbel, Karl/Strunz, Horst (Hrsg.), Handbuch Wirtschaftsinformatik, Stuttgart 1990, S. 31 ff.
Staudinger, Julius von	J. v. Staudingers Kommentar zum Bürgerlichen Gesetzbuch, 12. Auflage, Berlin 1978 ff.; zitiert: Staudinger/Bearbeiter
Stumpf, Herbert	Der Lizenzvertrag, 5. Auflage, Heidelberg 1984
Sucker, Michael	Lizenzierung von Computer-Software, Teile I und II, CR 1989, S. 353 ff., 468 ff.
Sundermann, Heinz-Georg	Nutzungs- und Vergütungsansprüche bei Softwareentwicklung im Arbeitsverhältnis, GRUR 1988, S. 350 ff.
Syndikus, Bernhard	Anmerkung zum Urteil des BayObLG vom 12.5.1992, CR 1992, S. 481 f.
Syndikus, Bernhard	Anmerkung zum Urteil des BGH vom 4.10.1990 -I ZR 139/89 - »NIXDORF-Betriebssystem«, ZUM 1991, S. 534 f.
Syndikus, Bernhard	Computerspiele und Urheberrecht, CR 1988, S. 819 ff.
Taeger, Jürgen	Softwareschutz durch Geheimnisschutz, CR 1991, S. 449 ff.
Troller, Alois	Der urheberrechtliche Schutz von Inhalt und Form der Computerprogramme, Teile I, II, III, CR 1987, S. 213 ff., 278 ff., 352ff.
Troller, Alois	Immaterialgüterrecht, 3. Auflage, Basel 1983
Uebel, Cornelia	Wer trägt die Klaukosten? Wirtschaftswoche 12/1991, S. 97
Ullmann, Eike	Urheberrechtlicher und patentrechtlicher Schutz von Computerprogrammen, CR 1992, S. 641 ff.
Ulmer, Eugen	Urheber- und Verlagsrecht, 3. Auflage, Berlin 1980
Ulmer, Eugen/Kolle, Gert	Der Urheberschutz von Computerprogrammen, GRUR Int. 1982, S. 489 ff.
Ulmer, Peter/ Brandner, Erich/ Hensen, Horst-Diether/ Schmidt, Harry	AGB-Gesetz, Kommentar zum Gesetz zur Regelung des Rechts der Allgemeinen Geschäftsbedingungen, 6. Auflage, Köln 1990; zitiert: Ulmer/Brandner/Hensen
Unger, Brigitte	Anmerkung zum Urteil des OLG Hamburg vom 9.8.1985, CR 1986, S. 85 f.

Vinje, Thomas C.	Die EG-Richtlinie zum Schutz von Computerprogrammen und die Frage der Interoperabilität, GRUR Int. 1992, S. 250 ff.
Walch, Dieter Erich	Ergänzender Leistungsschutz nach § 1 UWG, Köln 1992
Weber, Herbert	Die Software-Krise und ihre Macher, Berlin 1992
Wenzel, Karl Egbert	Problematik des Schutzes von Computer-Programmen, GRUR 1991, S. 105 ff.
Wenzel, Karl Egbert	Urheberrecht für die Praxis, 2. Auflage, Stuttgart 1990
Westphalen, Friedrich Graf von	Rechtsprobleme des Computer-Leasing, CR 1987, S. 477 ff.
Westphalen, Friedrich Graf von/Seidel, Ulrich	Aktuelle Rechtsfragen der Software-Vertrags- und Rechtspraxis, Köln 1992
Wiebe, Andreas	Reverse Engineering und Geheimnisschutz von Computerprogrammen, CR 1992, S. 134 ff.
Wittmer, Hans Rudolf	Der Schutz von Computersoftware - Urheberrecht oder Sonderrecht? Bern 1981
Wolf, Manfred/ Horn, Norbert/ Lindacher, Walter F.	AGB-Gesetz, Gesetz zur Regelung des Rechts der Allgemeinen Geschäftsbedingungen, Kommentar, 2. Auflage, München 1989; zitiert: Wolf/Horn/Lindacher
Zahrnt, Christoph	Beginn der Verjährung bei der Lieferung von DV-Systemen und Softwareprodukten, CR 1993, S. 134 ff.
Zahrnt, Christoph	DV-Rechtsprechung, Band 1, München 1983; zitiert: Zahrnt, DV-Rechtsprechung Band 1
Zahrnt, Christoph	DV-Verträge als »komplexe Langzeitverträge«, CR 1992, S. 84 ff.
Zahrnt, Christoph	DV-Verträge: Gestaltung durch den Anwender, Hallbergmoos 1987; zitiert: Zahrnt, DV-Verträge: Gestaltung
Zahrnt, Christoph	DV-Verträge: Rechtsfragen und Rechtsprechung, Hallbergmoos 1989; zitiert: Zahrnt, DV-Verträge: Rechtsfragen
Zahrnt, Christoph	DV-Verträge: Rechtsprobleme - Einführung in die Vertragsgestaltung, München 1985; zitiert: Zahrnt, DV-Verträge: Rechtsprobleme
Zahrnt, Christoph	Gewährleistung bei der Lieferung von DV-Systemen, IuR 1987, S. 102 ff.
Zahrnt, Christoph	Gewährleistung bei der Überlassung von Standardprogrammen, IuR 1986, S. 252 ff.

EINLEITUNG

Die Evolution von modernen Industriegesellschaften hin zu Informationsgesellschaften schreitet zunehmend voran. Information wird als betriebswirtschaftlicher Produktionsfaktor erkannt und steuert menschliches Verhalten in weiten Bereichen. Der Zugang zu Informationen als zweckorientiertem Wissen und deren effiziente Verarbeitung, Verdichtung und Speicherung ist Voraussetzung fast jeder produktiven Tätigkeit. Informations- und Kommunikationstechnologie hat sich so zur Schlüsseltechnologie für Forschung, Wissenschaft, Verwaltung und Wirtschaft entwickelt. Ihre Verfügbarkeit entscheidet derzeit über Unabhängigkeit und internationale Wettbewerbsfähigkeit einer Volkswirtschaft.

Ein funktionierender Marktmechanismus im Hardware- und Softwaresektor als den Teilbereichen der EDV-Branche ist somit makroökonomisch von erheblicher Bedeutung. Dabei sollten insbesondere auf dem Softwaremarkt innovationsfördernde Wettbewerbskräfte belebt werden, da eine derzeit spürbar stokkende Technologieentwicklung[1] Software produktivitätshemmend zum Engpaßfaktor werden läßt. Bisher hat der Softwaresektor eine schwunghafte Aufwärtsentwicklung erlebt und ist eine der wachstumsstärksten Wirtschaftsbranchen. Von 1984 bis 1988 betrug die durchschnittliche jährliche Wachstumsrate 18,9 %[2]. Sie ist mittlerweile rezessions- und wettbewerbsbedingt auf etwa 7 % gesunken[3]. Für 1993 wurde in Westeuropa ein Umsatz i. H. v. 100 Milliarden US-Dollar im Softwarebereich unter Einschluß der damit zusammenhängenden Dienstleistungen erwartet[4].

Mit der Bedeutung des Softwaremarktes erlangt auch das Softwarevertragsrecht eine hohe praktische Relevanz. Selten hat sich ein Rechtsgebiet so rasch etabliert und an Komplexität zugenommen wie das EDV-Recht, insbesondere das Softwarevertragsrecht. Doch befindet sich diese Rechtsmaterie noch immer in der Entwicklung. Eine ausgereifte und vom Markt allgemein akzeptierte Vertragssystematik existiert bisher nicht. Demgemäß fehlen auch anerkannte und entsprechend verbreitete Standardverträge für die Überlassung von Software. In einem der wichtigsten Wirtschaftsbereiche gilt es daher, rechtliche Rahmenbedingungen zu schaffen, die einen unkomplizierten und rechtssicheren Güteraustausch zum Nutzen der Vertragspartner und der Volkswirtschaft ermöglichen. Die Schnellebigkeit der technischen und wirtschaftlichen Verhältnisse auf dem Gebiet der EDV erfordert dabei eine ständige Überprüfung und Weiterentwicklung des juristischen Instrumentariums.

---

1 Vgl. *Weber*, Die Software-Krise und ihre Macher, insb. S. 40 ff.
2 GMD-Studie Nr. 167, S. 20.
3 Wirtschaftswoche vom 26.3.1993, S. 67.
4 Vgl. *Moritz*, GRUR Int. 1991, S. 699. Diese Zahl wird wohl nicht erreicht werden, vgl. Wirtschaftswoche vom 26.3.1993, S. 67.

Eine Analyse des rechtlichen status quo und dessen rechtsschöpferische Fortentwicklung sollten sich an den Aufgaben des Rechts orientieren. Im Zivilrecht, vor allem im Vertragsrecht, bilden im wesentlichen ökonomische Vorgänge die Basis für Schaffung und Geltung des Rechts und damit auch einen Maßstab, an dem es zu messen ist. Das Recht muß insoweit seine Aufgabe, das Zusammenspiel aller Teilnehmer am Rechtsverkehr zu reglementieren, möglichst effizient und interessengerecht erfüllen. Diskrepanzen zwischen juristischem Instrumentarium und ökonomischer Realität sollten minimiert werden. Dies kann auch Aufgabe der Geschäftspartner sein, die aufgrund der ihnen zustehenden Privatautonomie neuen wirtschaftlichen Situationen mit neuen Vertragsgestaltungen begegnen können. Wird aber die Unstimmigkeit zu groß oder scheidet wie zum Beispiel im sachenrechtlichen Bereich eine private Rechtsgestaltung aus, so ist der Jurist aufgefordert, eine adäquate Rechtsstruktur zu schaffen. Eine betriebs- und volkswirtschaftlich sinnvolle rechtliche Gestaltung sollte dabei nicht aus rein dogmatischen Gründen verweigert werden[5]. Jedoch hat eine Anpassung wirtschaftlichen Verhaltens an rechtliche Reglementierungen dann zu erfolgen, wenn der gerechte Interessenausgleich dies erfordert. Die Aufgabe des Rechts, eine ökonomisch sinnvolle Struktur zu schaffen, wird untrennbar ergänzt durch die Aufgabe, eine Benachteiligung wirtschaftlich oder sozial Schwächerer zu vermeiden. Der Markt verlangt vom Recht effiziente Strukturen, im Gegenzug fordert das Recht von den Marktteilnehmern sozialverträgliches Verhalten.

Für den Softwaremarkt hat der Gesetzgeber durch die Urheberrechtsreform vom 9. Juni 1993 den Marktteilnehmern das Instrumentarium des Urheberrechts und dessen Schutz zur Verfügung gestellt. Zum einen ergeben sich durch die Fokussierung auf das Urheberrecht erhebliche Konsequenzen für Vertragswahl und Vertragsgestaltung in der Praxis – quer über den ganzen Softwaremarkt mit all seinen unterschiedlichen Marktsegmenten. Zum anderen ist darauf zu achten, daß sich die grundsätzlich gestärkte Stellung der Softwareanbieter nicht einseitig zu Lasten der Endverbraucher auswirkt.

Unter Beachtung dieser jüngsten Rechtsentwicklung soll das Softwarerecht daraufhin untersucht werden, ob es für die marktbasierte Überlassung von Software ökonomisch effiziente Strukturen schafft, wie ein gerechter Interessenausgleich gewährleistet wird und welche vertraglichen Gestaltungen einen reibungsarmen und rechtssicheren Austausch ermöglichen. Die Untersuchung zeigt zunächst die grundsätzlich erwägenswerten Vertragsarten bei der Überlassung und Nutzung von Software auf. Ein Vergleich dieser rechtlichen Vertragstypologie mit der wirtschaftlichen Geschäftstypologie und eine ökonomische Analyse des vertraglichen Instrumentariums belegen dessen Leistungsfähigkeit und die spezifische Eignung urheberrechtlicher Softwarelizenzverträge. Im folgenden konzentriert sich die Darstellung auf diesen Typus des Software-

---

5 Auch das LG Düsseldorf stellte z. B. bei der Begründung eines Urheberrechtsschutzes eher pragmatisch als dogmatisch auf die wirtschaftliche Situation ab, CR 1986, S. 133.

vertrages und zeigt seine Gestaltungsformen auf, wobei insbesondere die Auswirkungen des neuen Urheberrechts analysiert werden. Ziel ist die Aufstellung von Standardverträgen für typische Geschäftssituationen, die bei interessengerechtem Ausgleich AGB-rechtlicher Überprüfung standhalten und der Vertragspraxis als Richtschnur dienen können. Dadurch soll zugleich ein Beitrag zur Qualifizierung des urheberrechtlichen Softwarelizenzvertrages als einem besonderen, verkehrstypischen Vertrag geleistet werden.

A. Rechtliche und wirtschaftliche Grundlagen der Softwareüberlassung

Überlassung und Nutzung von Software spielen sich vor einem von rasanten und tiefgreifenden Entwicklungen rechtlicher und wirtschaftlicher Art geprägten Hintergrund ab. Die rechtlichen Rahmenbedingungen haben unlängst durch die Umsetzung der EG-Richtlinie 91/250/EWG des Rates über den Rechtsschutz von Computerprogrammen[6] vom 14.5.1991 durch das Zweite Gesetz zur Änderung des Urheberrechtsgesetzes vom 9. Juni 1993[7] eine wesentliche Neuorientierung erhalten. Die wirtschaftlichen Verhältnisse unterliegen auf dem Gebiet der EDV, bedingt durch Umstrukturierungen im Markt und technische Innovationen, ohnehin permanentem Wandel. Die Gestaltung eines marktangemessenen Standardvertrages erfordert somit zunächst eine Analyse und Systematisierung des status quo in rechtlicher und wirtschaftlicher Hinsicht unter Beachtung der jüngsten Entwicklungen und Tendenzen.

Die Untersuchung beschränkt sich zielorientiert auf die den marktlichen Austausch von Software koordinierenden Verträge. Die der intrapersonellen Erstellung von Software zugrundeliegenden Verträge des Arbeits- und Dienstvertragsrechts[8] bleiben ausgeklammert, auch die in diesem Zusammenhang auftretenden Fragen des Arbeitnehmerurheberrechts[9]. Nicht behandelt werden ferner Fragen des Steuerrechts sowie die den Softwareverträgen zugehörigen Beratungs- und Pflegeverträge.

I. Einführung in die Problematik

Die Beschäftigung mit Software unter rechtlichen Aspekten erfordert zunächst eine kurze Begriffsklärung aus technischer Sicht sowie eine Darstellung wirtschaftlicher Rahmenbedingungen und softwaretypischer Eigenschaften, aus denen die rechtliche Problematik des Softwarevertragsrechts erwächst.

---

6 Amtsblatt der Europäischen Gemeinschaften Nr. L 122, S. 42 ff., siehe auch GRUR Int. 1991, S. 545 ff.
7 BGBl. I, 1993, S. 910 f.
8 Diese Verträge folgen wegen personenrechtlicher Prägung und gerade nicht marktorientierter Ausrichtung deutlich anderen Prinzipien und können daher zum vorliegenden Zweck nicht gewinnbringend untersucht werden. Vgl. aber zum Themenkreis der Softwareerstellung im Rahmen eines Arbeitsverhältnisses: *Holländer*, Arbeitnehmerrechte an Software, Bayreuth 1991; *Matthias Scholz*, Die rechtliche Stellung des Computerprogramme erstellenden Arbeitnehmers nach Urheberrecht, Patentrecht und Arbeitnehmererfindungsrecht, Köln 1989; *Sundermann*, Nutzungs- und Vergütungsansprüche bei Softwareentwicklung im Arbeitsverhältnis, GRUR 1988, S. 350 ff.
9 Vgl. insoweit den neuen § 69b UrhG, der vorsieht, daß bei der Softwareerstellung im Rahmen der üblichen Tätigkeit mangels besonderer Vereinbarung sämtliche vermögensrechtlichen Befugnisse dem Arbeitgeber zustehen.

I. Einführung in die Problematik

1. Wirtschaftliche Rahmenbedingungen

a) Software als Wirtschaftsgut

Die Anfänge einer eigenständigen Vermarktung von Software als einem Wirtschaftsgut liegen etwa zwanzig Jahre zurück. Zuvor war Software als bloße Hardwareergänzung (im "bundle") ohne gesonderte Berechnung mitgeliefert worden. Erst nachdem der Marktführer IBM im Rahmen eines Kartellverfahrens[10] 1969 zum Unbundling überging[11] und dieser Praxis weitere Hardwarehersteller folgten, konnten sich reine Softwareunternehmen etablieren. Der außergewöhnliche Anstieg der Herstellungskosten für Software im Gegensatz zur Kostensenkung im Hardwarebereich erforderte zudem eine gesonderte Berechnung der Software.

Software kann immense Vermögenswerte verkörpern. Der enorme Aufwand zur Erstellung einer Software[12] verdeutlicht, welche wirtschaftlichen Interessen auf Herstellerseite an einem einzelnen Programm bestehen können. Aber auch für den Anwender ist der eigentliche Wert der Software nicht durch den Anschaffungspreis[13] definiert. Vielmehr ist Software unentbehrlich; sie übernimmt in einem EDV-organisierten Unternehmen essentielle Funktionen unter Einsparung von Personalkosten und Zeit und ermöglicht dadurch häufig erst Wettbewerbsfähigkeit.

Dem hohen Wert von Software steht ein relativ kurzer Produktlebenszyklus gegenüber. Man wird bei einer Standardsoftware von etwa sieben bis acht Jahren auszugehen haben[14]. Innerhalb dieser Zeit muß für den Hersteller die Möglichkeit bestehen, eine leistungsgerechte Vergütung zu erwirtschaften.

Beim Anwender geht dem Einsatz von Software ein umfangreicher Entscheidungsprozeß voraus[15]. Neben zu bekämpfenden Innovations- und Akzeptanzschwierigkeiten sowie Budgetrestriktionen müssen Fragen der Einbindung der Software in die Unternehmensorganisation geklärt, die Anforderungen an die gewünschte Software definiert, die Art der Software und ihrer Beschaffung (Make or Buy) festgelegt und eine Rentabilitätsprüfung vorgenommen werden. Dabei kann es sich um eine strategische Entscheidung von beachtlicher Reich-

---

10 Vgl. *Junker*, S. 57 f.
11 Vgl. *Junker*, S. 59; OECD-Report, S. 55 f.
12 Ein Aufwand von mehreren Tausend Mannstunden (so die in der EDV-Branche übliche Einheit) im Rahmen eines mehrstufigen Herstellungsprozesses ist nicht selten. Die Erstellung einer komplexen Software erfordert Investitionen i. H. v. zwei- bis dreistelligen Millionenbeträgen, vgl. *Kindermann*, CR 1990, S. 638; OECD-Report, S. 43.
13 Eine durchschnittliche PC-Standardsoftware kostet zwischen 500 und 2000 DM, professionelle Hochleistungsstandardsoftware 100 000 DM und mehr.
14 Vgl. OECD-Report, S. 77.
15 Inzwischen ist zu Recht die Rede von einem "Software-Management", vgl. Diebold Management Report Nr. 8/9 1989, S. 1 ff.

weite handeln. Erst am Ende dieses Entscheidungsprozesses steht die Frage nach der rechtlichen Ausgestaltung, der dann trotz beachtlicher praktischer Relevanz nur noch geringe Aufmerksamkeit gewidmet wird.

Das Einsatzspektrum von Software vergrößert sich seit Jahren, ein Ende ist nicht abzusehen[16]. Allmählich durchdringt Software alle Lebensbereiche; von einer Beschränkung auf Wissenschaft und Forschung, Wirtschaft, Verwaltung und Verteidigung kann angesichts hochmoderner Informations- und Kommunikationstechnik, die weit in die Privatsphäre hineinreicht, nicht mehr die Rede sein. Sogar im Bereich der bildenden Kunst wird Software eingesetzt. Schlagworte neu entdeckter Anwendungsfelder für Software waren in den letzten Jahren Desktop Publishing (DTP) und Computer Aided Design (CAD), derzeit sind Multimedia und Computer Integrated Manufacturing[17] (CIM) unter Einsatz von Produktionsplanung und -steuerung (PPS) und Managementinformationssystemen (MIS) aktuell, in nächster Zukunft ist an Cyber-Space-Simulationen[18] und Teilbereiche der Künstlichen Intelligenz wie Expertensysteme[19] und Spracherkennung[20] zu denken. Für die betriebswirtschaftliche Unternehmung gilt, daß sämtliche Funktionsbereiche (Beschaffung, Produktion, Absatz und Verwaltung) von EDV-Anwendungen unterstützt werden[21].

b) Interdependenzen zwischen Softwaremarkt und Hardwaremarkt

Software kann als Wirtschaftsgut nicht isoliert betrachtet werden; nur ihr Zusammenspiel mit Hardware schafft ein DV-System. Dabei gilt nicht mehr, daß zuerst die Hardware, dann die Software angeschafft wird. Vielmehr wird, wenn man sich zur Lösung einer Aufgabe mittels EDV entschieden hat, die Hardware entsprechend der zur Problemlösung erforderlichen Software ausgewählt[22]. Denn die eigentliche Datenverarbeitung vollzieht sich anhand der problemorientierten Software; die Hardware ist eher Mittel zum Zweck[23]. Doch gilt dies nur aus Anwendersicht. Die Softwarehersteller müssen sich bei der Entwicklung ihrer Produkte natürlich am Hardware-Angebot orientieren[24]. Eine Software, die nur auf selten verwendeter Hardware "läuft", hat keine großen Absatzchancen. Die Kooperation zwischen Hardware- und Softwareherstellern ist somit für beide Seiten von hohem Interesse. Sie erfolgt nicht nur

---

16 Eine ausführliche Zusammenstellung bietet der ISIS Software Report.
17 Vgl. nur Wirtschaftswoche vom 12.4.1991, S. 104: "Generationenwechsel bei CIM. Schlüssel zum Markt". Allgemein: *Reichwald/Dietel*, S. 578 ff.
18 Vgl. Wirtschaftswoche vom 26.3.1993, S. 98 ff.
19 Vgl. *Picot/Reichwald*, S. 336.
20 Schon existieren die ersten Computer, die gesprochene Befehle ausführen.
21 Einen Überblick gibt *Stahlknecht*, S. 31 ff. Siehe auch *Picot/Reichwald*, S. 264 f.
22 Vgl. die Übersicht im OECD-Report, S. 59.
23 Vgl. *Jörg Schneider*, S. 78.
24 Ein Beispiel hierfür ist die Entwicklung von Programmen für den Handel der Banken mit Finanzinnovationen, vgl. FAZ vom 18.3.1991, S. 21.

im Entwicklungs-, sondern auch im Vertriebsbereich[25] und hat in den letzten Jahren durch Bildung strategischer Allianzen stark zugenommen.

Eine weitere Verknüpfung zwischen Hardware- und Softwaremarkt resultiert daraus, daß sich praktisch alle Hardwarehersteller zugleich als Softwarehersteller betätigen[26], insbesondere im Bereich der Systemsoftware. Eine Anpassung der Anwendungssoftware an das Betriebssystem ist unumgänglich, ebenso ist das Betriebssystem zwingender Bestandteil eines DV-Systems[27]. Hardwarehersteller versuchen daher mit Koppelungsstrategien (sog. Bundling) und restriktiver Offenlegung der Betriebssystemschnittstellen reflexiv über den Softwaremarkt den Hardwaremarkt zu steuern[28].

Technische oder wirtschaftliche Veränderungen am Hardware- oder Softwaremarkt wirken sich daher immer wechselseitig aus[29]. Beispiel hierfür sind die derzeit im Hardwaremarkt stattfindenden Konzentrationsprozesse[30], die auch zu neuen Allianzen im Softwaresektor führen.

c)   Software Engineering

Die Erstellung von Software (Software Engineering) ist ein hochkomplexer Vorgang, der sich in mehrere Stufen zerlegen läßt, die ihrerseits weiter unterteilt werden können. Während in der Betriebswirtschaft und Informatik[31] nach dem sogenannten Wasserfall-Modell[32] grundsätzlich fünf Phasen des Software Engineering unterschieden werden (Definitions-, Entwurfs-, Implementierungs-, Test- und Einsatzphase), ist der BGH[33] von bloß drei, das OLG Frankfurt[34] von vier Stufen ausgegangen. Die BVB-Erstellung sehen dagegen zehn

---

25   Siehe unten A III 3 h), S. 83 Fn. 438.
26   Siehe unten A III 1 a) bb), S. 65.
27   Siehe unten A I 2 d), S. 11.
28   Vgl. *Jörg Schneider*, S. 79 ff.
29   Vgl. *Gerhardt*, S. 72 ff., insb. Abb. 4-3. der eine Hebelwirkung zwischen Hardware- und Softwareabsatz aufzeigt. Ein Beispiel für eine technisch bedingte Wechselwirkung zwischen Software- und Hardwaremarkt sind die Konsequenzen des Erfolgs der neuen, systemergänzenden Microsoft-Benutzeroberfläche Windows 3.0. Deren erhöhter Bedarf an Rechnerleistung und Speicherkapazität hat einen Trend zu leistungsstärkerer Hardware verursacht, vgl. *Pardey*, FAZ vom 21.5.1991, S. T6.
30   Dies zeigen u. a. die Fusion des Unternehmensbereiches DI von Siemens mit der Nixdorf AG zur Siemens Nixdorf Informationssysteme AG und der Aufkauf von NCR durch AT&T. Auch der Schulterschluß zwischen IBM, Apple und Motorola zur Einführung des PowerPC im Kampf gegen Intel belegt die starke Dynamik am Markt, vgl. Wirtschaftswoche vom 15.10.1993, S. 81 ff. und vom 26.3.1993, S. 66 f. Siehe ferner unten A III 3 h) Fn. 438.
31   Vgl. *Balzert*, S. 21 f.; *Picot/Reichwald*, S. 311.
32   Vgl. *Boehm*, S. 36.
33   BGH, Urteil vom 9.5.1985, BGHZ 94, S. 282 f.
34   OLG Frankfurt, CR 1986, S. 16 ff.

Verfahrensschritte vor[35]. Die Darstellung in der Rechtsprechung ist als komprimierte Zusammenfassung[36] zu verstehen und widerspricht nicht den übrigen Modellen, zumal die Übergänge zwischen den einzelnen Phasen fließend sind, in der Praxis eine klare Trennung nicht vorgenommen wird und jede Softwareerstellung eine spezifische Gewichtung der einzelnen Phasen erfordert. Geht es allerdings um eine Mitwirkung nur in einzelnen Phasen und einen eventuell daraus resultierenden Urheberrechtsschutz, kann eine differenziertere Betrachtung erforderlich sein[37].

Die Erfahrung, daß der geschätzte Zeit- und Personalaufwand regelmäßig weit überschritten wird sowie die ständig zunehmende Komplexität von Software haben dazu geführt, daß Software Engineering häufig im Rahmen eines Projekt-Managements unter Zuhilfenahme von Netzplantechniken erfolgt[38]. Weitere Erleichterung schaffen CASE[39], z. B. durch Struktogrammgeneratoren und Softwareentwicklungsumgebungen, und in vermehrtem Umfang objektorientierte Programmierung[40].

2. Begriffsdefinitionen

a) Algorithmus

Unter einem Algorithmus versteht man einen vollständigen, geordneten Satz von präzisen Anweisungen zur Lösung eines Problems in einer endlichen Zahl von Schritten[41]. Der Algorithmus ist ein Grundelement eines jeden Computerprogramms, denn dieses erteilt Arbeitsanweisungen an den Rechner, die eindeutig sein müssen.

---

35 Siehe auch *Jochen Schneider*, CR 1991, S. 395.
36 Vgl. *Jochen Schneider*, Rdnr. A 160, C 92.
37 Vgl. *Jochen Schneider*, Rdnr. A 160, C 92. Ob aber als Konsequenz der gestalterische Spielraum des einzelnen eingeschränkt ist, darf bezweifelt werden.
38 Als neue Entwicklungsmethodik etabliert sich derzeit Prototyping, d. h. die Erstellung eines vorläufigen, in den Grundzügen dem eigentlichen Endprodukt entsprechenden Programms, vgl. näher *Picot/Reichwald*, S. 321 f. So können Mißverständnisse zwischen Auftraggeber und -nehmer vermieden und Probleme frühzeitig erkannt werden. Die Schaffung eines Prototyps im "quick and dirty"-Verfahren erhöht zwar die Aufwendungen in der Anfangsphase der Softwareerstellung, vermeidet aber nachträglich hohen Aufwand bei Fehlerbeseitigungen, vgl. Diebold Management Report 11-1989, S. 1 ff.; *Zahrnt*, DV-Verträge, Rechtsfragen, unter 1.3 (5).
39 <u>C</u>omputer <u>A</u>ided <u>S</u>oftware <u>E</u>ngineering, vgl. *Picot/Reichwald*, S. 321; zu Einsatzmöglichkeiten und den damit verbundenen Problemen *Weber*, S. 91 ff.
40 Vgl. Wirtschaftswoche vom 15.10.1993, S. 110 ff.
41 Siehe nur *Junker*, S. 49; *Haberstumpf*, GRUR 1986, S. 224 ff.; *ders.*, Rdnr. 23.

b) Computerprogramm

Unter einem Computerprogramm versteht man eine Folge von Befehlen, die nach Aufnahme in einen maschinenlesbaren Träger fähig sind zu bewirken, daß eine Maschine mit informationsverarbeitenden Fähigkeiten eine bestimmte Funktion oder Aufgabe oder ein bestimmtes Ergebnis anzeigt, ausführt oder erzielt[42]. Dementsprechend ist das Programm als eine maschinengeeignete Fassung eines Algorithmus bezeichnet worden[43]. Ein Programm enthält jedoch neben der zur Problemlösung erforderlichen Arbeitsanweisung weitere Elemente: Die Datenstruktur wird beschrieben[44], Schnittstellen werden definiert und Benutzeroberflächen gestaltet. Dies geht über die eigentliche Problemlösung hinaus und ist eher ein gestalterischer Vorgang. § 69a Abs. 1 UrhG, der Art. 1 Abs. 1 Satz 2 der EG-Richtlinie[45] umsetzt, bezeichnet nun auch das Entwurfsmaterial als Computerprogramm. Nach bisheriger Auffassung war das Entwurfsmaterial zur (ebenfalls geschützten) Software, nicht aber zum Computerprogramm im engeren Sinne zu zählen.

Computerprogramme können in verschiedenen Darstellungsformen vorliegen. Das Entwurfsmaterial ist häufig als Programmablaufplan, Struktogramm oder ähnlich gegliederte Darstellung wiedergegeben. Im Endzustand liegt das Programm entweder im Quellcode oder im Objektcode vor.

Beim Quellcode bzw. Quellprogramm handelt es sich um eine in einer höheren Programmiersprache abgefaßte Folge von Befehlen. Höhere Programmiersprachen[46] sind der menschlichen Ausdrucksweise angenähert, haben jedoch bereits ein hohes Abstraktionsniveau und einen begrenzten Befehlsvorrat, stellen also eine Zwischenstufe zwischen menschlicher Sprache und für den Computer unmittelbar verständlicher Maschinensprache dar.

Beim Objektcode bzw. Objektprogramm handelt es sich um das in Maschinensprache vorliegende Ergebnis der Übersetzung des Quellcodes durch ein Übersetzungsprogramm. Eine Rückübersetzung[47] des nur noch aus fortlaufenden hexadezimalen Zahlengruppen bestehenden Objektcodes ist nur unter hohem Zeit- und Arbeitsaufwand zu bewerkstelligen.

---

42 Definition der WIPO, GRUR Int. 1978, S. 290, mittlerweile allgemein anerkannt.
43 *Haberstumpf*, Rdnr. 24; *ders.*, UFITA, Bd. 95 (1983), S. 224.
44 *Kindermann*, ZUM 1985, S. 6; *Haberstumpf*, Rdnr. 25.
45 Richtlinie des Rates vom 14. Mai 1991 über den Rechtsschutz von Computerprogrammen, Amtsblatt der Europäischen Gemeinschaften Nr. L 122, S. 42 ff., siehe auch GRUR Int. 1991, S. 545 ff.
46 Höhere Programmiersprachen zeichnen sich insbesondere durch Ausrichtung auf ein bestimmtes Anwendungsgebiet und prozedurale Programmierbarkeit aus. Beispiele sind ALGOL, BASIC, C, COBOL, FORTRAN, Pascal; es werden bis zu 500 solcher Sprachen unterschieden.
47 Näheres zum sog. Reverse Engineering unter B I 5, S. 136 ff.

c) Software

Der Begriff Software ist kein Synonym für den Begriff Computerprogramm[48], sondern umfassender zu verstehen. Neben dem Programm als Kernstück und wichtigstem Bestandteil fallen darunter erstens sämtliche Nebenprodukte des Softwareentwicklungsprozesses wie Programmablaufpläne, Struktogramme und sonstige programmbeschreibende Entwicklungsdokumentationen und zweitens das gesamte Begleitmaterial, das dem Anwender zum Verständnis des Programms mitgeliefert wird[49] inkl. der Wartungsdokumentationen[50]. Dies rechtfertigt sich aus der Tatsache, daß regelmäßig Programm und Begleitmaterial gemeinsam dem Anwender überlassen werden, das eine ohne das andere normalerweise nutzlos ist. Auch das Begleitmaterial bedarf rechtlichen Schutzes und wird daher häufig einer vertraglichen Regelung unterworfen.

Software kann nach ihrem Zweck in Systemsoftware und Anwendungssoftware eingeteilt werden, wobei von einer fließenden Grenze ausgegangen werden muß[51]. Systemsoftware[52] erfüllt als Grundausstattung essentielle Funktionen durch Steuerprogramme[53], Übersetzungsprogramme[54] und Dienstprogramme[55] und ermöglicht damit erst den Ablauf von Anwendungssoftware. Anwendungssoftware dient der eigentlichen Bewältigung der dem Computer gestellten Aufgaben von Textverarbeitung, Tabellenkalkulation, Datenverwaltung und Grafik bis hin zu CAD und CIM.

Nach der Anzahl der potentiellen Anwender ist zwischen Standardsoftware und Individualsoftware zu unterscheiden. Standardsoftware dient der Lösung eines standardisierten Problems, das bei einer Vielzahl von Anwendern gleichermaßen auftaucht. Typische Beispiele sind Textverarbeitung, Buchhaltung, Datenbanksysteme und Grafikprogramme. Einen Unterfall von Standardsoft-

---

48 So aber von *Junker*, WM 1988, S. 1218, verwendet.
49 Vgl. *Jochen Schneider*, Rdnr. D 272.
50 Vgl. *Bömer*, S. 16; *Buchmüller*, S. 2; *Engel*, BB 1985, S. 1160; *W. Erdmann*, CR 1986, S. 251; *Habel*, S. 24; *Haberstumpf*, Rdnr. 15 ff.; *Kilian*, S. 10; *Kindermann*, GRUR 1983, S. 150 f.; *Mehrings*, DB 1987, S. 1405; *Moritz/Tybusseck*, Rdnr. 127 ff.; *Pötzsch*, S. 27 ff.; *Jochen Schneider*, Rdnr. A 188 ff.; näher zur Differenzierung im Einzelfall *Heussen*, in: Kilian/Heussen, Abschnitt 14 Rdnr. 4; a. A.: *Jörg Schneider*, S. 3 f. Auch aus betriebswirtschaftlicher Sicht hat sich dieses weite Verständnis von Software durchgesetzt, vgl. GMD-Studie Nr. 167, S. 11; *Balzert*, S. 26.
51 Teilweise wird auch noch als Zwischenstufe die Kategorie der systemnahen Software eingeführt, vgl. GMD-Studie Nr. 167, S. 11.
52 Beispiele für Systemsoftware sind Betriebssysteme wie CP/M, MS-DOS, UNIX, OS/2.
53 Sie steuern den Ablauf der Anwendungsprogramme auf der Hardware. Durch Auftragssteuerung, Prozeßverwaltung und Datenverwaltung werden die Befehlsabarbeitung gesteuert, Betriebsmittel der Hardware, z. B. Speicherkapazität oder Datenleitungen zugewiesen und der Datentransfer durchgeführt.
54 Sie dienen der Übersetzung des Quellcodes in den dann unmittelbar lauffähigen Maschinencode, z. B. Compiler, Interpreter.
55 Beispiele hierfür sind Editorprogramme und Kopierprogramme.

ware stellt die sogenannte Massen(soft)ware dar, die in besonders hoher Stückzahl und entsprechend niedrigem Preis auf den Markt kommt, z. B. Computerspiele. Individualsoftware hingegen wird spezifisch für einen Anwender zur Lösung eines in dieser Form nur bei ihm auftretenden Problems erstellt, z. B. Software zur Steuerung eines spezifischen Fertigungsprozesses.

d) Hardware

Software und Hardware ergänzen sich zu einem Datenverarbeitungssystem. Unter Hardware sind dabei sämtliche fixierte Komponenten zu verstehen, d. h. all das, was den Computer ausmacht, bevor ein einziges Programm geladen wurde. Die Hardware setzt sich bei Computern der herkömmlichen von-Neumann-Architektur[56] aus der Zentraleinheit, Eingabe-[57] und Ausgabegeräten[58] und regelmäßig externem Speicher[59] zusammen. Die Zentraleinheit ihrerseits läßt sich in Hauptspeicher (Arbeitsspeicher) und Zentralprozessor oder CPU[60], dieser wiederum in Steuerwerk und Rechenwerk unterteilen.

Die Abgrenzung zu Software kann jedoch Schwierigkeiten bereiten. So gehen Software und Hardware z. B. bei der Speicherung eine physikalische Verbindung ein und sind nicht ohne weiteres zu trennen. Da sich programmierbare Algorithmen auch in Form elektronischer Schaltungen realisieren lassen, ist es möglich, Hardwareelemente herzustellen, die Aufgaben ausführen, welche an sich der (System-)Software zukämen[61]. Ein Beispiel hierfür sind sog. ASICs[62]. Ein ähnlich fließender Übergang zwischen Hard- und Software ergibt sich für Firmware[63], bei der in der Regel auf sogenannten ROM-Speichern[64] das Programm als Bestandteil der Hardware fixiert ist[65]. Dadurch bedingte Differenzierungsschwierigkeiten können nur durch eine einzelfallbezogene Grenzziehung zwischen Hard- und Software behoben werden. Zukünftig ist damit zu rechnen, daß sich dieser Grenzbereich noch diffuser gestaltet. Mittlerweile wird Hardware nicht mehr als elektronische Schaltung "am Zeichenbrett" entworfen,

---

56 Mittlerweile sind neue Rechnerarchitekturen in Erprobung, deren Komponenten anders aufgebaut sind, z. B. Vektorprozessorsysteme oder optische Rechner; an der Unterscheidung zwischen Hard- und Software ändert sich jedoch (vorerst) nichts.
57 Z. B. die Tastatur.
58 Z. B. Bildschirm, Drucker.
59 Z. B. die Festplatte.
60 <u>C</u>entral <u>P</u>rocessing <u>U</u>nit.
61 Der Tatsache, daß es sich trotz unterschiedlicher Ausführung um funktionsidentische Bestandteile des DV-Systems handeln kann, wird für den Bereich des Patentrechts durch weitgehende Gleichbehandlung von Software- und Hardwareimplementierungen Rechnung getragen, vgl. *Lehmann*, NJW 1988, S. 2421.
62 <u>A</u>nwender<u>s</u>pezifischer <u>IC</u>.
63 Vgl. *Heussen*, in: Kilian/Heussen, Abschn. 14 Rdnr. 2; *König*, Rdnr. 243 ff.
64 <u>R</u>ead <u>O</u>nly <u>M</u>emory.
65 Firmware hat den Vorteil, daß mehr Speicherplatz zur Verfügung steht und ein besseres Laufzeitverhalten als bei Zugriff auf einen gesonderten Datenträger erzielt wird.

sondern das Chipdesign selbst wird unter Zuhilfenahme von Hardwarebeschreibungssprachen[66] realisiert, wobei die Chipfunktionen zu ihrer Überprüfung nur anhand ihrer sprachlichen Beschreibung auf einem Computer simuliert werden. Die spätere Hardware liegt somit funktionsfähig in Form von Software vor, wobei die Beschreibungssprache Merkmale einer klassischen, höheren Programmiersprache aufweist.

e)   Schnittstelle

Unter einer Schnittstelle ist ein "gedachter oder tatsächlicher Übergang an der Grenze zwischen zwei gleichartigen Einheiten, wie Funktionseinheiten, Baueinheiten oder Programmbausteinen, mit den vereinbarten Regeln für die Übergabe von Daten oder Signalen" zu verstehen[67]. Die sehr abstrakte Definition und Vielzahl möglicher Schnittstellen im DV-System erschweren das Verständnis[68]. Vereinfachend formuliert, ist eine Software-Schnittstelle durch die Definition sämtlicher Ein- und Ausgabeparameter eines Programms (z. B. Speicheradressen, Übertragungsrate, Übertragungszeitpunkt) bei der Kommunikation mit einem anderen Element des DV-Systems (z. B. einer anderen Software oder einer Datenbank) bestimmt[69].

3.   Softwarespezifische Besonderheiten

Viele der rechtlichen Probleme im Zusammenhang mit Software resultieren aus ungewöhnlichen Eigenschaften und anderen Besonderheiten.

a)   Unbegrenzte Reproduzierbarkeit

Programme sind durch elektronische Vervielfältigung im Computer beliebig oft ohne Qualitätsverlust kopierbar. Jedes der Vervielfältigungsstücke besitzt exakt die gleichen Eigenschaften wie das Original und ist von diesem nicht zu unterscheiden. Dies resultiert daraus, daß jedes Programm unabhängig vom Speichermedium als eine endliche Folge von bits[70] dargestellt ist und sich daher bit für bit kopieren läßt; man könnte dies mit dem in der Biomedizin für das Kopieren von Genstrukturen verwendeten Ausdruck "klonen" bezeichnen. Die Tatsache, daß sich beliebig viele, mit dem Original identische Kopien herstellen lassen, führt zu einer extrem hohen wirtschaftlichen Verletzlichkeit. Eine ähnliche Verletzbarkeit kennt man allenfalls bei als Tonträger verwendeten

---

66 Z. B. die Sprache VHDL (V̲HSIC H̲ardware D̲escription L̲anguage, VHSIC für V̲ery H̲igh S̲peed I̲ntegrated C̲ircuit).
67 Gem. DIN 44300.
68 Vgl. *Pilny*, GRUR Int. 1990, S. 432 ff. mit weiteren Differenzierungen.
69 Vgl. auch den 11. Erwägungsgrund der EG-Richtlinie, ABl. EG 1991 Nr. L 122, S. 43.
70 b̲inary dig̲it̲s, binäre Ziffern, d. h. Null oder Eins, welche auf der Ebene der Elektronik als unterschiedliche Spannungspegel realisiert werden. Bei Zugrundelegung positiver Logik entspricht das höhere Spannungsniveau der Ziffer Eins, das niedrigere der Ziffer Null.

Compact Discs, die auf ein DAT-Band überspielt werden, wobei der Kopie kein hörbarer Qualitätsverlust anhaftet. Zu der Möglichkeit des originalgetreuen Duplizierens kommt hinzu, daß der erforderliche Aufwand minimal ist und sehr viel geringer als bei der Vervielfältigung eines Tonträgers. Selbst umfangreiche Programme lassen sich innerhalb von wenigen Minuten mittels einfachster Arbeitsschritte am Computer kopieren. Dazu ist weder besondere Sachkenntnis noch besondere technische Ausrüstung erforderlich. Setzt man diesen Umstand in Relation zu dem hohen wirtschaftlichen Wert, den Software verkörpert[71], wird offenbar, daß es sich um ein hochgradig gefährdetes Wirtschaftsgut handelt[72]. Aufgrund dieser Sensibilität ist von einem hohen, in rechtliche Vorschriften umzusetzenden Schutzbedürfnis auszugehen[73].

b) *Keine Abnutzung*

Im Gegensatz zu herkömmlichen Wirtschaftsgütern, deren Wert und Tauglichkeit sich während der Nutzungsdauer vermindert, sei es durch Verbrauch oder Verschleiß, kommt es bei Software zu keinerlei Abnutzung. Insbesondere ein Verschleiß erfolgt nicht. Das Programm behält seine volle Leistungsfähigkeit. Damit ist die mögliche Nutzungsdauer nicht durch die Lebensdauer des Programms begrenzt. Allenfalls neue technische Entwicklungen oder gestiegene ökonomische Anforderungen mindern den Wert von Software und ihre Einsatzfähigkeit[74]. Dies kann bei Auflage neuer und verbesserter Programmversionen, sogenannter Updates, zu einer vollständigen Entwertung der vorhandenen Software innerhalb weniger Jahre führen. So erfordern neue Betriebssystemversionen häufig neue Anwendungssoftware.

c) *Unabhängigkeit von konkreter körperlicher Fixierung*

Der eigentliche Wert von Software liegt in den im Programm verkörperten Gedanken: dem Algorithmus und seiner Umsetzung in eine Programmiersprache.

---

71 Siehe oben A I 1 a), S. 5.
72 Nach Schätzungen der BSA (Business Software Alliance) betrug 1989 der in Europa erlittene Umsatzverlust der Softwarehersteller durch Raubkopien fünf Mrd. US-Dollar, wobei auf die Bundesrepublik Deutschland ein Spitzenbetrag von 1,4 Mrd. Dollar entfällt, siehe Wirtschaftswoche vom 15.3.1991, S. 97. Mittlerweile hat sich der Anteil legal eingesetzter Software in Europa von 23% auf 34% erhöht. Der Schaden durch Softwarepiraterie wird auf 4,6 Mrd. US-Dollar geschätzt, wovon auf Deutschland 1,036 Mrd. Dollar entfallen, vgl. FAZ vom 8.6.1993, S. 17.
73 Dieser Gedanke zeigte sich schon bisher im Urheberrecht in § 53 Abs. 4 Satz 2 UrhG a. F., der speziell für Computerprogramme die Kopie zu privaten Zwecken untersagt hatte, und allgemein für alle Werkarten in § 97 Abs. 1 Satz 2 UrhG, einem dogmatisch schwer begründbaren Anspruch des Rechtsinhabers gegen den Verletzer auf Herausgabe des erzielten Gewinns(!), der ja schwerlich als Schaden beim Rechtsinhaber nachweisbar ist. Hier führt die hohe Verletzlichkeit des Urheberrechts zu einem entsprechend streng ausgestalteten Entschädigungsanspruch.
74 *Jochen Schneider*, Rdnr. C 93, erwähnt einen Lebenszyklus von sieben bis acht Jahren.

Die Übertragung des wirtschaftlichen Wertes des Programms ist also im weitesten Sinne Wissensübertragung und kann daher auf vielfältigste Art und Weise geschehen. Denkbar ist, unter Ausnutzung der herkömmlichen elektronischen oder optischen Speichermethoden, das Programm auf einen Datenträger zu überspielen (CD, Floppy Disk, Magnetband oder Magnetplatte) und dann den Datenträger zu übergeben. Denkbar wäre auch die Speicherung auf einem Lochstreifen wie in der Anfangszeit der Datenverarbeitung. Aber auch das handschriftliche Festhalten eines der Codes (Quellcode oder Objektcode in hexadezimaler oder binärer Schreibweise) und die Übergabe des Skripts wären eine – wenn auch umständliche und fehleranfällige – Möglichkeit zur Weitergabe. Für den Empfänger ist allein wesentlich, daß die Information bei ihm ankommt; die Art und Weise ist nebensächlich. Somit zeigt sich, daß das Kernstück der Software, das Computerprogramm, keiner festen Bindung an eine bestimmte Sache bedarf und auch nicht dauerhaft in der gleichen Form existent oder fixiert zu sein braucht, um Gegenstand des wirtschaftlichen Austauschs und damit des Rechtsverkehrs zu sein. Vollends klar wird dieses Ergebnis, wenn man die Möglichkeiten der Datenfernübertragung (DFÜ) bedenkt: Hierbei wird das Programm allein über eine physikalische Verbindung, die sogar drahtlos sein kann, von einem Rechner zum anderen übertragen, ohne während des Übertragungszeitraums in irgendeiner Form fixiert zu sein[75]. Eine Übertragung von Materie, d. h. etwas Sächlichem, findet dabei in keinster Weise statt[76].

d) Vielfalt der Erscheinungsformen

Entsprechend dem Software-Engineering-Prozeß ändern sich Gestalt und Erscheinungsform von Software während der Phasen ihrer Entstehung. Dabei ist grundsätzlich eine Entwicklung vom Abstrakten zum Konkreten, vom Allgemeineren zum Spezielleren, von der Grobstruktur zur Feinstruktur festzustellen. Im Idealfall läßt sich umgekehrt auch aus jeder nachfolgenden Stufe die vorherige ableiten. Sämtliche Erscheinungsformen, die die Software während dieses Erstellungsvorgangs einnimmt (z. B. Datenflußplan in der Definitionsphase, Funktionsmodell, Struktogramm, Programmablaufplan in der Entwurfsphase, Minispezifikationen und Quellcode in der Implementierungsphase, Objektcode beim Programmablauf), stellen eine Beschreibung desselben Com-

---

75 U. U. wird das Programm dabei sogar "zerstückelt", über verschiedene Verbindungswege gesendet und erst im Empfängercomputer wieder zusammengesetzt. Auch der vom BGH am 18. 10. 1989 (CR 1990, S. 26) entschiedene Fall ist ein Beispiel für Datenübertragung: Das Programm wurde von der Festplatte des Klägers direkt in den Computer des Beklagten überspielt.
76 Der Vorgang könnte verglichen werden mit dem des Fernkopierens mittels eines Telefaxgeräts. Beim Empfänger wird ein originalgetreues Duplikat der Vorlage erzeugt, ohne daß der Absender dabei etwas (Materielles) weggibt. Gegenbeispiel wäre das Versenden eines Briefes: Was der Absender weggibt, kommt beim Empfänger an.

puterprogramms dar, wenn auch mit unterschiedlichem Informationsgehalt je nach Abstraktionsebene[77].

e) Komplexität und Fehleranfälligkeit

Bei dem Kernstück einer Software, dem Computerprogramm, handelt es sich um ein höchst komplexes Gebilde: ineinander verschachtelte Anordnungen von Algorithmen kleineren und größeren Umfangs, die bei der Problemlösung eine Vielzahl von Fallgestaltungen erfassen sollen. Ein etwas anspruchsvolleres Programm umfaßt leicht einige Tausend Programmzeilen im Quellcode[78]. Auch ist es unmöglich, vor dem praktischen Einsatz sämtliche Variationen zu testen. Selbst bei einem sorgfältig erstellten Programm bleiben in der Regel ca. 7 Fehler pro 1000 Zeilen[79] unentdeckt, die erst nachträglich während des Praxiseinsatzes ausgebessert werden können. Es entspricht allgemeiner Überzeugung, daß ein nicht triviales Computerprogramm niemals fehlerfrei sein kann[80]. Auch insoweit unterscheidet sich Software von anderen Wirtschaftsgütern, womit sich die Frage stellt, ob das übliche Gewährleistungsrecht bei der Überlassung von Software Anwendung finden kann.

f) Vielfalt ökonomischer Gestaltungslagen

Nutzung und Überlassung von Software spielen sich vor einem komplexen wirtschaftlichen Hintergrund ab. Die vertragsbeeinflussenden Parameter wie Parteien, Vertragsgegenstand, einzuräumende Rechte und Vertragszweck unterliegen mannigfaltigen Variationen[81], die zu deutlich mehr unterschiedlichen Gestaltungslagen führen als bei anderen Wirtschaftsgütern. Dies erschwert die Schaffung einer Vertragstypologie.

4. Grundlegende Problemstellungen bei der rechtlichen Behandlung von Software

Angesichts des eigenartigen Charakters von Software und deren vielfältiger Erscheinungsweise bereitet die juristische Einordnung in die Begriffswelt des Zivilrechts Probleme. Hierbei ergeben sich vor allem drei Problemkreise:

- Handelt es sich bei Software um eine Sache oder ein immaterielles Gut?
- Welchem Rechtsschutz unterliegt Software, in welchem Maße ist sie insbesondere urheberrechtlich geschützt?
- Welches Gewährleistungsrecht findet auf Softwareverträge Anwendung?

---

77 Vgl. hierzu auch *Haberstumpf*, Rdnr. 15 f., 41 ff.
78 Vgl. Wirtschaftswoche vom 15.3.1991, S. 84.
79 Vgl. *Sneed*, ÖVD 1984, S. 28. Andere Schätzungen belaufen sich auf einen Fehler je 5 000 Programmzeilen, vgl. Wirtschaftswoche vom 15.3.1991, S. 86.
80 Vgl. *Gorny*, Fehlerbehaftete Software, S. 15; *Jochen Schneider*, Rdnr. A 167 ff.
81 Siehe unten A III, S. 63 ff.

Diese Fragestellungen sind von maßgeblicher Relevanz für die Gestaltung von Softwareverträgen und bedürfen daher vorrangiger Klärung: Die Eigenschaft von Software beeinflußt die dingliche Seite des Güteraustauschs und spielt eine Rolle bei der Anwendbarkeit des jeweiligen Gewährleistungsrechts. Der Rechtsschutz von Software beeinflußt das gesamte vertragliche Gefüge[82], insbesondere die Hauptleistungspflichten der Vertragspartner, damit den Vertragstypus und ebenfalls die Art des Verfügungsgeschäfts, vor allem im Falle einer Lizenzierung[83]. Das gesetzlich anwendbare Gewährleistungsrecht begrenzt die vertraglichen Ausgestaltungsmöglichkeiten der Parteien im Rahmen von AGB. Sämtliche Problematiken sind miteinander verknüpft und müssen letztlich einer juristisch konsequenten und ökonomisch sinnvollen Gesamtlösung zugeführt werden. Dabei stellt sich als zentrale Vorfrage diejenige des Rechtsschutzes von Software.

II. RECHTLICHE GRUNDLAGEN: VERTRAGSTYPOLOGIE BEI DER ÜBERLASSUNG VON SOFTWARE

Die Entwicklung der Vertragsarten für die Softwareüberlassung war lange Zeit weniger von einer wirtschaftlichen oder rechtlichen Evolution, sondern vielmehr von technischem Fortschritt und Machbarkeit geprägt. Solange – wie in der Anfangsphase der EDV – Hardware und Software nur gebündelt erworben werden konnten und zudem eine Kompatibilität[84] zwischen Hardware und Software verschiedener Hersteller nicht existierte, war die Überlassung von Software nur ein Zusatz zum Erwerb der Hardware[85]. Entsprechend wurde auch in der rechtlichen Behandlung im wesentlichen auf den Hardwarevertrag, der in vielen Fällen ein Kauf- oder Leasingvertrag war, abgestellt[86]. Erst mit der Vertriebstechnik des Unbundling, d. h. des losgelösten Vertriebs der Software von der Hardware, und der Schaffung von Industriestandards, die Kompatibilität im Verhältnis zu Hardware verschiedener Hersteller garantierten, entwickelten sich ein eigener Markt für Software und damit auch Ansätze eines Softwarevertragsrechts. In den Mittelpunkt rückten hier Lizenz- und Kaufverträge bezüglich einzelner Programmkopien[87]. Nach einer Etablierung der Unbundling-Strategie sind neuerdings wieder Versuche, Software im Bundling zu ver-

---

82 Vgl. nur *Junker*, NJW 1992, S. 1736, 1739.
83 Der Begriff "Lizenz" wird hier und im folgenden umfassend verwendet, auch soweit es sich um urheberrechtliche Nutzungsrechte handelt. Unter "Lizenz" wird ein (urheberrechtliches) Nutzungsrecht verstanden, unter "Lizenzierung" der Vorgang der Rechtseinräumung und unter "Lizenzvertrag" das schuldrechtliche Geschäft, welches der Lizenzierung zugrundeliegt. Zur Terminologie siehe auch unten A II 2 h), S. 54.
84 Unter Kompatibilität ist eine Verträglichkeit der Elemente eines DV-Systems oder auch ihre Austauschbarkeit, die auf Funktionsgleichheit beruht, zu verstehen. Auch der Begriff Interoperabilität findet Verwendung, siehe unten B I 5 b), S. 140.
85 Vgl. *Sucker*, CR 1989, S. 473.
86 Vgl. *Kilian*, Softwaremängel, S. 20.
87 Vgl. *Kindermann*, GRUR 1983, S. 152.

treiben, festzustellen[88]. Der stückzahlmäßig bedeutende Bereich der Standardsoftware für PC wird jedoch immer stärker von miteinander interoperablen, sog. offenen Systemen beherrscht[89].

Mit der Entstehung eines Softwaremarktes rückten softwarerechtliche Gesichtspunkte bei der Vertragsgestaltung in den Vordergrund. Insbesondere zu Beginn der achtziger Jahre wurde dabei von einem Urheberrechtsschutz für Software ausgegangen – mit der Konsequenz einer lizenzvertraglichen Beurteilung der Überlassungsverträge. Die höchstrichterliche Rechtsprechung[90] hat diese Tendenz jedoch durch restriktive Beurteilung der Schutzfähigkeit trotz gesetzlicher Verankerung in § 1 Abs. 1 Nr. 1 UrhG stark geschwächt. Damit war eine lizenzvertragliche Einordnung von Softwareüberlassungsverträgen nur in seltenen Fällen möglich. An Bedeutung gewannen klassische Vertragsmuster wie reiner Kauf- oder Werkvertrag. Diese Entwicklung ist jedoch in Umkehr begriffen. Denn die Konsequenzen der mit Wirkung zum 24.6.1993 durchgeführten Novelle des Urheberrechtsgesetzes sind zu berücksichtigen und lassen wieder eine zentrale Bedeutung des urheberrechtlichen Lizenzvertrages bei der Überlassung von Software erwarten.

Eine klare Zuordnung der jeweiligen Softwareüberlassung zu spezifischen Vertragstypen ist angesichts der enormen Vielfalt an wirtschaftlichen Gestaltungslagen[91] von erheblicher Bedeutung. Andernfalls kann ein rechtssicherer und wirtschaftlich kalkulierbarer Güteraustausch nicht gewährleistet werden. Neben ökonomischen Bedürfnissen sprechen vor allem praxisrelevante juristische Gründe für eine klar abgegrenzte Vertragssystematik bei der Softwareüberlassung[92]: Ohne Ermittlung des Vertragstyps ist es nicht möglich, die Leitbildfunktion des dispositiven Gesetzestextes im Rahmen einer AGB-Prüfung gemäß §§ 3, 9 AGBG zu berücksichtigen. Dies ist um so wichtiger, als sich der weitaus größte Teil der Softwareüberlassungsverträge in Form von AGB-Verträgen präsentiert. Weiterhin muß der Vertragstyp feststehen, um das anzu-

---

88 So zum Beispiel IBM im Rahmen der Marketing-Aktion für PS/1, die Siemens-Nixdorf AG vielfach bei Branchensoftware oder der bis vor kurzem auf dem deutschen Markt aktive Computerhersteller NeXT mit umfassender Softwareausrüstung zur Hardware. NeXT hat mittlerweile die Produktion von Hardware eingestellt und sich auf die Erstellung von Software beschränkt, vgl. Wirtschaftswoche vom 4.6.1993, S. 8 f.
89 Neuere Tendenzen gehen dahin, daß Programme, die für spezifische Mikroprozessoren geschrieben wurden, mit Hilfe von Softwarelösungen auch auf anderer Hardware zum Einsatz kommen können. So ist z. B. die Emulation eines DOS-Systems (welches auf einem Intel-Prozessor basiert) auf einem Apple-Computer (mit Motorola-Prozessor) möglich. Einen weiteren Schritt in Richtung offener Systeme verspricht die Markteinführung des PowerPC, vgl. MACup 10/93, S. 66.
90 Urteil vom 9.5.1985, BGHZ 94, S. 276 ff. – Inkassoprogramm; Urteil vom 4.10.1990, CR 1991, S. 80 ff. – Betriebssystem. Im einzelnen zur Entwicklung im Urheberrecht und zur urheberrechtlichen Schutzfähigkeit siehe unten A II 1 b) aa), S. 22 ff.
91 Siehe im einzelnen A III.
92 Vgl. *Junker*, S. 152 ff.; *Jochen Schneider*, Rdnr. D 64 ff.

wendende Gewährleistungsrecht bestimmen zu können. Je nach Vertragstyp sind insbesondere Schadensersatz- und Nachbesserungsanspruch sowie Verjährungsregelung in Voraussetzungen und Rechtsfolge unterschiedlich ausgestaltet[93].

Trotz intensiver Diskussion über die Einordnung und Systematik von Softwareüberlassungsverträgen[94], hat sich bisher ein Konsens nicht gebildet[95]. Teilweise werden einzelne Vertragstypen, auch solche sui generis, als universelle Lösung vorgeschlagen, teilweise gemischt-typische Verträge angenommen. Häufig wird jedoch der Vertragstyp nur ungenügend am jeweiligen Regelungsgehalt ausgerichtet. Erste detaillierte, richtungsweisende Ansätze zur Differenzierung enthält die neuere Literatur[96].

1. Allgemeiner Teil

Bevor die einzelnen Vertragstypen dargestellt und in ihrer Bedeutung beurteilt werden können, sind im folgenden eine Reihe von Vorfragen zu klären, insbesondere diejenigen nach der rechtlichen Qualität und dem Schutz von Software.

---

93 Vgl. *Jochen Schneider*, Rechtsfragen, S. 18 f.
94 Vgl. die Beiträge von *Bartl*, Rechtliche Problematik der Softwareverträge, BB 1988, S. 2122 ff.; *Bartsch*, Softwareüberlassung – was ist das? CR 1992, S. 393 ff.; *Bösert*, Nießbrauch an Computerprogrammen; *Dörner/Jersch*, Die Rechtsnatur der Software-Überlassungsverträge, IuR 1988, S. 137 ff.; *Engel*, Mängelansprüche bei Software-Verträgen, BB 1985, S. 1159 ff.; *Geissler/Pagenberg*, Der Software-Lizenzvertrag in der Praxis, in: Lehmann (Hrsg.), Rechtsschutz und Verwertung von Computerprogrammen, S. 393 ff.; *Haberstumpf*, Software-Urhebervertragsrecht im Lichte der bevorstehenden Umsetzung der EG-Richtlinie über den Rechtsschutz von Computerprogrammen, GRUR Int. 1992, S. 715 ff.; *Heussen*, Urheber- und lizenzrechtliche Aspekte bei der Gewährleistung für Computersoftware, GRUR 1987, S. 779 ff.; *Hoeren*, Softwareüberlassung als Sachkauf; *ders.*, Softwareüberlassung an der Schnittstelle von Urheber- und Vertragsrecht, GRUR 1988, S. 340 ff.; *Kindermann*, Vertrieb und Nutzung von Computersoftware aus urheberrechtlicher Sicht, GRUR 1983, S. 150 ff.; *Köhler*, Die Herstellung und Überlassung von Software im bürgerlichen Recht, in: Lehmann (Hrsg.), Rechtsschutz und Verwertung von Computerprogrammen, S. 340 ff.; *Köhler*, Rechtsfragen zum Softwarevertrag, CR 1987, S. 827 ff.; *König*, Das Computerprogramm im Recht; *Lehmann*, Das neue Software-Vertragsrecht – Verkauf und Lizenzierung von Computerprogrammen, NJW 1993, S. 1822 ff.; *Link*, Die Auswirkungen des Urheberrechts auf die vertraglichen Beziehungen bei der Erstellung von Computerprogrammen, GRUR 1986, S. 141 ff.; *Lutz*, Lizenzierung von Computerprogrammen, GRUR 1976, S. 331 ff.; *Malzer*, Der Softwarevertrag; *Marly*, Softwareüberlassungsverträge; *Mehrings*, Computersoftware und Mängelhaftung, GRUR 1985, S. 189 ff.; *Moritz/Tybusseck*, Computersoftware, Rechtsschutz und Vertragsgestaltung, 2. Auflage 1992; *Moritz*, Softwarelizenzverträge, I, II und III, CR 1993, S. 257 ff., 341 ff., 414 ff.; *Sickinger*, Vertrieb von Standardsoftware; *Sucker*, Lizenzierung von Computersoftware, I und II, CR 1989, S. 353 ff., 468 ff.
95 So auch *Bösert*, S. 137.
96 Vgl. u. a. *Marly*, S. 417 ff. mit Musterverträgen.

a) Rechtliche Qualität von Software

Von einer beachtlichen Mindermeinung wird Software als Sache angesehen[97]. Hauptargumente hierbei sind die Datenträgergebundenheit der Software sowie Vergleiche mit Buch[98], Schallplatte, Videokassette[99] und Werkzeug. Entsprechend wird die Qualifizierung als Sache häufig nur auf Standardsoftware bezogen oder auf den Fall der Überlassung auf einem Datenträger beschränkt[100]. Schon diese Beschränkung zeigt die Unvollkommenheit der Einordnung als Sache: Denn warum sollte Software ihre Eigenschaft ändern, wenn sie per Datenfernübertragung (DFÜ) übermittelt wird und so das gleiche Ergebnis (Programmkopie beim Erwerber) lediglich auf andere technische Art und Weise herbeigeführt wird? Angesichts ständig wachsender Inanspruchnahme von Datenfernübertragung und Netzbetrieb kann zukünftig möglicherweise nicht mehr von einem Standardfall[101] der Diskettenübergabe ausgegangen werden. Die Bezeichnung der Datenfernübertragung als bloßer "Vertriebstypus"[102] verkennt die Typizität und die Üblichkeit dieser Übertragungsform. Von einer bloß vereinzelten Praxis kann nicht mehr die Rede sein. Gerade bei der Datenfernübertragung zeigt sich der besondere und typische Charakter von Software, unabhängig vom Medium und von der konkreten Verkörperung dasselbe (eben immaterielle) Gut zu repräsentieren. Auch falls die kopierte Originaldiskette vom Erwerber zurückgegeben wird, fehlt es – trotz Übermittlung mittels Datenträger (!) – an einer zu übereignenden Sache. Die Auffassung von der Sacheigenschaft von Software beruht auf einer insoweit ungenügenden Differenzierung zwischen der Software als solcher und den einzelnen im Umlauf befindlichen Kopien bzw. auf mangelnder Abstraktion bei datenträgerbezogener Sichtweise[103].

Das Argument, jede Softwareübertragung, auch diejenige per Datenfernübertragung, habe eine weitere Verkörperung als Zielsetzung[104], kann nicht über-

---

97 Vgl. *Bösert*, S. 150 f.; *Dörner/Jersch*, IuR 1988, S. 141 f., soweit auf einem Datenträger verkörpert; *Hoeren*, S. 36, 57; ders., GRUR 1988, S. 342 ff.; ders., CR 1988, S. 908; *König*, Rdnr. 403; ders., CR 1989, S. 375 für Standardsoftware; ders., NJW 1989, S. 2605; ders., CR 1990, S. 110; ders., NJW 1990, S. 1584; *Marly*, Rdnr. 75 ff.; ders., BB 1991, S. 432 ff.; *Palandt/Putzo*, § 535 Rdnr. 2; *Soergel/Huber*, Vor § 433 Rdnr. 153; *v. Westphalen/Marly*, Rdnr. 46 ff.; wohl auch *Bartsch*, CR 1992, S. 395; OLG Stuttgart, NJW 1989, S. 2635 f.; BGH, Urteil vom 18.10.1989, BGHZ 109, S. 97 ff. = CR 1990, S. 26; BGH, Urteil vom 4. 11. 1987, BGHZ 102, S. 135 ff. = CR 1988, S. 124 ff. = DB 1988, S. 105 ff. = JZ 1988, S. 460 ff. = WM 1987, S. 1492 ff. für Standardsoftware.
98 *Hoeren*, GRUR 1988, S. 342; *Junker*, S. 157; *Kindermann*, GRUR 1983, S. 159; *Marly*, Rdnr. 80.
99 *Hoeren*, GRUR 1988, S. 342.
100 Oft erfolgt auch eine Einschränkung auf das Computerprogramm oder ein einzelnes Exemplar der Software.
101 *Hoeren*, S. 21 f.
102 *Marly*, Rdnr. 85; ders., BB 1991, S. 435.
103 Vgl. hierzu die lesenswerte und pointierte Argumentation von *Redeker*, NJW 1992, S. 1739 f.
104 Vgl. *Marly*, Rdnr. 86; ders., BB 1991, S. 435.

zeugen. Diese Argumentation gerät mit dem juristischen Begriff der Übergabe in nahezu unüberwindlichen Widerspruch[105]: Die Verkörperung auf der Seite des Empfängers ist eine gänzlich andere als diejenige auf der Seite des Sendenden. Dieser wiederum gibt gerade keine Sache weg. Auf diesen Vorgang die Vorschriften der Sachübergabe anwenden zu wollen, sei es durch weite Auslegung oder im Wege der Analogie[106], nur, um eine Gleichbehandlung mit einer Datenträgerübergabe zu erzielen, erscheint nicht einleuchtend. Denn nichts spricht dagegen, daß die Übertragung von Software im einen Fall mittels der Übereignung einer Sache (dem Datenträger), im anderen Fall durch Überspielen und Herstellen einer neuen Kopie erfolgen kann[107]. Auch die Motivation für eine derart gezwungene juristische Konstruktion bleibt im unklaren: Qualifiziert man Software als Sache, so können dennoch angesichts urheberrechtlicher Schutzfähigkeit die Regeln des reinen Sachkaufes nicht zur Anwendung kommen; eine Nutzungsrechtsverschaffung bleibt unumgänglich. Qualifiziert man Software als immaterielles Gut, so ist dennoch die Anwendbarkeit des Sachmängelgewährleistungsrechts möglich[108].

Mag auch der Erhalt des Datenträgers häufig ein wichtiger Schritt bei der Beschaffung von Software sein, zentrales Anliegen des Abnehmers aber ist die Verwendungsmöglichkeit der Software durch Aufnahme in den Arbeitsspeicher, nicht Eigentumserwerb an einer Diskette. Die Programmkopie als solche auf der Festplatte oder Diskette ist nachrangig. Wichtig ist, daß sie in den Arbeitsspeicher übernommen werden darf.

---

[105] Dies erkennt auch *Bösert*, S. 171, der Sachqualität annimmt. Allerdings erscheint ihm dieses Hindernis bei der von ihm propagierten, eigenwilligen Lösung der Einräumung eines Nießbrauchsrechts an einer Sache als umschiffbar: Das Nießbrauchsrecht werde eben gem. §§ 929 Satz 2, 1032 Satz 2, 1. Hs. BGB begründet – eine Ansicht, die sich nur schwer mit sachenrechtlichen Grundsätzen vereinbaren läßt, wie die recht lebensfremden Ausführungen auf S. 172 ff. belegen. Nach *Bösert*, S. 176 ff., stellt sogar die Programmfixierung selbst eine Sache dar und zwar auch dann, wenn sie sich mit anderen Programmfixierungen vermengt auf ein- und derselben Festplatte befindet. Damit wird die einzelne, nur elektromagnetisch wahrnehmbare Bitfolge zur Sache. Das bedeutet, daß *Bösert* die Ausrichtung der einzelnen Magnetpartikel darüber entscheiden läßt, ob eine neue Sache vorliegt (im Falle der bespielten gegenüber der unbespielten Festplatte) und wo die eine Sache von der anderen abzugrenzen ist (im Falle mehrerer Programmfixierungen). Damit wird kurzerhand Information zur Sache umdefiniert – eine abzulehnende Ansicht.
[106] Vgl. *Marly*, Rdnr. 86; *ders.*, BB 1991, S. 435, der ersteres befürwortet und mit der Entbehrlichkeit der Publizitätsfunktion im Falle der Neuschaffung einer Programmkopie argumentiert. Unklar bleibt dennoch, wie bei der Duplizierung einer "Sache" eine Übergabe vorliegen soll.
[107] Zur Problematik des Verbreitungsbegriffs in diesem Zusammenhang siehe unten B I 3 c), S. 115 f.
[108] Eine derartige Analogie ist auch schon für andere immaterielle Güter anerkannt, vgl. unten B IV 2 b), S. 172.

Die zum Beleg der Sacheigenschaft zitierte Rechtsprechung[109] kann nicht als zwingendes Argument angesehen werden. Denn die Qualifizierung als Sache durch die Rechtsprechung erfolgte zielorientiert, um eine Anwendbarkeit des Sachmängelgewährleistungsrechts bzw. des Abzahlungsgesetzes zu erreichen. Beides ist jedoch auch bei Annahme eines immateriellen Gutes nicht ausgeschlossen[110]. Sogar in der Entscheidung vom 4. 11. 1987[111] führt der BGH trotz nachfolgender Anwendung der §§ 459 ff. BGB aus, daß der eigentliche wirtschaftliche Wert in gespeicherten Informationen liegt, "die als solche eine geistige Leistung ... , jedenfalls ein immaterielles Gut darstellen".

Die Vergleiche mit Buch oder Schallplatte gehen ebenfalls fehl[112]. Zu deren wirtschaftlicher Verwertung ist immer wieder der Rückgriff auf das erhaltene Exemplar erforderlich. Dem Erwerber kommt es hierbei auch auf die Verkörperung gerade in der bestimmten Form an. Wer eine Schallplatte kauft, möchte nicht ein Magnetband mit der gleichen Musik haben. Anders ist es bei Software: Das erworbene Exemplar wird nahezu immer auf die Festplatte kopiert. Welches Mittel dabei zum Datentransfer gewählt wird, ob Diskette, Magnetband, CD-ROM oder DFÜ, dem Erwerber egal. Im Unterschied zu Buch oder Schallplatte, bei denen der Datenträger ebenfalls wirtschaftlich im Hintergrund steht, ist hier eine **Trennung von Inhalt und Medium** möglich[113]. Die Software wird dabei bereits durch den Inhalt repräsentiert, das Medium ist nachrangig.

Daher ist mit der herrschenden Meinung Software als **immaterielles Gut** zu betrachten[114]. Als strukturierte Anweisung zur Problemlösung stellt sie ein geisti-

---

109 Insbesondere BGH, Urteil vom 4.11.1987, CR 1988, S. 124 ff. und Urteil vom 25.3.1987, CR 1987, S. 358 ff. Diese Urteile sind vielfach unrichtig beurteilt worden im Hinblick auf ihre Aussagen über Sachqualität und Sachkauf.
110 Dies zeigen für das Abzahlungsgesetz insbesondere die Entscheidungen des OLG Stuttgart, NJW 1989, S. 2635 f. und bestätigend des BGH, Urteil vom 18.10.1989, CR 1990, S. 26 ff. Das Abzahlungsgesetz ist mittlerweile vom Verbraucherkreditgesetz ersetzt worden, welches eine Sacheigenschaft ohnehin nicht mehr voraussetzt. Vgl. ferner unten B IV 2 b), S. 172 zum Gewährleistungsrecht.
111 CR 1988, S. 126.
112 Vgl. *Ruppelt*, CR 1988, S. 994 f.
113 Anders sieht dies *Hoeren*, S. 32.
114 Vgl. *Bormann/Bormann*, DB 1991, S. 2644; *Brandi-Dohrn*, CR 1986, S. 66; *Engel*, BB 1985, S. 1160; *ders.*, CR 1986, S. 706; *Habel*, CR 1991, S. 260; *Haberstumpf*, Rdnr. 1; *Heymann*, CR 1990, S. 112; *Junker*, S. 157 f., 162; *ders.*, WM 1988, S. 1218; *Gorny/Kilian*, S. 21; *Koch*, Rdnr. 551; *Köhler/Fritzsche*, Rdnr. 7; *Kolle*, GRUR 1974, S. 8 f.; *Lesshaft/Ulmer*, CR 1991, S. 519; *zur Megede*, S. 51; *ders.*, NJW 1989, S. 2582; *Mehrings*, DB 1987, S. 1405; *ders.*, NJW 1986, S. 1905; *ders.*, GRUR 1985, S. 192; *Redeker*, NJW 1992, S. 1739 f.; *Pötzsch*, CR 1989, S. 1063; *Ruppelt*, CR 1988, S. 994 f.; *Jochen Schneider*, Rdnr. G 156; *Jörg Schneider*, S. 66 f., 73; *MüKo/Soergel*, § 631 Rdnr. 80; *Ulmer/Kolle*, GRUR Int. 1982, S. 493 ff.; *MüKo/Westermann*, § 433 Rdnr. 20; BFH, Urteil vom 3. 7. 1987, CR 1987, S. 576; BFH, Urteil vom 2. 9. 1988, CR 1989, S. 295; OLG Stuttgart, Urteil vom 3.1.1986, CR 1986, S. 640; Schreiben des Bundesministers für Finanzen vom 20.2.1992, CR 1992, S. 317 f., wobei allerdings triviale Software steuerlich als bewegliches Wirtschaftsgut angesehen wird; stark differenzierend *Bömer*, S. 32 ff. *Ki-*

Fortsetzung nächste Seite

ges und informationelles Gut dar. Dafür spricht auch die Charakterisierung von Software als Know-how[115]. Der Datenträger tritt, falls er überhaupt übereignet wird, auch bei wirtschaftlicher Betrachtung völlig hinter dem darauf verkörperten Programm zurück; er macht nur einen vernachlässigbaren Bruchteil des Entgelts aus. Unabhängig vom konkreten Vertrag und der Art der Überlassung stellt Software somit ein immaterielles Gut dar.

b)   Rechtsschutz von Software

Die hohe Verletzlichkeit von Software[116] erfordert deren verstärkten Schutz. Andernfalls wäre die Verkehrsfähigkeit als Wirtschaftsgut nicht gesichert. Da ein ausreichender technischer Schutz bisher nicht praktikabel erscheint[117], kommt dem rechtlichen Schutz verstärkte Bedeutung zu. Der Rechtsschutz von Software ist aus diesem Grunde und wegen seines Einflusses auf die Vertragsgestaltung eine der zentralen Fragen des Softwarerechts. In Betracht kommen folgende Formen rechtlichen Schutzes:

aa)   Urheberrechtlicher Schutz

Die Urheberrechtsschutzfähigkeit von Software ist ausführlich diskutiert worden[118]. Nach enttäuschenden und ökonomisch kurzsichtigen Urteilen des

---

lian, S. 35, bezeichnet Software als Rechtsgesamtheit: "repräsentiert aber keine Sache, sondern als informationelles Gut eine Rechtsgesamtheit. Es geht um die Nutzung eines Rechts, nämlich von Know How oder eines Urheberrechts. Beim Kauf von Rechten..."
115   Vgl. hier nur *Geissler/Pagenberg*, Rdnr. 19 f., für den Quellcode.
116   Siehe oben A I 1 a), S. 5.
117   Vgl. *Bartl*, BB 1988, S. 2126 Fn. 52, 53.
118   Neben anderen: *Adloff*, Rechtsschutz der Computersoftware, S. 70 ff.; *Bösert*, Nießbrauch an Computerprogrammen, S. 110 ff.; *Bornmüller*, Rechtsschutz für DV-Programme, S. 91 ff.; *Buchmüller*, Urheberrecht und Computersoftware, S. 57 ff.; *Erdmann/Bornkamm*, Schutz von Computerprogrammen, GRUR 1991, S. 877 ff.; *v. Gamm*, Der urheber- und wettbewerbsrechtliche Schutz von Rechenprogrammen, WRP 1969, S. 96 ff.; *Haberstumpf*, UFITA Bd. 95 (1983), S. 221 ff.; *ders.*, Grundsätzliches zum Urheberrechtsschutz von Computerprogrammen nach dem Urteil des Bundesgerichtshofs vom 9. Mai 1985, GRUR 1986, S. 222 ff.; *ders.*, Der urheberrechtliche Schutz von Computerprogrammen, in: Lehmann (Hrsg.), Rechtsschutz und Verwertung von Computerprogrammen, 2. Aufl., Köln 1993, S. 69 ff.; *Jersch*, Ergänzender Leistungsschutz und Computersoftware, S. 131 ff.; *Koch*, Rechtsschutz für Benutzeroberflächen von Software, GRUR 1991, S. 180 ff.; *Kindermann*, Urheberrechtsschutz von Computerprogrammen, CR 1989, S. 880 ff.; *König*, Das Computerprogramm im Recht, Rdnr. 441 ff.; *Kullmann*, Der Schutz von Computerprogrammen und -chips in der Bundesrepublik Deutschland und den USA, S. 62 ff.; *Lehmann*, Der Rechtsschutz von Computerprogrammen in Deutschland, NJW 1988, S. 2419 ff.; *Loewenheim*, Möglichkeiten des Rechtsschutzes für Computerprogramme, CR 1988, S. 799 ff.; zur *Megede*, Rechtsschutz von Software, S. 20 ff.; *Moritz/Tybusseck*, Computersoftware, Rechtsschutz und Vertragsgestaltung, Rdnr. 104 ff.; *Nordemann*, Der urheberrechtliche Schutz der Computer-Software, ZUM 1985, S. 10 ff.; *Preuß*, Der Rechtsschutz von Computerprogrammen – unter besonderer Berücksichtigung der Systematik des Immaterialgüterrechts, S. 139 ff.; *Röttinger*, Die Diskussion zum Rechtsschutz von Computerprogrammen

Fortsetzung nächste Seite

BGH[119] kann jetzt angesichts der Umsetzung der am 14.5.1991 vom EG-Ministerrat verabschiedeten EG-Richtlinie über den Rechtsschutz von Computerprogrammen[120] durch das Zweite Gesetz zur Änderung des Urheberrechtsgesetzes vom 9.6.1993[121] von einem erheblich höheren Anteil urheberrechtsschutzfähiger Software ausgegangen werden.

(1) Die Entwicklung im Urheberrecht – Schutzvoraussetzungen

Angesichts eines breiten, auch von der Rechtsprechung getragenen Konsenses ging man zu Beginn der achtziger Jahre verstärkt von einem urheberrechtlichen Schutz für Software aus. Diese Entwicklung wurde vom BGH durch sein Inkassoprogramm-Urteil[122] vom 9.5.1985 stark gebremst. Denn der BGH hatte in diesem Urteil die Anforderungen für einen Schutz nach dem UrhG sehr hoch angesetzt. Danach sollte ein Programm nur dann schutzfähig sein, wenn "sich nach Maßgabe eines Gesamtvergleichs mit dem Vorbekannten schöpferische Eigenheiten feststellen" lassen, welche "dem Schaffen eines Durchschnittsprogrammierers gegenüberzustellen" sind und dies "ein deutliches Überragen der Gestaltungstätigkeit in Auswahl, Sammlung, Anordnung und Einteilung der

---

in der BRD, in Österreich und der Schweiz in den vergangenen 20 Jahren, IuR 1987, S. 93 ff.; *Schlatter*, Der Rechtsschutz von Computerspielen, Benutzeroberflächen und Computerkunst, in: Lehmann (Hrsg.), Rechtsschutz und Verwertung von Computerprogrammen, 2. Aufl. 1993, S. 169 ff.; *Schulze*, Urheberrechtsschutz von Computerprogrammen – geklärte Rechtsfrage oder bloße Illusion?, GRUR 1985, S. 997 ff.; *Syndikus*, Computerspiele und Urheberrecht, CR 1988, S. 819 ff.; *Troller*, Der urheberrechtliche Schutz von Inhalt und Form der Computerprogramme, CR 1987, S. 213 ff., 278 ff., 352 ff.; *Ulmer/Kolle*, Der Urheberrechtsschutz von Computerprogrammen, GRUR Int. 1982, S. 489 ff.; *Wenzel*, Problematik des Schutzes von Computerprogrammen, GRUR 1991, S. 105 ff., der die Zahl der bis dahin einschlägigen Veröffentlichungen auf 400 schätzt; *Wittmer*, Der Schutz von Computersoftware – Urheberrecht oder Sonderrecht?
119 Vgl. Urteil vom 9.5.1985, BGHZ 94, S. 276 ff. – Inkassoprogramm; Urteil vom 4.10.1990, CR 1991, S. 80 ff. – Betriebssystem.
120 Abgedruckt in GRUR Int. 1991, S. 545 ff., ABl. EG 1991 Nr. L 122, S. 42 ff.
121 BGBl. I 1993, S. 910 f.
122 Urteil des BGH vom 9.5.1985, Aktz. I ZR 52/83, BGHZ 94, S. 276 ff., CR 1985, S. 22 ff. = BB 1985, S. 1747 ff. = WM 1985, S. 1235 ff. = EBE/BGH 1985, S. 362 ff. = DB 1985, S. 2397 ff. = GRUR 1985, S. 1041 ff. = NJW 1986, S. 192 ff. = MDR 1986, S. 121 f. = IuR 1986, S. 18 ff. = EWiR 1985, S. 907 f. = ZUM 1986, S. 39 ff. = BlPMZ 1986, 127-127 (L1-2) = RDV 1985, S. 36 ff. – Inkassoprogramm.

Informationen und Anweisungen" ergibt[123]. Aufgrund dieser besonderen Schöpfungshöhe war die "kleine Münze" des Programmiererschaffens im Unterschied zu anderen Sprachwerken[124] ungeschützt. Der Vorsitzende des befaßten Urheberrechtssenats des BGH, *v. Gamm*, schätzte selbst, daß allenfalls 5 % der Software urheberrechtlich geschützt seien[125]. Auch die Aufnahme der Datenverarbeitungsprogramme in den Werkekatalog des § 2 Abs. 1 UrhG durch die klarstellende Urheberrechtsreform vom 24.6.1985 konnte die restriktive Gewährung von Urheberrechtsschutz durch die Rechtsprechung nicht korrigieren. Dies mußte bei Computerprogrammen umso mehr beunruhigen, da hier die "kleine Münze" oft bereits beträchtliche Werte verkörpert. Damit konnte das Urheberrecht die ihm grundsätzlich zugewiesene Funktion, Verwertbarkeit und Verkehrsfähigkeit von Software durch Gewährung eines Property Right zu fördern, nicht erfüllen. Entsprechend stark war die Kritik am BGH[126]. Doch davon unbeeindruckt fällte der BGH das zweite Urteil[127] zum Urheberrechtsschutz von Software, in welchem ersteres ausdrücklich bestätigt wurde. Eine kleine Abweichung zugunsten eines Schutzes ließ sich allerdings feststellen[128]:

> Vergleichsmaßstab für die Ermittlung der nötigen Gestaltungshöhe ist im konkreten Einzelfall das alltägliche, durchschnittliche Schaffen bei der Programmerstellung, das auf einer mehr oder weniger routinemäßigen, handwerksmäßigen, mechanisch-technischen Aneinanderreihung und Zusammenfügung des Materials beruht. Dagegen wäre es verfehlt, dem Urheber der in Frage stehenden Formgestaltung einen durchschnittlichen oder »ähnlich guten« Gestalter als Vergleichsperson gegenüberzustellen.

Die Diskrepanz, die durch die höchstrichterliche Rechtsprechung im Verhältnis zur ausländischen Rechtslage erzeugt wurde, war vielfach Anlaß zur Kritik[129]. Gerade angesichts der Tatsache, daß Software ein in hohem Maße international gehandeltes Wirtschaftsgut ist und ihre Verfügbarkeit eine Schlüsselfunktion in

---

123 Zustimmend zum Urteil des BGH: *W. Erdmann*, CR 1986, S. 253 f., der dem Senat allerdings selbst angehört; *Schulze*, GRUR 1985, S. 1002 und wohl *Hubmann/Rehbinder*, S. 88 f.
124 Vgl. *Lehmann*, CR 1991, S. 150 f.; *Schricker/Loewenheim*, § 2 Rdnr. 17; *Fromm/Nordemann/Vinck*, § 2 Rdnr. 44; BGH, GRUR 1981, S. 521 – Fragensammlung.
125 *v. Gamm*, GRUR 1986, S. 731.
126 Vgl. *Adloff*, S. 127; *Bauer*, CR 1985, S. 9 f.; *Ensthaler*, GRUR 1991, S. 881 ff. mit einer von der herrschenden Meinung abweichenden Interpretation der Rechtsprechung; *v. Gravenreuth*, BB 1985, S. 2002; *Haberstumpf*, GRUR 1985, S. 222; *ders.*, GRUR 1986, S. 234; *ders.*, Rdnr. 79 ff.; *Harte-Bavendamm*, in: Kilian/Heussen, Abschnitt 54 Rdnr. 20; *Herberger*, IuR 1986, S. 235; *Holländer*, CR 1991, S. 716 f.; *Ilzhöfer*, CR 1988, S. 426; *Kindermann*, CR 1989, S. 882 f.; *Lehmann*, CR 1991, S. 150; *ders.*, CR 1990, S. 94 f.; *Lehmann/Schneider*, RDV 1990, S. 70 f.; *Lesshaft/Ulmer*, CR 1991, S. 520; *Loewenheim*, CR 1988, S. 800; *Schricker/Loewenheim*, § 2 Rdnr. 80; *Moritz/Tybusseck*, Rdnr. 172 ff.
127 Urteil vom 4.10.1990, Aktz. I ZR 139/89, CR 1991, S. 80 ff.; Besprechungen von *Haberstumpf*, NJW 1991, S. 2106; *Lehmann*, CR 1991, S. 150 f.; *Syndikus*, ZUM 1991, S. 534 f.
128 CR 1991, S. 85.
129 Vgl. *Haberstumpf*, NJW 1991, S. 2106; *Lehmann*, CR 1989, S. 688; *ders.*, CR 1989, S. 1057; *ders.*, CR 1991, S. 150; *Lesshaft/Ulmer*, CR 1991, S. 520; *Loewenheim*, CR 1988, S. 806; *Moritz/Tybusseck*, Rdnr. 149 f.; *Sucker*, CR 1989, S. 354.

einer Volkswirtschaft einnimmt[130], entschloß sich die EG zur Verabschiedung der EG-Richtlinie 91/250/EWG über den Rechtsschutz von Computerprogrammen[131] zur Harmonisierung der Rechtslage[132]. Vermieden werden sollte Urheberschutzfähigkeit in nur einzelnen EG-Staaten. Zum Urheberrechtsschutz bestimmt Art. 1 Abs. 3 der Richtlinie[133]:

> Computerprogramme werden geschützt, wenn sie individuelle Werke in dem Sinne darstellen, daß sie das Ergebnis der eigenen geistigen Schöpfung ihres Urhebers sind. Zur Bestimmung ihrer Schutzfähigkeit sind keine anderen Kriterien anzuwenden.

Damit ist der Rechtsprechung des BGH eine klare Absage erteilt worden[134]. Maßgeblich ist nicht ein "deutliches Überragen der Gestaltungstätigkeit", sondern allein und ausschließlich die Individualität des Werkes[135]. Noch genauer formuliert die Begründung der Richtlinie[136]:

> Qualitative oder ästhetische Vorzüge eines Computerprogramms sollten nicht als Kriterium für die Beurteilung der Frage angewendet werden, ob ein Programm ein individuelles Werk ist oder nicht.

Ein Vergleich mit der Durchschnittsprogrammierkunst "zur Ermittlung der nötigen Gestaltungshöhe" darf nach Sinn und Zweck der Richtlinie also nicht mehr erfolgen. Damit ist davon auszugehen, daß im Normalfall Computerprogramme urheberrechtlich schutzfähig sein sollen. Nicht schutzfähig sind lediglich triviale Programme und solche, die ausschließlich Vorbekanntes überneh-

---

130 Vgl. den dritten Erwägungsgrund zur Richtlinie, ABl. EG 1991 Nr. L 122, S. 42.
131 Vom 14.5.1991, Amtsblatt der Europäischen Gemeinschaften Nr. L 122, S. 42 ff., siehe auch GRUR Int. 1991, S. 545 ff.
132 Schon zuvor waren international, vor allem auch im außereuropäischen Ausland unter Vorreiterrolle der USA, deutliche Bestrebungen in Richtung eines Urheberrechtsschutzes im Gange, vgl. *Dreier*, Rdnr. 3 ff., insb. 11 ff.
133 GRUR Int. 1991, S. 546.
134 So auch *Bormann/Bormann*, DB 1991, S. 2646; *Broy/Lehmann*, GRUR 1992, S. 419 ff.; *Dreier*, CR 1991, S. 578; *Geissler/Pagenberg*, Rdnr. 13, Fn. 11; *Haberstumpf*, NJW 1991, S. 2110; *ders.*, GRUR Int. 1992, S. 715; *Lehmann*, GRUR Int. 1991, S. 329; *ders.*, NJW 1991, S. 2113; *Lesshaft/Ullmer*, CR 1991, S. 524 f.; *dies.*, CR 1994, S. 607. Ebenso *Erdmann*, der dem Urheberrechtssenat selbst angehört, vgl. *Erdmann/Bornkamm*, GRUR 1991, S. 878. Wohl auch *Ullmann* – ebenfalls Senatsmitglied –, CR 1992, S. 643, jedoch in sich widersprüchlich: Er bezeichnet einerseits das Erfordernis einer besonderen Gestaltungshöhe als nicht haltbar (zumindest im Rahmen der Beweis- und Darlegungslast), hält andererseits aber die Rechtsprechung des BGH für richtlinienkonform. Eine Beibehaltung der BGH-Rechtsprechung hielt auch *Hoeren*, CR 1991, S. 463 ff. für vertretbar.
135 Vgl. auch *Troller*, CR 1987, S. 355, der Urheberrechtsschutzfähigkeit von einem ontologischen Ansatz her ausdrücklich begrüßt und als wesentliches Kriterium Individualität fordert; allgemein *Schricker/Loewenheim*, § 2 Rdnr. 16.
136 8. Erwägungsgrund, ABl. EG 1991 Nr. L 122, S. 42.

men. Diese Intention der Richtlinie war dem ersten Richtlinienvorschlag der EG-Kommission besonders klar zu entnehmen[137]:

> Das einzige Kriterium, das zur Feststellung der Schutzwürdigkeit angewendet werden sollte, ist das der Individualität, d. h. daß das Werk **nicht kopiert** worden ist.

Trotz sprachlicher Verkürzung im Verlaufe des Richtliniengebungsverfahrens ist unverändert von dieser Zielsetzung auszugehen.

Mit Wirkung zum 24. Juni 1993 wurde die EG-Richtlinie durch das Zweite Gesetz zur Änderung des Urheberrechtsgesetzes vom 9. Juni 1993[138] in deutsches Recht transformiert, wobei hauptsächlich im Wege einer Blockimplementation[139] als Achter Abschnitt des Ersten Teils die §§ 69a bis 69g UrhG eingefügt wurden. In nahezu wörtlicher Übernahme des Richtlinientextes sieht § 69a Abs. 3 UrhG vor:

> Computerprogramme werden geschützt, wenn sie individuelle Werke in dem Sinne darstellen, daß sie das Ergebnis der eigenen geistigen Schöpfung ihres Urhebers sind. Zur Bestimmung ihrer Schutzfähigkeit sind keine anderen Kriterien, insbesondere nicht qualitative oder ästhetische, anzuwenden.

Schon mit dem reinen Gesetzeswortlaut läßt sich die bisherige Rechtsprechung kaum noch vereinbaren[140], denn ein "deutliches Überragen der Gestaltungstätigkeit in Auswahl, Sammlung, Anordnung und Einteilung der Informationen und Anweisungen" stellt ein unzulässiges, zusätzliches Merkmal dar. Es beschreibt nicht einfache Individualität, sondern eine außergewöhnliche Gestaltung, die nur selten vorliegen kann. Die zukünftige Unhaltbarkeit der Rechtsprechung offenbart sich vollends, wenn man die Motivation des Gesetzgebers bei der Auslegung der neuen Vorschrift berücksichtigt: Bei der Umsetzung der Richtlinie ging man davon aus[141], daß die deutsche Rechtsprechung mit ihrem Erfordernis einer besonderen Gestaltungshöhe nicht mit der Zielsetzung der Richtlinie, eine Absenkung der erforderlichen Schutzvoraussetzungen auf ein einheitliches europäisches Schutzniveau herbeizuführen, zu vereinbaren war. Zwar erschien es durchaus möglich, eine Anpassung der Rechtslage an die Richtlinie durch eine bloße Änderung der Rechtsprechung erreichen zu können[142]. Denn auch schon der bisherige Wortlaut des UrhG hätte für Compu-

---

137 ABl. EG 1989 Nr. C 91, S. 9, Hervorhebung durch Verf. Eine Umsetzung der Richtlinie unter Anlehnung an diesen Wortlaut hatte auch *Marly*, jur-pc 1992, S. 1625, gefordert.
138 BGBl. I 1993, S. 910 f.
139 Zu deren Vor- und Nachteilen vgl. *Schulte*, CR 1992, S. 590 f.
140 Insoweit a. A., aber unter Nichtbeachtung von § 69a Abs. 3 Satz 2 UrhG, *Junker*, NJW 1993, S. 826.; skeptisch *ders.*, NJW 1992, S. 1734 f. Kritisch *Lesshaft/Ulmer*, CR 1994, S. 607.
141 Vgl. Begründung zum Gesetzentwurf der Bundesregierung, BT-Drs. 12/4022 vom 18.12.1992, S. 7; *Schulte*, CR 1992, S. 591.
142 Vgl. Begründung zum Gesetzentwurf, BT-Drs. 12/4022, S. 7. Für eine Umsetzung durch die Rechtsprechung plädierten die Richter *Erdmann* und *Bornkamm*, GRUR 1991, S. 880.

terprogramme einen Schutz auf niedrigerem Niveau ermöglicht. Eine Rechtsprechungsänderung konnte jedoch nicht als gesichert gelten[143]. Insbesondere war ein zeitlicher Rahmen hierfür nicht abzuschätzen, die Umsetzung der Richtlinie in nationales Recht aber war bis 31.12.1992 zu bewirken. Mit der Übernahme des Richtlinienwortlautes hat der Gesetzgeber klar zum Ausdruck gebracht, daß er die abweichende deutsche Rechtslage harmonisieren will und daß die bisherige Rechtsprechung des BGH zur Urheberschutzfähigkeit von Software nicht aufrechterhalten werden kann. Deutlicher als der Gesetzestext selbst formuliert die Begründung zu § 69a Abs. 3 UrhG[144]:

> Die Bestimmungen der EG-Richtlinie führen dazu, daß Urheberrechtsschutz von Computerprogrammen die Regel und fehlende Schöpfungshöhe die Ausnahme ist. Die Rechtsprechung des Bundesgerichtshofes in der "Inkassoprogramm"- und der "Betriebssystem"-Entscheidung steht nicht in Einklang mit der Richtlinie. Diese erfordert auch den Schutz der einfachen persönlichen Schöpfung, der sog. "kleinen Münze".
> ...
> Der bisher gewährte Urheberrechtsschutz von Computerprogrammen hat sich wegen der Rechtsprechung des Bundesgerichtshofes zur Schöpfungshöhe als ineffektiv erwiesen. Für diese Rechtsprechung ist, wie ausgeführt, unter der Geltung des § 69 a Abs. 3 kein Raum mehr. Es ist zu erwarten, daß sich die unterschiedlichen nationalen Anforderungen an die Schöpfungshöhe vereinheitlichen werden und so das spezifisch deutsche Problem der Darlegung und des Nachweises von Werkqualität gelöst wird.
> ... Nur wenn ernsthafte Anhaltspunkte bestehen, daß ein Programm sehr einfach strukturiert ist, sollte eine nähere Darlegung des Inhaltes des Programmes verlangt werden.

In Deutschland muß daher jetzt von einem **im Regelfall vorliegenden Urheberrechtsschutz für Software** ausgegangen werden[145]. Der BGH hat diese Ansicht in seinem vorerst letzten Urteil ("Buchhaltungsprogramm") zur Problematik bestätigt und unter Berufung auf den neuen § 69a Abs. 3 UrhG dargelegt, daß künftig geringere Anforderungen an eine Schutzfähigkeit zu stellen sind, ohne diese allerdings genauer zu konkretisieren[146]. Davon ist, wie § 137d Abs. 1 UrhG klarstellt, auch vor dem 24.6.1993 erstellte Software erfaßt. Voraussetzung für den Schutz ist, daß es sich um eine eigene geistige

---

143 Dieses Mißtrauen in die Fähigkeit der Rechtsprechung zur Selbstkorrektur scheint gerechtfertigt gewesen zu sein. Denn trotz der bereits bevorstehenden Umsetzung der Richtlinie war eine zu erwartende allmähliche Angleichung der Rechtsprechung im Vorfeld – vgl. *Lehmann*, CR 1991, S. 316 – nicht festzustellen.
144 Vgl. Begründung zum Gesetzentwurf, BT-Drs. 12/4022, S. 9.
145 So auch *Broy/Lehmann*, GRUR 1992, S. 420; *Dietz*, UFTITA, Bd. 122 (1993), S. 17 f.; *Junker*, NJW 1993, S. 826, zuletzt *Lehmann*, NJW 1993, S. 1822, der treffend von einer Umkehr des früheren Regel-Ausnahme-Verhältnisses spricht; *ders.*, Europäische Richtlinie, Rdnr. 5 und *Marly*, NJW-CoR 4/93, S. 21.
146 BGH, Urteil vom 14.7.1993 – Buchhaltungsprogramm, CR 1993, S. 752 ff.; siehe hierzu auch die Anmerkungen von *Lehmann*, S. 755 f. (zustimmend) und von *Hoeren*, S. 756 ff. (deutlich zurückhaltender).

Schöpfung des Urhebers handelt. Damit ist jedes Programm, das nicht lediglich Vorbekanntes bzw. Fremderstelltes enthält und nicht völlig trivial ist[147], sondern sich als dem Niveau der "kleinen Münze" bei Schriftwerken vergleichbare "Schöpfung" darstellt, urheberrechtlich geschützt. Hierzu gehört auch Software kleineren Zuschnitts, wie nützliche Hilfs- und Dienstprogramme, auch wenn diese bei weitem nicht die Komplexität einer Systemsoftware erreichen und sehr viel weniger an Aufwand und Programmierkunst erfordern[148]. Erst recht sind vom Urheberschutz umfangreiche und komplexe Anwendungsprogramme wie Textverarbeitung, Tabellenkalkulation, Grafik- und Designprogramme sowie die vielfältigen Softwarelösungen im betriebswirtschaftlichen, technischen und wissenschaftlichen Bereich erfaßt. Damit hat auch die irrationale Diskrepanz[149] in der urheberrechtlichen Bewertung von Billigware wie Computerspielen, denen bereits ein Schutz gemäß §§ 94, 95 UrhG zukommt[150], und hochkomplexer Software, die bisher schutzlos bleiben mußte, ein Ende.

(2) Schutzgegenstand

Software ist, sobald sie in Werkform vorliegt, also in einer bestimmten Form Ausdruck gefunden hat und wahrnehmbar ist[151], schutzfähig. Damit kann und wird in der Regel urheberrechtlicher Schutz – wie bei der Skizze oder dem Entwurf eines Malers – schon während des Software Engineering-Prozesses, z. B. in der Entwurfsphase, bestehen[152]. Diese Auffassung ist nun auch in § 69a Abs. 1 und Abs. 2 Satz 1 UrhG Gesetz geworden. Danach ist bereits das Entwurfsmaterial des Urheberrechtsschutz erfaßt ferner alle Ausdrucksformen eines Computerprogramms, so z. B. Struktogramme, Programmablaufpläne, sonstige grafische Darstellungen, gespeicherte Versionen auf Magnetspeicher oder optischem Speicher und auch handschriftliche Aufzeichnungen[153]. Bei Individualität des Programms besteht so von Beginn an ein wirksamer Schutz. Dies ermöglicht

---

147 Von sog. "Banalprogrammen" spricht *Marly*, NJW-CoR 4/93, S. 21.
148 Die Begründung zum Gesetzentwurf, BT-Drs. 12/4022, S. 8, geht davon aus, "daß auch einfache Computerprogramme urheberrechtlichen Schutz genießen." Zur Ermittlung der erforderlichen Individualität unter technischen Gesichtspunkten vgl. *Broy/Lehmann*, GRUR 1992, S. 422 f.
149 Vgl. *Lehmann/Schneider*, RDV 1991, S. 31; dies., NJW 1990, S. 3181 Fn. 13. A. A. *Syndikus*, CR 1992, S. 481.
150 So zuletzt auch das BayObLG, CR 1992, S. 479 ff., mit Anmerkung von *Syndikus*.
151 Vgl. nur *Hubmann/Rehbinder*, § 12 II 2, S. 82.
152 Vgl. BGHZ 94, S. 282 ff.
153 Vgl. auch *Ullmann*, CR 1992, S. 642. Ferner ist grundsätzlich auch unter Verwendung sogenannter "tools" erstellte Software umfaßt, wenn sie das erforderliche Maß an Individualität erreicht, vgl. *Raczinsky/Rademacher/Ivenz*, CR 1991, S. 724 f. Allerdings ist hier wohl im Einzelfall zur Identifizierung vorbekannter Elemente zu differenzieren und insbesondere bei der Verwendung von Programmbibliotheken die Regelung des § 69c Nr. 2 UrhG zu beachten.

insbesondere die Lizenzierung von unfertigen Software-(Teil-)Produkten, die vom Lizenznehmer weiterentwickelt werden[154].

Im Endzustand sind der **Quellcode und der Objektcode** urheberrechtlich geschützt[155]. Auch insoweit schafft § 69a Abs. 2 Satz 1 UrhG Klarheit. Zwar wird der Objektcode durch maschinelle Umformung aus dem Quellcode entwickelt, wobei Kommentierungen nicht übernommen werden; die Individualität der Gestaltung aber bleibt erhalten. Es handelt sich lediglich um eine andere Darstellungsform desselben Werkes. Ergänzend kann die wirtschaftliche Aufgabe des Urheberrechts zur Begründung herangezogen werden: Ließe man den Objektcode ungeschützt, so wäre Software in ihrer wesentlichen Erscheinungsform ungeschützt und ein marktförderndes Property Right würde fehlen. Eine Vermarktung im Quellcode aber ist wirtschaftlich inakzeptabel. Der Vertrieb im Objektcode erfolgt zum faktischen Schutz des Algorithmus. Angesichts der Profitabilität einer Leistungsübernahme kann ein rechtlicher Schutz keine ausreichende Abschreckungswirkung entfalten; dies würde auch die (umstrittene) Einbeziehung des Algorithmus in den Urheberschutz nicht ändern. Hauptvermarktungsform von Software wird damit der Objektcode bleiben, für den Urheberrechtsschutz gewährt werden muß, um Softwarepiraterie zu unterbinden und Lizenzierungen zu ermöglichen.

(3)   Schutzumfang im einzelnen

Steht zwar grundsätzlich der urheberrechtliche Schutz von Software fest, so bleiben im einzelnen erhebliche, ungelöste Probleme bezüglich des genauen Schutzumfanges: Wie ist bei Software die (geschützte) Form vom (ungeschützten) Inhalt abzugrenzen? Ist diese Unterscheidung überhaupt erforderlich und nützlich? Wie ist gemäß § 69a Abs. 2 UrhG zwischen (geschützter) Ausdrucksform und (ungeschützten) zugrundeliegenden Ideen und Grundsätzen zu differenzieren? Gehört der im Programm umgesetzte Algorithmus danach zu den geschützten Elementen? Inwieweit werden in diesem Zusammenhang Schnittstellen vom Urheberrechtsschutz umfaßt?

Zur Klärung dieser Fragen ist es hilfreich, noch einmal den Aufbau und die Darstellungsformen[156] eines Computerprogramms zu verdeutlichen: In einsatzbereiter Form liegt es im Objektcode vor, der detaillierte Arbeitsanweisungen für den Prozessor enthält. Diese Arbeitsanweisungen lassen sich nach fe-

---

154   Eine z. B. bei DEC übliche Geschäftspraxis.
155   Davon geht der BGH, BGHZ 94, S. 283, als selbstverständlich aus. Ebenso: *Ilzhöfer*, CR 1990, S. 580; *Marly*, NJW-CoR 4/93, S. 21; *Moritz/Tybusseck*, Rdnr. 146 ff.; *Nordemann*, ZUM 1985, S. 10; überzeugend *Troller*, CR 1987, S. 353 f. A. A. *Buchmüller*, S. 63 f. mit der eigenwilligen Konstruktion eines Schutzes gem. § 23 UrhG; *Kullmann*, S. 94; *Schulze*, GRUR 1990, S. 104. Differenzierend zwischen operationaler und konzeptioneller Softwareform, aber im Ergebnis nicht überzeugend *Holzinger*, GRUR 1991, S. 367.
156   Vgl. hierzu ausführlich *Haberstumpf*, Rdnr. 40 ff.

sten Regeln durch maschinelles Übersetzen aus dem Quellcode herleiten. Dem Quellcode läßt sich der Algorithmus in seiner höchsten Auflösung, d. h. in seiner feinsten Struktur entnehmen. Dieser Algorithmus, der sich in seiner Gesamtheit als ein Gewebe aus vielen einzelnen Einheiten, die für sich genommen ebenfalls Algorithmen (kleinsten Zuschnitts) sind, darstellt, läßt sich mit *Haberstumpf*[157] als **Implementationsalgorithmus** bezeichnen. Durch Abstraktion erhält man aus dem eine konkret spezifizierte Aufgabe lösenden Implementationsalgorithmus Algorithmen allgemeinerer Art, die mit fortschreitender Rückführung eine immer gröbere Struktur aufweisen. Derartige, nur noch abstrakt eine Aufgabe des Programms beschreibende Algorithmen, die keinen detaillierten Lösungsweg mehr enthalten, lassen sich entsprechend der Programmierungsphase, in der sie entwickelt werden, als **Entwurfsalgorithmen**[158] bezeichnen. Neben dieser Differenzierung nach dem Abstraktionsgrad können Algorithmen auch nach ihrem Umfang unterschieden werden: Algorithmen, die kleinste Einheit des jeweiligen Abstraktionsniveaus beschreiben, sollen als **Elementaralgorithmen** bezeichnet werden. Algorithmen größeren Zuschnitts, die sich aus mehreren, im Extrem aus allen einer Abstraktionsstufe zugehörigen Elementaralgorithmen zusammensetzen, sollen **Kombinationsalgorithmen** genannt werden. Ein Algorithmus ist also durch zwei Dimensionen gekennzeichnet: zum einen durch seinen Abstraktionsgrad, zum anderen durch seinen Umfang.

Das geschützte Werk beschränkt sich, wie *Haberstumpf*[159] überzeugend dargelegt hat, nicht auf eine bestimmte Darstellungsform[160], etwa den Quellcode oder den Programmablaufplan. Vielmehr sind alle konkreten Darstellungsformen, die sich durch Deduktion ineinander überführen lassen, Darstellungsformen desselben Werks. Das urheberrechtlich geschützte Werk ist mithin in der aus den jeweiligen Darstellungsformen **zu abstrahierenden Bedeutung** zu sehen[161]. Aus dieser Auffassung ergeben sich eine Reihe von Konsequenzen:

Eine in concreto verwirrende[162] Differenzierung zwischen (geschützter) **Form und** (ungeschütztem) **Inhalt** des Werkes kann bei Computerprogrammen entfallen[163]. Die Differenzierungskriterien sind ohnehin nicht als geklärt anzusehen[164]. Für Computerprogramme ergibt sich zudem aufgrund der Zusammen-

---

157 Vgl. *Haberstumpf*, Rdnr. 26.
158 Vgl. *Haberstumpf*, Rdnr. 26.
159 Vgl. *Haberstumpf*, Rdnr. 41 ff.
160 Die Darstellungsformen können stark variieren, siehe oben A I 3 d), S. 14.
161 Vgl. *Haberstumpf*, Rdnr. 45 f.
162 Vgl. *Haberstumpf*, Rdnr. 51; ebenso *Troller*, CR 1987, S. 213. Als für Computerprogramme ungeeignetes Differenzierungskriterium bezeichnen das auch *Ulmer/Kolle*, GRUR Int. 1982, S. 297. Als ungelöste Problematik sieht dies *v. Hellfeld*, GRUR 1989, S. 473.
163 Vgl. *Haberstumpf*, Rdnr. 51; *Jersch*, S. 149.
164 Die schon jahrzehntelang währende Diskussion zum Form-Inhalt-Problem und die uneinheitliche Rechtsprechung des BGH zu der noch weitergehenden Differenzierung zwischen äußerer und innerer Form haben bislang keine griffigen Kriterien hervorgebracht.

setzung aus Algorithmen, die festgelegten Aufbauregeln folgen, ein Verschmelzen von Form und Inhalt, wodurch eine Trennung nahezu unmöglich wird.

Der **Algorithmus**, der sich den unterschiedlichen Darstellungsformen als Bedeutung entnehmen läßt und damit das Werk darstellt, ist daher grundsätzlich **vom urheberrechtlichen Schutz erfaßt**[165]. Dies entspricht auch ökonomischen Bedürfnissen, denn der Algorithmus stellt den eigentlichen wirtschaftlichen Wert des Programms dar. Er ist ausschlaggebend für Effizienz und Eignung des Programms; die Entwicklung neuer Algorithmen ist Hauptkostenfaktor bei der Programmerstellung. Damit ist der Algorithmus besonders schutzbedürftig[166]. Voraussetzung für einen urheberrechtlichen Schutz ist aber, daß dem Algorithmus Individualität zukommt[167]. Dabei ist im Regelfall ein Algorithmus niedriger Abstraktionsstufe aufgrund seiner detaillierten Ausgestaltung eher geeignet, individuelle Züge aufzuweisen als ein Entwurfsalgorithmus, der nur eine grobe Funktionalität bezeichnet. Bezüglich des Umfangs gilt, daß einem Elementaralgorithmus wohl kaum Individualität zukommen kann, da für einen kleinsten Baustein aufgrund der eindeutigen Syntax einer Programmiersprache nahezu kein Gestaltungsfreiraum bleibt. Individualität kann daher erst Kombinationsalgorithmen nicht ganz geringen Umfangs zukommen, bei deren Erstellung Spielraum für unterschiedliche Gestaltungen besteht. Hier dürfte auch der Schlüssel für die Differenzierung zwischen einem Algorithmus "als solchem" und seiner "Verschmelzung im Programm"[168] liegen. Erstgenannter Begriff meint den (nicht-individuellen) Elementaralgorithmus oder eine vergleichbar kleine Einheit, letztgenannte Formulierung bedeutet die Einbettung dieser Einheit in einen (individuellen) Kombinationsalgorithmus größeren Umfangs. Die hier vertretene Auffassung bewirkt im Ergebnis, daß das **"Gewebe"**[169] des Programms geschützt wird, nämlich die **Zuordnung und Verknüpfung von Elementaralgorithmen** zueinander und miteinander.

---

165 Vgl. *Haberstumpf*, Rdnr. 77 f. Unter Zweifeln zustimmend *Jersch*, S. 160.
166 Vgl. *Haberstumpf*, Rdnr. 65.
167 Vgl. *Haberstumpf*, Rdnr. 77, 98. Ähnlich i. Erg. schon *Ulmer/Kolle*, GRUR Int. 1982, S. 497, die den Algorithmus "als solchen" für frei halten, ihn aber in der "konkreten Verschmelzung mit dem einzelnen Programm", für dessen individuelles Gepräge er mitbestimmend sei, urheberrechtlich schützen wollen. In diesem Sinne wird auch BGH, Urteil vom 4.10.1990, CR 1991, S. 85, von *Haberstumpf*, Rdnr. 78, anhand einer Differenzierung zwischen Entwurfsalgorithmus und Implementationsalgorithmus interpretiert. Bei grundsätzlichem, ontologischen Denkansatz ebenfalls i. Erg. gleich, aber ohne Verzicht auf die Differenzierung zwischen Form und Inhalt *Troller*, CR 1987, S. 358: "Der Formschutz erfaßt derart den Inhalt, auch den in die Arbeitsschritte implementierten Algorithmus." A. A. zumindest für den Algorithmus "als Rechenregel und nicht als das Programm selbst" *Ullmann*, CR 1992, S. 642.
168 *Ulmer/Kolle*, GRUR Int. 1982, S. 497.
169 Dieser vielzitierte Begriff, der auf *Ulmer*, S. 123, im Anschluß an *Ghiron*, UFITA Bd. 5 (1932), S. 38, zurückgeht, läßt sich so möglicherweise etwas konkretisieren.

Die **Grenze des Schutzes** liegt in der Idee. Die in § 69a Abs. 2 Satz 2 UrhG als ungeschützt bezeichneten Ideen und Grundsätze, die einem Element des Computerprogramms oder einer Schnittstelle zugrundeliegen, sind von ihrer jeweiligen geschützten Ausdrucksform zu unterscheiden. Der Gesetzestext gibt dabei keine Anhaltspunkte, was unter Idee bzw. Ausdrucksform zu verstehen ist. Auch die EG-Richtlinie hatte insoweit keine Bestimmung getroffen. Der deutsche Gesetzgeber möchte die Abgrenzung der Rechtsprechung überlassen[170]. Eine andere Möglichkeit ergibt sich auch kaum, da die Grenzziehung unscharf ist, eine griffige Formel nicht existiert und letztlich wohl eine Entscheidung im Einzelfall getroffen werden muß[171]. An dieser Stelle zeigen sich besonders deutliche Schwierigkeiten[172], klassische urheberrechtliche Terminologie auf Computerprogramme zu übertragen. Eine Differenzierung zwischen Ausdrucksform und Idee bei Software darf dabei nicht der grundsätzlichen Schutzfähigkeit des Algorithmus widersprechen. Ein Lösungsversuch wird sich am anglo-amerikanischen Rechtskreis orientieren müssen, dem die Idee-Ausdruck-Dichotomie entstammt[173]. Als Idee wird daher die Funktionalität des Computerprogramms, sein Zweck oder sein Anwendungsbereich zu verstehen sein[174]. Diese Auffassung stimmt mit dem (bisher ungeschriebenen) Grundsatz überein, daß die Idee eines Werkes frei zu bleiben hat. Als Ausdrucksformen lassen sich die unterschiedlichen Darstellungsformen auffassen, die jeweils die abstrahierte Bedeutung als das eigentliche Werk verkörpern und konkretisieren. Sie sind geschützt, soweit bei ihrer Nachahmung die Bedeutung übernommen wird. Es erscheint neben diesen Aussagen nicht zwingend, aus § 69a Abs. 2 UrhG eine weitere, besondere Bedeutung für das deutsche Urheberrecht herzuleiten[175].

Für **Schnittstellen** muß die besondere Wertung der §§ 69a Abs. 2, 69e UrhG berücksichtigt werden. Grundsätzlich sind auch Schnittstellen in Form von Algo-

---

170 Vgl. Begründung zum Gesetzentwurf, BT-Drs. 12/4022, S. 9. Kritisch hierzu *v. Westphalen/ Marly*, Rdnr. 20.
171 So auch *Haberstumpf*, Rdnr. 62.
172 Vgl. *Marly*, NJW-CoR 4/93, S. 21; *Schulte*, CR 1992, S. 648 ff.
173 Vgl. *Haberstumpf*, Rdnr. 54 ff. In der Literatur wurde allerdings auch geäußert, es handele sich um das bekannte Form-Inhalt-Problem, das hier eine neue Regelung erfahren habe, vgl. *Dreier*, CR 1991, S. 578; undifferenziert auch *Pilny*, GRUR Int. 1990, S. 439.
174 Vgl. US Court of Appeals for the Third Circuit – Whelan vs. Jaslow, CR 1987, S. 843 ff.; Eastern District Court of New York – Computer Associates International vs. Altai, CR 1992, S. 462 ff. Zur ungeschützten Funktionalität einer Benutzeroberfläche US District Court N. D. California – Apple Computer, Inc. vs. MicroSoft Corp., CR 1993, S. 420 ff. m. Anm. v. *Rubin*. Ähnlich unter Aufzählung von Beispielen *v. Westphalen/Marly*, Rdnr. 20.
175 So aber *Haberstumpf*, Rdnr. 56 ff. Etwas unbefriedigend erscheint im nachfolgenden Zusammenhang, daß *Haberstumpf*, Rdnr. 62, letztlich im Einzelfall zur Differenzierung zwischen ungeschützter Idee und geschütztem Ausdruck auf die Grundsätze der §§ 23, 24 UrhG zurückgreift. § 24 UrhG ist nur dann anwendbar, wenn bereits ein urheberrechtlich geschütztes Werk oder ein vom Schutz umfaßter Bestandteil eines solchen Werkes vorliegt. Gerade das aber gilt es erst zu ermitteln. Wird eine freie Idee verwertet, so kommt es auf § 24 UrhG nicht an.

rithmen dem Programm implementiert. Sie werden daher vom urheberrechtlichen Schutz erfaßt. Gemäß § 69a Abs. 2 Satz 2 UrhG gilt dies nicht für die ihnen zugrundeliegenden Ideen und Grundsätze. Auch bei Schnittstellen ist darunter deren Funktionalität zu verstehen, d. h. diejenigen Parameter, die ihre Arbeitsweise beschreiben, wie z. B. Adressierungen und Datenübertragungsrate, nicht aber der konkrete Implementationsalgorithmus. Vor diesem Hintergrund erklärt sich auch die Regelung des § 69e UrhG[176]. Grundsätzlich sollen dem Computerprogramm durch Dekompilierung nur vom Schutz ohnehin nicht umfaßte Informationen entnommen werden. Ist die Schnittstelle aber nicht klar abgrenzbar oder so programmiert, daß nur eine identische Übernahme in Betracht kommt, darf auch der konkrete Programmcode und damit der Algorithmus übernommen werden, soweit dies zur Herstellung der Interoperabilität erforderlich ist[177]. § 69e UrhG erlaubt dabei lediglich die Aufdeckung der Schnittstellen, ausnahmsweise ihre identische Übernahme, nicht aber ihre Veränderung. Insoweit bleibt es bei dem grundsätzlichen Urheberrechtsschutz für den Algorithmus, der die Schnittstelle realisiert.

Zusammenfassend läßt sich nach der hier vertretenen Auffassung für die Prüfung der Frage, ob einem Werkelement Urheberrechtsschutz zukommt, folgendes **Prüfungsschema** aufstellen:

- Ist das betreffende Werkelement ausdrücklich formuliert oder läßt es sich aus einer Darstellungsform durch Abstraktion ableiten?
- Handelt es sich bei dem Werkelement um eine individuelle Schöpfung, d. h. liegt es nicht nur als Elementaralgorithmus vor, sondern als umfassenderer Kombinationsalgorithmus, der nicht vorbekannt ist und ausreichende Individualität besitzt?
- Bleibt das Werkelement als zwingender Bestandteil einer Schnittstelle ausnahmsweise vom Schutzumfang ausgeschlossen?

Soweit nach dieser Prüfung Urheberrechtsschutz feststeht, das betreffende Element aber dennoch in einem anderen Programm implementiert wird, muß sich zur Ermittlung einer Urheberrechtsverletzung noch eine Prüfung von § 24 UrhG anschließen. Denn trotz Übernahme eines geschützten Teils könnte es sich um eine freie Bearbeitung handeln.

Im Ergebnis dürfen Algorithmen höheren Abstraktionsgrades in andere Programme übernommen werden, wenn sie eine andere Ausgestaltung durch Implementationsalgorithmen erhalten und nicht als zusammenhängendes "Gewebe", d. h. in Kombination und zu mehreren übernommen werden[178].

---

176 Siehe im übrigen zu § 69e UrhG unten B I 5, S. 136 ff.
177 Ebenso *Vinje*, GRUR Int. 1992, S. 259 f.
178 Die hier vorgeschlagene Analyse eines Algorithmus nach Umfang und Abstraktionsniveau dürfte auf pragmatischem Wege zu sachgerechten Ergebnissen führen und entspricht letztlich auch einer Tendenz in der amerikanischen Rechtsprechung bei der Prü-

Fortsetzung nächste Seite

(4) Schutzdauer

Anhand der in § 64 Abs. 1 UrhG festgelegten Schutzdauer von siebzig Jahren post mortem auctoris, die gemäß § 69a Abs. 4 UrhG auch für Software gilt[179], werden die Schwachstellen der kategorialen Zuordnung von Software zum Urheberrecht deutlich. Denn diese Frist ist für das wirtschaftlich kurzlebige und sich angesichts seines enormen Rationalisierungspotentials schnell amortisierende Wirtschaftsgut Software viel zu lang bemessen. Die meisten Programme dürften innerhalb von zehn Jahren veraltet und für den Schöpfer wirtschaftlich nicht mehr verwertbar sein. In der Anknüpfung an den Tod des Urhebers wird eine dem Urheberrecht eigene persönlichkeitsrechtliche Prägung deutlich, die bei Software nicht gerechtfertigt ist, da ihr als nahezu reinem Wirtschaftsgut im Gegensatz zu herkömmlichen Schriftwerken oder gar Kunstwerken persönliche Bezüge eher fremd sind[180]. Dennoch ist de lege lata von einem derart langen Schutz auszugehen. Die in Art. 8 Abs. 1 der EG-Richtlinie vorgesehene und angemessenere, aber immer noch zu lange Schutzdauer von fünfzig Jahren p. m. a. hat der deutsche Gesetzgeber nicht in deutsches Recht transformiert, sondern von der Ausnahmeregelung des Art. 8 Abs. 2 der Richtlinie Gebrauch gemacht und eine Änderung bis zu einer allgemeinen Harmonisierung der urheberrechtlichen Schutzfristen in der EG aufgeschoben. Wenn auch die Schutzdauer unangemessen lang ist, so erscheinen die praktischen Nachteile dennoch gering[181]. Ernstzunehmende Argumente gegen einen Urheberrechtsschutz lassen sich daraus nicht ableiten[182], da es zu einer wettbewerbsbehindernden Monopolisierung von Wissen insbesondere dann nicht kommen kann, wenn man mit obiger Auffassung Elementaralgorithmen als in der Regel ungeschützte Bausteine eines Computerprogramms ansieht.

(5) Rechtsfolgen der Urheberrechtsschutzfähigkeit

Die wesentlichen Rechtsfolgen[183] der Ausstattung des Programmschöpfers mit dem Property Right Urheberrecht bestehen in umfangreichen exklusiven Verwertungsrechten gemäß den §§ 69c, 15 ff. UrhG, wobei insbesondere das Vervielfältigungsrecht und das Verbreitungsrecht zu nennen sind. Dies hat Auswirkungen auf die vertraglichen Beziehungen:

---

fung einer "substantial similarity", vgl. Eastern District Court of New York – Computer Associates International vs. Altai, CR 1992, S. 463 f.
179 Vgl. *Haberstumpf*, Rdnr. 147.
180 Vgl. *Lehmann*, CR 1989, S. 1061.
181 Vgl. *Ulmer/Kolle*, GRUR Int. 1982, S. 500.
182 Ebenso *Haberstumpf*, in Fn. 379.
183 An dieser Stelle erfolgt nur eine vorweggenommene, knappe Zusammenfassung, soweit sie zur Ermittlung der Vertragstypologie erforderlich erscheint. Eine ausführliche Darstellung findet sich im Rahmen der Kommentierung der §§ 69a ff. UrhG unter B I, S. 108 ff.

Die Beschaffung eines urheberrechtlich geschützten Gutes bzw. eines Werkexemplares unterliegt grundsätzlich keinen besonderen Regeln. So kann ein Buch oder eine Schallplatte gekauft, eine Videokassette gemietet werden. Bei deren privater Nutzung – Lesen des Buches, Hören der Schallplatte, Sehen des Videos – wird keine Verwertungshandlung im Sinne der §§ 15 ff. UrhG vorgenommen. Eine gesonderte Nutzungsrechtseinräumung ist somit nicht erforderlich. Bei Software jedoch führt der Einsatz des Computerprogramms zu Vervielfältigungshandlungen[184].

Soweit Software zum normalen Gebrauch überlassen wird, muß demnach dem Anwender ein Nutzungsrecht gemäß §§ 31, 32 UrhG eingeräumt bzw. übertragen werden. Dabei handelt es sich keinesfalls um eine bloße Nebenleistungspflicht[185]. Der Anwender soll nach übereinstimmendem Parteiwillen das Programm einsetzen können. Dies darf er aber nur als Nutzungsberechtigter. Ginge man von einer bloß unbedeutenden Nebenleistungspflicht aus, so wäre ein Rücktritt des Softwarenehmers im Falle der Nichteinräumung des Nutzungsrechts gemäß §§ 325, 326 BGB nicht möglich[186]. Der potentielle Nutzer hätte die Software erhalten, dürfte sie aber nicht einsetzen und könnte sich dennoch nicht vom Vertrag lösen – eine nahezu paradoxe Situation[187]. Abgesehen davon bestimmen sich die Hauptleistungspflichten nach dem von den Parteien intendierten Gegenseitigkeitsverhältnis, dem funktionellen Synallagma. Hier wird der Softwarenehmer nur dann seine Gegenleistung erbringen wollen, der Softwaregeber sie auch nur dann fordern können, wenn er Zug-um-Zug die Nutzung der Software ermöglicht – tatsächlich und rechtlich. Das Programmexemplar an sich ist aber für den Anwender ohne Wert. Der Software-

---

184 Das ist h. M., ausführlich unter B I 3 a), S. 109 ff.
185 So aber *Dörner/Jersch*, S. 140; *Malzer*, S. 80, 100; unverständlicherweise*Sickinger*, S. 73 f., der die Argumente für eine Hauptleistungspflicht erkennt und dennoch ohne überzeugende Begründung von einer Nebenleistungspflicht ausgeht; wohl auch *Zahrnt*, DV-Verträge: Gestaltung, S. 189. Ebenso *Marly*, Rdnr. 92, bei dem diese Ansicht – obwohl auch er als einer der wenigen Vertreter aus dem Lager der Sachqualitätsverfechter anerkennt, daß Software beim Programmladen urheberrechtsrelevant vervielfältigt wird – zu einer letztlich damit unvereinbaren Vertragstypologie aus reinem Kaufvertrag und Mietvertrag führt. Um so erstaunlicher ist, daß in dem von ihm vorgeschlagenen Mustermietvertrag sich dennoch die Hälfte aller Vertragsbestimmungen mit den Konsequenzen und der Ausgestaltung dieser "Nebenpflicht" Nutzungsrechtsverschaffung befaßt (*Marly*, S. 449 ff., §§ 2-5). Trotz richtig gesetztem, tatsächlichem Schwerpunkt auf der Nutzungsrechtsgestaltung verweigert *Marly* die dem Vertrag angemessene rechtliche Qualifikation und negiert so lizenzvertragliche Elemente; neuerdings etwas zurückhaltender *v. Westphalen/Marly*, Rdnr. 49.
Bezeichnenderweise wird die Auffassung, es handele sich um eine bloße Nebenpflicht, meist von Literaturstimmen vertreten, die Software als Sache betrachten und infolgedessen ihre Sichtweise zu undifferenziert auf Übereignung und Sachkauf fokussieren. Falsch auch OLG Nürnberg, Urteil vom 20.10.1992, CR 1993, S. 360 unter Bezug auf *Marly*.
186 Vgl. *Palandt/Heinrichs*, Einf v § 320 Rdnr. 16, § 326 Rdnr. 7.
187 Sollte der Abnehmer etwa sein Nutzungsrecht einklagen müssen? Oder muß er warten, bis ein Interessewegfall eintritt und dann nach § 286 Abs. 2 BGB vorgehen?

geber muß ihm auch das Nutzungsrecht verschaffen[188]. Diese Pflicht ist Bestandteil des Synallagmas. Ergänzend läßt sich argumentieren, daß das zu verschaffende Nutzungsrecht erst die eigentliche Spezifizierung der dem Abnehmer erlaubten Nutzung ermöglicht, so z. B., ob ein Netzwerkbetrieb der Software umfaßt ist. Daher besteht eine **Hauptleistungspflicht** zur Einräumung bzw. Übertragung eines Nutzungsrechts.

Von dieser Feststellung wird mitunter[189] die Beantwortung der Frage abhängig gemacht, ob auf eine Softwareüberlassung die Regeln über den Kauf[190], insbesondere auch den Sachkauf[191] und dessen Gewährleistungsrecht, anwendbar sind oder ob andere Vertragstypen[192] den Regelfall der Softwareüberlassung darstellen. Der urheberrechtliche Schutz bedingt jedoch keine Festlegung auf einen bestimmten Vertragstyp, weniger noch auf ein bestimmtes Gewährleistungsrecht. Einen genormten "Nutzungsrechtsvertrag" auf schuldrechtlicher Ebene gibt es nicht[193], vielmehr wird ein gemischter Vertrag (eigener Art) angenommen, der sich bei weitgehender Gestaltungsfreiheit nach den Parteivereinbarungen richtet[194]. Insoweit können Kaufvertrag, Schenkungsvertrag, Pachtvertrag, Dienstvertrag, Werkvertrag, Gesellschaftsvertrag oder auch ein Vertrag sui generis unter Beachtung urheberrechtlicher Spezialregelungen Grundlage einer Lizenzierung sein[195]. Diese Verträge lassen sich als **urheberrechtliche Lizenzverträge im weiteren Sinne** qualifizieren, bei denen das vertragstypische Grundgefüge aus dem BGB, lediglich ergänzt um urheberrechtliche Besonderheiten, bestehen bleibt[196]. Wie bei anderen Gütern auch, ist bei Software für die Vertragsart maßgeblich, welchem Zweck der Vertrag dient und wie die Hauptleistungspflichten demgemäß ausgestaltet sind, ob es sich um eine dauerhafte oder nur zeitweise Überlassung handelt, ob lediglich über-

---

188 Vgl. auch *Jochen Schneider*, Rdnr. D 250; *v. Westphalen/Seidel*, S. 4.
189 So z. B. *Hoeren*, GRUR 1988, S. 344 ff.
190 Siehe auch unten A II 2 a), S. 46 ff.
191 So insbesondere *Hoeren*, S. 57; *ders.*, GRUR 1988, S. 349; *ders.*, CR 1988, S. 915; *Marly*, Rdnr. 132 ff.
192 Etwa Rechtskauf, Rechtspacht, oder auch Lizenzvertrag bzw. Vertrag sui generis. Im einzelnen hierzu unter A II 2, S. 46 ff.
193 Vgl. *Ulmer*, S. 384; *v. Gamm*, Einf. Rdnr. 67.
194 *Bappert/Maunz/Schricker*, § 28 Rdnr. 23, S. 499; *W. Erdmann*, CR 1986, S. 257; *Haberstumpf*, GRUR Int. 1992, S. 718; *Fromm/Nordemann/Hertin* Vor § 31 Rdnr. 9, 24, 34; *Hubmann/Rehbinder*, § 43 I 2, S. 205; *Moritz/Tybusseck*, Rdnr. 735, 752; *Schricker/Schricker*, Vor §§ 28 ff. Rdnr. 66.
195 Vgl. *Bartsch*, Schadensersatz-Klauseln, S. 150; *Schricker/Schricker*, Vor §§ 28 ff. Rdnr. 24.
196 Siehe auch unten A II 2 a), S. 48 sowie B VI, S. 203 f. A. A. offensichtlich *Bartsch*, CR 1992, S. 394, indem er den Lizenzvertrag allein der urheberrechtlich-dinglichen Ebene zuordnet: "Kaufvertrag und Lizenzvertrag bezeichnen also unterschiedliche Ebenen; die Begriffe sind nicht gleichgeordnet." Damit weicht *Bartsch* allerdings von der üblichen Terminologie ab, insbesondere wenn man bedenkt, daß beim Lizenzvertrag regelmäßig schuldrechtliches Geschäft und Verfügungsgeschäft in uno acto erfolgen und setzt sich selbst in Widerspruch zu seiner Vertragstypisierung auf S. 396. Siehe unter A II 2 h), S. 54 und in Fn. 83 auch zur hier verwendeten Terminologie.

lassen oder auch erstellt werden soll und zu welchen Handlungen der Abnehmer berechtigt wird[197]. Damit soll keineswegs gesagt sein, daß es im urheberrechtlichen Bereich nicht zu besonderen Vertragstypen kommen kann. Ein Präjudiz für eine spezifische Vertragsart besteht jedoch nicht. Kurz formuliert: Die zusätzliche Hauptleistungspflicht zur Rechtseinräumung bedingt keinen Vertragstyp. Sie ist zwar zur Vertragstypbestimmung heranzuziehen, hat aber im Normalfall[198] neutrale Wirkung. Neben dem grundsätzlichen Erfordernis der Lizenzierung trifft das Urheberrecht somit keine weiteren vertragsrechtlichen Vorentscheidungen. Die in diesem Konnex aufgeworfene Frage nach der Vertragsart findet hier keinen geeigneten Anknüpfungspunkt[199].

Als weitere Folge der urheberrechtlichen Schutzfähigkeit kann der Urheber gegen unbefugte Vervielfältigungen (Schutz vor Duplikaten) und unberechtigte Nachahmungen der Software unter Ausbeutung der geistigen Leistung des Programmierers (Schutz vor Imitaten) gemäß §§ 69f, 97 ff. UrhG zivilrechtlich und gemäß §§ 106 ff. UrhG strafrechtlich vorgehen[200]. Davon sind auch wettbewerbsrechtlich irrelevante private Raubkopien erfaßt.

bb) Patentrechtlicher Schutz

Schon früh wurde von Rechtsprechung[201] und Literatur[202] geäußert, dann auch durch den Gesetzgeber[203] klargestellt, daß ein patentrechtlicher Schutz für Computerprogramme "als solche" nicht in Betracht kommt[204]. Dies wird damit begründet, daß eine Handlungsanweisung nicht allein deshalb technischen Charakter hat, weil sie in Form eines Computerprogramms vorliegt[205].

---

197 So auch *Haberstumpf*, GRUR Int. 1992, S. 718.
198 Sie erhält prägenden Charakter im Falle des urheberrechtlichen Lizenzvertrages im engeren Sinne, siehe dazu unten A II 2 h).
199 So aber *Hoeren*, der infolgedessen – zielgerichtet auf die Anwendbarkeit des Sachkaufrechts fixiert – auch urheberrechtliche Fragen der Werknutzung unzutreffend löst, siehe B I 3 a), S. 110 f.
200 Skeptisch gegenüber einem urheberrechtlichen Schutz vor allem *Bösert*, S. 110 ff., der jedoch von der alten Rechtslage ausgeht und die Konsequenzen der EG-Richtlinie bezüglich verstärkter Urheberrechtsschutzfähigkeit nicht anerkennt, S. 34 f., 111. Zu den Schutzaspekten des Urheberrechts nach neuer Rechtslage siehe *Dierck/Lehmann*, CR 1993, S. 537 ff. Zu den strafrechtlichen Aspekten *Franzheim*, Überkriminalisierung durch Urheberrechtsnovelle, CR 1993, S. 101 ff.; hier hat die Urheberrechtsnovelle unerwünschte Auswirkungen. Die Praxis sollte vermeiden, daß einfachste Vertragsverletzungen ohne besonderen Unrechtswert, die in der Wertung einer nicht strafbaren Gebrauchsanmaßung gleichstehen, mit der vollen Härte des Strafrechts geahndet werden.
201 Vgl. BGH, Beschluß vom 22.6.1976, GRUR 1977, S. 76, – Dispositionsprogramm.
202 Meinungsstand bei *Kolle*, GRUR 1974, S. 13 ff.
203 Mit der Aufnahme des § 1 Abs. 2 Nr. 3 PatG, vom 16.12.1980, BGBl. I, S. 1146, entsprechend Art. 52 des Europäischen Patentübereinkommens vom 5.10.1973.
204 A. A. *Troller*, CR 1987, S. 283, 357 und *Wenzel*, S. 37; *ders.*, GRUR 1991, S. 107.
205 Vgl. *Benkard/Bruchhausen*, § 1 Rdnr. 104, S. 188 f.; *Kraßer*, Rdnr. 100; *Schulte*, § 1 Rdnr. 30, 76.

Nach herrschender Meinung ist zwischen patentfähigen, technischen Programmen und nicht-patentfähigen, nicht-technischen Programmen zu unterscheiden, wobei eine Differenzierung anhand einer Gesamtbetrachtung zu erfolgen hat[206]. Damit ist ein Patentschutz von Programmen nur in selteneren Fällen möglich, nämlich dann, wenn das Programm einer technischen Problemlösung dient, z. B. im Rahmen von Anordnungen zur Durchführung von Verfahren und im Bereich der Regeltechnik[207]. Die Beurteilungsmaßstäbe für ein technisches Programm hat der BGH durch Vornahme einer Ganzheitsbetrachtung in seiner "Tauchcomputer"-Entscheidung[208] gelockert. Für die Technizität ist danach nicht (mehr) erforderlich, daß das Programm unmittelbar selbst eine technische Lehre enthält, sondern ausreichend, daß eine enge Beziehung zwischen der im Programm enthaltenen Rechenregel und zur Datengewinnung eingesetzten technischen Mitteln besteht und eine Ergebnisanzeige automatisch ohne Einschaltung menschlicher Verstandestätigkeit erfolgt[209]. Dennoch bleibt das Gros der Computerprogramme, welches nicht-technische Anwendungen wie betriebswirtschaftliche Problemlösungen, Textverarbeitung[210], Datenbanken oder Spiele realisiert, nicht patentierbar[211]. Allerdings ist zu überlegen, ob nicht Betriebssystemsoftware, insbesondere Steuerprogramme, die den Ablauf der Anwendungssoftware auf der Hardware regeln, patentiert werden können[212]. Sie nehmen unmittelbar Einfluß auf technische Vorgänge, nämlich auf die Datenverarbeitung durch Steuerwerk und Rechenwerk und auf die Betriebsmittelzuweisung[213]. Dies geschieht unabhängig von der konkreten Anwendungssoftware, die auf einer übergeordneten Ebene abläuft. In diese Richtung hat sich mittlerweile auch die Rechtsprechung bewegt. Während in der Dispositionsprogramm-Entscheidung noch ein neuer, erfinderischer Aufbau der Hardware bzw. eine neue, nicht naheliegende und unübliche Nutzung der Hardware gefordert wurde, hat der BGH in der Entscheidung "Seitenpuffer" von diesem Erfordernis abgesehen und es als ausreichend erachtet, daß die programmbezogene Lehre die "Funktionsfähigkeit der Datenverarbeitungsan-

---

206 Vgl. *Betten*, CR 1986, S. 313 f.; *ders.*, CR 1992, S. 603; *Beyer*, S. 205 f.; *Engel*, GRUR 1993, S. 198 mit einer inhaltsbezogenen Differenzierung; *Kindermann*, CR 1992, S. 581, S. 665; *Kraßer*, Rdnr. 107; *Prasch*, CR 1987, S. 344, 347; seit der Entscheidung "Tauchcomputer" vom 4.2.1992, CR 1992, S. 603, in Abkehr von der sog. Kerntheorie auch der BGH; Nr. 2 und 3 der Richtlinien des Deutschen Patentamtes für Anmeldungen, die DV-Programme oder Regeln enthalten, CR 1987, S. 67.
207 Vgl. *Betten*, CR 1992, S. 603; *Habel*, S. 168; *Lehmann*, NJW 1988, S. 2421; *Kraßer*, Rdnr. 108; BGH GRUR 1980, S. 849 – Antiblockiersystem.
208 Urteil vom 4.2.1992, GRUR 1992, S. 430 ff. = CR 1992, S. 600 ff.
209 BGH, CR 1992, S. 602 f.
210 Auch wenn es sich dabei um im Programm verwirklichte, ausgefeilte Methoden zur Darstellung chinesischer Schriftzeichen handelt, die letztlich aber doch keine technische Lehre darstellen, vgl. BGH, Beschluß vom 11.6.1991 – Chinesische Schriftzeichen, CR 1991, S. 663 f. Kritisch hierzu *Kindermann*, CR 1992, S. 580.
211 Vgl. *Habel*, S. 169; *Lehmann*, NJW 1988, S. 2421.
212 Vgl. *Buchmüller*, S. 14; *Kraßer*, Rdnr. 103.
213 So ausdrücklich Nr. 5 der Patentamt-Richtlinie für Systemsoftware, die Zeitmultiplexbetrieb ermöglicht, CR 1987, S. 67. Vgl. auch *Anders*, GRUR 1990, S. 500.

lage als solche betrifft und damit das unmittelbare Zusammenwirken ihrer Elemente ermöglicht"[214]. Damit ist für **Systemprogramme** ein **Patentrechtsschutz** in der Regel möglich[215].

Der erlangte Patentschutz kann zur Folge haben, daß ein eventuell zuvor bestehender Urheberrechtsschutz endet. Denn mit der Veröffentlichung durch das Patentamt gemäß § 32 PatG wird das Programm zum veröffentlichten amtlichen Werk, dem gemäß § 5 Abs. 2 UrhG der urheberrechtliche Schutz versagt ist[216]. In der Regel wird jedoch aus Geheimhaltungsgründen der Quellcode nicht veröffentlicht, sondern lediglich eine detaillierte Programmbeschreibung[217]. Fraglich ist, ob damit das urheberrechtlich geschützte Werk veröffentlicht ist. Versteht man das Werk als von der konkreten Darstellungsform zu abstrahierenden Bedeutungsgehalt[218], so ist maßgeblich, ob sich aus der veröffentlichten Beschreibung dieser Gehalt vollständig ableiten läßt. Davon kann nicht ausgegangen werden, denn eine Ableitung des Algorithmus aus der bloßen Beschreibung ist nicht möglich. Damit kann grundsätzlich für die gleiche geistige Leistung Patent- und Urheberrechtsschutz bestehen[219].

Der im Zuge der Rechtsprechungsentwicklung mittlerweile erleichtert zu erlangende und zukünftig vermutlich auch vermehrt angestrebte Patentrechtsschutz kann jedoch zu ungeklärten Konkurrenzproblemen mit dem neuen Urheberrecht führen. Zwar bestimmen insoweit Art. 9 Abs. 1 Satz 1 der EG-Richtlinie und § 69g Abs. 1 UrhG, daß sonstige Schutzrechtsmaterien unberührt bleiben. Ähnlich wie im Verhältnis zum Wettbewerbsrecht stellt sich jedoch auch hier die Frage nach der Auswirkung von Art. 9 Abs. 1 Satz 2 der Richtlinie bzw. § 69g Abs. 2 UrhG[220], auch wenn dies bei den Beratungen zur Richtlinie nicht als Streitpunkt betrachtet wurde[221]. War bisher zu erwarten, daß die theoretisch denkbare Konkurrenz zwischen Urheberrechts- und Patentschutz aus praktischen Gründen nicht relevant würde, da im Normalfall der Autor bei der wirtschaftlichen Verwertung immer nur auf einen der beiden Schutzaspekte rekurrierte, so steht jetzt angesichts der urhebervertragsrechtlich zwingenden Vorschrift des § 69e UrhG, die unter gewissen Umständen die Dekompilierung gestattet, zu befürchten, daß vom Autor beide Schutzaspekte betont werden. Es kann nicht ausgeschlossen werden, daß in der Kombination von Patentrechtsschutz für eine Schnittstelle[222] und Urheberrechtsschutz für das restliche Programm eine monopolartige Stellung geschaffen wird, die dem Grundgedanken

---

214 Beschluß vom 11.6.1991 – Seitenpuffer, CR 1991, S. 661.
215 Vgl. *Betten*, CR 1992, S. 603, der ohnehin dem Patentschutz stärkere Beachtung wünscht; *Kindermann*, CR 1992, S. 578; *Kraßer*, Rdnr. 108.
216 Vgl. nur *Schricker/Katzenberger*, § 5 Rdnr. 46 m. w. N.
217 Darauf weist auch *Betten*, CR 1992, S. 604, hin.
218 Vgl. oben A II 1 b) aa) (3), S. 30.
219 Vgl. auch *Ullmann*, CR 1992, S. 648.
220 Vgl. *Moritz*, GRUR Int. 1991, S. 702.
221 Vgl. *Schulte*, CR 1992, S. 657.
222 Vgl. *Pilny*, GRUR Int. 1990, S. 441.

der Richtlinie in Art. 6 und der gesetzlichen Regelung in § 69e UrhG zuwiderläuft.

cc) *Wettbewerbsrechtlicher Schutz*

Das Wettbewerbsrecht[223] vermag neben dem Urheberrecht nur **ergänzende Schutzfunktionen**[224] wahrzunehmen. Sein Schutz kann im Rahmen von Wettbewerbsverhältnissen eine wichtige Rolle spielen. Schutz vor privat und ohne Gewinnerzielungsabsicht gefertigten Duplikaten, einem wichtigen Bereich der Softwarepiraterie, gewährt das Wettbewerbsrecht – trotz "Schrittmacherfunktion"[225] – nicht[226]. Insoweit kann nur das Urheberrecht als absolutes Recht weiterhelfen; in Ausnahmefällen kann auch ein Anspruch aus § 826 BGB bestehen. Zur Schaffung eines umfassenden Schutzrechts für Software aller Art und zur Absicherung der vielfältigen Nutzungsarten ist das Wettebwerbsrecht nicht tauglich. Mitunter wird dennoch im ergänzenden Leistungsschutz der Kern des rechtlichen Schutzes für Software gesehen[227]. Dabei bleibt jedoch die jüngste Entwicklung im Urheberrecht außer Betracht oder wird in ihrer Bedeutung verkannt.

Grundsätzlich bleibt gemäß § 69g Abs. 1 UrhG der wettbewerbsrechtliche Schutz vom neuen Softwarerecht unberührt. Jedoch ergeben sich Probleme im Verhältnis zur zwingenden Vorschrift des § 69e UrhG, der ein Dekompilieren und Aufdecken von Programmteilen erlaubt, denen grundsätzlich gemäß §§ 17, 18 UWG wettbewerbsrechtlicher Geheimnisschutz zukommen kann. Insoweit wird man davon ausgehen müssen, daß sich urheberrechtlich zulässige Handlungen nicht wettbewerbsrechtlich unterbinden lassen, daß das Urheberrecht also in einem eng begrenzten Anwendungsbereich doch das Wettbewerbsrecht verdrängt[228].

---

223 Ausführlich hierzu *Jersch*, Ergänzender Leistungsschutz und Computersoftware, München 1993; *Walch*, Ergänzender Leistungsschutz nach § 1 UWG, Köln 1992. Vgl. auch *Taeger*, Softwareschutz durch Geheimnisschutz, CR 1991, S. 449 ff.
224 Vgl. *Lehmann*, Wettbewerbsrechtlicher Schutz, Rdnr. 1; *Jersch*, S. 1, 183; *Walch*, S. 152, 153. A. A. *T. Emmerich*, S. 182, der im wettbewerbsrechtlichen und vertragsrechtlichen Schutz den Schwerpunkt sieht. Dabei wird anhand einer einseitig auf persönlichkeitsrechtliche Aspekte ausgerichteten (S. 93 ff.) und oberflächlichen – da die wirtschaftlich relevanten Verwertungsrechte wie Vervielfältigungs-, Verbreitungs- und Bearbeitungsrecht völlig negierenden – Prüfung das Urheberrecht für ungeeignet gehalten und die Streichung von Computerprogrammen aus dem Werkekatalog des § 2 UrhG gefordert (S. 100). Angesichts der europäischen Rechtsentwicklung ist diese Ansicht überholt.
225 *Lehmann*, Property Rights, S. 5.
226 Vgl. *Jersch*, S. 182; *Lehmann*, Wettbewerbsrechtlicher Schutz, Rdnr. 8; *Paefgen*, CR 1989, S. 700.
227 *Jersch*, S. 190 ff.
228 Siehe hierzu die Kommentierung von § 69g UrhG unter B I 7, S. 144 f.

dd) Eigenständiges Leistungsschutzrecht

Ein teilweise in der Literatur[229] gefordertes, eigenständiges Leistungsschutzrecht hätte den Nachteil gehabt, nicht auf internationaler Ebene gleichmäßigen Schutz zu gewähren. Wenn auch aus grundsätzlichen dogmatischen Erwägungen das Urheberrecht nicht als optimale Regelungsmaterie anzusehen ist[230], so bietet es doch im Gegensatz zum gesonderten Leistungsschutz den Vorteil internationaler Absicherung durch Welturheberrechtsabkommen und Revidierte Berner Übereinkunft[231]. Gerade aufgrund des umfangreichen grenzüberschreitenden Handels mit Software war dieses Argument gegen einen gesonderten Leistungsschutz als ausschlaggebend zu werten[232].

ee) Vertraglicher Schutz und Schutz nach BGB

Soweit Software nicht urheberrechtlich geschützt ist (etwa im Falle von trivialer Software) und auch ein wettbewerbsrechtlicher Schutz ausscheidet, bleibt dem Inhaber der Software nur die Vereinbarung eines vertraglichen Schutzes mit schuldrechtlicher, relativer Wirkung zwischen den Parteien. Derartige, früher häufig aufgrund der unklaren Rechtslage getroffene Vereinbarungen dürften zukünftig im Rahmen von Softwareverträgen dank vorliegenden Urheberrechtsschutzes erheblich an Bedeutung verlieren.

Auch ohne ausdrückliche Regelung oder vertragliche Beziehung besteht ein Schutz gemäß § 826 BGB[233]. Allerdings ist Voraussetzung für einen Anspruch aus § 826 BGB eine vorsätzliche sittenwidrige Schädigung. Probleme ergeben sich hier vor allem im Rahmen der Schadensberechnung, wobei man die im Rahmen der Immaterialgüterrechte übliche Berechnung entsprechend der entgangenen Lizenzgebühr zugrunde legen kann. Dies rechtfertigt sich jedoch nur dann, wenn dem verletzten Gut auch Urheberrechtsschutz zukommt. Neben einem Schadensersatzanspruch besteht ferner ein Unterlassungsanspruch aus § 826 BGB.

c) Gekoppelter Vertrieb und Erwerb von Hardware und Software

Gekoppelter Vertrieb von Hardware und Software (Bundling) dient vor allem Hardwareherstellern, die zugleich als Softwarehersteller agieren, zur Kontrolle des Hardwaremarktes. Durch kombinierten Vertrieb von Hardware und Soft-

---

229 Vgl. *Jersch*, S. 192; dezidiert und ausführlich *König*, Rdnr. 446 ff., 475, 600; *ders.*, CR 1991, S. 592; *Pardey*, FAZ vom 3.3.1992, S. T1; *Röttinger*, IuR 1987, S. 273; *Schulze*, GRUR 1985, S. 1006 ff.; *Wenzel*, GRUR 1991, S. 110.
230 Vgl. *Jersch*, S. 192.
231 Zur künftigen Entwicklung bezüglich der Vereinbarung eines Protokolls zur RBÜ siehe *Dreier*, Rdnr. 41 ff.
232 Siehe auch *Lehmann*, Europäische Richtlinie, Rdnr. 5, Fn. 24.
233 Vgl. *Jersch*, S. 96 ff., 183 ff.

ware, ergänzt durch CPU-Klauseln[234], und Weitergabeverbote[235] wird der Einsatz der Software auf die Originalgeräte des Herstellers beschränkt und die Weiterveräußerung erschwert. Besonders die Verknüpfung eines Kaufvertrages bezüglich der Hardware mit einem Lizenzvertrag bezüglich der Software ist hierzu geeignet. Grundsätzlich kann aber jeder Softwareüberlassungsvertrag mit einem Vertrag über die Hardware gekoppelt werden. Auch mit (hier nicht behandelten) Wartungsverträgen kann eine Verknüpfung erfolgen[236]. Neben Herstellern verfolgen auch Händler Koppelungsstrategien; Motivation dürfte hier aber eine angestrebte Umsatzsteigerung sein[237]. Schließlich sind auch Anwender am Erwerb eines kompletten DV-Systems "aus einer Hand" interessiert[238], um das Risiko der Inkompatibilität von Software und Hardware zu verringern[239]. Im Zusammenhang mit derartigen Koppelungen treten im wesentlichen zwei Probleme auf: Zulässigkeit von Bundling nach Kartell- und Wettbewerbsrecht sowie rechtliche Konsequenzen von teilbezogenen Vertragsstörungen[240].

aa)   Rechtliche Verknüpfung und Konsequenzen von Vertragsstörungen

Zur rechtlichen Verbindung von Hardware- und Softwareerwerb ergeben sich verschiedene Konstruktionsmöglichkeiten. Soweit ein einziger Vertrag über eine Gesamtlösung ("Computersystem", Gesamtkonzept", "Paketlösung"[241]) geschlossen wird[242] und es sich dabei nach der Verkehrsanschauung[243] um eine einheitliche Sache i. S. v. § 93 BGB (denkbar bei Hardware mit bereits gespeicherter Systemsoftware) handelt, besteht bei einer Vertragsstörung auch ein einheitliches Gestaltungsrecht, das sich auf den gesamten Vertrag auswirkt[244]. Handelt es sich um einen einheitlichen Kaufvertrag über mehrere Gegenstände, so kommen bei Mangelhaftigkeit einer Teilleistung die §§ 469, 470 BGB zur Anwendung, d. h. die Wandelung erfaßt den ganzen Vertrag, wenn nicht eine bloße Nebensache[245] mangelhaft ist und eine Trennung nachteilig wäre. Hierfür

---

234   Siehe hierzu unten C I 1 b) aa), S. 232 f.
235   Siehe hierzu unten C I 1 a) § 8, S. 223 ff.
236   Einen kurzen Überblick über Koppelungsmöglichkeiten gibt *Sucker*, CR 1989, S. 472.
237   So wohl auch in dem vom BGH am 25.3.1987 entschiedenen Fall "Programmsperre", CR 1987, S. 358 ff., bei dem wegen gekoppelten Erwerbs ein "Softwaresonderpreis" gewährt wurde. Vgl. auch das hierzu ergangene Urteil des OLG Frankfurt vom 17.1.1991, CR 1991, S. 345 ff.: Unwirksamkeit der Koppelungsklausel des Händlers gem. § 9 AGBG.
238   Nicht aber an einem Weitergabeverbot oder einer CPU-Beschränkung!
239   Vgl. *Pötzsch*, CR 1989, S. 1063.
240   Vgl. umfassend zu den bürgerlich-rechtlichen Problemen vor allem *Pötzsch*, Die rechtliche Einheit von Hardware und Software, Berlin 1991.
241   Vgl. *Pötzsch*, CR 1989, S. 1064.
242   Vgl. zu den Voraussetzungen hierfür *Pötzsch*, S. 48 ff. Insoweit entfaltet eine einheitliche Urkunde Indizwirkung, vgl. BGH, Urteil vom 4.11.1987, CR 1988, S. 128 f.
243   Vgl. BGH, Urteil vom 4.11.1987, CR 1988, S. 129.
244   Vgl. *Köhler/Fritzsche*, Rdnr. 225 ff.; *Pötzsch*, S. 86 ff., S. 95 ff.
245   Im Falle einer Gesamtlösung ist das unwahrscheinlich, vgl. *Pötzsch*, CR 1989, S. 1066.

reicht auch ein finanzieller Nachteil aus[246]. Diese Grundsätze dürften sich auch auf andere Vertragsarten übertragen lassen[247]. Schließt der Anwender verschiedene Verträge mit demselben Vertragspartner, so stellt sich die Frage einer **rechtlichen Einheit i. S. v. § 139 BGB**[248]. Maßgeblich ist, ob nach den Erklärungen der Parteien unter Berücksichtigung der Verkehrssitte und der Interessenlage die Verträge miteinander "stehen und fallen" sollen[249]. Davon dürfte entgegen der Ansicht des BGH[250] auch im Falle des Erwerbs von Standardsoftware zusammen mit üblicher Hardware auszugehen sein. Außer § 139 BGB können im konkreten Einzelfall subsidiär auch die Grundsätze über den Wegfall der Geschäftsgrundlage anwendbar sein[251]. Erwirbt der Anwender Hard- und Software von verschiedenen Personen, so sind die Verträge grundsätzlich voneinander unabhängig. Ausnahmsweise können bei wirtschaftlicher Kooperation beider Lieferanten[252] die Grundsätze des Wegfalls der Geschäftsgrundlage oder die des Einwendungsdurchgriffs[253] zur Anwendung kommen. In allen beschriebenen Fällen können sich die Vertragspartner auch durch eine ausdrückliche Bedingung oder ein Rücktrittsrecht absichern.

bb)   Kartellrechtliche Zulässigkeit von Bundling

Koppelungsgeschäfte bedürfen aus kartellrechtlicher Sicht als potentiell wettbewerbsbeschränkende Geschäftspraktiken (vgl. § 18 Abs. 1 Nr. 4 GWB) einer besonderen sachlichen Rechtfertigung gemäß § 26 Abs. 2 GWB, wenn sie zur Ungleichbehandlung von abhängigen Nachfragern führen[254]. Insbesondere bei herstellerspezifischen Betriebssystemen ist von einer entsprechenden Abhängigkeit auszugehen. Ein sachlicher Grund zur Ungleichbehandlung von Erwerbern neuer Hardware und Zweiterwerbern gebrauchter Hardware ist nicht ersichtlich; das bloße Gewinninteresse des Herstellers reicht nicht aus. Urheberrechtliche Gründe bestehen ebenfalls nicht[255]. Daher ist in der Regel von einem Verstoß gegen § 26 Abs. 2 GWB auszugehen[256].

---

246   Ähnlich *Lehmann*, CR 1987, S. 423.
247   Hierzu *Köhler/Fritzsche*, Rdnr. 230 ff.; *Pötzsch*, CR 1989, S. 1068.
248   Vgl. *Köhler/Fritzsche*, Rdnr. 220 ff.; *Pötzsch*, S. 98 ff.
249   Vgl. BGH, MDR 1966, S. 749.
250   Urteil vom 25.3.1987, CR 1987, S. 363.
251   Wie im Falle des Leasing ist der Bestand des einen Vertrages Geschäftsgrundlage für den anderen Vertrag.
252   Wie z. B. bei einer SHAP-Partnerschaft, vgl. A III 3 h) cc), S. 85.
253   Vgl. hierzu *Pander*, Einwendungsdurchgriff bei Hard- und Software-Verträgen, IuR 1987, S. 411.
254   Dies gilt auch nach europäischem Kartellrecht, vgl. *Sucker*, CR 1989, S. 472.
255   Vgl. *Lehmann*, BB 1985, S. 1214.
256   Vgl. *Lehmann*, BB 1985, S. 1215; *ders*., Kartellrechtliche Grenzen, Rdnr. 88; *Jörg Schneider*, S. 172. Soweit die Weigerung des Herstellers zur Lizenzierung seiner Software an Zweiterwerber zur Unverwertbarkeit der Alt-Hardware führt, ist auch von einem Verstoß gegen § 1 UWG auszugehen, vgl. *Lehmann*, BB 1985, S. 1216.

d) Kartellrechtliche Vertragskontrolle

Verträge über Software unterliegen kartellrechtlicher Kontrolle nach europäischem und nach deutschem Recht[257].

Nach **europäischem Recht** sind insbesondere die Art. 30 ff., 85 und 86 EWGV zu beachten. Dabei ist danach zu differenzieren, welcher Schutz dem Computerprogramm zukommt: Für patentrechtlich geschützte Programme kommt die Gruppenfreistellungsverordnung für Patentlizenzvereinbarungen[258] zur Anwendung. Soweit mit dem Computerprogramm wettbewerbsrechtlich geschütztes Know-how überlassen wird, was nur bei Offenlegung des Quellcodes der Fall ist, ist die Gruppenfreistellungsverordnung für Know-how-Vereinbarungen[259] zu berücksichtigen. Eine entsprechende Verordnung über die Freistellung von den Anforderungen des Art. 85 Abs. 1 EWGV für urheberrechtliche Lizenzverträge existiert bislang nicht. In Betracht kommt hier nur eine Einzelfreistellung gemäß Art. 85 Abs. 3 EWGV. Hierbei können teilweise Wertungen aus den vorgenannten Grupenfreistellungsverordnungen übernommen werden[260]. Grundsätzlich wird man davon auszugehen haben, daß das europäische Kartellrecht wie beim Patent nicht den Kernbestand des Urheberrechts, wie er durch die Verwertungsrechte der §§ 15 ff., 69c UrhG umrissen wird, beeinträchtigt[261].

Nach **deutschem Recht** sind im Rahmen der kartellrechtlichen Kontrolle von Softwareüberlassungsverträgenvor allem die §§ 15, 18, 20, 21, 26 GWB einschlägig. Auch hier ist zwischen den jeweiligen Arten des rechtlichen Schutzes zu unterscheiden: Für patentrechtlich geschützte Computerprogramme sowie solche, mit denen geschütztes technisches Know-how überlassen wird, gelten die §§ 20, 21 GWB, die wettbewerbsbeschränkende Abreden zulassen, soweit diese nicht über den Inhalt des Schutzrechtes hinausgehen. Zulässig sind gemäß § 20 Abs. 1 Halbsatz 2 GWB vor allem Beschränkungen hinsichtlich Art, Umfang, Menge, Gebiet oder Zeit. Auf urheberrechtliche Lizenzverträge sind die §§ 20, 21 GWB nicht anzuwenden[262]. Eine umfassende kartellrechtliche Kontrolle scheint gerade bei Computerprogrammen zur Sicherung des Wettbewerbs und funktionierender Marktmechanismen unumgänglich. Dabei darf die Anwendung des Kartellrechts aber nicht zu einer Aushöhlung der dem Ur-

---

257 Vgl. hierzu *Lehmann*, Kartellrechtliche Grenzen, Rdnr. 1 ff.; *Moritz*, Softwarelizenzverträge, Teile I bis III, CR 1993, S. 257 ff., 341 ff., 414 ff.; *Jörg Schneider*, Softwarenutzungsverträge im Spannungsfeld von Urheber- und Kartellrecht; *Sucker*, Lizenzierung von Computersoftware, CR 1989, S. 353 ff., 468 ff.
258 ABl. EG 1984 Nr. L 219, S. 15 ff.
259 ABl. EG 1989 Nr. L 61, S. 1 ff.
260 Vgl. *Moritz*, CR 1993, S. 262; im einzelnen *Lehmann*, Kartellrechtliche Grenzen, Rdnr. 19 ff.
261 Vgl. *Lehmann*, Kartellrechtliche Grenzen, Rdnr. 18.
262 Vgl. für die h. M.: *V. Emmerich*, S. 186 ff.; *v. Gamm*, § 20 Rdnr. 25; *Lehmann*, Kartellrechtliche Grenzen, Rdnr. 39 f.; *Schroeder*, in: Kilian/Heussen, Abschnitt 62 Rdnr. 11. A. A. wohl *Moritz*, CR 1993, S. 417.

heber zur Wahrung seiner Partizipationsinteressen zugewiesenen Ausschließlichkeitsrechte in Form der Verwertungsrechte führen. Zu beachten ist, daß diese Zuweisung von Property Rights dazu dient, eine wirtschaftliche Verwertung des zugrundeliegenden immateriellen Guts zu ermöglichen, mithin einen Markt und einen Wettbewerb erst entstehen zu lassen. Daraus folgt, daß all diejenigen Beschränkungen, die der Urheber oder Verwerter dem Abnehmer im Rahmen der vom Urheberrechtsgesetz vorgegebenen und von ihm gedeckten Grenzen, wie sie durch die §§ 15 ff., 31 ff., 69c ff. UrhG bestimmt werden, auferlegt, nicht gegen Kartellrecht verstoßen. Soweit die vertragliche Regelung durch ein schützenswertes (Partizipations-)Interesse des Urhebers begründet ist und nicht vorwiegend zu wettbewerbsbegrenzenden Zwecken erfolgt, ist sie kartellrechtlich zulässig; es besteht ein der Kommerzialisierungsaufgabe des Urheberrechts entsprechender Freiraum. Nur innerhalb dieses urheberrechtlich-dinglich eröffneten Rahmens sind potentiell wettbewerbsbeschränkende vertragliche Vereinbarungen zulässig[263]. Werden darüber hinausgehende schuldrechtlich wirkende Regelungen von den Parteien getroffen, so können insbesondere Verstöße gegen die §§ 15 und 18 GWB vorliegen[264].

e) Formbedürftigkeit gemäß § 34 GWB

Soweit Verträge Beschränkungen der in den §§ 16, 18, 20, 21 GWB beschriebenen Art enthalten, muß die Schriftform des § 34 GWB i. V. m. § 126 Abs. 1 BGB eingehalten werden, d. h., daß eigenhändige Unterschriften der Vertragsparteien, die sich jedoch nicht auf derselben Urkunde befinden müssen, erforderlich sind. Softwareüberlassungsverträge dürften wegen der üblicherweise vereinbarten Verwendungsbeschränkungen in der Regel formbedürftig sein[265]. Soweit die §§ 20, 21 GWB zur Anwendung kommen, ist die Form des § 34 GWB zu beachten, unabhängig davon, ob die Beschränkungen den Rahmen des § 20 Abs. 1 GWB überschreiten oder nicht[266]. Ohne Schriftform wäre eine Feststellung des Vertragsinhalts für die Kartellbehörde erschwert. Eine Auslegung von § 34 GWB dahingehend, daß eine schriftliche Fixierung ohne Unterschriftsleistung zur Formwahrung ausreicht[267], wäre contra legem und würde den Rahmen zulässiger Auslegung wohl überschreiten, insbesondere nachdem sich der Gesetzgeber trotz Kenntnis der Auswirkungen der Regelung nicht zur Abschaffung von § 34 GWB entschließen konnte[268]. Als Argument kann in diesem Zusammenhang auch nicht gelten, daß nur so den Bedürfnissen der Vertrags-

---

263 Vgl. *Lehmann*, Kartellrechtliche Grenzen, Rdnr. 38 ff., 49 f.
264 Vgl. *Lehmann*, Kartellrechtliche Grenzen, Rdnr. 56 ff., 63 ff.
265 Vgl. *Chrocziel*, CR 1989, S. 679 f., der die Anwendung mit § 18 GWB begründet; *Lehmann*, Kartellrechtliche Grenzen, Rdnr. 5 f. Für den Fall eines Know-how-Vertrages vgl. *V. Emmerich*, S. 190; *Henn*, S. 128.
266 *v. Gamm*, § 20 Rdnr. 6, § 34 Rdnr. 1; BGH GRUR 1975, S. 499 – Werkstück-Verbindungsmaschinen.
267 So *Moritz/Tybusseck*, Rdnr. 589. Hiergegen *Lehmann*, Kartellrechtliche Grenzen, Rdnr. 6.
268 Vgl. *Moritz/Tybusseck*, Rdnr. 590.

praxis nach (ohnehin aus AGB-rechtlichen Gründen unwirksamen[269]) Schutzhüllenverträgen entsprochen werden kann. Dennoch darf nicht verkannt werden, daß die Anwendung von § 34 GWB auf die Überlassung von Massensoftware an den Anwender den Rechtsverkehr belastet. Vor allem die weitreichende Konsequenz der Nichtigkeit des Vertrages gemäß § 125 Satz 1 BGB weckt erhebliche Bedenken – die derzeitige Rechtslage, nach der bei Softwareüberlassungsverträgen das Schriftformerfordernis gemäß § 34 GWB einzuhalten ist, kann nicht befriedigen.

2. Schuldrechtliche Verträge

Ausgehend von der Erkenntnis, daß es sich bei Software um ein immaterielles, geistiges Gut handelt, welches in aller Regel dem Urheberrechtsschutz unterfällt, lassen sich nachfolgend in einem Überblick die unterschiedlichen Vertragstypen, im Rahmen derer es zur Softwareüberlassung kommen kann, darstellen und auf ihre grundsätzliche Eignung überprüfen.

a) *Kaufvertrag*

Ein Kaufvertrag wird vor allem für die dauerhafte Überlassung von Standardsoftware zur freien Verfügung gegen einmaliges Entgelt angenommen[270]. Damit ist vor allem die gängigste Variante des Softwareerwerbs "über den Ladentisch" erfaßt. Der Kaufvertragskonstruktion kommt somit erhebliches Gewicht für die Softwareüberlassung im Verhältnis zum Anwender zu[271].

Daß es sich beim Kaufgegenstand weder um eine Sache noch um ein Recht[272] handelt, sondern um ein immaterielles Wirtschaftsgut, widerspricht der Klassifizierung als Kaufvertrag nicht, denn auch immaterielle Güter wie Informa-

---

269 Siehe ausführlich unten B IV 4 a), S. 179 ff.
270 Vgl. *Bartl*, CR 1985, S. 14; *Eickmeier/Eickmeier*, CR 1993, S. 73; *Engel*, BB 1985, S. 1162; *Hager*, AcP 190 (1990), S. 324; *Hoeren*, S. 57; *ders.*, RDV 1988, S. 115; *ders.*, GRUR 1988, S. 349; *Soergel/Huber*, vor § 433 Rdnr. 81a, 153; *Junker*, S. 165; *Kindermann*, GRUR 1983, S. 159; *Köhler/Fritzsche*, Rdnr. 33; *Köhler*, CR 1987, S. 830; *König*, Rdnr. 671; *Malzer*, S. 93; *Marly*, Rdnr. 132; *Martinek*, S. 16; zur *Megede*, S. 50 f.; *Mehrings*, NJW 1988, S. 2439; *Jochen Schneider*, Rdnr. D 73; *Sickinger*, S. 77; *MüKo/Westermann*, § 433 Rdnr. 20. Auch die Rechtsprechung teilt diese Auffassung: BGH, Urteil vom 25.3.1987, CR 1987, S. 360; BGH, Urteil vom 4.11.1987, CR 1988, S. 126; BGH, Urteil vom 18.10.89, CR 1990, S. 26; allerdings wird teilweise dabei unter Mißachtung der Rechtsqualität von Software und der urheberrechtlichen Werkqualität vom Datenträger als einzigem Kaufgegenstand ausgegangen. Ferner OLG Nürnberg, Urteil vom 20.10.1992, CR 1993, S. 359 ff. A. A.: *Habel*, S. 243 ff.; *Heussen*, GRUR 1987, S. 789 ff.; *Müller-Hengstenberg*, CR 1986, S. 443.
271 Zur Vertragsgestaltung im einzelnen siehe unten C I 1, S. 208 ff.
272 Einen Rechtskauf als Grundlage einer Nießbrauchsbestellung möchte *Bösert*, S. 328 ff., annehmen, hiergegen siehe unten A II 2 d), S. 62 f, Fn. 374.

tion, Know-how und Kundenstamm können verkauft werden[273]. Um einen reinen Sachkauf handelt es sich jedenfalls nicht[274]. Ebensowenig steht einem Kaufvertrag entgegen, daß im Falle von Software beim Verkäufer keine Vermögensminderung eintritt, soweit nur ein einfaches Nutzungsrecht eingeräumt wird[275].

Dem Kauf ist die Ausrichtung auf einen einmaligen und **endgültigen Güteraustausch** vertragsimmanent[276]. Werden an die Überlassung von Software besondere Bedingungen geknüpft oder soll das Recht zur Nutzung erlöschen bzw. der Vertrag beendet werden[277], so kann daher entweder nicht mehr von einem Kaufvertrag ausgegangen werden oder die betreffende Klausel nicht wirksam sein. Gegen die Typisierung als Kaufvertrag läßt sich aber nicht entscheidend einwenden, daß Software urheberrechtlich geschützt sei, der Käufer also das Urheberrecht der Werkschöpfers weiterhin beachten müsse und er den Kaufgegenstand daher niemals zur (vollkommen) freien Verfügung erhalte. Dies ist durchaus auch bei anderen urheberrechtlich geschützten Gütern der Fall, die unbestritten Gegenstand eines Kaufs sein können, z. B. bei sämtlichen bespielten Tonträgern, die wie Software nicht beliebig kopiert werden dürfen.

Bei urheberrechtlich geschützter Software muß der Verkäufer dem Käufer als zusätzliche Hauptleistungspflicht ein einfaches Nutzungsrecht verschaffen[278], das dem Nutzer die Aufnahme in den Festspeicher und die dem Programmlauf

---

273 Vgl. *Köhler/Fritzsche*, Rdnr. 29; *Köhler*, CR 1987, S. 830; *Mehrings*, NJW 1988, S. 2439; *Palandt/Putzo*, § 433 Rdnr. 5; *MüKo/Westermann*, § 433 Rdnr. 2; *v. Westphalen/Seidel*, S. 7.
274 So aber *Bartsch*, CR 1992, S. 395; *Hoeren*, S. 57; *ders.*, RDV 1988, S. 115; *ders.*, GRUR 1988, S. 349; *ders.*, CR 1988, S. 915; *Köhler/Fritzsche*, Rdnr. 27, 190, vorsichtiger in Rdnr. 29, 32 f.; *König*, Rdnr. 671; *Malzer*, S. 92; *Marly*, Rdnr. 132 ff.; BGH, Urteil vom 18.10.1989, BGHZ 109. S. 97 ff. = CR 1990, S. 24 ff., 26 f. mit zustimmender Anmerkung von *Heymann*, CR 1990, S. 113. Nach der Art und Weise der Übertragung differenzieren BGH, Urteil vom 25.3.1987, CR 1987, S. 360 und BGH, Urteil vom 4.11.1987, CR 1988, S. 127. Insbesondere hatte der BGH im Urteil vom 4.11.1987, CR 1988, S. 124 ff., **nur die Gewährleistung nach den §§ 459 ff. BGB beurteilt**, worauf auch *Jochen Schneider*, Rdnr. D 84 ff. zurecht hinweist. Von *Hoeren*, RDV 1988, S. 115, wurde dieses Urteil daher etwas zu euphorisch als Beleg der von ihm vertretenen Theorie des Sachkaufs gewertet. Analoge Anwendung soll erfolgen nach Meinung von: *Engel*, BB 1985, S. 1163 (bei Überlassung von Standardprogrammen zur freien Verfügung auf Dauer gegen einmaliges Entgelt); *Kilian*, S. 36 (bei Standardprogrammen); *Dörner/Jersch*, IuR 1988, S. 141 f.
275 Vgl. *Köhler/Fritzsche*, Rdnr. 31; *Hager*, AcP 190 (1990), S. 327.
276 Vgl. *Palandt/Putzo*, § 433 Rdnr. 24.
277 Vgl. hierzu die Beispiele von *Jochen Schneider*, Rdnr. G 168 und S. Rdnr. G 177 ff. Näher unter C I 1 b) bb), S. 233 f. Auch der von *Geissler/Pagenberg*, Rdnr. 80 ff., vorgeschlagene Vertragstext kann aufgrund des in § 1 Nr. 2 (Dauer von 10 Jahren) und § 5 (außerordentliche Kündigung) geregelten Zeitbezugs keinesfalls wie in Rdnr. 80 bezeichnet als Kaufvertrag angesehen werden.
278 Siehe oben A II 1 b) aa) (5), S. 36. Dies kann konkludent erfolgen, vgl. *Harte-Bavendamm*, in: Kilian/Heussen, Abschnitt 54 Rdnr. 61.

vorhergehende Vervielfältigung im Arbeitsspeicher ermöglicht[279]. Dieses Recht muß zeitlich unbegrenzt sein, da die Parteien eine dauerhafte Überlassung im Rahmen eines einmaligen Güteraustausches beabsichtigen. Ferner darf dieses Recht nicht über den üblicherweise beabsichtigten Gebrauch hinaus beschränkt sein. Andernfalls läge eine dem Regelungsmuster Kauf entsprechende möglichst umfassende Rechtsübertragung nicht vor. Hier ist im einzelnen zu ermitteln, ab welcher Beschränkung des Nutzungsrechts nicht mehr von einem Kauf ausgegangen werden kann bzw. welchen Mindestumfang das Nutzungsrecht, welches aufgrund eines Kaufvertrages eingeräumt wird, haben muß[280].

Da die Lizenzierung als Hauptleistungspflicht zur Bestimmung des Vertragstyps maßgeblich ist[281], stellt sich die Frage, ob sie der Annahme eines Typenvertrages des BGB, insbesondere eines Kaufvertrages, widerspricht[282]. Ein eigener Typus des urheberrechtlichen Lizenzvertrages ist gesetzlich nicht geregelt. Eine Nutzungsrechtseinräumung kann daher im Rahmen nahezu jedes Vertragstyps des BGB erfolgen – bei Ergänzung um urheberrechtliche Besonderheiten, die jedoch nicht vertragszweckstörend sind. Mit einer Hauptleistungspflicht zur Lizenzierung ist daher die Vertragsart nicht präjudiziert[283]. Sie widerspricht somit auch nicht der Annahme eines Kaufvertrages[284]. Ein solcher Kaufvertrag ist gleichzeitig **urheberrechtlicher Lizenzvertrag im weiteren Sinne**[285].

---

279 Das ist h. M. Siehe hierzu im einzelnen, insb. unter Berücksichtigung von § 69c Nr. 1 UrhG unten B I 3 a), S. 110 ff.
280 Das neue Softwarerecht kann diese Unterscheidung leisten, siehe im einzelnen unter B IV 2 a), S. 171.
281 Vgl. *Palandt/Heinrichs*, Einl v § 241 Rdnr. 6.
282 Siehe oben A II 1 b) aa) (5), S. 36 f.
283 Gleiche Vertragsgestaltung unabhängig von urheberrechtlichem Schutz postuliert *zur Megede*, S. 51. Dies geht zu weit, da so urheberrechtliche Besonderheiten, die vielfach zu berücksichtigen sind, jedoch nicht den Vertragstypus verändern, vernachlässigt werden.
284 Vgl. *Haberstumpf*, GRUR Int. 1992, S. 718; *Koch*, Rdnr. 551; *Köhler*, CR 1987, S. 830; *Köhler/Fritzsche*, Rdnr. 30. Gegen einen Kaufvertrag: *Habel*, S. 243 ff.; *Heussen*, GRUR 1987, S. 789 ff.; *Müller-Hengstenberg*, CR 1986, S. 443.
285 Zu den einen Kaufvertrag ablehnenden Meinungen, die häufig einen Lizenzvertrag (so *Habel* und *Heussen*) oder einen Vertrag sui generis als Grundtypus des Softwarevertrages sehen, muß erläutert werden, daß auch sie in Fällen des endgültigen Leistungsaustausches zu weiten Teilen Kaufrecht anwenden wollen (*Habel*, S. 246 ff. und *Heussen*, GRUR 1987, S. 787). Vom Ergebnis her besteht daher zur der hier vertretenen Auffassung kein ein terminologischer, sondern ein sachlicher Unterschied. Allerdings wird der Lizenzvertrag als Grundform häufig nicht nur auf das Urheberrecht bezogen (so vor allem *Habel*) und als schutzrechtsübergreifender Vertragstypus gewertet, was seine Konturen unnötig verschwimmen läßt. Andererseits wird er trotz der Qualifizierung als Basis jeder Softwareüberlassung teilweise so eng wie nur in Verbindung mit rechtspachtähnlicher Ausgestaltung für möglich erachtet (so *Heussen*, GRUR 1987, S. 791) und entspricht damit nicht den hier als Lizenzverträge im weiteren Sinne bezeichneten Vertragsarten, sondern mehr dem hier als (urheberrechtlichen) Lizenzvertrag im engeren Sinne bezeichneten Typus. Letztlich besteht aber eine größere Diskrepanz zu den Meinungen, die zwar einen Kaufvertrag annehmen, die aber in Verkennung der urheberrechtlichen Dimension eine Lizenzierung

Fortsetzung nächste Seite

b) Schenkungsvertrag

Die Überlassung von Software ist auch im Rahmen eines Schenkungsvertrages möglich. Im Unterschied zum Kaufvertrag erfolgt keine Gegenleistung.

c) Werkvertrag

Ein Werkvertrag kommt im Falle der Softwareerstellung oder der Softwareanpassung in Betracht. Dabei ist nicht nur an das Verhältnis zwischen Anwender und Hersteller zu denken, sondern auch an das Verhältnis zwischen Hersteller und Entwickler bzw. Subunternehmer[286]. Handelt es sich bei der vertragsgegenständlichen Software – wie in der Regel – um urheberrechtlich geschützte Software, so wird das normale Werkvertragsrecht durch das Urhebervertragsrecht überlagert[287]. Die Parteien müssen neben den üblichen essentialia insbesondere die lizenzvertragliche Komponente der Nutzungsrechtseinräumung regeln. Hierbei sind vor allem die Vorschriften der §§ 69c ff. UrhG zu berücksichtigen.

aa) Erstellung von Individualsoftware

Zu den wenigen unumstrittenen Klassifizierungen im Softwarevertragsrecht gehört diejenige des Vertrages über die Erstellung von Individualsoftware als Werkvertrag[288]. Der Werkvertrag ist auf Herbeiführung eines Erfolges gerichtet. Dieser muß nicht notwendigerweise in der Herstellung einer Sache liegen, sondern kann auch ein unkörperliches Arbeitsergebnis sein[289].

---

völlig negieren und dann auch häufig einen Sachkauf propagieren, so z. B. *Hoeren* und *König*.
286 Zu den verschiedenen Marktteilnehmern bei der Überlassung und Nutzung von Software siehe unten A III 1 a), S. 64 ff.
287 Siehe im einzelnen zum Werkvertrag unter B IV 1, S. 166 ff.
288 Vgl. *Bartl*, CR 1985, S. 13 f.; *Engel*, BB 1985, S. 1161; *Heussen*, GRUR 1987, S. 785 f.; *Hager*, AcP 190 (1990), S. 325; *Hoeren*, S. 3; *Kilian*, CR 1986, S. 194; *ders.*, Haftung für Mängel der Computer-Software, S. 38; *Koch*, Rdnr. 589 ff.; *Köhler/Fritzsche*, Rdnr. 136; *ders.*, CR 1987, S. 828; *Link*, GRUR 1986, S. 142; *Martinek*, S. 17; *zur Megede*, S. 49 f.; *Mehrings*, NJW 1986, S. 1905; *Moritz/ Tybusseck*, Rdnr. 968; *Schack*, UFITA, Bd. 105 (1987), S. 283 f.; *Scholz*, MDR 1989, S. 107; *MüKo/Soergel*, § 631 Rdnr. 81; *Palandt/Thomas*, Einf v § 631 Rdnr. 12; *v. Westphalen/Seidel*, S. 2 ff.; *Zahrnt*, IuR 1986, S. 252; BGH, WM 1971, S. 616; BGH, NJW 1983, S. 2439; BGH, CR 1986, S. 800.
289 Vgl. nur *Palandt/Thomas*, Einf v § 631 Rdnr. 1.

bb) Anpassung von Software

Die Anpassung[290] von Software kann bei Individualsoftware, die bei einem zweiten Anwender eingesetzt werden soll oder – wie häufig – bei Standardsoftware, die auf spezielle Nutzerwünsche zugeschnitten wird, erfolgen. Soweit nur die Anpassung Vertragsgegenstand ist, der Auftraggeber die zu verändernde Software also selbst stellt, ist in der Regel von einem Werkvertrag auszugehen. Allerdings ist hier auch die Vereinbarung eines nicht erfolgsbezogenen Dienstvertrages möglich.

Beschafft der Beauftragte die Software und verändert sie, so ergeben sich grundsätzlich zwei rechtliche Gestaltungsmöglichkeiten:

Es können zwei getrennte Verträge vorliegen, einer über die Lieferung der Software, ein weiterer über die Anpassung. Maßgeblich hierfür ist, daß schon die Verschaffung der noch zu verändernden Software für den Erwerber von Interesse ist, also eine eigene Leistung darstellt. Beide Verträge können rechtlich miteinander verknüpft sein[291]. Es stellt sich die Frage, ab welchem Umfang der Anpassungsarbeiten von einem zusätzlichen Werkvertrag auszugehen ist[292]. Als taugliches Differenzierungskriterium im Rahmen der Vertragsauslegung könnte sich erweisen, einen Werkvertrag jedenfalls dann anzunehmen, wenn ein nicht unerheblicher Eingriff in den Programmcode erfolgen soll[293].

Es kann ein einheitlicher Vertrag vorliegen, bei dem es dem Erwerber nur auf die bereits angepaßte Software ankommt und der dann als normale Softwareerstellung und damit als Werkvertrag zu werten ist. Gegebenenfalls kann bei Gleichwertigkeit von Beschaffungs- und Anpassungspflicht auch ein gemischttypischer Vertrag in Form eines Typenkombinationsvertrages anzunehmen sein[294]. Ausnahmsweise[295] handelt es sich bei der Anpassung nur um eine Nebenpflicht im Rahmen einer normalen (Standard-)Softwareüberlassung. Dann kommt ein Werkvertrag nicht in Betracht.

---

290 Unter Anpassung wird vorliegend nicht das bloße Parametrisieren einer Software unter Ausnutzung der softwareimmanenten Variationsmöglichkeiten verstanden, sondern nur ein Eingriff inden Programmcode über dieses Maß hinaus; näher zum Begriff unter A III 2 b), S. 75.
291 In Betracht kommen eine rechtliche Einheit i. S. v. § 139 BGB, aber auch die Grundsätze des Einwendungsdurchgriffs oder des Wegfalls der Geschäftsgrundlage.
292 Die Rechtsprechung stellt hier keine hohen Anforderungen, ist aber ohne klare Linie, vgl. die zusammenfassende Darstellung bei *Jochen Schneider*, Rdnr. D 256, G 366 ff. Daß Werkvertragsrecht Anwendung findet, ist hingegen unstrittig, vgl. nur OLG Düsseldorf, CR 1989, S. 696, für den Fall der Lieferung angepaßter Standardsoftware.
293 So auch *Marly*, Rdnr. 47. Ähnlich OLG Köln, Urteil vom 26.6.1992, CR 1992, S. 544.
294 Vgl. zum gemischt-typischen Vertrag bei einer Installationsverpflichtung *Eickmeier/ Eickmeier*, CR 1993, S. 76 ff.
295 Etwa bei bloßer Parametrisierung, d. h. Veränderung der Software an von vornherein bewußt variabel gestalteten Stellen im Programm.

cc) Erwerb von Standardsoftware

Der bloße Erwerb von Standardsoftware läßt sich nicht als Werkvertrag qualifizieren[296]. Es fehlt an der Herstellung eines Werkes als geschuldetem Erfolg. Allenfalls denkbar wäre, in analoger Anwendung des § 651 Abs. 1 BGB einen Werklieferungsvertrag anzunehmen, auf den ausschließlich Kaufrecht zur Anwendung kommt[297]. Soweit ersichtlich, hat nur das OLG Düsseldorf erwähnt (nicht entschieden!), daß "**allgemein** die Anwendersoftware als Gegenstand eines Werkvertrages" angesehen wird[298]. Zum Beleg wird wenig verständlich auf die Entscheidung des BGH "Basic-Übersetzungsprogramm" vom 4.11.1987 verwiesen[299], in der die §§ 459 ff. BGB analog angewendet wurden. Auch der Verweis auf *Mehrings* untermauert die These nicht, da nach seiner Auffassung lediglich werkvertragliches Gewährleistungsrecht zur Anwendung kommen soll[300], keineswegs aber die kaufrechtlichen Primärpflichten durch werkvertragliche substituiert werden[301]. Dennoch mehren sich in letzter Zeit Entscheidungen, die auf die Überlassung von Standardsoftware Werkvertragsrecht[302] anwenden. Anlaß hierfür ist jedoch immer eine zusätzlich übernommene Pflicht, regelmäßig eine Anpassungs- oder Installationspflicht[303]. Die bloße Lieferung von Standardsoftware kann nicht nach Werkvertragsrecht beurteilt werden.

Eine weitere Abgrenzung zum Werkvertrag ist im Rahmen der Planung oder Organisation der Softwareerstellung vorzunehmen. Soweit bei Beginn eines EDV-Projektes wegen unklarer Aufgabenstellung der erforderliche Aufwand nicht abschätzbar ist, muß eine Voranalyse durchgeführt werden, die in der Erstellung eines fachlichen Feinkonzeptes, also eines verwertbaren Pflichtenhefts, mündet. Wird dieser Vorgang nicht in den Auftrag zur Softwareerstellung integriert, kann ein getrennter Dienstvertrag vorliegen, der sich auf den Vollzug der ersten Phase des Softwareprojektes bezieht. Die BVB-Erstellung z. B. sehen hier eine getrennte Auftragsvergabe vor.

---

296 Vgl. *Köhler/Fritzsche*, Rdnr. 21; *Malzer*, S. 33. A. A. *Braun*, BB 1992, S. 156 ff.
297 Für eine unmittelbare Anwendung des § 651 *Soergel/Huber*, § 433 Rdnr. 76, dagegen *Hoeren*, S. 11.
298 OLG Düsseldorf, CR 1989, S. 689, Hervorhebung durch Verf.
299 BGHZ 102, S. 135 ff.
300 Vgl. *Mehrings*, NJW 1986, S. 1907; ders., NJW 1988, S. 2439 f.
301 Die gleiche Fehlinterpretation von *Mehrings* scheint *Palandt/Putzo*, § 433 Rdnr. 5, unterlaufen zu sein.
302 OLG Düsseldorf, CR 1990, S. 122; OLG Hamm, CR 1992, S. 206 f.; LG Mannheim vom 25.11.1991, Az. 23 O 74/90, zitiert nach *Eickmeier/Eickmeier*, CR 1993, S. 74, Fn. 11; LG Nürnberg-Fürth, CR 1992, S. 338 f., siehe auch *Hoeren*, CR 1992, S. 533.
303 Vgl. *Eickmeier/Eickmeier*, CR 1993, S. 74 f.; *Brandi-Dohrn*, CR 1992, S. 341; *Hoeren*, CR 1992, S. 534.

A. Rechtliche und wirtschaftliche Grundlagen

d) Dienstvertrag

Abgesehen von den soeben dargestellten Situationen wird es nur selten auf der Grundlage eines Dienstvertrages zu einem marktbasierten Austausch[304] von Software kommen; denkbar sind insoweit Tätigkeiten in der Entwicklungsphase der Software. Meist aber wird es sich bei einem Dienstvertrag um einen Arbeitsvertrag handeln und die Softwareüberlassung unternehmensintern erfolgen.

e) Mietvertrag

Ein reiner Mietvertrag über Software ist nicht vorstellbar[305], denn gemäß § 535 BGB muß Gegenstand eines Mietvertrages eine Sache sein[306]; Software hingegen ist ein immaterielles Gut[307]. Im übrigen ist der Vermieter nur zur tatsächlichen Zurverfügungstellung der Mietsache verpflichtet, d. h. zur Einräumung des Besitzes als faktischer Sachherrschaft. Bei Software muß der Geber jedoch zusätzlich als Hauptleistungspflicht ein Nutzungsrecht verschaffen. Diese Pflicht läßt sich dem Mietvertrag als solchem nicht entnehmen.

f) Pachtvertrag

Ein Pachtvertrag kann sich auf (bestehende) Rechte oder eine Rechtsgesamtheit beziehen[308]. Software aber ist kein Recht und keine Rechtsgesamtheit[309], sondern ein immaterielles Gut. Geht es bei urheberrechtlich geschützter Software zusätzlich um die (zeitbezogene) Verschaffung eines Nutzungsrechts, so ist der urheberrechtliche Lizenzvertrag im engeren Sinne (auf den durchaus Pachtrecht zur Anwendung kommen kann) die richtige Vertragsart; ein reiner Pachtvertrag scheidet aus. Bei urheberrechtlich nicht geschützter Software ist im Falle von Geheimnischarakter ein Know-how-Vertrag denkbar, auf den im wesentlichen Pachtrecht anwendbar ist[310]. Aber auch dann liegt ein reiner

---

304 Auf den sich die Untersuchung beschränkt, siehe oben A, S. 4.
305 A. A. *Koch*, Computer-Vertragsrecht, Rdnr. 552: vermietet sei die Diskette; wohl auch *Scholz*, MDR 1989, S. 107. Einen Mietvertrag müßten konsequenterweise auch die Vertreter der Sachtheorie bei zeitweiser Überlassung annehmen; ausdrücklich zieht diesen Schluß *Marly*, Rdnr. 136, obwohl er die urheberrechtliche Komponente der Softwareüberlassung anerkennt. Ebenso *Bartsch*, CR 1992, S. 397; *Köhler/Fritzsche*, Rdnr. 27, insgesamt leicht widersprüchlich zur Einordnung als immaterielles Wirtschaftsgut; *König*, Rdnr. 698; *Malzer*, S. 235, 257; *von Ohlen*, S. 146 f., der die urheberrechtlichen Konsequenzen völlig unterschätzt.
306 Vgl. *Staudinger/Emmerich*, §§ 535, 536 Rdnr. 2.
307 Siehe oben A II 1 a), S. 21.
308 Vgl. *Palandt/Putzo*, § 581 Rdnr. 1.
309 A. A. *Kilian*, S. 35, der trotzdem von einem Know-how-Vertrag als Regel ausgeht, S. 42.
310 Vgl. *Pfaff*, BB 1974, S. 565; *Palandt/Putzo*, Einf v § 581 Rdnr. 8; *Jochen Schneider*, Rdnr. D 98; BGH, Urteil vom 3.6.1981, NJW 1981, S. 2684. Siehe im einzelnen dazu unter A II 2 j), S. 56 ff.

Pachtvertrag nicht vor. Für triviale Software, die weder urheberrechtsschutzfähig ist noch Geheimnischarakter hat und die auf Zeit überlassen wird, ergibt sich somit eine Gesetzeslücke. Die Überlassung eines immateriellen Wirtschaftsgutes im Rahmen eines Dauerschuldverhältnisses ist nicht explizit geregelt. Diese Lücke ist durch analoge Anwendung der Pachtrechts- und wegen § 581 Abs. 2 BGB der Mietrechtsvorschriften zu schließen[311].

g)   Leasingvertrag

Software kann auch Gegenstand eines Leasingvertrages sein[312]. Dabei kommt hauptsächlich Mietrecht zur Anwendung. Als Überlassungsvertrag wirft Softwareleasing daher keine neuen Probleme auf. Die Motivation für ein Leasing von Software liegt in dessen Finanzierungsfunktion und der steuerlichen Behandlung des Leasinggutes[313]. Allerdings kann der Leasingvertrag in softwarespezifischer Hinsicht wegen der Ersetzung mietrechtlicher Gewährleistung durch kaufrechtliche Regelungen eine besonders herstellerfreundliche Gestaltung ermöglichen.

h)   Urheberrechtlicher Lizenzvertrag

Software wird in vielen Fällen nicht auf Dauer oder unter besonderen Nutzungsbeschränkungen überlassen. Damit scheidet eine kaufvertragsähnliche Einordnung aus[314]. Stattdessen erhalten miet- bzw. pachtvertragsähnliche Elemente das Übergewicht. Von den Parteien ist nicht mehr ein punktuelles Austauschgeschäft gewollt, sondern ein Dauerschuldverhältnis mit zumindest teilweise perpetuierten Vertragspflichten. Hier kommt vor allem ein **urheberrechtlicher Lizenzvertrag im engeren Sinne**[315] in Betracht[316].

---

311   I. Erg. ebenso *Junker*, S. 166 m. w. N.; *Dörner/Jersch*, IuR 1988, S. 146.
312   Vgl. *Junker*, S. 166 f.; *ders.*, WM 1988, S. 1221; *König*, Rdnr. 700; *Marly*, Rdnr. 143 ff.; *Martinek*, S. 12; *Jochen Schneider*, Rechtsfragen, S. 116 f.; BGH, Urteil vom 6.6.1984, WM 1984, S. 1093.
313   Zur steuerrechtlichen Behandlung des Leasinggutes Software: *v. Westphalen*, CR 1987, S. 477 ff.; *v. Westphalen/Seidel*, S. 112 ff.; *Brzuska*, CR 1989, S. 223 ff. Zur Bilanzierung von Software: *Götz*, in: Kilian/Heussen, Abschnitt 91 Rdnr. 34 ff.; *Junker*, WM 1988, S. 1220.
314   Vgl. *Müller-Hengstenberg*, CR 1986, S. 443; *Heussen* in: Kilian/Heussen, Abschnitt 21 Rdnr. 42 ff.; *zur Megede*, S. 51.
315   Für einen Lizenzvertrag in mitunter im einzelnen abweichender Form: *Habel*, S. 243; *Lehmann*, NJW 1993, S. 1825; *Müller-Hengstenberg*, CR 1986, S. 443. Offensichtlich ablehnend *Marly*, Rdnr. 60 (Lizenzvertrag nur bei immateriellem Gut) i. V. m. Rdnr. 83 (Software als Sache) i. V. m. Rdnr. 92 (Nutzungsrechtseinräumung allenfalls Nebenleistungspflicht). Konsequent bezeichnet er sein Vertragsmuster für die zeitweise Überlassung auch als Mietvertrag.
Zur rechtlichen Einordnung, Vertragsgestaltung und Behandlung des urheberrchtlichen Lizenzvertrages im engeren Sinne siehe im einzelnen unten B IV 3, S. 175 ff. und C I 2, S. 234 ff.
316   Ein abwegiges Verständnis vom Softwarelizenzvertrag hat *Bartsch*, CR 1992, S. 396 f. infolge der Verkennung urheberrechtlicher Konsequenzen und der Qualifikation der "nor-

Fortsetzung nächste Seite

Der Begriff "Lizenzvertrag" – ein dogmatisch nicht voll geklärter Begriff[317], der dem Patentrecht entstammt – soll das schuldrechtliche Geschäft, der Begriff "Lizenz" im folgenden das Nutzungsrecht bezeichnen. Unter "Lizenzierung" wird die Einräumung urheberrechtlicher Nutzungsrechte (§§ 31 ff. UrhG), also das Verfügungsgeschäft, verstanden. Dabei werden diese Begriffe hier in umfassender Weise verwendet, ohne zwischen Nutzungsrechten erster Stufe und weiter abgeleiteten Nutzungsrechten ("Enkelrechten") terminologisch zu differenzieren[318].

Zwar wird auch aufgrund der oben dargestellten Vertragstypen Kaufvertrag und Werkvertrag für urheberrechtlich geschützte Software ein Nutzungsrecht eingeräumt, doch geschieht es dort lediglich als Zusatz zur eigentlichen Vertragsausprägung der dauerhaften Überlassung der Software an den Softwarenehmer. Mangels expliziter Regelung des Urhebervertragsrechts ist es in diesen Fällen gerechtfertigt, als Grundtypus einen Vertrag des BGB anzunehmen, der um urheberrechtlich ausgestaltete Pflichten wie die Pflicht zur Lizenzierung, die jedoch nicht das Vertragsgefüge als Ganzes verändern, ergänzt ist. Solche Verträge lassen sich auch als urheberrechtliche Lizenzverträge im weiteren Sinne bezeichnen. Bei der zeitlichen oder nutzungsbezogenen Beschränkung jedoch liegt der Schwerpunkt der Vertragsgestaltung auf der detaillierten Regelung des als Hauptleistung zu gewährenden Nutzungsrechts. Dadurch erhält dieser Vertrag sein Gepräge und seine Typizität. Aufgrund der starken urheberrechtlichen Prägung kann von einem klassischen Vertragstypus des BGB nicht mehr ausgegangen werden[319]. Ein solcher Vertrag wird im folgenden als urheberrechtlicher Lizenzvertrag im engeren Sinne bezeichnet[320].

Wie eine Analyse der gegenüber Anwendern verwendeten AGB zeigt, besteht herstellerseits eine starke Tendenz zur Betonung lizenzvertraglicher Elemente und zwar auch dann, wenn es sich um einen faktisch als Kauf gehandhabten

---

malen" Softwareüberlassung als Sachkauf: Nach seiner Meinung führen gegenüber einem Durchschnittskauf *erweiterte* Rechte zu einem Lizenzvertrag. Dem kann nicht zugestimmt werden. Maßgeblich für den Kaufvertrag ist die Endgültigkeit der Überlassung. Soweit keine zeitliche Beschränkung vereinbart wird, bleibt es auch bei erweiterten Nutzungsrechten bei einem Kaufvertrag.

317 Vgl. *Haberstumpf*, GRUR Int. 1992, S. 717; zur Terminologie: *Schricker/Schricker*, Vor §§ 28 ff. UrhG Rdnr. 21.
318 So aber *Schricker/Schricker*, Vor §§ 28 ff. UrhG Rdnr. 21, für das Verlagsrecht. Bei Software hat sich der Begriff Lizenz – nicht zuletzt aufgrund amerikanischer Geschäftspraxis – ebenfalls eingebürgert; allerdings erscheint hier eine Differenzierung nach dem Grad der Ableitung vom Mutterrecht nicht sinnvoll.
319 Das heißt jedoch nicht, daß man bei der Beurteilung einzelner Elemente, etwa des Gewährleistungsrechts, nicht auf das Schuldrecht zurückgreifen könnte.
320 Mitunter bestehen aufgrund unterschiedlicher Begriffsverwendung Überschneidungen mit der Auffassung der Einstufung als Vertrag sui generis.

Vertrag handelt[321]. Auch im Bereich des Gewährleistungsrechts zeigen sich wenig konsequente Regelungen: Trotz Ausgestaltung des Vertrages als Lizenzvertrag mit Zeitbezug und Nutzungsbeschränkung sehen nahezu alle AGB eine Beschränkung der Gewährleistung in Richtung kaufrechtlicher Gestaltung vor[322].

Nicht nur vielfältige, im einzelnen unterschiedlich ausgestaltete Überlassungen an den Anwender, sondern auch die Mehrzahl der dem Herstellungs- und Vertriebsprozeß[323] zuzuordnenden Transaktionen können wegen der Flexibilität einer lizenzvertraglichen Regelung bewältigt werden. Dies resultiert aus der Möglichkeit, unterschiedliche Ausschnitte aus der Palette der Verwertungsrechte, insbesondere aus dem Vervielfältigungsrecht und dem Verbreitungsrecht, dem Softwarenehmer jeweils als Nutzungsrecht zuzuweisen. Hierin liegt die besondere Stärke und trotz mancher Bedenken die spezifische Eignung des Urheberrechts als rechtlichem Rahmen für den Austausch von Software – ein Aspekt, der in der Diskussion um die Relevanz der Urheberrechtsschutzfähigkeit infolge der Konzentration auf das Verhältnis zum Anwender nicht ausreichend bedacht wurde.

Eine Überschneidung kann sich mit einem Know-how-Lizenzvertrag ergeben, denn den Parteien steht es frei, sich auf zweierlei Schutzgesichtspunkte bei der Vertragsgestaltung zu beziehen[324]. Dabei bleibt grundsätzlich der urheberrechtliche Aspekt vertragsprägend.

i) Patentlizenzvertrag

Ein patentrechtlicher Lizenzvertrag kommt nur in Betracht, soweit dem Computerprogramm überhaupt patentrechtlicher Schutz zukommt. Dies setzt neben der Patentierbarkeit[325] auch die tatsächliche Patenterteilung voraus.

---

321 Vgl. *Jochen Schneider*, Rdnr. G 42 ff., G 177 f. Zur Wirksamkeit derartiger Klauseln im einzelnen unten C I 1 b), S. 232 ff.
322 Diese äußerst bedenkliche Regelung schlagen auch *Geissler/Pagenberg*, Rdnr. 82, vor. Siehe aus ökonomischer Sicht hierzu A IV 2 d), S. 103, aus rechtlicher Sicht B IV 3 c), S. 177 und C I 2 § 9, S. 241 f.
323 Siehe zu Vertriebsverträgen B V 3, S. 198 ff. und C II, S. 245 ff.
324 Vgl. den von *Geissler/Pagenberg*, Rdnr. 36 ff., vorgeschlagenen "Software-Lizenzvertrag". *Moritz* , GRUR Int. 1991, S. 702, schlägt allerdings vor, ausdrücklich auf urheberrechtlichen Schutz zu verzichten, um den §§ 17, 18 UWG Geltung zu verschaffen – eine unwirksame, da gegen § 69e UrhG verstoßende Lösung. Der Verzicht des einen Vertragspartners auf Rechte hat außerdem nicht automatisch den Verzicht des anderen Vertragspartners zur Folge.
325 Siehe hierzu oben A II 1 b) bb), S. 37 ff.

j) Know-how-Vertrag

Soweit Software auf Zeit oder unter Einschränkungen überlassen wird, kommt bei ihrer Überlassung ein Know-how-Vertrag, auch Know-how-Lizenzvertrag genannt, in Betracht[326]. Dies gilt insbesondere dann, wenn mangels Urheber- und Patentschutz ein diesbezüglicher Lizenzvertrag nicht möglich ist.

aa) Know-how-Eigenschaft

Voraussetzung ist, daß es sich bei der überlassenen Software um Know-how handelt. Unter Know-how fallen nach herrschender Literaturauffassung geheime oder nicht-geheime Kenntnisse technischer und nicht-technischer Art[327]. Damit ist jedes kommerziell verwertbare, nicht jedermann ohne größeren Aufwand zugängliche Wissen als Know-how einzustufen[328]. Ein ausgeprägter Geheimnischarakter, wie vom BGH[329] teilweise vorausgesetzt, ist nicht erforderlich, denn auch nicht-geheimes Wissen kann für den Erwerber beträchtlichen Wert verkörpern[330].

Werden Programme im Quellcode überlassen, das in ihnen enthaltene Programmiererwissen also zugänglich gemacht, liegt eine Überlassung von Know-how vor[331]. Wird aber – wie in der Regel – nur der Objektcode zugänglich gemacht, so werden gerade die Programmierkenntnisse, der Algorithmus, nicht offengelegt[332]. Zwar wird dem Anwender immer noch Wissen vermittelt, allerdings handelt es sich hierbei um anwendungsbezogenes Wissen, also im Sinne von *Jochen Schneiders* Doppelfunktionstheorie[333] um fachlich orientierten Gehalt, nicht aber EDV-technischen Gehalt. Dieses fachliche Wissen dürfte sich aber in vielen Fällen als leicht beschaffbar erweisen[334], hat also keinen Know-how-Charakter. Seine Implementierung im Programm gründet meist in der Eignung der EDV zur standardisierten Aufgabenbewältigung deren Rationali-

---

326 Vgl. *Habel*, CR 1991, S. 260; *Kilian*, S. 42 f.; *Moritz*, CR 1989, S. 1054; BGH, Urteil vom 3.6.1981, NJW 1981, S. 2684; *Zahrnt*, IuR 1986, S. 254; ablehnend *Heymann*, CR 1990, S. 113.
327 Vgl. *AIPPI*, GRUR Int. 1974, S. 362 f.; *Groß*, CR 1990, S. 441, Fn. 35; *Geissler/Pagenberg*, Lizenzverträge, Muster 1, Rdnr. 139; *Geissler/Pagenberg*, Rdnr. 19 Fn. 21 m. w. N.; *Habel*, S. 180; *Pfaff*, BB 1974, S. 565; *Stumpf*, Rdnr. 18; *Troller*, S. 420 f.
328 *Habel*, CR 1991, S. 258; *Henn*, S. 5, 37.
329 BGH, Urteil vom 8.7.1975, GRUR 1976, S. 142.
330 Vgl. *Habel*, S. 180; *ders.*, CR 1991, S. 258; *Hoeren*, S. 48.
331 Vgl. nur *Geissler/Pagenberg*, Rdnr. 19; *Sucker*, CR 1989, S. 359. A. A. mit undifferenzierter Begründung *Heymann*, CR 1990, S. 113.
332 So auch *Börner*, S. 44, der dennoch eine Know-how-Überlassung durch Einräumung eines beschränkten "Nutzungs- bzw. Einsatzrechtes" annimmt.
333 Vgl. *Jochen Schneider*, Rdnr. D 63.
334 Dies übersieht *Habel*, S. 182 ff., bei seinem ansonsten fruchtbaren Vergleich zwischen Programmen und Know-how. Insoweit ist auch die korrigierende Selbstkritik, CR 1991, S. 260, nicht zutreffend.

sierungseffekt[335]. Eine Überlassung von Know-how liegt damit grundsätzlich **nur bei Überlassung des Quellcodes** vor[336]. Noch weitergehend möchte *König*[337] differenzieren zwischen "Quellprogrammen", die mittels eines Interpreterprogramms zeilenweise während der Ausführung in Maschinensprache übersetzt werden und "Quellcodes", die als Ganzes vor dem Programmlauf assembliert bzw. kompiliert werden oder als bloße Listings gar nicht maschinell übersetzt werden können. Die dauerhafte Überlassung ersterer sei wegen Funktionsähnlichkeit mit dem Objektprogramm als Sachkauf zu werten, die Überlassung letzterer unter nochmaliger Differenzierung nach maschineller Übersetzbarkeit in der Regel als "Lizenzvertrag in Form eines Rechtskauf- oder -pachtvertrages". Dem ist aus mehreren Gründen nicht zuzustimmen: Erstens ist bereits der Ausgangspunkt, die Überlassung eines Objektprogramms sei ein reiner Sachkauf, unzutreffend. Irrelevant ist insofern auch die "Körperlichkeit" des Quellprogramms. Zweitens ist nicht maßgeblich, ob das Programm zeilenweise oder als Ganzes für einen Programmlauf übersetzt wird oder zu welchen anderen Zwecken das Programm überlassen wird. Es kommt allein auf die Offenbarung des Know-how an. Drittens ist auch nicht maßgeblich, ob dem "Quellprogramm" das enthaltene (nicht: "zur Herstellung verwendete"[338]) Know-how nur als Nebeneffekt zu entnehmen ist. Tatsache ist, daß das Know-how ebenso unmittelbar oder mittelbar wie bei einem zur Assemblierung vorgesehenen Quellcode offenliegt. Die unterstellte Mindereignung zur Offenlegung ist allenfalls marginal. Das Know-how wird also in jedem Fall überlassen. Die vorgeschlagene Differenzierung erübrigt sich damit; sie führt auch nicht zu angemesseneren Ergebnissen und kompliziert nur unnötig.

Dem Inhaber von Know-how steht ein absolutes gewerbliches Schutzrecht nicht zu[339]. Für Know-how sind lediglich erhöhte Schutzmöglichkeiten durch Geheimhaltungsvorschriften, beschränkte Übertragung (im Rahmen der §§ 21, 20 GWB[340]), Befreiung von kartellrechtlichen Beschränkungen des EG-Rechts

---

335 Beispielsweise erleichtern Buchhaltungs- oder Textverarbeitungsprogramme die Arbeit, enthalten aber doch nur jedermann leicht zugängliches (Fach-)Wissen.
336 Vgl. *Dörner/Jersch*, IuR 1988, S. 141; *Geissler/Pagenberg*, Rdnr. 19 f.; *Hoeren*, S. 48; *Jochen Schneider*, Rdnr. C 22; *Sucker*, CR 1989, S. 359, 472. A. A. wohl *Moritz*, CR 1993, S. 416 f., der sich widerspricht, indem er davon ausgeht, daß das Know-how bei Objektcode-Überlassung zwar geheim bleibt, aber dennoch benutzt wird.
Wird lediglich der Objektcode überlassen, so kommt zwar ein Know-how-Vertrag nicht in Betracht; Geheimnisschutz kann aber dennoch gem. §§ 17, 18 UWG bestehen, vgl. *Taeger*, CR 1991, S. 452 ff.; *Wiebe*, CR 1992, S. 134 ff.
337 NJW 1992, S. 1731 f.; *König*, Rdnr. 333 ff.
338 *König*, NJW 1992, S. 1732.
339 Vgl. *Henn*, S. 38; *Pfaff*, BB 1974, S. 567; *Troller*, S. 423; a. A. gerade in Bezug auf Softwareverträge *Bömer*, S. 44.
340 Vgl. *Henn*, S. 204; *Moritz*, CR 1993, S. 426 f.; *Nirk*, S. 443; einschränkend *V. Emmerich*, S. 183 f. A. A. für Computerprogramme *Lutz*, GRUR 1976, S. 333; dagegen *Moritz*, CR 1989, S. 1050.

(Gruppenfreistellungsverordnung der EG-Kommission[341]) und Schutz durch Unlauterkeitsrecht[342] (§§ 1, 17 ff. UWG) vorgesehen. Die Gruppenfreistellungsverordnung findet nur Anwendung, wenn das überlassene Know-how den Voraussetzungen von Art. 1 Abs. 7 der Verordnung entspricht, d. h. geheim, wesentlich und identifiziert ist. Diesbezüglich bestehen bei Software keine Bedenken[343]. Weiterhin muß die Software Bestandteil der Lizenzierung von technischem Know-how sein (Art. 5 Abs. 1 Nr. 4 der Verordnung)[344]. Diese Voraussetzung wird bei einem Großteil lizenzierter Software nicht gegeben sein. Insofern können die Befreiungen der Verordnung nur richtungsweisenden Charakter haben[345]. Für Know-how-Verträge ist als weitere kartellrechtliche Folge Schriftform gemäß §§ 34 GWB, 126 Abs. 1 BGB erforderlich.

bb) Vertragsart

Trotz unterschiedlicher Auffassungen über den Vertragstyp einer Know-how-Überlassung (Vertrag sui generis[346] oder Pachtvertrag) besteht im wesentlichen Einigkeit, daß Pachtrecht zur Anwendung kommen kann[347]. Damit wird dem Charakter als Dauerschuldverhältnis entsprochen. Allerdings ist von einer bloß analogen Anwendung der Vorschriften der Rechtspacht auszugehen, da es sich bei Know-how um ein immaterielles Gut, um Wissen handelt, das nicht mit einem Recht versehen ist und somit auch nicht als Recht verpachtet werden kann[348]. Zu den Hauptleistungspflichten des Know-how-Gebers gehört neben der Überlassung des Know-how auch eine Einweisung[349]. Als Gewährleistungsregelung wird neben den mietrechtlichen Vorschriften auch ein Rückgriff auf Kaufrecht vorgeschlagen[350].

---

341 Verordnung (EWG) Nr. 556/89 der Kommission vom 30. November 1988 zur Anwendung von Artikel 85 Absatz 3 des Vertrages auf Gruppen von Know-how-Vereinbarungen, vgl. *Lehmann*, Kartellrechtliche Grenzen, Rdnr. 13. Allgemein hierzu *Merke*, CR 1989, S. 457 ff.
342 Vgl. *Baumbach/Hefermehl*, § 17 UWG Rdnr. 2, 9; *Nordemann*, S. 189.
343 Vgl. *Sucker*, CR 1989, S. 359.
344 Gegen eine Differenzierung *Moritz*, CR 1989, S. 1052.
345 Vgl. *Geissler/Pagenberg*, Rdnr. 21: "Auslegungshilfe"; *Sucker*, CR 1989, S. 359: "Maßstab"; noch weiter *Moritz*, CR 1989, S. 1053: "analog".
346 So *Kilian*, S. 42; *Börner*, S. 52.
347 So die h. M.: *Börner*, S. 52; *Habel*, S. 245; *Henn*, S. 57; *Moritz*, CR 1989, S. 1054 f.; *Moritz/Tybussek*, Rdnr. 747 ff.; *Lutz*, GRUR 1976, S. 334; *Pfaff*, BB 1974, S. 568 f.; *Jochen Schneider*, Rdnr. C 22, D 254; BGH, Urteil vom 3.6.1981, NJW 1986, S. 2684, auch im Urteil vom 4.11.1987, CR 1988, S. 126 nicht relativiert.
348 Vgl. *Habel*, S. 243.
349 Vgl. *Groß*, CR 1990, S. 441.
350 Vgl. *Kilian*, S. 44, der allerdings auch bei der Überlassung von Standardsoftware (im Objektcode ?) von einer Know-how-Lizenz ausgeht.

cc) Anwendungsbereich

Die Bedeutung eines reinen Know-how-Vertrages wird zukünftig im Softwarebereich äußerst gering sein, denn in aller Regel ist eine Lizenzierung schon unter urheberrechtlichen Aspekten mit erheblich differenzierterem rechtlichen Instrumentarium möglich. Zudem kommt ein Know-how-Vertrag nur in Betracht, soweit der Quellcode überlassen wird. Dies geschieht aber nur in besonderen Fällen, z. B. bei einer Bearbeitung und Anpassung durch den Softwarenehmer[351]. Soweit der Quellcode auf Dauer und ohne Nutzungsbeschränkung überlassen wird, kommt ohnehin Kaufrecht zur Anwendung[352]. Im Verhältnis zum Anwender wird ein Know-how-Vertrag daher Seltenheit sein.

k) Vertrag sui generis

Teilweise wird ohne Bezugnahme auf Know-how, Urheberrecht oder Patentrecht von einem Softwarelizenzvertrag gesprochen, der als Vertrag sui generis zu behandeln sei[353]. Daher kommt entweder allgemeines Schuldrecht zur Anwendung oder von den Parteien im Rahmen ihrer Vertragsfreiheit vereinbartes Gewährleistungsrecht. Oft werden derartige Verträge sui generis auch als Typenmischverträge unterschiedlichster Prägung qualifiziert.

Dies kann zu Kombinationen aus mietvertraglich ausgestalteten Hauptleistungspflichten und kaufrechtlicher Gewährleistung führen[354], wodurch der Softwareempfänger im Vergleich zu gesetzlich vorgesehenen Regelungsmustern benachteiligt wird. Eine ähnliche Konstruktion ist beim Leasing anerkannt, doch ist dort der wirtschaftliche Hintergrund ein ganz anderer: Beim Leasing will der Leasingnehmer in den Genuß steuerlicher Vorteile kommen, und der Leasinggeber übernimmt Finanzierungsaufgaben. Bei der Softwareüberlassung zielt die mietrechtliche Ausgestaltung nicht auf eine steuerlich absetzbare periodische Zahlung seitens des Softwareempfängers, sondern vielmehr auf dessen permanente Nutzungsbeschränkung und -kontrolle. Auch die kaufrechtliche Gewährleistung kommt allein dem Softwaregeber zugute. Ob

---

351 Siehe zu den verschiedenen Fallgestaltungen unten A III 3 g), S. 81 ff.
352 *Börner*, S. 51; allgemein *Pfaff*, BB 1974, S. 568.
353 *Brandi-Dohrn*, CR 1986, S. 68 ff.; *Ellenberger/Müller*, S. 3, 21; *Henn*, S. 67 f.; OLG Stuttgart, CR 1986, S. 640; *Lauer*, BB 1982, S. 1759, 1763; *Ruppelt*, S. 33 für Überlassung auf Dauer, S. 37 für Überlassung auf Zeit; *Jochen Schneider*, Rdnr. D 100. Als Vertrag sui generis ist auch die "modulare Konstruktion" von *Heussen*, GRUR 1987, S. 789 ff., *ders.* in: Kilian/Heussen, Abschnitt 21 Rdnr. 33 ff., 75 ff. zu qualifizieren, der einen Lizenzvertrag mit pachtrechtlichen Grundregeln als Basis jeder Softwareüberlassung betrachtet, ergänzt durch einen auswechselbaren gewährleistungsrechtlichen Kern. Vom Ergebnis her ähnlich auch *Habel*, S. 243 ff., der von einem Lizenzvertrag als Vertragstypus ausgeht, auf den insbesondere die Kaufrechts- und Rechtspachtregelungen analog anzuwenden seien, was aber gerade im Bereich der Gewährleistung und Verjährungsregelung seine Grenzen finden könne.
354 Vgl. *Heussen*, GRUR 1987, S. 791; *Jochen Schneider*, Rdnr. G 4.

eine derartige Bevorzugung juristisch und ökonomisch akzeptabel ist[355], erscheint zweifelhaft.

Sollten die zur Verfügung stehenden Vertragstypen nicht den gesamten Bereich der Softwareüberlassung abdecken, müßte im Einzelfall tatsächlich auf einen Vertrag sui generis oder gemischt-typische Verträge zurückgegriffen werden[356]. Der Vertragsfreiheit und individuellen Vertragsgestaltung kämen in diesem Bereich besondere Bedeutung zu. Die bisherige Darstellung hat aber bereits gezeigt, daß für den Regelfall urheberrechtlich geschützter Software ein neuartiger Vertragstypus außerhalb der gängigen Lizenzverträge entbehrlich ist. Denn durch Kaufvertrag, Werkvertrag und vor allem urheberrechtlichen Lizenzvertrag lassen sich praktisch alle Gestaltungslagen regeln[357].

l) Umfassendere vertragliche Regelungen

Die Überlassung und Nutzung von Software wird im Zuge umfassender Beratungsprojekte häufig im Rahmen von Gesamtregelungen vereinbart. In Betracht kommen vor allem sogenannte Projekt- oder Systemverträge. Deren softwarebezogene Bestandteile beurteilen sich grundsätzlich nach obiger Typologie.

aa) Projektvertrag

Der Projektvertrag stellt unter rechtlichen Gesichtspunkten keine eigene Vertragsart dar. Er dient der Realisierung eines kompletten EDV-Projektes, also der Beschaffung von Hardware und Software[358]. Dabei können die einzelnen Komponenten durchaus nach unterschiedlichem Recht beurteilt werden, z. B. in einer Kombination von Hardware-Miete und Softwareanpassung. Besonderheiten können sich aufgrund der vertraglichen Verknüpfung beider Elemente zu einem einheitlichen Erfolg[359] sowie aufgrund der Planungs- und Beratungspflichten des Auftragnehmers[360] ergeben.

bb) Systemvertrag

Die Grenze zwischen Systemvertrag und Projektvertrag ist fließend[361]. Der Systemvertrag hat neben der Beschaffung einer kompletten Hardware regelmäßig detaillierte Einweisungs-, Beratungs- und Wartungsverpflichtungen sowie

---

355 Vgl. hierzu unten A IV 2 d), S. 103.
356 Ablehnend *Dörner/Jersch*, IuR 1988, S. 146.
357 Siehe auch den Matrixüberblick, unten A IV 1, S. 92.
358 Vgl. *Jochen Schneider*, Rdnr. D 57, D 300.
359 Vgl. *Jochen Schneider*, Rdnr. D 149.
360 Vgl. *Jochen Schneider*, Rdnr. E 14 ff.
361 Vgl. *Jochen Schneider*, Rdnr. J 1 ff.

Softwarebeschaffungspflichten zum Inhalt[362] und betont Problemlösungscharakter und Langfristigkeit[363]. Rechtlich können sich zwischen den einzelnen Vertragsleistungen vielfache Koppelungen ergeben. Entsprechend dem Umfang der Aufgabe werden grundsätzlich individuelle Verträge ausgehandelt, so daß sich die rechtliche Beurteilung nach dem Einzelfall richten muß. Häufig wird das Schwergewicht auf Werkvertragsrecht liegen; Teilbereiche können anderen Vertragstypen zuzuordnen sein[364].

Bei gehobener Komplexität der vereinbarten Leistung, insbesondere aufgrund ihrer Ausrichtung auf ein **langfristig** zu erreichendes Ziel, weshalb Vorgehensweise im einzelnen und auch Leistungsumfang anfänglich unbestimmt sind, kann die geschäftstypische Interessenlage nicht mehr durch die üblichen Vertragstypen des BGB erfaßt werden. Dann liegen typische Rahmenvereinbarungen, die erst mit fortschreitender Abwicklung unter Änderung und Anpassung vertraglicher Ziele inhaltlich präzisiert werden, vor. Derartige, vor allem bei Großprojekten übliche Verträge werden als **komplexe Langzeitverträge** bezeichnet, die sich durch verstärkte Pflichten zur Planung, Information und Kooperation auszeichnen[365].

3. Erfüllungsgeschäfte

Die Pflichten der Vertragsparteien aus dem schuldrechtlichen Geschäft sind maßgeblich für die Art und Weise des Verfügungsgeschäfts und den Verfügungsgegenstand.

a)   Tatsächliche Zurverfügungstellung

Das Programm als solches kann als immaterielles Gut nicht übereignet oder abgetreten werden. Es ist dem Erwerber daher im Rahmen eines Realaktes faktisch zugänglich zu machen, z. B. durch Übergabe eines Werkstückes. Gleiches gilt für die Verschaffung von in Computerprogrammen enthaltenem Know-how[366].

b)   Einräumung von Nutzungsrechten

Für urheberrechtlich oder patentrechtlich geschützte Software sind dem Abnehmer die vereinbarten Nutzungsrechte zu verschaffen. Dabei ist von einem dinglichen Charakter auch des einfachen urheberrechtlichen Nutzungsrechts

---

362 Vgl. *U. Erdmann*, Systemintegrationsverträge in der Datenverarbeitung, S. 29 ff.; *Jochen Schneider*, Rdnr. J 14; Fallgestaltungen bei *Heussen*, NJW 1988, S. 2443.
363 Vgl. *Jochen Schneider*, Rdnr. J 3, 5 ff.
364 Vgl. *Jochen Schneider*, Rdnr. J 15 f.
365 Überblick bei *Zahrnt*, CR 1992, S. 85 ff. Vgl. im einzelnen *Nicklisch*, S. 95 ff.; *Jochen Schneider*, Rdnr. D 20 ff.
366 Vgl. *Pfaff*, BB 1974, S. 567; *Jörg Schneider*, S. 70; *Zahrnt*, IuR 1986, S. 199.

auszugehen und einer Einräumung bzw. Übertragung analog den §§ 398 ff., 413 BGB[367]. Die Verschaffung der Nutzungsrechte fällt häufig zeitlich und sachlich zusammen mit dem zugrundeliegenden Verpflichtungsgeschäft.

c) *Übereignung*

Soweit Software auf Dauer überlassen wird, findet bezüglich der zugehörigen Sachbestandteile wie Datenträgern (z. B. Diskette, ROM, CD-ROM) und gedruckten Dokumentationen eine Übereignung gemäß §§ 929 ff. BGB statt. Auch bei der Überlassung auf Zeit kann es aufgrund des geringen Wertes der Sachbestandteile der Software zu einer Übereignung kommen. Die Pflicht hierzu ist dann als zusätzliche, andersartige Nebenpflicht zu qualifizieren.

d) *Nießbrauchsbestellung an Fahrnis*

Nach einer neuen, bisher vereinzelt gebliebenen Literaturmeinung ist an dem Computerprogramm, genauer formuliert, an der einzelnen Programmfixierung ein Nießbrauchsrecht gemäß §§ 1032, 929 ff. BGB zu bestellen, um die Nutzung zu ermöglichen[368]. Diese Ansicht basiert auf der Annahme, daß die einzelne Programmfixierung eine Sache darstellt[369] und sie selbst dann, wenn sie mit anderen Programmfixierungen auf einem Massenspeicher "vermischt" ist, als unwesentlicher Bestandteil Gegenstand gesonderter Rechte sein kann[370]. Dem ist nicht zuzustimmen; bei Computerprogrammen handelt es sich um immaterielle Güter, gerade weil sie nicht untrennbar mit einem Datenträger verbunden sind[371]. Ferner war Motiv für diese Ansicht eine äußerst zurückhaltende Beurteilung der urheberrechtlichen Schutzfähigkeit[372], die nach Umsetzung der EG-Richtlinie nicht aufrechterhalten werden kann. Auch wenn man die Wesensähnlichkeit zwischen Nießbrauchsrecht und einfachem urheberrechtlichem Nutzungsrecht bejaht[373], so ergibt sich daraus keine Substituierbarkeit. Dieser Meinung ist daher nicht zuzustimmen; die Bestellung von Fahrnisnießbrauch an Computerprogrammen ist nicht denkbar[374].

---

367 Siehe detailliert unten B II 3, S. 149 f; vgl. *W. Erdmann*, CR 1986, S. 258.
368 So *Bösert*, S. 169 ff., 181, 189.
369 Vgl. *Bösert*, S. 149.
370 Vgl. *Bösert*, S. 176 ff., 181 f., siehe ablehnend hierzu oben A II 1 a) Fn. 105.
371 Siehe oben A II 1 a), S. 21.
372 Vgl. *Bösert*, S. 29 ff., 110 ff.
373 Vgl. *Bösert*, S. 189.
374 Auch wenn in der Praxis ein Sachcharakter von Software angenommen würde, erscheinen die von *Bösert* unter detaillierter und umfassender Auseinandersetzung mit dem Fahrnisnießbrauch gewonnenen Ergebnisse nicht ohne weiteres verwertbar. Denn die Darstellung ist stark sachenrechtlich orientiert und vernachlässigt den von den Parteien angestrebten und wirtschaftlich motivierten schuldrechtlichen Gehalt der Softwareüberlassung. Daß Softwarehersteller in ihren Verträgen eine Vielzahl von Verwendungsbeschränkungen vorsehen, bedeutet nicht, daß diese rechtlich ermöglicht werden müßten

Fortsetzung nächste Seite

4. Zusammenfassung

Bei Software handelt es sich um ein immaterielles Gut, das in aller Regel urheberrechtlich geschützt ist. Ein bestimmter Vertragstypus ist dadurch für die Softwareüberlassung nicht vorgegeben. Jedoch werden die anwendbaren Vertragstypen des BGB durch urheberrechtliche Besonderheiten ergänzt. Zusätzlich kommt ein urheberrechtlicher Lizenzvertrag im engeren Sinne in Betracht.

Auf dinglicher Ebene zeigt sich eine Parallele zwischen Sachen und dem Immaterialgut Software: Zur umfassenden Übertragung müssen beide einerseits tatsächlich zugänglich gemacht werden und muß andererseits ein Recht an ihnen verschafft werden. Dem Besitz einer Sache entspricht bei Software die tatsächliche Zugriffsmöglichkeit, dem Eigentum an einer Sache das Urheberrecht bzw. das urheberrechtliche Nutzungsrecht am Computerprogramm.

III. WIRTSCHAFTLICHE GRUNDLAGEN: SACHVERHALTSTYPOLOGIE BEI DER ÜBERLASSUNG VON SOFTWARE

Die praktische Relevanz der ermittelten, theoretisch denkbaren Vertragsformen hängt weitgehend von ihrer Verwendbarkeit im Rahmen marktlicher Austauschprozesse und ihrer Anpassungsfähigkeit an besondere Interessenlagen ab. Eine Überprüfung dieser Eignung erfordert zunächst eine Systematisierung der zugrundeliegenden wirtschaftlichen Sachverhalte.

Software ist keineswegs Gegenstand immer gleichartiger Austauschgeschäfte; die Fallgestaltungen weisen eine außerordentliche Vielfalt auf: Angesichts der unterschiedlichen Arten von Software (Systemsoftware und Anwendungssoftware, Standardsoftware und Individualsoftware, Software zur kommerziellen Nutzung und Computerspiele) zielen die Softwarebeschaffungsverträge auf unterschiedliche Erfolge: Es kann zeitweise Überlassung oder Überlassung auf Dauer gewünscht sein. Denkbar ist eine einfache Nutzung neben anderen oder eine exklusive Nutzung der Software unter Ausschluß anderer, wodurch ein Wettbewerbsvorteil erzielt werden kann. Neben der Überlassung bereits er-

---

und daß es eine rechtliche Gestaltung auszeichnet, wenn sie deren Vereinbarung theoretisch untermauert (so aber *Bösert*, S. 270). Hier ist vielmehr eine AGB-rechtliche Überprüfung zu fordern, die sich am schuldrechtlichen Gehalt und der Interessenlage beider Parteien orientiert und nicht an der sachenrechtlichen Regelung der §§ 1030 ff. BGB (so aber *Bösert*, S. 199 ff., 205 f., 211 ff., 234 f.). Die Interessenlage und tatsächliche Handhabung des Geschäfts zielt in Wahrheit häufig auf eine möglichst umfassende Überlassung der Software (vgl. *Chrocziel*, CR 1989, S. 678 und unten A III 1 d), S. 70) und nicht als Rückschluß aus der sachenrechtlichen Nießbrauchsbestellung auf einen Rechtskauf. Die Darstellung ist daher zu einseitig an den Interessen des Softwaregebers ausgerichtet. Dies läßt sich auch treffend der Zusammenfassung entnehmen: "... ermöglicht es dem Überlasser, die Vorteile einer kaufrechtlichen Gewährleistung mit den Vorteilen umfassender Verwendungsbeschränkungen gegenüber dem Vertragspartner zu verbinden ..." (*Bösert*, S. 375).

stellter Software ist häufiger Geschäftszweck auch deren Neuerstellung. Hinzu kommen je nach Einzelfall unterschiedliche Pflichten zu Beratung, Einweisung, Schulung und Pflege der Software, insbesondere durch Fehlerbeseitigung, Lieferung weiterentwickelter Versionen (sogenannter Updates) und Anpassung. Aber nicht nur Geschäftszweck und -inhalt variieren, auch die beteiligten Verkehrskreise sind inhomogen. Neben den Softwareherstellern sind an der Softwarebeschaffung auch die (zuliefernden) Entwickler, die Händler und die Endabnehmer beteiligt, jeweils mit unterschiedlicher Motivation.

Der Softwaremarkt ist somit ein höchst komplexer und heterogener Markt. Im folgenden wird eine Systematisierung und Typologisierung dieser Vielfalt ökonomischer Gestaltungen anhand einer Analyse der Interessenlage vorgenommen. Anschließend wird ein Grundmuster des jeweils typischen Regelungsgehalts entwickelt.

1. Differenzierung nach Beteiligten

a) Beteiligte

Der Softwaremarkt ist – wie jeder Markt – durch grundsätzlich zwei Gruppen von Teilnehmern charakterisiert: Anbieter und Nachfrager. Anbieter von Software sind die Hersteller, Nachfrager die Anwender. Dieses grobe Raster bedarf der Verfeinerung: Ebenfalls wie an fast jedem anderen Markt bildet sich häufig eine Absatzkette unter Zwischenschaltung von Händlern als weiteren Marktteilnehmern. Am Softwaremarkt ist oft in der Vorstufe der Softwareherstellung ein dem Hersteller zuliefernder Entwickler als weiterer Marktteilnehmer tätig.

Da ein Unternehmen vielfach verschiedene Rollen am Softwaremarkt wahrnimmt, etwa gleichzeitig Anwender und Hersteller ist[375], ist eine Einteilung der Marktteilnehmer in eindeutig voneinander zu trennende Personenkreise nicht möglich. Daher muß im konkreten Fall darauf abgestellt werden, in welcher Eigenschaft der Marktteilnehmer tätig wird.

aa) Der Entwickler

Der Entwickler stellt einzelne Bestandteile der Software her und überläßt diese dem eigentlichen Hersteller der kompletten Lösung, der die Software unter seinem Namen vertreibt. Dabei handelt es sich in der Regel um abspaltbare Unterprogramme oder Module, die nicht isoliert, sondern erst bei Implementie-

---

[375] So ist jedes Software-Unternehmen gleichzeitig auch zu erheblichem Teil Anwender. Dies folgt insbesondere aus dem zunehmenden Einsatz von Softwareentwicklungs-Tools im Rahmen von CASE. Auch eine Überschneidung von Entwickler- und Herstellertätigkeit ist denkbar.

rung in das Gesamtkonzept der Software einsatzfähig sind. Der Entwickler übernimmt somit als Dritter Tätigkeiten, die eigentlich in den Aufgabenbereich des Herstellers fallen. Dies kann bei besonderer Spezialkenntnis des Entwicklers oder bei Personalengpässen des Herstellers sinnvoll sein.

Als reine Entwickler sind entsprechend den ihnen zufallenden Teilaufgaben vorwiegend kleine und kleinste Softwareunternehmen tätig. Angesichts des Trends der Hardwarehersteller zur Kooperation ist aber davon auszugehen, daß verstärkt im Rahmen der Softwareproduktion der Hardwarehersteller Fremdaufträge auch größeren Umfangs an Entwickler vergeben werden[376].

bb) Der Hersteller

Der Hersteller überläßt (regelmäßig von ihm erstellte) Software unter seinem Namen[377]. Im Normalfall produziert er eine vollständige, beim Anwender einsatzfähige Softwarelösung. Dazu gehören neben dem Programm selbst auch die Benutzerdokumentation und Wartungshinweise. Gegebenenfalls kann die Tätigkeit des Herstellers auch in der Bearbeitung, d. h. Änderung, Erweiterung oder Übersetzung einer bereits bestehenden Software liegen.

Neben den klassischen, "reinen" Softwareentwicklungsunternehmen[378] gibt es weitere Softwareunternehmen[379], bei denen die Softwareerstellung nur einer von mehreren Geschäftsbereichen ist[380]: Systemhäuser, die ihre Software im Zusammenhang mit fremder Hardware vertreiben und DV-Unternehmungsberatungen, die einen immer höheren Marktanteil erzielen und neben allgemeiner DV-Beratung insbesondere Softwareeinzellösungen erstellen. 1988 betrug der Marktanteil der Softwareunternehmen auf der Anbieterseite 65 %[381]. Zusätzlich fungieren die Hardwarehersteller[382] mit einem beträchtlichem Marktanteil von

---

[376] GMD-Studie Nr. 167, S. 121. Dies hat sich z. B. bei der Entwicklung von MS-DOS 6.0 bestätigt, vgl. Wirtschaftswoche vom 26.3.1993, S. 69 f.
[377] Der hier verwendete Herstellerbegriff ist enger als der i. S. v. § 4 ProdHaftG. Dies resultiert daraus, daß es hier nicht um die Definition kausaler Verantwortlichkeit geht, sondern um die Ermittlung von ökonomischen Profilen, die ein Abstellen auf die Rolle am Markt erfordern.
[378] Typische Beispiele sind die Software AG in Darmstadt und die SAP AG in Walldorf. Vgl. ferner die repräsentative Zusammenstellung großer, deutscher Softwareunternehmen bei *Gerhardt*, S. 8, mit Umsatzangaben.
[379] Von den Anfang 1989 gezählten 2500 Software-Unternehmen mit mehr als einem Beschäftigten haben nur 70 mehr als 100 Mitarbeiter im Softwarebereich. Sie halten einen Marktanteil von 20 %, vgl. GMD-Studie Nr. 167, S. 27 f. Ihre Rechtsform ist zu mehr als drei Vierteln die der GmbH, vgl. GMD-Studie Nr. 167, S. 84.
[380] GMD-Studie Nr. 167, S. 12 ff. Vgl. auch die neue Typisierung von *Gerhardt*, S. 146 ff., in Software-Spezialist, Branchen-Spezialist, Dienstleister, Spezialist für Querschnittsfunktionen und Berater.
[381] GMD-Studie Nr. 167, S. 25. Bei der Berechnung des Marktanteils blieb der Markt für Spielesoftware und Software für Home Computer unberücksichtigt.
[382] Vgl. OECD-Report, S. 56; *Gerhardt*, S. 8.

35 % als Softwarehersteller. Dies liegt vor allem daran, daß regelmäßig mit der Hardware auch die zugehörige Systemsoftware überlassen wird, die der Hardwarehersteller unter Ausnutzung eines Know-how-Vorsprungs erstellen kann[383]. Oft bieten Hardwarehersteller aber auch Anwendungssoftware an[384], sei es um Synergien zu erzielen oder um Anteile am Softwaremarkt zu sichern und dadurch wiederum den Absatz der Hardware zu gewährleisten[385]. Wie bei den Hardwareherstellern setzt mittlerweile auch bei den Softwareunternehmen unter Preisdruck ein Konzentrationsprozeß ein, der mit der Bildung strategischer Allianzen einhergeht[386].

Die Analyse der Anbieterseite des Softwaremarktes verdeutlicht dessen Heterogenität: Eine allgemeingültige wirtschaftliche Charakterisierung der Hersteller ist nicht möglich; es kann sich dabei um ein umsatzschwaches Ein-Mann-Softwareunternehmen handeln oder aber einen international tätigen Konzern mit ganz beachtlichen Marktanteilen.

cc)   Der Händler

Der Händler erfüllt in aller Regel reine Absatzfunktion. Er erhält eine Software und leitet sie weiter, ohne an ihr irgendwelche Veränderungen vorzunehmen. Von ihm erbrachte Installations-, Beratungs-, Schulungs- und Wartungsleistungen sind sekundärer Art und stellen unmittelbar keine Softwareüberlassung dar. Sie bleiben hier unberücksichtigt. Im Sonderfall nimmt jedoch auch ein Händler Anpassungsarbeiten vor.

Die Zahl der Softwareanwender ist stark zunehmend und die mehrheitlich kleinen, oft hoch spezialisierten Softwarehersteller können sich in der Regel ein eigenes, flächendeckendes Vertriebsnetz nicht leisten. Insofern erlangt der Absatz über Händler immer stärkere Bedeutung. Bei Softwarehändlern handelt es sich im wesentlichen um Computershops, Software-Fachhändler, Versandhändler und Büro-Ausstatter mit erweitertem Sortiment. Auch am Softwaremarkt ist eine Aufteilung der Vertriebsstruktur in Groß- und Einzelhändler zu beobachten[387]. Da reine Händler auf einen breiten Absatz angewiesen sind und die Serviceleistungen kalkulierbar sein müssen, wird größtenteils PC-Standardsoftware als Massenartikel von Händlern vermarktet[388]. Mit zunehmender

---

[383] Vgl. OECD-Report, S. 56. So z. B. die Systemsoftware von Apple. Doch ist das nicht zwingend. Viele Hersteller IBM-kompatibler PCs überlassen mit ihrer Hardware die von Microsoft erstellte Systemsoftware MS-DOS (Microsoft Disc Operating System).
[384] Die Tendenz ist steigend, vgl. GMD-Studie Nr. 167, S. 30.
[385] Im Extremfall führt dies sogar zur Strategie des sogenannten "Bundling", d. h. die Hardware wird nur zusammen mit bestimmter Software vertrieben. Von *Gerhardt*, S. 72 ff., wird dieses Phänomen aus wirtschaftlicher Sicht unter dem Stichwort "Netzeffekt" beschrieben.
[386] Vgl. Wirtschaftswoche vom 26.3.1993, S. 64 ff. und vom 15.10. 1993, S. 129 f.
[387] Für Großhändler hat sich am Softwaremarkt die Bezeichnung Distributor eingebürgert.
[388] GMD-Studie Nr. 167, S. 124 ff.

Spezialisierung und Komplexität der Software besteht ein engerer Kontakt zwischen Hersteller und Anwender, da ein Händler die vielfältigen Beratungsleistungen nicht mehr erbringen kann.

dd) Der Anwender

Anwender sind Betriebe oder Privatpersonen, die ein eigenes DV-System verwenden und dabei zumindest teilweise Fremdsoftware einsetzen[389].

Die Zahl der Anwender dürfte allein in den alten Bundesländern bei deutlich über einer Million liegen[390]. Dabei nimmt mit steigender Größe und Leistungsfähigkeit der eingesetzten Hardware auch die Nutzung von Software zu: Die größeren Softwareanwender bringen sogenannte General Purpose Computer (GPC) zum Einsatz. Ihr durchschnittlicher Softwareaufwand liegt etwa zwischen 20.000 und 500.000 DM monatlich. Ihr Marktanteil auf der Nachfragerseite betrug 1988 etwa 50 %[391]. Mittlere Softwareanwender benutzen Minicomputer, sog. Small Business Systems (SBS). Ihr Marktanteil beträgt etwa 30 %. Kleine Softwareanwender, die Personal Computer zum Einsatz bringen, sind die zahlenmäßig weitaus stärkste Anwendergruppe (80 % aller Anwender[392]). Ihr Anteil am Marktvolumen beträgt jedoch nur 20 %.

Damit zeigt sich auch auf der Nachfrageseite des Softwaremarktes Inhomogenität[393]: Anwender sind sowohl Privatpersonen und kleine Betriebe mit wenigen Beschäftigten, insbesondere Freiberufler und kleine Gewerbebetriebe als auch Betriebe mittlerer Größe mit bis zu 200 Beschäftigten sowie große Konzerne. Beachtlich ist auch, daß eine kleine Zahl von Anwendern (GPC-Nutzer) betragsmäßig die Hälfte der Nachfrage steuert. Der Einfluß auf die Preisgestaltung bleibt dennoch begrenzt, da es sich größtenteils um unterschiedliche Bedürfnisse und Produkte handelt: Während der GPC-Nutzer hauptsächlich auf höchst komplexe und leistungsfähige Individualsoftware angewiesen ist, bringen PC- und SBS-Nutzer zu großen Teilen Standardsoftware zum Einsatz. Allerdings verstärkt sich die Tendenz zur parallelen Nutzung von Großrechnern und PC aufgrund von Vernetzung[394]. Mit steigender Leistung auch kleiner Rechner wächst der Trend zur Dezentralisierung der EDV und damit auch zur

---

389 Dies geschieht de facto bei jedem Verwender eines DV-Systems, da niemand sich die erforderliche Systemsoftware selbst schreibt.
390 GMD-Studie Nr. 167, S. 21.
391 GMD-Studie Nr. 167, S. 23 f. Bei der Berechnung des Marktanteils blieb der Markt für Spielesoftware und Software für Home Computer unberücksichtigt.
392 GMD-Studie Nr. 167, S. 36.
393 Vgl. auch OECD-Report, S. 47 f.
394 GMD-Studie Nr. 167, S. 50. Insbesondere unter dem Stichwort "Connectivity" werden bereits vorhandene LANs (Local Area Networks) bestehend aus PCs an Mini- und Großrechner angebunden, siehe auch Wirtschaftswoche vom 22.1.1993, S. 105.

vermehrten Nutzung von Standardsoftware[395], die zudem ein immer breiteres Anwendungsspektrum abdeckt.

b) Überlassung von Entwickler an Hersteller

Der Überlassung von Software durch den Entwickler an den Hersteller liegt folgende wirtschaftliche Ausgangssituation zugrunde: Der Entwickler erstellt das Softwaremodul, hat aber keinerlei Einsatzmöglichkeiten dafür. Ziel der Erstellung ist allein die Überlassung an den Hersteller. Der Auftraggeber und Softwarehersteller will das Modul in seine Gesamtlösung integrieren, es als deren Bestandteil vermarkten und somit umfassend nutzen. Dabei muß er zum Quellcode und zu den Schnittstellen[396] Zugang haben. Für den Fall einer nachträglichen Änderung seiner Bedürfnisse müssen ihm die Entwicklungsdokumentation zur Verfügung stehen und eine Anpassung ermöglicht sein.

Damit erstrebt der Hersteller möglichst vollständige Verfügungsmacht über die ihm zugelieferte Software. Auf der anderen Seite ist der Entwickler mangels anderweitiger Verwendungsmöglichkeit nicht an einem Rückbehalt von Rechten interessiert. Er möchte lediglich eine marktkonforme Vergütung erzielen. Diese kann in einer Einmalvergütung bestehen, die dann sinnvoll ist, wenn der Umfang der tatsächlichen Nutzung des Moduls beim Hersteller bereits feststeht, so etwa bei der Erstellung von Individualsoftware. Soweit jedoch die Nutzung und damit auch der wirtschaftliche Wert nicht abschätzbar sind, etwa bei Standardsoftware, erscheint eine zeit- oder stückzahlabhängige Vergütung sinnvoller.

Ein verändertes Interesse des Entwicklers kann dann bestehen, wenn sich das Modul als universell einsatzfähig erweist und eine Verwertung auch innerhalb anderer Softwareprojekte möglich erscheint. Dann wird der Entwickler das Recht behalten wollen, das Modul mehreren Softwareherstellern zugänglich zu machen; der Hersteller kann keine exklusive Nutzungsmöglichkeit erlangen und muß unter Umständen auf Wettbewerbsvorteile verzichten. Dies senkt natürlich den Wert des Moduls für den einzelnen Hersteller und damit seinen Marktpreis, der im Gegenzug dafür mehrfach erwirtschaftet werden kann.

Beispiel hierfür wären ein Konvertierungsroutinen oder ein Druckertreiber, die Bestandteil einer Datenbanksoftware werden sollen.

---

395 Vgl. Wirtschaftswoche vom 8.1.1993, S. 34.
396 Sie sind für eine Einbindung in das Hauptprogramm besonders wichtig und werden regelmäßig bei Auftragsvergabe festgelegt.

c) Überlassung von Hersteller an Händler

Soweit es sich um Standardsoftware handelt, haben sich Vertriebsstrukturen unter Einschaltung von Händlern entwickelt[397]. Der Händler übernimmt aus Herstellersicht eine reine Absatz- und Distributionsfunktion[398]. Er erhält vom Hersteller die Software und leitet sie an den Abnehmer weiter. Hinsichtlich an der Software eventuell bestehender (Urheber-)Rechte ergeben sich zwei Gestaltungsmöglichkeiten: Entweder der Händler wird diesbezüglich voll in den Vertriebsvorgang eingeschaltet, erwirbt die Rechte vom Hersteller und überträgt sie weiter an seine Abnehmer. Oder der Hersteller räumt dem Abnehmer direkt die Nutzungs-/Einsatzrechte an der Software ein. Dann verschafft der Händler lediglich die faktische Nutzungsmöglichkeit, nicht aber das Recht dazu. Der Softwareerwerb stellt sich dann als Dreiecksverhältnis dar. Vom Hersteller wird angesichts stärkerer Marktkontrolle diese Konstruktion bevorzugt, wie zahlreich verwendete Schutzhüllenverträge[399] belegen.

Im Herstellerinteresse liegt, dem Händler nur das an Material und Rechten an der Software zu überlassen, was zur Gewährleistung eines reibungslosen Absatzes erforderlich ist. Dazu müßte der Händler nicht notwendigerweise nutzungsberechtigt sein. Im Normalfall erbringt er jedoch Beratungsleistungen, die eine genaue Kenntnis der Software und damit ihre Nutzung voraussetzen. Bei Standardsoftware sind dem Händler Programmkopien in ausreichender Zahl zum Vertrieb zur Verfügung zu stellen. Aus Praktikabilitätsgründen kann der Händler auch selbst zu deren Herstellung befugt sein[400]. Nur in besonderen Fällen[401] wird er Zugang zum Quellcode erhalten, denn grundsätzlich muß der Händler diesen weder selbst nutzen noch soll er ihn an seine Kunden weitergeben.

Von dem Recht des Händlers, die Software einzusetzen, sind seine Rechte zum Vertrieb der Software zu unterscheiden. Dabei hängen Dauer (bestimmt/unbestimmt) und Umfang (einfach/ausschließlich, räumliche Begrenzung) des Vertriebsrechts von der Verhandlungsstärke der Partner ab; hier sind vielzählige Kombinationen denkbar.

---

397 Vgl. *Jochen Schneider*, Rdnr. D 116.
398 Zur Überlassung von Software zum Zwecke des Vertriebs und den einzelnen Vertriebsformen siehe unten A III 3 h), S. 83 ff.
399 Hierzu näher unter B IV 4 a), S. 179 ff.
400 Während der Händler grundsätzlich vom Hersteller nur das an Rechten zu erwerben braucht, was er an den Kunden weiterleitet, kommen ihm im Falle eines Vervielfältigungs- und/oder Verbreitungsrechts mehr Rechte zu als dem Anwender weitergegeben werden. Im Falle urheberrechtlich geschützter Software kann dies z. B. durch ein ausschließliches Recht des Händlers, der den Alleinvertrieb innehat, und ein durch ein eingeräumtes, einfaches Nutzungsrecht des Abnehmers verwirklicht sein.
401 Hierzu siehe unten A III 3 g), S. 81 ff.

Möglicherweise versucht der Hersteller auf den Vertragsinhalt zwischen Händler und Abnehmer Einfluß zu nehmen. Entweder soll der Händler seinerseits verpflichtet werden, gewisse Vertragsklauseln zu verwenden[402] oder der Hersteller versucht zumindest durch einen Schutzhüllenvertrag den Vertragsinhalt zu beeinflussen. Hier zeigt sich, daß auch die Geschäftsbeziehung zwischen Händler und Endabnehmer ganz wesentlich durch Herstellerinteressen geprägt ist.

Einen Sonderfall der Überlassung von Hersteller an Händler, der nicht auf Anhieb einleuchtet, stellt die Überlassung von Systemsoftware durch ein Softwareunternehmen an einen Hardwarehersteller dar, der diese Software zusammen mit seiner Hardware veräußert. Soweit die Software unverändert unter dem Namen des Softwareherstellers weitergeleitet wird, übernimmt der Hardwarehersteller reine Absatzfunktion. Aufgrund der erforderlichen besonders engen Zusammenarbeit wird hier dem Händler auch der Quellcode zugänglich gemacht[403].

d) Überlassung von Händler an Anwender

Standardsoftware einfacheren Zuschnitts, insbesondere Massensoftware erhält der Anwender in der Regel vom Händler.

Interesse des Anwenders liegt es, ein voll funktionsfähiges und fehlerfreies Programm inklusive verständlicher Benutzerdokumentation zu erhalten. Bei Standardsoftware wünscht der Anwender mit dem Produkt nach Belieben verfahren zu können, insbesondere es kopieren, weiterleiten und eventuell auch an individuelle Bedürfnisse anpassen zu können. Der Anwender strebt in der Regel volle Verfügungsmacht an. Beschränkungen hinsichtlich der Anzahl der zulässigen Kopien oder die Festlegung auf einen bestimmten Computer behindern den Anwender und sind aus seiner Sicht unerwünscht.

Bei Mangelhaftigkeit will der Anwender ausreichend gesichert sein, d. h. Gewährleistungsrechte gegenüber dem Händler, Produkthaftungsansprüche gegenüber dem Hersteller geltend machen können. Die übliche Verjährungsfrist von einem halben Jahr (§§ 477, 638 BGB) dürfte wegen der Komplexität von Software aus Anwendersicht zu kurz bemessen sein. Wichtiger als die Möglichkeiten zur Rückabwicklung oder Minderung kann dabei eine Nachbesserungsoption sein, denn die sonst erforderliche Umstellung auf andere Software erfordert unter Umständen hohen Einarbeitungsaufwand und die Anpassung anderer Systemkomponenten.

---

402 Insoweit stellt sich die Frage der Unwirksamkeit derartiger Verpflichtungen wegen Verstoßes gegen das GWB, siehe hierzu B V, S. 198, 200.
403 Vgl. unten A III 3 g) aa), S. 82.

Im Interesse des Händlers, der eine bloße Verteilerrolle wahrnimmt, liegt es, das Gewährleistungsrisiko auf den Hersteller abwälzen zu können oder die Gewährleistung ganz auszuschließen. Problematisch dürfte für den Händler eine Nachbesserungspflicht sein, die er aus praktischen Gründen (mangels Zugang zum Quellcode) kaum erfüllen kann.

Typische Bedarfssituationen sind z.B. der Erwerb eines Textverarbeitungsprogramms in einem Computer-Shop, eines Computerspiels im Kaufhaus oder die Bestellung einer Systemergänzung über den Versandhandel.

e)   Überlassung von Hersteller an Anwender

In vielen Fällen besteht am Softwaremarkt eine direkte Geschäftsbeziehung zwischen Hersteller und Anwender ohne Einschaltung eines Händlers, insbesondere bei Individualsoftware. Aber auch bei Standardsoftware für Großrechner und Rechner mittlerer Größe, die nicht in großen Stückzahlen abgesetzt wird und den Aufbau eines umfassenden Vertriebsnetzes nicht rechtfertigt, kommt häufig eine direkte Geschäftsbeziehung zwischen Anwender und Hersteller zustande.

Die Interessen des Anwenders decken sich zum größten Teil mit denen bei Abnahme vom Händler. Bei Großrechnersoftware, die naturgemäß hohe Investitionen erfordert, ist eine Absicherung durch einen Nachbesserungsanspruch, der im einzelnen definiert ist, von besonderer Bedeutung. Denn eine funktionsidentische Ersatzsoftware wird sich kaum beschaffen lassen. Eine Umstellung ist zudem nur unter größten Schwierigkeiten realisierbar und würde häufig auch eine Änderung des Betriebsablaufes mit sich bringen. Neben ausreichender Gewährleistung und möglichst unbeschränkter Einsatzfähigkeit sollte auch eine Anpassung der Software möglich sein.

Dem stehen die Interessen des Softwareherstellers entgegen. Er möchte möglichst viel an Rechten zurückbehalten, um die Software wirtschaftlich umfassend zu verwerten. Dabei bestehen zwei elementare Bedürfnisse des Herstellers: Zur Erzielung eines optimalen Gewinns am Markt bedarf er einerseits eines **Schutzes vor Imitaten**, d. h. sein Produkt soll vor unberechtigter Nachahmung geschützt sein[404], andererseits eines **Schutzes vor Duplikaten**, d. h. der Hersteller soll die Anzahl der sich auf dem Markt befindlichen Kopien kontrollieren können. Häufig schlägt der Hersteller daher folgende Strategie ein: Die Software wird nur im Objektcode überlassen, gegebenenfalls werden Kopier-

---

404 Hier ist die Problematik des "Free-Rider"-Verhaltens durch Reverse Engineering angesiedelt, die heftig diskutiert wird, vgl. *Bauer*, Reverse Engineering und Urheberrecht, CR 1990, S. 89 ff.; *Lehmann*, Freie Schnittstellen ('interfaces') und freier Zugang zu den Ideen ('reverse engineering'), CR 1989, S. 1057 ff.; *ders.*, Erwiderung – Reverse Engineering ist keine Vervielfältigung i. S. d. §§ 16, 53 UrhG, CR 1990, S. 94 f. Näher dazu unter B I 5, S. 136 ff. zu § 69e UrhG.

sperren eingebaut. Ferner werden vertragliche Nutzungsbeschränkungen vereinbart (Weitergabeverbote, Vervielfältigungsverbote, CPU-Klauseln etc.). Ob das häufige Nachliefern von verbesserten Versionen, sog. Updates, an registrierte Anwender vor der Verbreitung von dann nicht mehr ganz aktuellen Raubkopien schützt[405], erscheint zweifelhaft, denn nicht immer enthalten Updates wesentliche oder erforderliche Verbesserungen; im übrigen bleibt auch eine bewährte, ältere Version voll einsatzfähig.

Eine besondere Interessenlage ergibt sich, wenn ein Hardwarehersteller sein Betriebssystem überläßt. Dann hat er auch die Auswirkungen einer Weitergabe der Software auf den Hardwaremarkt zu bedenken. Gelingt es ihm, die Nutzung des Betriebssystems einzig auf von ihm erstellte Hardware zu begrenzen, so werden damit die Absatzchancen konkurrierender Hardwarehersteller kompatibler Geräte (sog. Clones) stark beschnitten, mithin sein Marktanteil gesichert.

Es zeigt sich, daß zwischen den Hauptbeteiligten am Softwaremarkt, dem Hersteller als Anbieter und dem Anwender als Abnehmer, erhebliche Interessendiskrepanzen bestehen: Streben nach möglichst unbeschränkter Nutzung und Verwertbarkeit der Software kollidiert mit dem Bestreben Nutzung und Verbreitung weitgehend zu kontrollieren. Damit sind am Softwaremarkt die Interessenkonflikte höher einzuschätzen als an anderen Märkten. Nicht nur über den Preis muß – wie auf anderen Märkten – eine Einigung erzielt werden, sondern auch der Inhalt des Geschäfts bedarf in vielen Fällen der einverständlichen Konkretisierung. Schon diese Feststellungen lassen vermuten, daß es sich beim Softwaremarkt um einen transaktionskostenintensiven Markt handelt[406].

f) Überlassung von Anwender an Anwender

Eine Überlassung von Software unter Anwendern gehört grundsätzlich nicht mehr zum Absatzprozeß und ist daher von Herstellerseite unerwünscht. Geschäftsschädigend, da umsatz- und gewinnmindernd ist dies insbesondere dann, wenn bei der Überlassung der Software eine weitere (Raub-)Kopie entsteht. Nach Schätzungen entfallen auf ein regulär erworbenes Softwareexemplar fünf Raubkopien. Anders stellt sich die Interessenlage dar, wenn der Anwender ordnungsgemäß erworbene Software vollständig, also ohne Zurückbehalt einer Kopie veräußert, etwa im Zusammenhang einer Umstellung seiner gesamten EDV. Soweit er die Software auf Dauer erworben hat, besteht seinerseits ein berechtigtes Interesse, die Software verwerten zu können.

---

405 So *Jochen Schneider*, Rdnr. D 454.
406 Näher dazu unter A IV 2 c), S. 99 f.

g) Überlassung von Hersteller an Hersteller

Bei der Weitergabe von Software unter Herstellern handelt es sich grundsätzlich um eine dem Softwareerstellungsprozeß und nicht dem Absatzprozeß zuzurechnende Überlassung[407]. Ausgangssituation ist regelmäßig, daß ein Hersteller ein Ergänzungsprodukt zu einer fremden Software (Primärsoftware) erstellen möchte. Dies liegt auch im Interesse des Erstellers der Primärsoftware, da sich durch erweiterte Einsatzfähigkeit und Interoperabilität Marktwert und Absatz erhöhen lassen.

Je nach Art der neu zu erstellenden Software muß Zugang zum Quellcode, der Entwicklungsdokumentation und den Schnittstellen der Primärsoftware gewährt werden. Die erforderliche umfassende Weitergabe dieser Informationen kann zeitlich begrenzt bis zur Erstellung des neuen Produkts erfolgen; auch an ein Weitergabeverbot ist zu denken. Weitere Mittel zur Minimierung des Mißbrauchsrisikos sind Geheimhaltungsvorschriften, unter Umständen verknüpft mit Vertragsstrafeversprechen.

Typischer Beispielsfall für eine Überlassung unter Herstellern ist die Offenlegung des Quellcodes und der Schnittstellen eines Betriebssystems zum Zwecke der Erstellung von kompatibler Anwendungssoftware.

Eine Überlassung von Software unter Herstellern mit atypischer Interessenlage liegt im Falle eines OEM-Geschäfts vor[408].

h) Eigenerstellung von Software

Neben der Beschaffung von Software am Markt wird ein erheblicher Teil eingesetzter Software von Anwendern selbst erstellt[409]. Dies ist insbesondere dann sinnvoll, wenn das Marktangebot unzureichend ist, etwa im Bereich von Individualsoftware, oder die Einweisung eines Softwareherstellers in unternehmensspezifisches Know-how zu hohen Aufwand mit sich bringt oder aus Geheimhaltungsgründen unerwünscht ist. Eigenerstellte Software ist nicht Gegenstand von Austauschbeziehungen am Markt. Sie bleibt daher im folgenden unberücksichtigt.

---

407 Einen anschaulichen Beispielsfall hierzu mit Vertragsgestaltung liefern *Geissler/Pagenberg*, Rdnr. 36 ff. Zu Konstellationen im Zusammenhang mit dem Vertrieb von Software siehe unten A III 3 h), S. 83 ff.
408 Siehe unten A III 3 h) aa), S. 84.
409 Die internen Softwareaufwendungen überstiegen 1988 mit 20,2 Mrd. DM die gesamten externen Aufwendungen aller Anwender (12 Mrd. DM), vgl. GMD-Studie Nr. 167, S. 19.

i) Überlassung von Anwender an Hersteller

Wie bereits erwähnt, ist auch denkbar, daß ein Anwender bei ihm befindliche Software einem Hersteller überläßt, um von diesem eine Bearbeitung (etwa Verbesserung, Ergänzung oder Übersetzung) zu erhalten. Die eigentliche Software-Leistung erbringt aber der Hersteller; die überlassene Software soll beim Hersteller nicht zum Einsatz kommen. Eine Interessenkollision ist hier nicht ersichtlich; der Anwender wird dem Hersteller die Software nur in dem zur Durchführung des Auftrages erforderlichen Umfang und für entsprechende Zeit überlassen. Davon zu trennen ist die Frage, ob der Anwender zu einer derartigen Überlassung bzw. Bearbeitung überhaupt befugt ist.

2. Differenzierung nach Software

Das Wirtschaftsgut Software entzieht sich einheitlicher Beurteilung. Je nach Art und Funktion der Software, Einsatzmöglichkeit und Verwendungszweck[410] haben die Beteiligten unterschiedliche Interessen.

a) Überlassung von Standardsoftware

Eine Überlassung von Standardsoftware erfolgt immer dann, wenn sich herkömmliche, standardisierbare Datenverarbeitungsaufgaben stellen, zu deren Lösung am Markt bereits Software angeboten wird. Am Softwaremarkt zeigt sich eine zunehmende Integration individueller Anwenderbedürfnisse in standardisierte Software, so daß auch spezielle Aufgaben verstärkt durch Standardsoftware erfüllt werden können. Auf der anderen Seite wird Standardsoftware damit zu einem beratungsintensiven Produkt.

Standardsoftware existiert vor allem für den PC-Bereich. Im Gegenzug richten PC-Anwender ihren EDV-Einsatz auch stark am Standardsoftwareangebot aus, da der Erwerb von Individualsoftware für sie angesichts begrenzten Budgets ausscheidet[411]. Auch für den SBS-Nutzer ergeben sich noch eine Vielzahl standardisierbarer Aufgaben, so daß sich ein ausreichender Absatz realisieren läßt. Dabei ist vor allem an den wirtschaftlichen Bereich zu denken. Dann handelt es sich regelmäßig nicht um Massensoftware, sondern komplexe Produkte, die trotz ihrer Standardisierung aufgrund umfassender Funktionalität beim Anwender sehr individuelle Aufgaben zu erfüllen haben. Seltener, jedoch mit steigender Tendenz erfolgt der Einsatz von Standardsoftware bei GPC-Nutzern. Die Entscheidung für eine Standardsoftware ist bei größeren Software-

---

410 Vgl. für eine detaillierte Differenzierung *Gerhardt*, S. 40 ff., insb. Abb. 3-2, Abb. 3-5 und zusammenfassend Abb. 3-6, S. 61.
411 GMD-Studie Nr. 167, S. 22, 25 (Abb. 4), 58.

anwendern stark abhängig vom Anwendungsgebiet und der Kompatibilität mit vorhandenen Lösungen[412].

Das Anwenderinteresse zielt darauf, möglichst einfach und schnell ein funktionsfähiges Exemplar der Software zu erhalten. Die Transaktionskosten sollen dabei gering bleiben. Der Vorteil von Standardsoftware liegt neben dem niedrigen Preis gerade in der Problemlosigkeit ihres Erwerbs. Daher besteht auch ein Interesse, nicht mit nachvertraglichen Pflichten wie Weitergabeverboten oder Mitteilungspflichten belastet zu werden.

Dem Ersteller von Standardsoftware geht es darum, eine möglichst hohe Stückzahl absetzen zu können. Angesichts der leichten Kopierbarkeit sollte ein Überblick über die am Markt befindlichen Kopien gewährleistet sein. Wegen der Vielzahl der Überlassungen sind auch aus seiner Sicht die Transaktionskosten zu minimieren. Daneben liegt eine sachlich und zeitlich beschränkte Gewährleistung im Interesse des Herstellers[413]. Die Interessenlage der Parteien entspricht damit im wesentlichen derjenigen beim Gattungskauf.

b) Anpassung von Standardsoftware

Oftmals deckt Standardsoftware nur einen Teil der zu bewältigenden Datenverarbeitungsaufgaben ab. Unternehmensspezifische Besonderheiten bleiben unberücksichtigt. Das Erstellen einer Individualsoftware zur Problemlösung ist aber häufig zu kostenintensiv[414]. Daher wird ein Mittelweg eingeschlagen, also bereits bestehende Software abgewandelt oder erweitert und im Rahmen eines sog. "customizing"[415] auf individuelle Bedürfnisse zugeschnitten.

Mitunter wird unter Anpassung aber nicht nur die Veränderung einer Software verstanden, sondern auch das Parametrisieren[416] bzw. die Installation einer Standardsoftware bei einem Anwender[417]. Dabei wird jedoch nur die schon in der Grundversion der Software vorgesehene, notwendige Anpassung an jeden Nutzer vorgenommen, d. h. also nur die standardmäßige Anpassungsmöglichkeit des Programms an den jeweiligen Anwender ausgeschöpft. Keineswegs wird dabei über das programmimmanente Maß hinaus in den Befehlscode ein-

---

412 Dabei ist wichtig, daß der Datentransfer zwischen den einzelnen Softwareanwendungen gewährleistet ist, sonst kommt es in einem großen DV-System zu "Insellösungen", die die Integrationswirkung einer unternehmensweiten Datenverarbeitung schmälern.
413 Ein Beispiel hierfür ist die von amerikanischen Vertreibern – insoweit interessengleich mit Herstellern – auf 90 Tage beschränkte Gewährleistung nur für Codierfehler, sogenannte "Bugs", vgl. *Jochen Schneider*, Rdnr. D 117.
414 Etwa 60 % der Gesamtaufwendungen für Software und softwarebezogene Dienstleistungen entfallen auf Individualsoftware, vgl. GMD-Studie Nr. 167, S. 19.
415 *Jochen Schneider*, Rdnr. D 111.
416 Parametrisieren bedeutet, daß einzelnen Variablen der Software anwenderspezifische Werte zugewiesen werden.
417 *Jochen Schneider*, Rdnr. D 108 ff.

gegriffen, dieser verändert oder erweitert. Daher liegt in diesen Fällen auch keine Anpassung der Standardsoftware im Sinne einer Veränderung vor, sondern lediglich ein Ausschöpfen ihrer Möglichkeiten. Derartige programminterne Variationsmöglichkeiten nehmen mit Größe und Komplexität der Software und der Datenverarbeitungsaufgabe zwangsläufig zu und ermöglichen überhaupt erst das Erstellen einer Standardsoftware für Anwendungen, die bislang nur durch Individualsoftware zu bewältigen waren.

Eine Anpassung im engeren Sinne liegt nur dann vor, wenn durch einen Eingriff in den Befehlscode (über die programmimmanenten Optionen hinaus) ein Zuschnitt des Programms auf den individuellen Anwender erfolgt. Nur dann ergibt sich auch eine gegenüber dem Erwerb von Standardsoftware veränderte Interessenlage. Der die Standardsoftware bearbeitende Auftragnehmer wird hier wie ein Hersteller bzw. Entwickler tätig[418]. Der Auftraggeber und Anwender seinerseits möchte bei angepaßter Software regelmäßig ein Alleinnutzungsrecht erhalten, um sich einen Wettbewerbsvorsprung zu sichern. Zusätzlich sind hier noch die Interessen des Erstellers der Standardsoftware zu beachten, der nicht ohne weiteres den Quellcode zur Verfügung stellen und eine Bearbeitung von seiner Zustimmung abhängig machen wird.

Die Anpassung von Software kann in verschiedenen Konstellationen erfolgen: Einmal kann der Hersteller selbst dem Abnehmer eine veränderte Version seiner Standardsoftware anbieten. Dann wird nicht die Standardsoftware überlassen oder genutzt, sondern allein die modifizierte Version. Zum anderen kann die Anpassung vom Anwender der Standardsoftware bei Dritten in Auftrag gegeben werden. Dann erwirbt der Anwender ganz normal eine Software, wobei er selbst das Risiko der tatsächlichen und rechtlichen Durchführbarkeit ihrer Anpassung trägt. Denkbar ist auch, daß der Softwarehändler für den Anwender die Anpassung vornimmt oder durch einen Dritten vornehmen läßt. Dann überläßt der Hersteller eine Standardsoftware, während beim Anwender eine daraus entwickelte Software genutzt wird. Hier fällt das Risiko der Anpassung in die Sphäre des Händlers, der sich beim Hersteller um die entsprechende Erlaubnis bemühen muß.

Ähnlich der Anpassung einer Standardsoftware an individuelle Bedürfnisse ist die Veränderung einer Individualsoftware durch Berücksichtigung allgemeiner Anforderungen an die Problemlösung, wodurch diese dann zur Standardsoftware und damit bei anderen Anwendern einsetzbar wird. Hier liegt ein besonderes Interesse des bisher einzigen Nutzers der Software vor, durch überlegene EDV-Organisation erwirtschaftete Vorteile nicht zu verlieren[419] bzw. eine entsprechende Vergütung zu erhalten.

---

418 *Jochen Schneider*, Rdnr. 111.
419 Beispiel hierfür ist der der Inkassoprogramm-Entscheidung zugrundeliegende Sachverhalt, in dem das individuell für ein Inkassounternehmen erstellte Programm zur Forde-

Fortsetzung nächste Seite

c) Erstellung von Individualsoftware

Sind beim Anwender Datenverarbeitungsaufgaben besonderer Komplexität oder Eigenart zu bewältigen, scheidet ein Rückgriff auf Standardsoftware aus. Dann wird die Neuerstellung einer Software erforderlich, die vollständig auf die Bedürfnisse des Anwenders zugeschnitten ist[420]. Aus Kostengründen wird derartige Software in der Hauptsache von SBS- und GPC-Nutzern nachgefragt. Über den Markt wird jedoch nur ein Teil des Bedarfs an Individualsoftware befriedigt, der größere Anteil wird unternehmensintern erstellt[421].

Die Komplexität des Geschäftsgegenstandes macht gerade in Anbetracht unterschiedlicher Informationsniveaus der Vertragspartner für beide Seiten eine detaillierte Leistungsbeschreibung in einem Pflichtenheft unumgänglich. Der Besteller kann sich so Eigenschaften zusichern lassen; der Unternehmer nutzt das Pflichtenheft häufig, um die Grenzen seiner Verantwortlichkeit für die Realisierbarkeit des Softwareprojektes festzulegen.

Der Anwender, der die gesamten Entwicklungskosten der Individualsoftware trägt, ist an einer umfassenden Rechtsübertragung im Rahmen eines ausschließlichen Nutzungsrechts interessiert. Regelmäßig wird dann auch der Quellcode überlassen. Maßgeblich ist diesbezüglich, wer die Wartung der Software künftig übernehmen soll und wem die mögliche weitere Verwertung durch Erweiterung, Verbesserung oder Umwandlung zur Standardsoftware zukommen soll[422].

Ebenfalls wichtig ist ein im einzelnen festgelegtes Gewährleistungssystem, damit die hohen Investitionen abgesichert sind. Zum Interessenkonflikt kommt es hier insbesondere bezüglich einer Schadensersatzpflicht des Herstellers. Individualsoftware kommt oft zur Bewältigung risikobelasteter Aufgaben zum Einsatz, z. B. bei der Abwicklung internationalen Zahlungsverkehrs, der Flugsicherung, bei der Steuerung von Weltraumprojekten und in medizinischen Geräten[423]. Die mögliche Schadenshöhe ist unabsehbar, ein Restrisiko angesichts der Fehlerhaftigkeit von Software nicht zu vermeiden. Der Hersteller wird daher auf einer Haftungsbegrenzung bestehen.

---

rungseinziehung nachträglich durch einen Programmierer auch einem anderen Inkassounternehmen zur Verfügung gestellt wurde, BGHZ 94, S. 276 ff.
420 Etwa vier Fünftel aller Aufwendungen für Anwendungssoftware dienen der Beschaffung von Individualsoftware, vgl. GMD-Studie Nr. 167, S. 19.
421 Siehe oben Fn. 414, S. 75.
422 Vgl. unten A III 3 g), S. 82 f.
423 In allen aufgezählten Beispielen ist es bereits zu Schadensfällen aufgrund fehlerhafter Software gekommen, vgl. Wirtschaftswoche vom 21.3.1991, S. 81 ff.

d) Spielesoftware

Unter Spielesoftware ist all diejenige Software zu verstehen, die ausschließlich privaten Zwecken dient, insbesondere der Freizeitgestaltung. Bei ihr handelt es sich grundsätzlich um Massensoftware. Spielesoftware wird in der Regel gegen Einmalzahlung auf Dauer erworben, da dies die einfachste Form des Güteraustausches ist.

Vorrangiges Interesse des Herstellers oder Händlers ist hier der Schutz vor Softwarepiraterie. Da Spielesoftware niemals zur notwendigen Ausstattung eines Computers gehört, bleibt das Marktsegment auf "spielfreudige" Anwender – häufig jüngeren Alters[424] – beschränkt. Mangels kommerzieller Verwertbarkeit liegt zudem der Marktpreis für Spielesoftware deutlich niedriger als bei sonstiger Standardsoftware. Der Hersteller ist umso mehr darauf angewiesen, das vorhandene Marktpotential zu einem hohen Prozentsatz auszuschöpfen. Aus diesem Grunde ist er von Softwarepiraterie besonders empfindlich betroffen. Ähnliches gilt für den Schutz vor Imitation. Schon oft konnte kurze Zeit nach dem Markterfolg das Auftauchen nachahmender Spiele beobachtet werden[425].

e) Kommerzielle Software

Im Gegensatz zu Spielesoftware ist kommerzielle Software betrieblich, beruflich oder geschäftlich nutzbar. Mit ihrer Nutzung sind regelmäßig wirtschaftliche Interessen verbunden.

f) Systemsoftware

Bei Überlassung von Systemsoftware ergeben sich bei der Interessenlage des Nutzers Besonderheiten, da die Hardware ohne die Systemsoftware nicht einsetzbar ist. Insoweit besteht ein verstärktes Interesse, die Systemsoftware auf Dauer und zusammen mit der Hardware zu erwerben. Im Falle mangelhafter Software möchte der Anwender nicht das Risiko einer nicht einsatzbereiten DV-Anlage tragen müssen. Aus Anwendersicht ist ein isolierter Erwerb der Systemsoftware nur sinnvoll, wenn deren Funktionsfähigkeit gesichert ist.

---

424 Das bei jugendlichen Computerfreaks noch nicht allzu stark ausgeprägte Unrechtsbewußtsein scheint erhebliche Absatzeinbußen der Hersteller zu verursachen: In "Spielerkreisen" existieren ganze Computerspielebibliotheken, die durch Austausch und freizügiges Kopieren vergrößert werden, vgl. *Lehmann/Schneider*, RDV 1991, S. 30.
425 Bekanntes Beispiel ist der der Entscheidung des OLG Hamburg vom 31.3.1983, GRUR 1983, S. 463 – Puckman, zugrundeliegende Fall. Das Spiel "Puckman" war durch das Spiel "Supermampfer" nachempfunden worden, nach Meinung des Gerichts jedoch nicht in urheberrechtsverletzender Form.

g) Software im Entwicklungsstadium

Software wird unter Umständen schon während des Softwareentwicklungsprozesses in unfertiger Form (z. B. als Struktogramm oder Programmablaufplan, im Pseudo-Code oder teilweise programmiert) überlassen. Dabei wird mit der gesamten Entwicklungsdokumentation auch Know-how von Entwickler an Hersteller weitergegeben.

3. Differenzierung nach Geschäftszweck und -inhalt

Unabhängig von der Art der Software und den Beteiligten können Nutzung und Überlassung nach Zweck und Inhalt unterschiedlich ausgestaltet sein. Die Nutzungsintensität variiert. Bestimmten Ausgangssituationen läßt sich ein typischer Geschäftsinhalt zuordnen. In anderen Fällen steht die ganze Bandbreite der Ausgestaltung einer Softwareüberlassung zur Verfügung, und die Vertragspartner müssen im Einzelfall ermitteln, welcher der für sie günstigste Geschäftsinhalt ist. Dabei ist auch eine Kombination der im folgenden aufgezählten Inhalte möglich.

a) Überlassung auf Zeit

Einer Überlassung von Software auf Zeit können zwei Motivlagen zugrunde liegen: Einerseits ist denkbar, daß der Nutzer die Software nur für eine begrenzte Zeit benötigt, z. B. aus technischen Gründen, wenn schon die Erneuerung der Hardware absehbar ist, z. B. aus betrieblichen Gründen, wenn eine Datenverarbeitungsaufgabe nur während einer kurzen Dauer anfällt[426]. Andererseits kann es im Interesse des Softwaregebers liegen, die Nutzungsrechte an der Software nur für begrenzte Dauer zu vergeben, sei es, um sich der Rechte an der Software niemals endgültig zu begeben und so eine Weitergabe an Dritte zu verhindern, sei es, um die Software danach an andere Nutzer weiterzuleiten oder eine anfänglich ausschließlich gewährte Nutzung in eine bloß einfache Nutzung durch den Anwender abzuändern. Letzteres könnte mit der Umwandlung von Individualsoftware in Standardsoftware einhergehen.

Mitunter erfolgt anfänglich eine Überlassung von Software auf Zeit zu Testzwecken. Bewährt sich der Softwareeinsatz, wird die Überlassung in eine dauerhafte umgewandelt.

b) Dauerhafte Überlassung

Bei einer Überlassung auf Dauer erlangt der Empfänger **endgültig** die vereinbarte Nutzungsmöglichkeit der Software. Dies ist regelmäßig bei der Überlas-

---

426 Hauptsächlich steuerliche Gründe hat die nur zeitweise Überlassung von Software im Falle von Leasing.

sung von Standardsoftware an den Anwender beabsichtigt. Dabei ist von einer zeitweisen Überlassung auf unbestimmte Zeit zu unterscheiden.

Der Vorteil des Erwerbers bei dauerhafter Überlassung der Software liegt im einmaligen, punktuellen Leistungsaustausch. Zudem erhält er eine stärkere Rechtsstellung als bei einer Überlassung auf Zeit, denn das Exemplar der Software bzw. die Rechte daran gehen endgültig in sein Vermögen über. Somit erscheint auch ein Programmlauf auf anderer als der eventuell ursprünglich vereinbarten Hardware möglich. Gleiches gilt für eine Weitergabe an Dritte. Sogar eine Untersuchung und Veränderung des Befehlscodes, Reverse Engineering oder das Kopieren der Software zu eigenen Zwecken können vom Nutzer erwünscht sein.

Dem stehen auch im Falle einer dauerhaften Überlassung starke Interessen des Herstellers entgegen. Die endgültige Überlassung von Software stellt aus seiner Sicht in erster Linie ein transaktionskostenarmes Absatzgeschäft mit Einmalaustausch von Leistungen und begrenzter Gewährleistungspflicht ohne dauernde Leistungsanspannung dar. Damit soll jedoch keineswegs ein Verzicht auf Marktkontrolle im Sinne eines Überblicks über die in Umlauf befindlichen Exemplare verbunden sein. Auch ein Reverse Engineering kann nicht ohne weiteres vom Hersteller akzeptiert werden, dient es doch regelmäßig der Nachahmung der Software.

c) Ausschließliche Nutzung durch den Abnehmer

Bei einer ausschließlichen Nutzung kommt dem Abnehmer die alleinige Nutzung zu. Der Softwaregeber darf die Software Dritten nicht zugänglich machen; der Softwarenehmer erhält eine Exklusivstellung[427]. Dabei kann eine räumliche oder inhaltliche, häufig auch eine zeitliche Beschränkung vereinbart sein[428]. Insbesondere im Rahmen des Vertriebs kann es zu Exklusivverträgen kommen. Dabei versucht der Händler, sich einen Wettbewerbsvorsprung zu verschaffen. Für den Hersteller liegt der Vorteil einer derartigen Vereinbarung unter anderem in der Ersparnis eigener Vertriebskosten und einer straffen, leicht zu kontrollierenden Absatzorganisation.

---

427 Soweit die Software urheberrechtlich geschützt ist, entspricht das vom Umfang her der in § 31 Abs. 1, Abs. 3 UrhG vorgesehenen Rechtseinräumung. Ist die Software nicht urheberrechtlich geschützt, erhält der Erwerber eine faktisch exklusive Stellung dadurch, daß er der einzige ist, der sich im Besitz der Software befindet; ein absolutes Recht, andere von der Nutzung der Software auszuschließen, kommt ihm nicht zu.
428 Bei Anwendbarkeit des UrhG kann dies gem. § 32 UrhG mit dinglicher Wirkung erfolgen. Andernfalls muß die Beschränkung schuldvertraglich erreicht werden.

III. Wirtschaftliche Grundlagen: Sachverhaltstypologie

d) Einfache Nutzung durch den Abnehmer neben anderen

Die einfache Nutzung der Software ist das Gegenstück zur ausschließlichen Nutzung: Der Abnehmer erhält ein Exemplar der Software, aber die Software wird auch anderen zugänglich gemacht[429]. Hauptanwendungsfall ist die Überlassung von Standardsoftware.

e) Inhaltliche Nutzungsbeschränkungen beim Abnehmer

Neben dem Verbot, Raubkopien zu fertigen, werden dem Abnehmer von Software häufig weitere Restriktionen auferlegt[430]. Üblich sind insbesondere folgende Nutzungsbeschränkungen:

- Nutzung nur auf einer einzelnen, ggf. genau bezeichneten Hardware
- Nutzung nur durch einen zahlenmäßig begrenzten, ggf. genau bestimmten Personenkreis
- Nutzung nur in einem Unternehmen
- Örtliche Begrenzung der Nutzung
- Sachliche Eingrenzung des Einsatzgebietes (field of use-Beschränkung)
- Verbot der Weitergabe der Software
- Verbot der Portierung der Software
- Verbot des Reverse Engineering
- Verbot der Abänderung der Software

f) Netzwerknutzung

Im Normalfall wird dem Anwender vorgeschrieben, die Software nur auf einem Computer zu nutzen, gegebenenfalls wird sogar anhand einer Fabrikationsnummer die Hardwareeinheit festgelegt. Dies führt zu Schwierigkeiten, wenn dieser Computer im Netzbetrieb arbeitet und von anderen Rechnern aus auf seinen Speicherinhalt zugegriffen werden kann. Insbesondere lokale Datennetze (LAN) werden zur Zeit verstärkt installiert. Daher bieten Softwarehersteller eine Netzversion der Software an[431], die dem Nutzer erlaubt, die Software auf mehreren oder allen Rechnern des betreffenden Netzes zu nutzen. Ein technischer Unterschied besteht nicht zwingend, lediglich der Preis ist höher, liegt jedoch unterhalb dessen, was bei Erwerb der Software für jeden einzelnen Computer zu zahlen wäre. Durch diese Preisdifferenz versucht der Hersteller, der in einem Netz besonders naheliegenden Versuchung des Raubkopierens

---

429 Im Falle urheberrechtlich geschützter Software kommt die Einräumung oder Übertragung eines einfachen Nutzungsrechtes gem. § 31 Abs. 1, Abs. 2 UrhG hinzu.
430 Dies übersieht *Hager*, AcP 190 (1990), S. 324 f., so daß seine Systematisierung der dauerhaften Überlassung nach Standardsoftware (Kaufvertrag), Individualsoftware (Rechtspacht) und Anpassung von Software nicht vollständig ist.
431 Auch Site-Licensing genannt, vgl. *Hoeren*, S. 110.

entgegenzuwirken und den Anwender zum Erwerb einer Netzwerkversion zu bewegen.

g) *Überlassung des Quellcodes*

In der überwiegenden Mehrzahl aller Fälle wird das Programm im Objektcode überlassen. Dadurch erreicht der Ersteller des Programms einen faktischen Schutz[432] seines Algorithmus, da dieser aus dem Objektcode nur mit sehr hohem Aufwand und gegebenenfalls auch nur unvollständig entschlüsselt werden kann. Eine Geheimhaltung ermöglicht dem Programmhersteller die alleinige wirtschaftliche Verwertung. Eine Offenlegung des Quellcodes, die die Gefahr einer kostengünstigen Nachahmung impliziert, kann aus Herstellersicht nur in besonderen Fällen erfolgen:

aa) *Besonderes Vertrauensverhältnis*

Im Rahmen einer besonders engen Geschäftsbeziehung mit entsprechendem Vertrauensverhältnis kann eine Überlassung des Quellcodes nützlich sein: so, wenn der Abnehmer die Software in großem Umfang vertreibt, selbst die dazu erforderlichen Kopien erstellt und Wartungsaufgaben oder anwenderspezifische Anpassungen übernimmt bzw. an der Weiterentwicklung der Software mitarbeitet (Kooperationsvertrag[433]).

bb) *Veränderung*

Von den Geschäftspartnern kann eine Veränderung der Software bezweckt sein. Eine bloße Parametrisierung reicht hierfür nicht aus[434]. Soll eine Software bearbeitet werden, so muß grundsätzlich der Quellcode überlassen werden.

Eine Änderung kann beim Abnehmer aus zweierlei Gründen erfolgen: Einmal kann der Abnehmer die veränderte Software selbst zum Einsatz bringen wollen. Dann handelt es sich um einen Fall der Anpassung von Standardsoftware auf individuelle Bedürfnisse oder um eine Übernahme von Individualsoftware unter entsprechender Abänderung. Zum anderen kann der Abnehmer den Vertrieb der veränderten Software bezwecken. Dies ist dann sinnvoll, wenn der Vertrieb an Anwenderkreise mit besonderen Anforderungen erfolgt, z. B. der Vertrieb einer abgemagerten Version der Software zu besonders günstigem Preis. Denkbar ist auch der Fall einer fremdsprachigen Version der Software. Oder der Abnehmer möchte eine verbesserte oder erweiterte Software vertreiben.

---

432 Zur Frage, ob dem Algorithmus als solchem ein rechtlicher Schutz zukommt, siehe oben A II 1 b) aa) (3), S. 31.
433 *Jochen Schneider*, Rdnr. 165.
434 Siehe oben A III 2 b), S. 75.

cc)   Offenlegung der Schnittstellen

Soll Software aufeinander abgestimmt werden und sollen die Programme reibungslos Daten austauschen können oder untereinander Hilfsfunktionen wahrnehmen (Kompatibilität bzw. Interoperabilität), so ist eine Abstimmung der Schnittstellen erforderlich. Eine Mitteilung der Schnittstellen erfordert oft eine wenigstens partielle Offenlegung des Quellcodes; dem Objektcode ist die Schnittstelle nicht zu entnehmen. Mitunter mag auch eine genaue Beschreibung der Zugriffsadressen und der Funktionsweise des Programms genügen.

dd)   Überwiegendes Interesse des Anwenders

Unter Umständen kann beim Anwender ein besonderes Interesse am Zugang zum Quellcode bestehen, hinter dem Schutzinteressen des Herstellers zurücktreten. Dies ist beispielsweise dann der Fall, wenn der Auftragnehmer außerstande ist, Individualsoftware mit den vereinbarten Eigenschaften zu erstellen oder Fehler zu beseitigen und der Abnehmer eine Verbesserung selbst vornehmen möchte. Auch soweit der Hersteller in Konkurs fällt und eine Wartungsleistung durch ihn nicht mehr erbracht werden kann, wird dem Anwender der Quellcode zur Sicherung der Funktionsfähigkeit der Software zugänglich gemacht[435].

ee)   Bei vollständiger Übertragung der Software

Soweit dem Abnehmer der Software dauerhaft ein umfassendes, ausschließliches Nutzungsrecht erteilt wurde, ist aus Herstellersicht die Software bereits wirtschaftlich voll verwertet. Damit kann der Abnehmer auch den Quellcode erhalten. Dies liegt nahe bei Erstellung einer Individualsoftware, die unverändert ohnehin bei einem anderen Anwender nicht zum Einsatz kommen kann[436].

h)   Überlassung von Software zum Zwecke des Vertriebs

Der praktische Einsatz von Software steht nicht immer im Mittelpunkt einer Softwareüberlassung. Im Verhältnis zum Händler geht es hauptsächlich um Vertriebsrechte.

Mit zunehmender Verwendung von Softwareprodukten wird ein flächendeckendes Vertriebsnetz immer wichtiger. Der Hersteller ist häufig nicht mehr in der Lage, selbst alle potentiellen Kunden anzusprechen. Er überläßt daher den Vertrieb einem Händler, dieser leitet gegebenenfalls als Großhändler die Soft-

---

435   Eine entsprechende Klausel wird auch von *Geissler/Pagenberg*, Rdnr. 77, vorgeschlagen.
436   Vgl. z. B. LG Mannheim, Urteil vom 6.8.1982, Aktz.: 3 O 321/80, in: *Zahrnt*, DV-Rechtsprechung Band 1, PE-8, S. 177 f.: Bei Individualsoftware muß der Quellcode überlassen werden.

ware weiter an Einzelhändler[437]. Daneben erlangt die Kooperation zwischen Softwareherstellern und Hardwareherstellern im Vertriebssektor wachsende Bedeutung[438].

Von den klassischen Vertriebsmöglichkeiten durch Handelsmakler, Handelsvertreter, Kommissionär, Direktvertrieb und normale Handelskette hat letztere im Markt für Standardsoftware eine Vorrangstellung inne. Hier zeigt sich gerade bei Massensoftware der Warencharakter, der eine konventionelle Absatzorganisation zuläßt, in der Regel mit einem sogenannten Distributor als Großhändler. Vermittlungsgeschäfte sind regelmäßig zu umständlich, Vertretungsmacht soll dem Händler nicht zukommen, und der Direktvertrieb erreicht nicht die gewünschte Marktpräsenz.

Komplexere Standardsoftware und Individualsoftware werden häufig im Direktvertrieb abgesetzt. In diesem Bereich kommt es mitunter zu Vermittlungstätigkeiten kooperierender Unternehmen, oft Beratungsunternehmen, die eine EDV-Lösung vorschlagen und sie dann in Zusammenarbeit mit dem Softwarehersteller realisieren. Dabei ist die faktische Vermittlerfunktion in der Praxis nicht immer durch eine entsprechende rechtliche Stellung, etwa als Handelsmakler, ergänzt.

Daneben haben sich in Anlehnung an am Hardwaremarkt übliche Geschäftspraktiken eine Reihe von Sondervertriebsformen[439] gebildet:

aa) OEM-Geschäft

Ziel eines OEM-Geschäfts[440] (Original Equipement Manufacturer) ist die Komplettierung des Produktprogramms. Hierzu wird die eigenerstellte Produktpalette durch gegebenenfalls leicht abgeänderte Fremdsoftware eines anderen

---

437 *Jochen Schneider*, Rdnr. D 116.
438 Für Hardwarehersteller kann es sich dabei angesichts andauernder Konzentrationsprozesse um eine Überlebensstrategie handeln, vgl. *Hielle*, FAZ vom 18.3.1991, S. 15. Dabei kommt es auch zu Allianzen im Bereich der Softwareproduktion, vgl. Computerwoche vom 21.6.1991, S. 23: "Bündnis zwischen Apple und IBM."; *Fehr*, Die große Wende bei "Big Blue", FAZ vom 10. Juli 1991, S. 11; Computerwoche vom 28. 6.1991, S. 1: "IBM-Pakt mit Lotus soll Wende für OS/2 bringen". Weiterer Druck wird durch den Rückgang der Hardware-Verdienstspannen ausgelöst, der zu verstärktem Engagement im Softwaremarkt führt, vgl. Diebold Management Report Nr. 10-1989, S. 2. Siehe auch oben A I 1 b), S. 6 f.
439 Einen weiteren Sonderfall stellt der Vertrieb von Freeware und Shareware dar, siehe hierzu im Anschluß.
440 Diese Konstruktion kommt vor allem im Hardwaremarkt zur Anwendung, vgl. *Bachofer*, CR 1988, S. 1 ff., gewinnt aber für den Softwaresektor zunehmend an Bedeutung, vgl. Wirtschaftswoche vom 26.3.1993, S. 70.

Herstellers ergänzt und unter dem Namen des Erwerbers weitervertrieben[441]. Für den Anwender ist der eigentliche Ersteller nicht ersichtlich.

Es handelt sich also um eine Überlassung unter Herstellern. Die Interessenlage entspricht grundsätzlich derjenigen bei Überlassung an einen Händler, es sei denn der eigentliche Hersteller verzichtet völlig auf eine weitere Verwertung. Dann ist von einer Interessenlage, wie sie zwischen Entwickler und Hersteller besteht, auszugehen – mit dem Unterschied, daß nicht nur ein Modul, sondern eine komplette Software überlassen wird. Nur in diesen Fällen kommt ein exklusives Recht an der Software in Betracht. Das OEM-Geschäft kann auch durch Bezug von einem Großhändler abgewickelt werden[442].

bb) VAR-Geschäft

Beim VAR-Geschäft (Value Added Resale) soll durch Kooperation zweier Hersteller eine erhöhte Marktdurchdringung erreicht werden, indem einer der Hersteller als VAR-Partner dem Anwender die Produkte beider kombiniert und aufeinander abgestimmt anbietet. Dabei handelt es sich häufig um eine Ergänzung der Hardware durch branchenspezifische Software, doch ist auch eine rein softwarebezogene Zusammenarbeit denkbar[443]. Ein "Umlabeln" des Fremdproduktes durch den VAR-Partner erfolgt nicht.

cc) SHAP-Beziehung

Der SHAP-Vertrag (Software House Assistance Program) dient wie der VAR-Vertrag einer Absatzsteigerung sowohl des Softwareherstellers als auch des Hardwareherstellers sowie einer Ergänzung der Produktpalette des letzteren. Allerdings übernimmt hier nicht einer der Partner den Vertrieb des kombinierten Produkts, sondern jeder Hersteller schließt einen gesonderten Vertrag mit dem Anwender, wobei gegenseitige Vertretungsmacht nicht eingeräumt wird[444]. Aus Sicht des Softwareherstellers handelt es sich daher um einen Direktvertrieb, in dessen Rahmen der Hardwarehersteller vermittelnd tätig wird.

i) Freie Verbreitung und Nutzung (Freeware und Shareware)

Eine besondere Interessenlage besteht bei Freeware und Shareware. Unter Freeware oder auch Public Domain-Software versteht man Software, die vom

---

441 Etwa 7 % der von Hardwareherstellern unter ihrem Namen vertriebenen Software stammt aus der Produktion von Software-Unternehmen, vgl. GMD-Studie, S. 101. Soweit der Hardwarehersteller die Software nicht "umlabelt", übernimmt er Händlerfunktion.
442 Vgl. GMD-Studie, S. 124.
443 Vgl. *Bachofer*, CR 1988, S. 809.
444 Vgl. *Bachofer*, CR 1989, S. 91.

Autor zur Vervielfältigung freigegeben ist[445]. Freeware kann von jedermann unentgeltlich kopiert, verbreitet und eingesetzt werden[446]. Mitunter wird noch weiter differenziert zwischen **Public Domain-Software**, bei der Programmänderungen nicht erlaubt sind, ein Verkauf mit Gewinnerzielungsabsicht untersagt wird oder die unentgeltliche Nutzung auf den Privatbereich beschränkt wird und **Freeware**, die vollständig freigegeben ist für eine Verwendung auf jede Art und in jeder Konstellation. Anders verhält es sich mit **Shareware**. Sie kann zwar verbreitet und beliebig getestet werden, bei einem vollen Einsatz der Software soll jedoch eine Zahlung an den Hersteller erfolgen[447].

Die zugrundeliegende ökonomische Interessenlage ist unterschiedlich: Soweit es sich um Freeware handelt, entsteht dem Autor neben der Anerkennung und Bekanntheit, die ihm in Benutzerkreisen erwächst, kein wirtschaftlicher Vorteil. Die Ursache für die Freigabe der Software liegt oft in der Verpflichtung, die Ergebnisse einer staatlich geförderten Studienarbeit frei zugänglich zu machen. Mitunter erfolgt die Erlaubnis zur freien Nutzung auch aus Altruismus, z. B. bei Anti-Virus-Programmen, die eine Ausbreitung von Computerviren eindämmen sollen und insofern der Gesamtheit der Anwender zugute kommen[448].

Differenzierter stellt sich die Motivlage bei Shareware dar. Hier will der Hersteller bzw. Autor nicht auf eine Vergütung verzichten. Angesichts der Schwierigkeit, als möglicherweise noch unbekannter Programmierer einen Vertriebspartner finden zu müssen und diesem dann die Software gegen geringe Beteiligung zu überlassen, hat sich alternativ das Shareware-Konzept entwickelt: Statt eines organisierten und geplanten Vertriebs der Software wird einfach ihre leichte Kopierbarkeit für den Vertrieb instrumentarisiert. Der Autor legalisiert durch Freigabe die normalerweise verbotene Vervielfältigung und Verbreitung. Damit wird die Tendenz von Software, sich auszubreiten, noch verstärkt. Bringt man das Programm an einigen "Knotenpunkten", z. B. der Programmbibliothek innerhalb eines großen Netzes, in Verkehr, so kann innerhalb kurzer Zeit eine flächendeckende Verbreitung erzielt werden. Das Vertriebsproblem ist damit gelöst, die Anwender selbst übernehmen die Distribution. Bei der Vergütung ist der Hersteller dafür auf eine hohe Zahlungsmoral

---

445 Vgl. *Schulz*, CR 1990, S. 296 ff.; *Düpre*, FAZ vom 12.3.1991, S. B31; *Herberger*, IuR 1987, S. 87 f. Teilweise wird der Begriff Public Domain auch als Oberbegriff für Freeware und Shareware verwendet, vgl. *Hoeren*, CR 1989, S. 888, der allerdings von seinem Standpunkt aus ohnehin an einer Urheberrechtsrelevanz zweifelt.
446 Typisches Beispiel hierfür ist der Autorenvermerk der Desk Accessory Software "Max Files" für den Apple Macintosh: "This program is FreeWare. So you can upload or distribute this freely. But don't sell without author's permission."
447 Beispiel hierfür ist der Autorenvermerk des Programms VirusDetective: "If you like VirusDetective, please send $ 10.00 (non-US users $ 15.00) to receive a user license. Permission granted for non-commercial distribution", ergänzt um eine Erinnerung "Please remember your shareware payment". Weitere Beispiele bei *Hoeren*, CR 1989, S. 890.
448 So das Programm "Disinfectant", das von einer international tätigen Expertengruppe erstellt wurde.

der Anwender angewiesen. Denn ein rechtlicher Anspruch auf Zahlung ist faktisch nicht durchsetzbar: Der Anwender kann sich immer darauf berufen, das Programm ohne Rechtsverletzung erworben zu haben und sich noch in der Testphase zu befinden. Allerdings hat Shareware den Vorteil, daß mangels Vertriebskosten und Händlermargen ihr Preis relativ niedrig ist und somit die Zahlungsbereitschaft zunimmt. Das erklärt auch, weshalb die Public Domain-Hersteller darauf bedacht sind, einen auf Gewinnerzielung gerichteten Handel mit ihrer Software zu unterbinden[449]. Dennoch hat sich mit der Erkenntnis, daß Public Domain-Software durchaus professionelle Lösungen bieten kann, ein Handelsnetz entwickelt[450]. Dem Public Domain-Händler werden dabei jedoch nur entstandene Kosten für Kopieren, Anzeigen, Verwaltung ersetzt[451].

Trotz beachtlicher Erfolge durch das Shareware-Vertriebskonzept[452] sind die durch den herkömmlichen Vertrieb von Software zu erzielenden Gewinne höher, so daß sich für die größeren Softwarehersteller eine Änderung ihrer Vertriebsstrategien nicht anbietet. Dies gilt vor allem dann, wenn es sich um besonders aufwendige und kostenintensive Software handelt, bei der freiwillige Zahlungen nicht zu erwarten sind. Shareware-Konzepte werden daher mit Erfolg nur auf qualitativ hochwertige, jedoch im unteren Preisbereich etwa bis 500 DM angesiedelte Standardsoftware Anwendung finden können.

j) Vergütung

Zwischen der jeweiligen Ausgestaltung des Entgelts (einmalige oder zeit- oder größenbezogen periodische Vergütung) und der Nutzungsintensität besteht kein zwingender Zusammenhang. Die Zahlungsmodalitäten sind für die Systematisierung daher unergiebig. Allerdings hat zeitbezogene Vergütung Indizcharakter für einen Lizenzvertrag mit beschränkter Nutzung.

4. Zusammenfassung und Matrixdarstellung

Die vielfältigen Variationsmöglichkeiten bei der Überlassung von Software bedürfen zusammenfassender Strukturierung. Nicht jede der aufgezeigten Optionen läßt sich sinnvoll mit jeder anderen kombinieren. Dennoch bleiben zahlreiche Kombinationen denkbar, und nur in wenigen typischen Situationen lassen sich allgemeingültige Aussagen über den Geschäftsinhalt machen.

In den folgenden Matrizen werden getrennt nach Standard- und Individualsoftware die ökonomischen Standardsituationen der Softwareüberlassung und ihre Varianten dargestellt:

---

449 Vgl. die obigen Autorenvermerke.
450 Vgl. *Heymann*, CR 1991, S. 6 ff.
451 *Herberger*, IuR 1987, S. 87.
452 Insbesondere in den USA, vgl. *Herberger*, IuR 1987, S. 88.

MATRIZENDARSTELLUNG DER GESCHÄFTSINHALTE BEI DER ÜBERLASSUNG VON STANDARDSOFTWARE

VON \ AN	ENTWICKLER	HERSTELLER	HÄNDLER	ANWENDER
HERSTELLER	einfach/**exklusiv** **Dauer**/Zeit **Quellcode**	einfach/**exklusiv** **Dauer**/Zeit Quellcode Vertrieb (OEM)	*Nur bei OEM-Geschäft:* einfach/**exklusiv** **Dauer**/Zeit Quellcode **Vertrieb**	**einfach** **Dauer**/Zeit nutzungsbeschränkt Free/Share **Spiele: einfach, Dauer**
HÄNDLER		einfach/**exklusiv** **Dauer**/Zeit Quellcode **Vertrieb**	einfach/**exklusiv** **Dauer**/Zeit Quellcode **Vertrieb**	**einfach** **Dauer**/Zeit nutzungsbeschränkt Free/Share **Spiele: einfach, Dauer**
ANWENDER				**einfach** **Dauer**/Zeit nutzungsbeschränkt Free/Share

Erläuterungen:

einfach:	einfache Nutzung durch den Abnehmer	exklusiv:	ausschließliche Nutzung durch den Abnehmer
Dauer:	Überlassung auf Dauer	Zeit:	Überlassung auf Zeit
Quellcode:	Offenlegung von Quellcode	Free/Share:	Überlassung von Freeware und Shareware
Spiele:	Besonderheiten bei Spielesoftware	Vertrieb:	Überlassung zu Vertriebszwecken

Fett dargestellt sind die Standardsituationen der Softwareüberlassung. Normaler Druck zeigt optionale Geschäftsinhalte an. Da eine Überlassung **an** den Entwickler nicht denkbar ist, handelt es sich nicht um eine gleichseitige Matrix.

III. Wirtschaftliche Grundlagen: Sachverhaltstypologie

MATRIZENDARSTELLUNG DER GESCHÄFTSINHALTE BEI DER ÜBERLASSUNG VON INDIVIDUALSOFTWARE

VON \ AN	ENTWICKLER	HERSTELLER	HÄNDLER	ANWENDER
HERSTELLER	einfach/**exklusiv** **Dauer**/Zeit **Quellcode**			*ausnahmsweise:* einfach/**exklusiv** **Dauer**/Zeit **Quellcode**
HÄNDLER				
ANWENDER		**exklusiv** **einmalig** **Quellcode** **Vertrieb**	**exklusiv** **Dauer**/Zeit **Quellcode**	

Erläuterungen:
einfach: einfache Nutzung durch den Abnehmer
exklusiv: ausschließliche Nutzung durch den Abnehmer
Dauer: Überlassung auf Dauer
Zeit: Überlassung auf Zeit
Quellcode: Offenlegung von Quellcode

Fett dargestellt sind die Standardsituationen der Softwareüberlassung. Normaler Druck zeigt optionale Geschäftsinhalte an.
Da eine Überlassung **an** den Entwickler nicht denkbar ist, handelt es sich nicht um eine gleichseitige Matrix.

Der normale Absatzweg vom Entwickler über Hersteller und Händler zum Anwender läßt sich in den Matrizen vom linken oberen Feld diagonal nach rechts unten verfolgen. Dabei wird deutlich, daß der jeweils nachfolgende Abnehmer maximal das an Rechten erwerben kann, was dem Vorgänger zustand. Ein Händler, der selbst nur ein einfaches Vertriebsrecht hat, ist nicht in der Lage eine exklusive Nutzung zu garantieren. Versteht man die Matrizenfelder als einzelne Absatzstufen, so zeigt sich, daß der Absatzvorgang, d. h. die Versorgung der Nachfrager mit dem Wirtschaftsgut, nach dessen Ankunft beim Anwender an sich abgeschlossen wäre. Dennoch findet auch im Rahmen einer Wiederverwertung der Software auch eine Überlassung von Anwender an Anwender statt. Bei Freeware und Shareware gehört dies sogar zum Vertriebskonzept. Allerdings repräsentiert das rechte untere Feld auch die "private" und häufig illegale Weitergabe von Software auf einem "Schwarzmarkt".

Bei Individualsoftware sind die ökonomisch sinnvollen Möglichkeiten der Softwareüberlassung eingeschränkt. Dies liegt an ihrem Zuschnitt auf einen einzelnen Nutzer. Ein Vertriebsnetz ist daher nicht erforderlich. Die Einschaltung eines Händlers ist hier nicht von Herstellerseite bedingt, sondern folgt daraus, daß sich der Anwender häufig als ersten Geschäftskontakt an einen Händler wendet, der dann die weitere Beschaffung der Software in Absprache mit einem Hersteller übernimmt. Ausnahmsweise wird ein Anwender Individualsoftware einem Hersteller zur Umwandlung in Standardsoftware überlassen.

Bei Interpretation der Matrizenfelder als einzelne Teilmärkte kann sowohl eine vertikale als auch eine horizontale Segmentierung des Softwaremarktes erfolgen. Eine **vertikale** Dreiteilung ergibt sich bei Bezugnahme auf die unterschiedlichen Geschäftszwecke, womit auch Geschäftsgegenstand und Beteiligte festgelegt sind:
- Erstens die Softwareüberlassung im Herstellungssektor: Hierunter fallen die Matrizenfelder der oberen Zeile (an den Hersteller), die konsequenterweise in der Regel eine umfassende Übertragung der Software unter Verschaffung des Quellcodes vorsehen.
- Zweitens die Softwareüberlassung im Vertriebssektor: Hierunter fallen die Matrizenfelder der mittleren Zeile (an den Händler), bei denen es grundsätzlich auch um die Verschaffung von Vertriebsrechten geht.
- Drittens die Softwareüberlassung an den Endabnehmer: Sie ist in den Feldern der unteren Zeile dargestellt (an den Anwender), die zumindest bei Standardsoftware nur noch eine beschränkte, nicht exklusive Nutzung vorsehen.

Damit ergibt sich eine "Rechtepyramide", die beim Hersteller mit umfassender Berechtigung beginnt und infolge zunehmender "Verdünnung" im Laufe des Absatzprozesses beim Anwender mit einem einfachen Recht endet.

Eine **horizontale** Aufteilung im Verhältnis zum Endabnehmer in voneinander

nur begrenzt abhängige Teilmärkte ergibt sich (innerhalb eines Matrizenfeldes) bei Berücksichtigung der beachtlichen Inhomogenität der beteiligten Verkehrskreise[453]:
- Erstens der Markt bezüglich hochspezialisierter Individualsoftware für die Nutzer von GPC, an dem auf Anbieterseite die großen Softwarehersteller und auf Abnehmerseite die großen Softwareanwender beteiligt sind.
- Zweitens der Markt bezüglich kleinerer Individualsoftware und kommerziell genutzter Standardsoftware, an dem auf Anbieterseite Softwarehersteller jeder Kategorie, auf Nachfragerseite hauptsächlich SBS- und PC-Nutzer beteiligt sind.
- Drittens der Markt für Spielesoftware, bei dem Anbieter Softwarehersteller jeder Kategorie, Nachfrager ausschließlich PC- und Home Computer-Nutzer für den privaten Bereich sind.

Die Motivlagen und Geschäftsinteressen auf jedem dieser Teilmärkte und bei jedem der Marktteilnehmer weisen beachtliche Differenzen auf. Eine einheitliche ökonomische Bewertung und juristische Klassifizierung scheidet damit aus. Für die rechtliche Behandlung der Softwareüberlassung und -nutzung muß eine in hohem Maße flexible und im Einzelfall anpassungsfähige Vertragssystematik gewährleistet sein.

IV. VERGLEICH VON RECHTLICHER UND WIRTSCHAFTLICHER SYSTEMATIK UND ÖKONOMISCHE ANALYSE DES SOFTWAREVERTRAGSRECHTS

1. Zuordnung der Vertragstypen zu Sachverhalten – Matrixdarstellung

Die Bandbreite zur Verfügung stehenden Vertragstypen bei der Überlassung und Nutzung von Software ist groß. Damit scheint eine den wirtschaftlichen Gegebenheiten angepaßte, flexible Vertragsgestaltung gewährleistet. Im folgenden wird der entwickelten Systematik ökonomischer Standardsituationen der Softwareüberlassung eine korrespondierende Systematik von Vertragstypen zugeordnet. Die Zuordnung richtet sich nach folgenden Grundsätzen:

- Eine dauerhafte Überlassung ohne besondere Restriktionen in der Nutzung ist als Kaufvertrag oder als Werkvertrag zu bewerten.
- Eine Überlassung auf Zeit oder unter besonderer Nutzungsbeschränkung ist als urheberrechtlicher Lizenzvertrag zu bewerten.
- Ein reiner Know-how-Lizenzvertrag kommt regelmäßig nur bei Überlassung des Quellcodes urheberrechtlich ungeschützter Software in Betracht.
- Eine Vereinbarung bezüglich des Vertriebs urheberrechtsschutzfähiger Software stellt sich als urheberrechtlicher Lizenzvertrag dar.

---

453 Siehe oben A III 1 a) bb), S. 65 f. und dd), S. 67.

VERTRAGSTYPENMATRIX FÜR URHEBERRECHTLICH GESCHÜTZTE STANDARDSOFTWARE

VON \ AN	ENTWICKLER	HERSTELLER	HÄNDLER	ANWENDER
ENTWICKLER		**WerkV** KaufV urhrLizV	urhrLizV KaufV	urhrLizV **KaufV** Shareware: **KaufV** Spiele: **KaufV**
HERSTELLER			urhrLizV KaufV	urhrLizV **KaufV** Shareware: **Veig Art** Spiele: **KaufV**
HÄNDLER				**KaufV** Shareware: **Gefälligkeit**
ANWENDER				

Erläuterungen:
WerkV: Werkvertrag
KaufV: Kaufvertrag
Spiele: Besonderheiten bei Spielesoftware
urhrLizV: Urheberrechtlicher Lizenzvertrag im engeren Sinne
VeigArt: Vertrag eigener Art (bei Shareware mit kaufrechtlicher Gewährleistung)
Shareware: Besonderheiten bei Shareware, vgl. hierzu die Darstellung unter B IV 5.

Fett dargestellt sind die analog den ökonomischen Standardsituationen typischerweise vorliegenden Vertragsarten. Normaler Druck zeigt Alternativen bei entsprechend anderem, optionalem Vertragsinhalt auf. Besonderheiten bei Spielesoftware sind als Unterfall von Standardsoftware vermerkt. Da eine Überlassung **an** den Entwickler nicht denkbar ist, handelt es sich nicht um eine gleichseitige Matrix.

Die Systematik erstreckt sich analog zur ökonomischen Darstellung nur auf die Regelfälle der Softwareüberlassung; im konkreten Einzelfall kann sich eine abweichende Beurteilung ergeben. Bei der Zuordnung sind der nur in wenigen Fällen denkbare Patentlizenzvertrag und der Leasingvertrag mit dem Abnehmer außer Acht geblieben.

Die Darstellung bezieht sich nur auf **urheberrechtlich geschützte Standardsoftware**. Für **Individualsoftware** folgen aus der Erstellung einer Vertragstypenmatrix keine besonderen zusätzlichen Erkenntnisse. Im Verhältnis zwischen Hersteller und Anwender ist dann von einem Werkvertrag auszugehen. Auch ein Know-how-Lizenzvertrag ist denkbar.

Eine ähnliche Matrix ließe sich leicht für **nicht urheberrechtlich geschützte Software** ableiten. Da die Möglichkeit einer urheberrechtlichen Vertriebslizenz dann entfällt, stellt sich der Vertrieb als normales Reihengeschäft durch aufeinanderfolgende Kaufverträge dar. Die Konstruktion des urheberrechtlichen Lizenzvertrages wird grundsätzlich durch einen Pachtvertrag oder eine Know-how-Lizenz ersetzt. Berücksichtigt man jedoch, daß nur triviale und meist geringwertige Software urheberrechtlich nicht geschützt ist, so ist die ökonomisch sinnvolle Vertragswahl zusätzlich begrenzt. Denn bei Vereinbarung eines Know-how-Lizenzvertrages oder eines Pachtvertrages würde der durch vertraglichen Schutz erzielte (wertmäßig relativ geringe) Vorteil durch höhere Transaktionskosten und höheres Gewährleistungsrisiko neutralisiert. Regelmäßig ist bei urheberrechtlich nicht geschützter Software von einem reinen Kaufvertrag oder einem reinen Werkvertrag auszugehen.

Zusammenfassend ergibt sich trotz der Vielzahl der möglichen Vertragstypen für die Überlassung und Nutzung von Software eine klare Dominanz von urheberrechtlichem Lizenzvertrag im engeren Sinne und Kaufvertrag, der insbesondere im Verhältnis zum Anwender geschlossen wird. Der Entwickler überläßt seine Software grundsätzlich im Rahmen eines Werkvertrages; ein Kaufvertrag kann aber vorliegen im Falle von nicht bestellten Eigenentwicklungen oder bei einer Veräußerung an Dritte, die nicht Besteller waren; einer Überlassung auf Zeit liegt auch hier ein urheberrechtlicher Lizenzvertrag zugrunde. Andere Vertragstypen sind nur von untergeordneter Relevanz, decken aber Sonderkonstellationen und Randbereiche ab. In keinem Bereich erscheint es notwendig, auf einen Vertrag sui generis zurückzugreifen. Damit werden die Grundkonstellationen der Nutzung und Überlassung von Software in ihrem typischen wirtschaftlichen Gehalt von den zur Verfügung stehenden Vertragsarten erfaßt.

Erstaunlicherweise führen die inhaltsbezogenen ökonomischen Differenzierungskriterien mit Ausnahme des Gegensatzpaares auf Dauer/auf Zeit und der Vereinbarung von Nutzungsbeschränkungen nicht zu einem Wechsel in der Vertragsart. Wesentliche Fragen wie einfache oder exklusive Nutzung, Überlassung von Quell- oder Objektcode und Inhalt des Nutzungsrechts müssen zum einen von den Parteien unabhängig von der Wahl der Vertragsart entschieden werden. Schon daran zeigt sich, daß die Vertragsarten nicht als maßgeschneidert für die Überlassung von Software bezeichnet werden können[454]. Bereits hier deutet sich an, daß vor allem innerhalb des urheberrechtlichen Lizenzvertrages im engeren Sinne verschiedene Ausgestaltungen unterschieden werden müssen.

Der Vergleich von ökonomischer und juristischer Systematik ergibt Übereinstimmung in großen Bereichen, soweit man das Urheberrecht juristisch als sedes materiae anerkennt. Diskrepanzen zwischen ökonomisch Erwünschtem und juristisch Machbarem zeigen sich unter anderem im wichtigen Bereich der Überlassung an den Anwender: Die Kombination aus dauerhafter, endgültiger Überlassung und erheblichen Nutzungsbeschränkungen entspricht weder einem Kaufvertrag noch einem Lizenzvertrag. Unstimmigkeiten bestehen auch bei Vereinbarung einer kaufrechtlichen, zeitlich begrenzten Gewährleistung trotz zeitbezogener Überlassung.

2. Ökonomische Analyse

a) Ökonomische Anforderungen an rechtliche Strukturen

Das juristische Instrumentarium am Softwaremarkt sollte ökonomischen Anforderungen entsprechen. Dabei gilt es, folgende Zielsetzungen zu realisieren:

aa) Wirtschaftlich effiziente Gestaltung der Einzeltransaktion

Die einzelne Transaktion am Markt soll bei mikroökonomischer Betrachtungsweise "reibungsarm", d. h. rechtssicher und möglichst kostengünstig gestaltet sein. Dazu ist eine möglichst hohe Korrelation zwischen ökonomischer Wirklichkeit und juristischem Modell anzustreben, wobei dem Prinzip der Privatautonomie Anpassungs- und Korrekturfunktion zukommt.

bb) Gesamtwirtschaftliche Optimalität

Gesamtwirtschaftlich soll maximale Wohlfahrt ermöglicht werden, d. h. der rechtliche Rahmen soll bei individueller Nutzenmaximierung der Marktteilnehmer zu kollektivem Wohlfahrtsoptimum führen[455]. Im Sinne der klassischen

---

454 Doch entstehen ähnliche Probleme immer, wenn es um die Vergabe von Lizenzen geht. Nicht zugestimmt wird *Bösert*, S. 133, der fordert, daß die vertragstypologische Einordnung unabhängig von dem Merkmal auf Dauer/auf Zeit oder einer vereinbarten Verwendungsbeschränkung erfolgen muß. Denn hierdurch werden wesentliche Hauptpflichten der Parteien beschrieben, die den Vertragstyp charakterisieren. Ferner sind diese Unterscheidungen auch bei Sachen und anderen Leistungsgegenständen für die Vertragstypologie des BGB charakteristisch. Warum dies bei Software anders sein sollte, leuchtet nicht ein.
455 Vgl. *Lehmann*, Ökonomische Analyse, S. 28 f.

Wohlfahrtstheorie gilt die Pareto-Relation als Wohlfahrtskriterium[456]. Danach ist eine Güterverteilung pareto-optimal, wenn es keine andere Güterverteilung gibt, bei der wenigstens ein Wirtschaftssubjekt höheren Nutzen hat und kein Wirtschaftssubjekt schlechter gestellt ist[457]. Jedoch erlaubt die Pareto-Relation keinen intersubjektiven Vergleich der Einzelnutzen. Nutzenzuwachs des einen und Nutzensenkung des anderen Wirtschaftssubjekts bei Güteraustausch können nicht saldiert werden zur Ermittlung der Wohlfahrt[458]. Aus juristischer Sicht ist die Pareto-Relation daher nur begrenzt als Maßstab geeignet[459]. Bei der Schaffung rechtlicher Strukturen sind weiterführende, zusätzliche Kriterien wie gerechter Interessenausgleich und Schutz wirtschaftlich und sozial Schwächerer zu berücksichtigen[460]. Sozialstaatsprinzip (Art. 20 Abs. 1 GG) und Sozialbindung des Eigentums (Art. 14 Abs. 2 GG) erfordern dabei tendenziell eine Gleichverteilung der Güter und deren Einsatz zum Wohle der Allgemeinheit[461]. Für die Bemessung der Wohlfahrt ist daher auch die einfache Addition der jeweils erzielten Individualnutzen nicht aussagekräftig, denn ein geringer Nutzenzuwachs beim wirtschaftlich schwachen Marktteilnehmer kann unter sozialen Kriterien eine größere Wohlfahrtssteigerung verursachen als der gleiche Nutzenzuwachs bei einem wirtschaftlich potenten Marktteilnehmer. Als Maßstab für gesamtwirtschaftliche Optimalität könnte aber eine Kumulation der (nach sozialen Prinzipien) gewichteten Individualnutzen dienen.

cc) Internationale Wettbewerbsfähigkeit

Im internationalen Wettbewerb soll die Konkurrenzfähigkeit der nationalen Anbieter erhalten bzw. gesteigert werden. Zu diesem Zweck müssen die rechtlichen Rahmenbedingungen des Softwaremarktes Anreizmechanismen für In-

---

456 Darauf bezugnehmend auch *Lehmann*, Vertragsanbahnung, S. 320.
457 Vgl. *v. Böventer*, S. 280. Ein Güteraustausch am Markt findet nur solange statt, bis ein derartiger Gleichgewichtszustand erreicht ist; das Entstehen neuer Güter und die Veränderung der Präferenz- und Nutzenfunktionen der Marktteilnehmer führen jedoch zu permanenter Marktaktivität.
458 So ergeben sich eine Vielzahl pareto-optimaler Zustände, die i. S. v. Pareto miteinander unvergleichbar sind. Für den einfachen Fall einer Modellwelt bestehend aus zwei Marktteilnehmern und zwei Gütern läßt sich das anhand der Kontraktkurve in der Edgeworth-Box veranschaulichen, vgl. *v. Böventer*, S. 283.
459 Trotz grundsätzlichen Abstellens auf Pareto-Optimalität Kritik auch bei *Horn*, AcP 176 (1976), S. 317, 331. Eine Verbesserung des Wohlfahrtsansatzes durch intersubjektiven Nutzenvergleich bringt das Kaldor-Hicks-Kriterium, wonach eine Transaktion dann wohlfahrtssteigernd ist, wenn der Verlust beim Benachteiligten geringer ist als der erzielte Gewinn des Bevorteilten und die Möglichkeit eines intersubjektiven Verlustausgleichs besteht, vgl. *Kaldor*, Economic Journal, Vol. 49 (1939), S. 549 ff. Allerdings werden auch hier soziale Kriterien nicht berücksichtigt; es genügt ein hypothetischer Gesamtausgleich. Zur Aussagekraft des Kaldor-Hicks-Kriteriums siehe *Schäfer/Ott*, S. 32 ff.
460 Insofern kann von einer (öffentlichen) "Ordnungsfunktion des Privatrechts im Kontext einer bestimmten Wirtschaftsordnung", hier der sozialen Marktwirtschaft, gesprochen werden, *Lehmann*, Vertragsanbahnung, S. 236.
461 Vgl. *Lehmann*, Ökonomische Analyse, S. 33, 42.

novation und Evolution enthalten. Im Software-Weltmarkt ist ein Technologievorsprung ein wesentlicher Beitrag zur Konsolidierung des Marktanteils[462]. Daneben wird auch eine Produktivitäts- und Wohlfahrtssteigerung bewirkt.

b)   Property Rights-Theorie – Analyse der sachenrechtlichen Ebene und des Rechtsschutzes von Software

Die Property-Rights-Theorie[463] dient unter anderem[464] der ökonomischen Analyse rechtlicher Strukturen[465]. Dabei werden die den Rechtssubjekten mit Bezug auf Wirtschaftsgüter exklusiv zugewiesenen Herrschaftspositionen (Handlungs- und Verfügungsrechte) hinsichtlich ihrer Auswirkungen auf Ressourcenallokation und Transaktionskosten untersucht[466]. Als Property Rights gelten die jeweils individuellen und exklusiven, in der Regel übertragbaren[467] Rechte auf Nutzung, auf Aneignung der Früchte, zur Veränderung des Wirtschaftsgutes und zur Veräußerung[468]. Typisches Beispiel für ein ganzes Bündel an Property Rights sind die Befugnisse des Eigentümers.

Für Software als neuartigem Wirtschaftsgut stellt sich die Frage nach den optimalen Property-Rights-Strukturen. Es bieten sich vier Möglichkeiten: gar keine Verfügungsrechte vorzusehen, Software als Sache zu behandeln und sie den Regeln über Sacheigentum (§§ 903 ff. BGB) zu unterstellen, für Software ein neuartiges Property Right in Form eines Leistungsschutzrechts zu schaffen oder Software dem Urheberrechts- oder Patentschutz zu unterstellen.

Als ökonomisch unbefriedigendste Lösung ergibt sich, Software überhaupt **nicht mit Property-Rights-Strukturen** zu versehen[469]. Denn Softwareerstellung ist zur Schlüsseltechnologie in der Volkswirtschaft geworden, Software unentbehrliches Hilfsmittel jeder nennenswerten wirtschaftlichen, technischen und wissenschaftlichen Betätigung. Entsprechend hoch ist das Bedürfnis an geregelter, effizienter Vermarktung. Diese kann aber nur durch die Gewährung partikulärer Exklusivrechte gewährleistet werden[470]. Die dem Softwareinhaber zugestandenen, monopolartigen Verfügungsrechte ermöglichen, andere von der Nutzung auszuschließen und lassen so erst einen Markt entstehen, der dem Programmschöpfer eine marktkonforme Vergütung sichert und als Anreizsy-

---

462   Die deutschen Softwareanbieter haben hier ohnehin eine eher schwache Stellung, vgl. *Bonn*, Computerwoche vom 14.6.1991, S. 8.
463   Allgemein hierzu *Posner*, S. 27 ff.
464   Weiteres Anwendungsfeld ist z. B. die Unternehmungstheorie.
465   Z. B. *Köhler*, Vertragsrecht und "Property Rights"-Theorie, ZHR 144 (1980), S. 589 ff.
466   Vgl. *Picot*, Theorie der Verfügungsrechte, S. 155 f.; *Lehmann*, Vertragsanbahnung, S. 230; *Schäfer/Ott*, S. 69.
467   Übertragbarkeit ist Voraussetzung für marktlichen Handel, vgl. *Posner*, S. 31, 56 ff.
468   Vgl. *Schäfer/Ott*, S. 68.
469   Genau das war aber Folge der bisherigen BGH-Rechtsprechung, siehe ausführlich oben A II 1 b) aa) (1), S. 23 ff.
470   Vgl. *Lehmann*, Ökonomische Analyse, S. 53.

stem wettbewerbs- und innovationsfördernde Wirkung entfalten kann[471]. Andernfalls wäre der Softwareinhaber zur Vorbeugung gegen Free-Rider-Verhalten gezwungen, die Software grundsätzlich geheim zu halten[472] – weder gesamtwirtschaftlich optimale Allokation noch evolutiver Wettbewerb wären denkbar[473].

Auch die Anwendung der Property-Rights-Strukturen des **Sacheigentums** auf Software führt nicht zu einer befriedigenden Lösung. Die vom BGB in den §§ 903 ff. ausgestalteten Handlungs- und Verfügungsrechte umfassen im wesentlichen Nutzung, Besitzausübung, Umgestaltung, Belastungs- und Veräußerungsbefugnis. Insoweit kann auch jede Störung untersagt werden[474]. Die Eigentümerrechte sind dabei auf eine singuläre Sache, im Falle von Software einen konkreten Datenträger oder die Programmfixierung[475], bezogen. Die Veräußerung von Software kann aber leicht ohne Veräußerung des Datenträgers geschehen[476]; dessen Nutzung bleibt auf Sekunden beschränkt, und danach liegt eine abwehrfähige Störung nicht mehr vor. Die zentrale wirtschaftliche Verwertung von Software erfolgt nach Aufnahme in den Arbeitsspeicher durch Laufenlassen des Programms. Der Programmlauf stört den Eigentümer des Datenträgers nicht im mindesten in seiner Eigentümerstellung. Für den vorherigen Kopiervorgang gilt das zur Veräußerung Gesagte. Die Property Rights des Sacheigentümers erfassen somit die wirtschaftlich relevanten Verwertungstatbestände bei Software, die insbesondere in einer Vervielfältigung liegen, nicht. Als wettbewerbsförderndes Exklusivrecht für Software ist **Sacheigentum ungeeignet**.

Die Schaffung eines neuen Property Rights in Form eines **Leistungsschutzrechtes**, das bei ökonomischer Ausrichtung die zentralen Verwertungshandlungen (Vervielfältigung und Nachahmung) zu erfassen hat, böte sich als optimale Lösung an. Dabei könnte das Schwergewicht auf die softwaretechnisch-geistige Leistung des Programmschöpfers gelegt werden, ohne mit gestalterischen Anforderungen des Urheberrechts in Konflikt zu geraten. Der Algorithmus könnte durch angemessenen Innovationsschutz erfaßt sein, persönlichkeitsrechtliche Elemente anders als im UrhG in den Hintergrund treten. Genuine Property Rights müßten Rechte zur Nachahmung, Vervielfältigung, Verbreitung und zum Ablauf des Programms sein. Die Einführung einer softwarespezifischen Schutzfrist wäre möglich, wobei in Anlehnung an die typische Produktlebensdauer von etwa acht Jahren eine Zeitspanne von zehn bis fünf-

---

471 Vgl. *Lehmann*, Property Rights, S. 6.
472 Vgl. *Posner*, S. 54.
473 Vgl. *Lehmann*, Ökonomische Analyse, S. 54.
474 Vgl. *Palandt/Bassenge*, § 903 Rdnr. 4.
475 So *Bösert*, S. 149.
476 Siehe oben A II 1 a), S. 19 ff.

zehn Jahren in Betracht käme[477]. Jedoch liegt ein entscheidender, ökonomischer Nachteil einer derartigen Lösung in ihrer mangelnden internationalen institutionellen Absicherung[478]. Der Sonderrechtsschutz könnte im wichtigen internationalen Güteraustausch keine Wirkung entfalten und würde womöglich zu einer "Insellage" im bevorstehenden europäischen Binnenmarkt führen.

Damit bleibt als vorzugswürdige Property-Rights-Struktur die Systematik der **(Verwertungs-)Rechte im UrhG**. Aufgrund einer Absicherung durch RBÜ und WUA[479] kann das Urheberrecht einen international funktionsfähigen Markt gewährleisten. Vervielfältigung und Nachahmung werden grundsätzlich vom Verwertungsrecht erfaßt. Bestehende Diskrepanzen, die auf der klassischen Ausrichtung des Urheberrechts (Literatur, Kunst, Wissenschaft) beruhen, sind durch softwarespezifische, teleologische Auslegung zu korrigieren, wobei gerade ökonomische Anforderungen zu berücksichtigen sind[480]. Zu lang erscheinen sowohl die vom UrhG gesetzte Schutzfrist von 70 Jahren p. m. a. als auch die in der EG-Richtlinie vorgeschlagene von 50 Jahren p. m. a.; eine besondere Fortschrittshemmung geht davon aber nicht aus[481].

Wettbewerbs- und marktfördernd kann sich auch ein **Patentrecht** auswirken. Insoweit sind allerdings hohe Transaktionskosten zu berücksichtigen.

Seit Juni 1993 stellt sich die Rechtslage in der Bundesrepublik Deutschland bezüglich des Schutzes von Computerprogrammen aus Sicht der Property-Rights-Theorie aufgrund der Neuregelung des UrhG in § 69a als befriedigend dar. Während zuvor allenfalls 15 % der Software Urheberrechtsschutz beanspruchen konnten, wird man jetzt von einem ähnlichen Prozentsatz wie bei Schriftwerken, bei denen unter einschluß der "kleinen Münze" 98 % aller am Markt befindlichen Druckerzeugnisse geschützt werden, ausgehen dürfen. Aus ökonomischer Sicht ist diese Entwicklung zu begrüßen.

Jedoch ergeben sich Zweifel am ökonomischen Denkansatz: Ein beachtlicher Softwaremarkt mit hohen Zuwachsraten hatte sich auch bisher schon entwickelt. Und unter Umständen kann der Verzicht auf ein Property Right bzw. dessen Durchsetzung Marktvorteile bringen: Die durch die Möglichkeit eines kostenlosen Erwerbs der Software bewirkte Marktdurchdringung und Verbreitung kann zu einer führenden Marktposition verhelfen[482]. Ähnlich ist der wirt-

---

477 A. A. wohl *Lehmann*, Wettbewerbsrechtlicher Schutz, Rdnr. 18 ff., der für den ergänzenden wettbewerbsrechtlichen Schutz eine Schutzfrist von bis zu zwanzig Jahren vorschlägt.
478 Vgl. *Lehmann*, BB 1985, S. 1209.
479 Vgl. *Preuß*, S. 340 ff.
480 Vgl. hierzu vor allem *Lehmann*, Property Rights, S. 4 f.
481 Vgl. *Lehmann*, GRUR Int. 1991, S. 336; siehe oben A II 1 b) aa) (4), S. 34.
482 So hat die WordPerfect Software GmbH vor einigen Jahren sämtliche Universitäten in den neuen Bundesländern kostenlos mit Software ausgestattet.

schaftliche Hintergrund bei Shareware[483]. Auch Softwarehersteller äußern mitunter, daß private "Raubkopien" letztendlich den Absatz fördern können, denn wer privat mit der Software zufrieden sei, würde sie geschäftlich entgeltlich erwerben. Dann kann bei der Preiskalkulation der Einnahmenausfall aus privater Nutzung berücksichtigt werden[484]. Dennoch läßt sich nicht schlußfolgern, daß die Gewährung eines Property Right generell entbehrlich wäre. Denn hier verzichten jeweils nur einzelne Marktteilnehmer in besonderen Situationen auf die Durchsetzung ihres Property Right, um einen Wettbewerbsvorsprung zu erlangen und dann gerade unter Berufung auf dieses Property Right eine Gewinnsteigerung zu erzielen. Ebensowenig widerlegt die Entstehung eines Softwaremarktes die Property-Rights-Theorie. Denn auch schon bisher war Software nicht völlig schutzlos, sondern wettbewerbsrechtlicher Schutz[485], der eine Übernahme der geistigen Leistung sanktionierte, und die Möglichkeit vertraglicher Schutzmaßnahmen konnten als Mindeststandard die marktmäßige Verwertung von Software absichern. Völlig ohne Property Rights (oder eine allgemeine Akzeptanz informeller Schutzregeln) hätte sich ein Markt nicht bilden können.

c)   Transaktionskostentheorie – Analyse der Einzeltransaktion

Unter Transaktionskosten sind Anbahnungs-, Vereinbarungs-, Kontroll- und Anpassungskosten eines Güteraustauschs zu verstehen[486]. Neben den Eigenschaften der Transaktionen (Komplexität der Leistung, Unsicherheit über Umwelt, Häufigkeit) sind insbesondere infrastrukturelle Bedingungen wie die zur Verfügung gestellte Property-Rights-Struktur für die Höhe der Transaktionskosten maßgeblich[487]. Entsprechend können Transaktionskosten auch als Kriterium für die Effizienz rechtlicher Strukturen dienen. Vor allem Vereinbarungs-, Kontroll- und Anpassungskosten werden von der jeweiligen Vertragsart beeinflußt; die Anbahnungskosten bleiben davon weitgehend unbeeinflußt.

Grundsätzlich läßt sich feststellen, daß die Überlassung urheberrechtlich geschützter Software höhere Transaktionskosten verursacht als die Überlassung ungeschützter Software. Der Käufer muß über Nutzungsbeschränkungen und Schutzbestimmungen in gegebenenfalls umfangreichen Klauselwerken infor-

---

483   Siehe oben A III 3 i).
484   Vgl. *Uebel*, Wirtschaftswoche vom 15.3.1991, S. 97. Siehe auch *Pardey*, FAZ vom 3.3.1992, S. T1.
485   Vgl. hierzu nur *Lehmann*, Der wettbewerbsrechtliche Schutz von Computerprogrammen gem. § 1 UWG – sklavische Nachahmung und unmittelbare Leistungsübernahme, in: Lehmann (Hrsg.), Rechtsschutz und Verwertung von Computerprogrammen, 2. Aufl. 1993, S. 383 ff.; *ders.*, Der wettbewerbsrechtliche Titelschutz von Computerprogrammen, a.a.O., S. 407 ff.
486   Vgl. *Picot*, DBW 1982, S. 270 und umfassend *Ouchi*, S. 130; ähnlich *Bössmann*, ZStW 138 (1982), S. 664.
487   Vgl. *Picot*, Theorieansätze, S. 365; *ders.*, DBW 1982, S. 271 f.; *Bössmann*, ZStW 138 (1982), S. 665; *Horn*, AcP 176 (1976), S. 319.

miert werden (Vereinbarungskosten), deren Einhaltung zu überwachen ist (Kontrollkosten). Damit ergibt sich aus transaktionskostentheoretischer Sicht eine bemerkenswerte Parallele zur unteren Grenze des Urheberschutzes: Bei Software, die unterhalb der sog. "kleinen Münze" angesiedelt ist, würden die bei Schutzfähigkeit höheren Transaktionskosten die geringe Verdienstspanne leicht kompensieren – eine Vermarktung wäre unrentabel. Die Vergabe eines Property Right ist nur dann effizient, wenn die dadurch verursachten Transaktionskosten mit dem geschützten Wirtschaftsgut erwirtschaftet werden können. Sind die Vertragspartner aber – wie regelmäßig in der Praxis – ohnehin entschlossen, die Software nur unter besonderen Bedingungen wie Nutzungsbeschränkungen zu überlassen, so führt Urheberrechtsschutz zu Transaktionskostensenkungen, da bestimmte Vertragsinhalte ex lege gelten und keiner expliziten Vereinbarung und Absicherung bedürfen.

Der urheberrechtliche Lizenzvertrag im weiteren Sinne mit seinen Ausprägungen Werkvertrag, Kaufvertrag und Lizenzvertrag im engeren Sinne hat sich in der bisherigen Vertragspraxis als relativ transaktionskostenintensiv für ein massenhaft abgewickeltes Endverbrauchergeschäft erwiesen. Ursache hierfür waren nicht zuletzt die unsichere Rechtslage bezüglich Urheberrechtsschutz und Vertragsgestaltung mit der Folge erhöhten Prozeßrisikos. Dabei stellt sich der Kaufvertrag als transaktionskostenärmstes Geschäft dar. Seine Vereinbarungskosten sind gering; Kontroll- und Anpassungskosten werden durch § 477 BGB zeitlich begrenzt. Wesentlich höhere Transaktionskosten verursacht der urheberrechtliche Lizenzvertrag. Kehrseite seiner Flexibilität bei der Ausgestaltung des Nutzungsrechts, der Dauer der Überlassung, des Entgelts und besonderer Nutzungsbeschränkungen sind ein hoher Definitions- und damit Kommunikationsbedarf der Vertragspartner und folglich hohe Vereinbarungskosten. Die dauernde Leistungsanspannung beim rechtspachtähnlichen Lizenzvertrag erzeugt Kontroll- und Anpassungskosten, vor allem im Bereich der Gewährleistung[488]. Die höchsten Transaktionskosten treten beim Werkvertrag auf. Dies liegt hier aber nicht in einer unzulänglichen rechtlichen Ausgestaltung begründet, sondern in einem komplexen Vertragsgegenstand, der jeweils individuelle Regelung erfordert. Bei der Erstellung des Pflichtenhefts fallen Informations- und Kommunikationskosten besonderen Ausmaßes an, da die Leistung detailliert beschrieben werden muß. Auch die Kontrollkosten sind nicht unbeachtlich, z. B. im Rahmen von Abnahmetests und Nachbesserungen.

Das Urhebervertragsrecht erscheint nicht auf die massenhafte Überlassung eines Wirtschaftsgutes ausgelegt. Standardisierte Verträge, wie sie insbesondere im Verhältnis zum Anwender Verwendung finden, können hier eine Senkung der Transaktionskosten erzielen.

---

488 Vgl. auch *Kilian*, S. 32. Aus ähnlichen Gründen wie beim urheberrechtlichen Lizenzvertrag sind auch Know-how-Vertrag und Patentlizenzvertrag transaktionskostenintensiv.

Eine generelle Transaktionskostensenkung im Softwaresektor hätte jedoch nicht nur Einfluß auf die Einzeltransaktion. Das Verhältnis marktlicher Transaktionskosten zu unternehmensinternen Organisationskosten entscheidet mit über die zur Leistungsbeschaffung geeignete Koordinationsform (Markt oder Hierarchie[489]). Aus gesamtwirtschaftlicher Sicht fragt sich, ob nicht angesichts höheren Spezialisierungsgrades am Markt, potentiell professionellerer und damit effizienterer Arbeitsweise und der evolutionsfördernden Möglichkeit zur marktweiten Verwertung ein größerer Anteil[490] der Softwareproduktion über den Markt abgewickelt werden sollte. Auch deshalb ist der Jurist aufgefordert, transaktionskostenminimierende Strukturen für die marktmäßige Beschaffung von Software bereitzustellen.

d) Risikoallokation – Analyse der schuldrechtlichen Ebene

Aus wirtschaftlicher Sicht stellt jeder Vertrag die Verteilung ökonomischer Risiken auf die Vertragspartner dar, d. h. die Zuweisung von mit gewisser Wahrscheinlichkeit eintretenden Nutzenverlusten, in der Regel finanziellen Verlusten. Gleichzeitig besteht natürlich auch die Chance zum Nutzenzuwachs, weshalb der Vertrag von den Parteien geschlossen wird[491].

Mögliche Störungen in der Abwicklung der Transaktion, die in aller Regel auch mit Nutzenverlusten einhergehen, z. B. erhöhten Transaktionskosten, lassen sich in verschuldete (im folgenden: Vertragsverletzungen) und unverschuldete (im folgenden: Gefahren) Störungen unterteilen[492].

Für **Vertragsverletzungen** hat nach allgemeinem Verschuldensprinzip, das für Verträge durch die Regelungen des Verzugs, der Unmöglichkeit, der Haftung für Mängel (§§ 538, 635 BGB) und wegen arglistigen Verschweigens sowie durch die Grundsätze der positiven Forderungsverletzung und der culpa in contrahendo umgesetzt wird, grundsätzlich derjenige einzustehen, der die Störung verschuldet hat. Damit wird ökonomischen Prinzipien entsprochen, denn wer vorwerfbar und zurechenbar Nutzenverluste verursacht, kann sie auch verhindern; die Verschuldenshaftung trägt dank ihrer Sanktionswirkung zur Prävention bei. Doch kommt das Verschuldensprinzip nicht unbeschränkt zum Tragen: Der Haftungsmaßstab kann in Übereinstimmung mit § 11 Nr. 7 AGBG

---

489 Vgl. hierzu *Picot*, DBW 1982, S. 273 ff. Zwischen marktlicher und hierarchischer Koordination besteht ein fließender Übergang; hier wird vereinfachend nur die interne Erstellung von Software im Rahmen eines Dienstverhältnisses als hierarchisch koordiniert betrachtet.
490 Erfahrungsgemäß fallen zwei Drittel aller Softwareaufwendungen der Anwender intern an. Davon beziehen sich ca. 60 % auf am Markt nur transaktionskostenintensiv zu beschaffende Individualsoftware; Zahlen nach GMD-Studie, S. 19.
491 Vgl. *Lehmann*, Ökonomische Analyse, S. 173.
492 Gläubigerspezifische Vertragsstörungen, die nicht verschuldet sein müssen, wie Gläubigerverzug, Verantwortlichkeit gem. § 645 BGB und Obliegenheitsverletzungen bleiben hier außer Betracht, da die Softwareleistung des Schuldners untersucht werden soll.

auf grobe Fahrlässigkeit begrenzt, die Verschuldenshaftung damit entschärft, das wirtschaftliche Risiko bei leichter Fahrlässigkeit auf den Abnehmer abgewälzt werden. Und für den wichtigen Bereich der Fehlerhaftigkeit des Produkts mangelt es bei indirektem Vertrieb nahezu immer an einem Verschulden des Zwischenhändlers. Ein Schadensersatzanspruch des Endabnehmers gegen den Vertragspartner besteht dann nicht. Die verbleibenden Möglichkeiten zur Minderung und Wandelung decken lediglich das Äquivalenzinteresse.

Aus ökonomischer Sicht interessant stellt sich die Zuweisung des wirtschaftlichen Risikos für **unverschuldete Vertragsstörungen** dar, denn hier fehlt ein eindeutiges Zuordnungskriterium. Die üblichen Gefahrtragungsregeln des BGB (§§ 323 Abs. 2, 446 f., 644) gelten (analog) auch für Software, verfehlen aber ihre eigentliche Funktion, da in der Regel ein Untergang oder eine Verschlechterung der Software nur geringsten Schaden verursacht. Wird zum Beispiel eine Diskette auf dem Versandweg durch zufällige Magnetisierung gelöscht, so kann ohne weiteres eine zweite Diskette verschickt werden. Kein vernünftiger Verkäufer würde sich hier auf § 447 BGB berufen.

Andererseits ergibt sich für Software ein neuer Bereich der Gefahrtragung, soweit es um die Risikozuweisung für unvermeidbare Softwarefehler geht[493]. Ein "unvermeidbarer" Fehler liegt dann vor, wenn er trotz Einhaltung der im Verkehr erforderlichen Sorgfalt durch Schuldner und Gläubiger entstehen konnte[494]. Dennoch handelt es sich weder um eine anfängliche objektive Unmöglichkeit noch um ein anfängliches Unvermögen zur mangelfreien Leistung[495], denn der Fehler ist (grundsätzlich) behebbar. Nur hat die Anwendung verkehrsüblicher Sorgfalt nicht zu seiner Vermeidung genügt. Beim hochkomplexen Wirtschaftsgut Software besteht somit eine Diskrepanz zwischen Anforderungen an den Leistungsgegenstand (Fehlerfreiheit) und den Anforderungen an den Vertragspartner (verkehrsübliche Sorgfalt). Verteilt man die daraus resultierenden Risiken entsprechend der Gesetzeslage, ergibt sich folgendes:

Das **Äquivalenzinteresse** des Softwarenehmers wird durch Wandelung und Minderung gewahrt. Insoweit trägt der Softwaregeber das Risiko aus unvermeidbaren Fehlern. **Integritäts- und Erfüllungsinteresse** des Softwarenehmers bleiben hingegen unkompensiert. Insoweit trägt er das wirtschaftliche Risiko. Denn mangels Verschulden ist der Hersteller grundsätzlich nicht zum Schadensersatz verpflichtet, es sei denn, er hat eine Zusicherung für Fehlerfreiheit gegeben. Ausnahmen bilden die Produkthaftung als Gefährdungshaftung und die Garantiehaftung des § 538 Abs. 1 BGB für anfängliche Mängel. Das wirt-

---

493 Vgl. hierzu *Börner*, CR 1989, S. 361 ff. mit Überblick zu den juristischen Lösungsversuchen, S. 364 f.; *Müller-Hengstenberg*, CR 1989, S. 900.
494 Vgl. ähnlich *Börner*, CR 1989, S. 365 f.
495 Dies hält aber offensichtlich *Heussen*, CR 1988, S. 991 f., für den richtigen Ansatzpunkt und beklagt die strengen Konsequenzen.

schaftliche Risiko der Produkthaftung scheint begrenzt und damit tragbar für den Hersteller, da der wichtige Bereich der Sachbeschädigung im gewerblichen Bereich ausgenommen ist. § 538 Abs. 1 BGB ist aus ökonomischer Sicht verfehlt, denn die umfassende Schadensersatzpflicht im Mietrecht führt zu prohibitiv wirkenden Vermarktungsrisiken und bremst damit die technische Evolution[496]. Daß dem Hersteller das Risiko einer Rückabwicklung auferlegt wird, veranlaßt diesen, erhöhte Produktqualität anzustreben. Er kann dieses Risiko kontrollieren und durch Preisaufschläge und Versicherungen minimieren[497]; der Anwender wäre hierzu nicht in der Lage. Das Schadensrisiko durch unvermeidbare Fehler im Regelfall dem Anwender zu überlassen, erscheint ebenfalls ökonomisch gerechtfertigt. In Kenntnis der potentiellen Fehlerhaftigkeit und des konkreten Schadensrisikos kann der Anwender Maßnahmen zur Schadensminimierung ergreifen; er ist auch derjenige, der Nutzenzuwachs durch Einsatz der Software erwirtschaftet und diesen gegen potentiellen Schaden abwägen kann.

Auch für vermeidbare Fehler der Software wird das Äquivalenzinteresse des Softwarenehmers verschuldensunabhängig durch Wandelung und Minderung, gegebenenfalls Nachbesserung, abgedeckt. Ein zentrales Problem der Vertragspraxis aber ist die Kombination von kaufrechtlicher Gewährleistung mit nutzungsbeschränkter, bloß mieterähnlicher Stellung des Softwarenehmers. Trotz Unzulänglichkeit der mietrechtlichen Gewährleistung in softwarespezifischer Hinsicht kann eine Ersetzung durch Kaufrecht nicht mehr als gerechter Interessenausgleich empfunden werden. Denn die kaufrechtliche Gewährleistung ist für den Erwerber wegen § 477 BGB ohnehin eher zu knapp bemessen. Im übrigen würden sich auf Herstellerseite nach Art einer "Rosinenstrategie" die Vorteile kumulieren: Risikoabwälzung auf den Softwarenehmer und Kontrolle über die Allokation am Markt. Die daraus resultierende Begrenzung marktlicher Koordinationsmechanismen und die Möglichkeit zur Machtausübung dürften negativen Einfluß auf die gesamtwirtschaftliche Effizienz haben.

e) Coase-Theorem und spieltheoretischer Ansatz

Anhand der Spieltheorie läßt sich ebenfalls grundsätzlich eine Wohlfahrtssteigerung aufgrund rechtlicher Strukturierung nachweisen. Sieht man die (gewichteten) Auszahlungen aller Spieler (hier: Marktteilnehmer) als maßgebliches Wohlfahrtskriterium an, so sind nur **kooperative Spiele**, die die Möglichkeit von bindenden und durchsetzbaren Verträgen vorsehen, effizient[498].

Den gleichen Zusammenhang hat *Coase* bereits 1960 nachgewiesen[499]: Unter der Annahme fairen Verhaltens der Vertragspartner und unter Ausschluß von

---

496 § 538 Abs. 1 BGB ist jedoch abdingbar, siehe unten C I 2 § 9, S. 242.
497 Vgl. *Börner*, CR 1989, S. 366.
498 Vgl. *Holler/Illing*, S. 29.
499 Vgl. *Coase*, Journal of Law and Economics, 3 (1960), S. 1 ff.

Transaktionskosten kommt es unabhängig von der Anfangsverteilung der (Verfügungs-)Rechte zu optimaler Allokation, wenn ein marktlicher Güteraustausch erfolgt. Durch die Vergabe eines Property Right für die Ressource werden die bei Free-Rider-Verhalten auftretenden externen Effekte[500] (nämlich Nutzenverluste bei den anderen Nutzern der Ressource) internalisiert[501] (und zwar in der Person des Verfügungsrechtsinhabers), so daß sie dem "Free Rider" auferlegt werden können.

Für die Gestaltung rechtlicher Rahmenbedingungen läßt sich dem Coase-Theorem dreierlei entnehmen: Eine optimale und anpassungsfähige Allokation der Ressourcen erfolgt nur bei marktlich koordinierter Übertragung eines Property Right. Nur eine transaktionskostenminimale Ausgestaltung der Übertragungsmöglichkeiten führt zu optimaler Effizienz. Faires Verhalten der Vertragspartner muß gewährleistet werden, d. h. eine Täuschung des Vertragspartners über die eigene Präferenzordnung bzw. Angebotsfunktion oder die Ausnutzung von Machtpositionen sollte sanktioniert werden. Mit der Einfügung der §§ 69a ff. UrhG[502] befindet sich das Urheberrecht auf dem besten Wege, diese Kriterien zu erfüllen: Zum einen steht als Property Right das Urheberrecht zur Verfügung, zum anderen senken die vertragsgestaltenden Regelungen der §§ 69c ff. UrhG die Transaktionskosten. Außerdem vermeiden sie als teilweise zwingende Regelung eine einseitige Machtausübung.

3. Ergebnis

Als angemessene Property-Rights-Struktur für den Softwaremarkt ist das Urheberrecht anzusehen; dies gilt aus Sicht der Einzeltransaktion wie auch aus gesamtwirtschaftlicher Sicht. Die innovationsfördernde Wirkung trägt zur Sicherung internationaler Wettbewerbsfähigkeit bei.

Beim Vergleich der rechtlichen mit der ökonomischen Systematik läßt sich zu weiten Teilen Übereinstimmung feststellen. Inkongruenzen bestehen im Bereich der Überlassung an den Anwender. Eine Kombination aus Mietrechts- (Nutzungsbeschränkung) und Kaufrechtselementen (Gewährleistung) bevorzugt den Softwaregeber. Im Falle der Zulässigkeit dieser Gestaltung bestünde aus dessen Sicht kein Grund mehr zum Abschluß eines Kaufvertrages; die Weitergabe von Software wäre unmöglich. Es stellt sich die Frage, ob nicht derjenige, der nach Ablauf der Gewährleistungsfrist das volle Risiko trägt, auch in der Lage sein sollte, sich ertragssteigernd von dem betreffenden Wirtschaftsgut zu trennen.

---

500 Siehe hierzu *Schäfer/Ott*, S. 77.
501 Vgl. *Horn*, AcP 176 (1976), S. 316.
502 Ausführlich zu den Neuregelungen unter B I, S. 108 ff.

Weiterhin ergibt sich in folgenden Bereichen unter ökonomischen Gesichtspunkten eine Unzulänglichkeit des juristischen Instrumentariums: Die Auswirkung rechtlicher Strukturen auf die Transaktionskosten findet zu wenig Beachtung. Diesbezüglich ist vor allem eine aufwendige Vertragsgestaltung zu bemängeln. Bei der Gestaltung der (rechtlichen) Transaktionskostenatmosphäre ist insbesondere darauf zu achten, daß die voraussichtlichen Transaktionskosten keine prohibitive Wirkung bezüglich eines Marktzugangs entfalten; sie sollten im Gegenteil interne Organisationskosten unterbieten, so daß es zum marktlich koordinierten Wettbewerb kommt, der angesichts höheren Spezialisierungsgrades und potentiell professionellerer Geschäftsabwicklung höhere Effizienz erzielen dürfte als dies bei interner Leistungserbringung zu erwarten wäre.

Die Bestrebungen verhandlungsstarker Marktteilnehmer zur einseitigen Vertragsformulierung können auch aus ökonomischen Gründen nicht unterstützt werden. Individuelle Nutzenmaximierung muß in der Praxis dort ihre Grenzen haben, wo sie marktlichen Güteraustausch behindert und negativen Einfluß auf gesamtwirtschaftliche Effizienz ausübt. Insoweit ist vor allem eine Kontrolle durch das AGB-Gesetz zu erwägen[503]. Der dadurch erstrebte Interessenausgleich dient der Akzeptanz vertraglicher Regelungen, vermeidet somit Transaktionskosten und trägt zu optimaler Allokation von Ressourcen bei.

V. ZUSAMMENFASSUNG ZU TEIL A UND KONSEQUENZEN

Sowohl die Typisierung der rechtlichen Vereinbarungsmöglichkeiten der Softwareüberlassung als auch die Systematisierung der ökonomischen Situationen zeigen vielfältige Variations- und Gestaltungsmöglichkeiten auf. Obwohl zur Bewältigung der ökonomischen Situationen größtenteils auf Vertragstypen des BGB zurückgegriffen werden kann, ergibt sich eine wirklich zufriedenstellende Korrelation dabei nicht. Die ökonomische Analyse des Softwarevertragsrechts auf der Grundlage der Marktvorgänge offenbart mehrfache Mängel, unter anderem transaktionskostenerhöhende Rechtsunsicherheit. Der ursprünglich bestehende Hauptmangel aber, nämlich faktisch mangelnde Ausstattung mit einem Property Right, ist durch die Umsetzung der EG-Richtlinie über den Rechtsschutz von Computerprogrammen beseitigt. Die restriktive Rechtsprechung des BGH zur Urheberrechtsschutzfähigkeit kann künftig nicht mehr aufrechterhalten werden. Auch als "second-best-Lösung" stellt das Urheberrecht nicht zuletzt wegen internationaler Absicherung einen wettbewerbs- und innovationsfördernden Rahmen für den Softwaremarkt dar, der dem Programmersteller eine leistungs- und marktgerechte Entlohnung sichert. Bedenken bezüglich einer Kommerzialisierung des traditionell auf Literatur, Wissenschaft und

---

503 So auch *Beimowski*, S. 17 ff., der externe, gerichtliche Kontrolle für effizienter hält als marktinterne, wettbewerbsbedingte Selbstbeschränkung.

Kunst (§ 1 UrhG) ausgerichteten Urheberrechts dürften angesichts der irreversiblen, expansiven Entwicklung auf dem Gebiet der neuen Medien und deren Regelung durch das UrhG überholt sein.

Allerdings ist Software das erste massenhaft gehandelte Wirtschaftsgut, zu dessen bestimmungsgemäßer Verwendung es eines urheberrechtlichen Nutzungsrechts bedarf. Insoweit muß das Urheberrecht in die standardisierte Vertragsgestaltung mit dem Softwarenehmer integriert werden. Dabei ergeben sich erste Anhaltspunkte zur Gestaltung von punktuellen Austauschgeschäften (Kauf-/Werkvertrag) und Dauerschuldverhältnissen (Lizenzvertrag). Zwar trägt der urheberrechtliche Lizenzvertrag hier dank seiner Flexibilität zur Verringerung der Diskrepanzen zwischen ökonomischer Vielfalt der Softwareüberlassung und rechtlicher Vertragstypologie bei, doch entstehen mitunter hohe Transaktionskosten, die sich effizienzmindernd auswirken. Die mangelnde gesetzliche Ausgestaltung des Urhebervertragsrechts fördert die mit Privatautonomie versehen Parteien zudem in ihrer Tendenz zur einseitigen Interessendurchsetzung. Dies ist nicht nur aus rechtlich-sozialer Sicht, sondern auch unter dem Aspekt gesamtwirtschaftlicher Effizienz schädlich. Das Zugestehen eines Property Right und damit einer Machtposition muß daher mit einer Mißbrauchskontrolle gekoppelt werden, wobei unter anderem an Wettbewerbs- und Kartellrecht sowie das AGB-Gesetz zu denken ist.

Zur Optimierung des rechtlichen Instrumentariums auf der Grundlage urheberrechtlichen Schutzes ist daher die Schaffung von wirksamen, interessengerechten und von den Marktteilnehmern akzeptierten Vertragsmustern für die Standardkonstellationen der Softwareüberlassung anzustreben. Gerade in Anbetracht stetig zunehmender Bedeutung der Informations- und Kommunikationsindustrie, des Softwaremarktes und des Einsatzes von Software als Produktionsfaktor könnte hier von juristischer Seite mittelbar durch Konfliktvermeidung und Erleichterung von Vertragswahl und -gestaltung ein Beitrag zu Produktivitätssteigerung und gesamtwirtschaftlicher Effizienz erfolgen.

B. DER URHEBERRECHTLICHE SOFTWARELIZENZVERTRAG IM WEITEREN SINNE

Für die Überlassung urheberrechtlich geschützter Software mangelt es – wie aufgezeigt – an einem ausgereiften und ökonomisch akzeptablen vertragsrechtlichen Instrumentarium[504]. In dieser juristisch unbefriedigenden Situation ist das neue Urheberrecht betreffend Computerprogramme in Kraft getreten, welches in den §§ 69a ff. UrhG neben der grundsätzlichen Urheberrechtsschutzfähigkeit eine Reihe spezifischer Regelungen vorsieht, die auch die Vertragsgestaltung beeinflussen. Daher kann nun unter Berücksichtigung dieser Neuregelung versucht werden, eine Standardisierung der gängigen Softwareüberlassungsverträge vorzunehmen und gegebenenfalls sogar eine Typisierung zu erreichen. Bestehende Rechtsunsicherheiten und unausgewogene Interessenberücksichtigung im Rahmen von Softwareverträgen könnten so endlich beseitigt werden.

Unter **urheberrechtlichem Lizenzvertrag im weiteren Sinne** sind dabei all diejenigen Verträge zu verstehen, die unter anderem die Einräumung eines urheberrechtlichen Nutzungsrechts zum Inhalt haben. Ihr Anwendungsbereich erstreckt sich über die gesamte Breite des Softwaremarktes. Entsprechend der jeweiligen Wertschöpfungs- und Handelsstufe lassen sie sich weiter unterteilen in Verträge im Herstellungsbereich, Vertriebsbereich und im Bereich der Überlassung an den Anwender bzw. Endverbraucher[505]. Eine Standardisierung kommt nur dort in Betracht, wo die Interessenlage der Parteien und die wirtschaftlichen Rahmenbedingungen bei einer Vielzahl von Verträgen dieselben sind. Daher ist insbesondere an den Bereich der Überlassung urheberrechtlich geschützter Software an den Anwender zu denken und hier wiederum an Standardsoftware. Der Vertriebsbereich ist naturgemäß weniger stark standardisierbar, da die Anzahl der Marktteilnehmer geringer ist, Vertragsbeziehungen häufig längerfristig ausgelegt sind und damit auch stärker auf den Einzelfall zugeschnitten werden. Angesichts der Vernachlässigung des Vertriebsaspekts in der Diskussion um die Eignung des Urheberrechts scheint dennoch der Versuch einer Vertragsformulierung lohnenswert, zumal Interdependenzen zum Anwenderbereich zu erwarten sind. Ausgeklammert bleiben im folgenden die der Erstellung von Software zugrundeliegenden Vertragsbeziehungen zwischen Hersteller und Entwickler. Diese sind im wesentlichen individueller Natur oder besitzen doch wenig Gemeinsamkeiten mit den übrigen Geschäftsfeldern der Softwareüberlassung.

Zur Vorbereitung der Vertragsgestaltung sind die theoretischen Grundlagen urheberrechtlicher Softwarelizenzverträge zu ermitteln: Zunächst werden die vertragsrechtlichen Implikationen der neuen Urheberrechtsregelung analysiert

---

504 Siehe auch *Bösert*, S. 137 mit teilweise abweichender Begründung.
505 Siehe obige Matrixdarstellung, A IV 1, S. 92.

und verbleibende Probleme einer Lösung zugeführt. Eine kurze Darstellung der relevanten allgemeinen urhebervertragsrechtlichen Grundsätze folgt nach. Als Konsequenz ergibt sich, daß zunächst eine Spezifikation der Nutzungsarten im Softwarebereich erforderlich ist, um anschließend die rechtliche Behandlung der einzelnen Vertragstypen zu diskutieren.

I. DIE NEUREGELUNG DES SOFTWARERECHTS DURCH DIE §§ 69a ff. URHG

Die Neuregelung des Softwarerechts enthält keine vollständige Kodifikation der bekannten Rechtsprobleme. Vielmehr handelt es sich um eine nahezu inhaltsgleiche Umsetzung der EG-Richtlinie vom 14. Mai 1991, welche aufgrund der zähen und langwierigen Verhandlungen nur einen – wenn auch beachtlichen – Ausschnitt der Softwareproblematik regeln wollte. Allzu Strittiges wurde ausgespart und eine Regelung der Verantwortung der nationalen Gesetzgeber unterstellt. Bei der deutschen Konstruktion der Blockimplementierung unter größtenteils wörtlicher Übernahme des Richtlinientextes handelt es sich um ein dem deutschen Urheberrecht eingefügtes Teilstück **europäischen Urheberrechts**. Folglich sind auch in der Auslegung europäische Maßstäbe anzulegen, vor allem ist die Entstehungsgeschichte der Richtlinie zu berücksichtigen[506]. Ferner können sich im Rahmen der Auslegung des eingefügten Achten Abschnitts softwarespezifische Interpretationen ergeben, die nicht mit den im übrigen Urheberrecht üblichen Wertungen übereinstimmen müssen[507].

Im Zusammenhang mit der Schaffung der §§ 69a ff. UrhG wurde der systemfremde § 53 Abs. 4 Satz 2 UrhG obsolet; er wurde aufgehoben. Zu beachten ist ferner, daß der neue § 137d UrhG eine positive Rückwirkung der Vorschriften des Achten Abschnitts auf die Zeit vor deren Inkrafttreten vorsieht.

1. § 69a UrhG Gegenstand des Schutzes

Die Auswirkungen von § 69a UrhG wurden bereits ausführlich erörtert[508]. Sie liegen insbesondere darin, daß nun auch die "kleine Münze" im Softwarebereich geschützt ist. § 69a UrhG regelt somit den Anwendungsbereich der nachfolgenden Paragraphen und verschafft ihnen die angesprochene Bedeutung. Ungeregelt blieb, was unter Ausdrucksform einerseits und Idee andererseits zu verstehen ist. Soweit sich der Begriff der Idee nicht eindeutig bestimmen läßt, könnte die Abgrenzung negativ vom Begriff der Ausdrucksform her vorgenommen werden. Dabei bliebe ungeschützte Idee, was nicht unmittelbar im

---

506 Vgl. *Schulte*, CR 1992, S. 593, der Mitverfasser des Regierungsentwurfs war: "Vor diesem Hintergrund sind die europäischen Gesetzgebungsmaterialien für die Auslegung des nationalen Gesetzes von wesentlicher Bedeutung". Siehe auch die Begründung zum Gesetzentwurf, BT-Drs. 12/4022, S. 8.
507 Vgl. *Schulte*, CR 1992, S. 590 f.
508 Siehe oben zur Schutzfähigkeit A II 1 b) aa) (1), S. 26 ff., zum Schutzumfang (3), S. 28 ff.

Werk Ausdruck gefunden hat. Als Werk ist hierbei die aus der konkreten Darstellungsform abgeleitete und abstrahierte Bedeutung zu verstehen[509].

2. § 69b UrhG Urheber in Arbeits- und Dienstverhältnissen

§ 69b UrhG hat auf die vorstehend ausgewählten Verträge des Vertriebs- und Endverbraucherbereichs keine Auswirkung und bleibt daher unkommentiert.

3. § 69c UrhG Zustimmungsbedürftige Handlungen

§ 69c UrhG regelt als zentrale Vorschrift die Ausgestaltung des Property Right des Programmschöpfers. Dabei werden dem Rechtsinhaber ausschließlich zugewiesene Verwertungsrechte (Vervielfältigungs-, Umarbeitungs-, Verbreitungs- und Vermietrecht) festgelegt. Die Regelung hat Ausstrahlung auf das übliche System der Verwertungsrechte und ist nur im Zusammenspiel mit den allgemeinen Vorschriften des Urheberrechts (etwa den §§ 16, 17 Abs. 2, 23 UrhG) verständlich. Ferner ist § 69c im Zusammenhang mit den nachfolgenden §§ 69d und 69e UrhG zu sehen, die als Gegengewicht zum Property Right des Urhebers bestimmte Rechtspositionen des Nutzers[510] regeln.

a) *§ 69c Nr. 1 UrhG: Die Vervielfältigung*

In § 69c Nr. 1 UrhG wird dem Rechtsinhaber, dem Urheber oder seinem Rechtsnachfolger, das ausschließliche Recht zur Vervielfältigung (§§ 15 Abs. 1 Nr. 1, 16 UrhG) mit jedem Mittel und in jeder Form zugewiesen, wobei auch vorübergehende und nur teilweise Vervielfältigungsvorgänge einbezogen werden[511]. Sobald eine derartige Vervielfältigung vorgenommen wird, ist die Zustimmung des Rechtsinhabers erforderlich. Da Satz 2 offenläßt, ob beim Laden, der Anzeige, der Übertragung, dem Ablauf oder dem Speichern des Computerprogramms eine Vervielfältigung in diesem Sinne vorliegt, reduziert sich der unmittelbare Regelungsgehalt von § 69c Nr. 1 UrhG dem Wortlaut gemäß darauf, eine denkbar weite Definition von Vervielfältigung aufzustellen. Welche konkreten Nutzungshandlungen aber zu einer Vervielfältigung führen, bestimmt § 69c Nr. 1 UrhG nicht.

Demnach bliebe der alte Meinungsstreit, ob durch das **Laden** in den Arbeitsspeicher, welches dem Programmlauf zwingend vorhergeht, eine Vervielfälti-

---

509 Siehe oben A II 1 b) aa) (3), S. 31 f.; *Haberstumpf*, Rdnr. 45 f.
510 Zur urheberrechtlichen Unterscheidung zwischen der Systematik der Verwertungsrechte einerseits und den Nutzungsarten bzw. -rechten andererseits vgl. *Haberstumpf*, GRUR Int. 1992, S. 718; *Schricker/Schricker*, Vor §§ 28 ff. Rdnr. 51 f.
511 Dieser weite Vervielfältigungsbegriff entstammt dem anglo-amerikanischen copyright-Verständnis, vgl. *Lehmann*, Europäische Richtlinie, Rdnr. 13; *ders.*, NJW 1991, S. 2114; *Marly*, jur-pc 1992, S. 1653.

gung des Programms i. S. v. § 16 UrhG erfolgt[512], ungelöst. Der BGH hat hierzu bislang nicht entschieden, die herrschende Meinung bejaht die Frage[513]. Der Einwand, es handele sich dabei um eine "unbeständige Zwischenspeicherung", die als "EDV-technische Randerscheinung ohne urheberrechtliche Relevanz" sei[514], geht fehl[515]. Gerade die Unbeständigkeit der Aufnahme in den Arbeitsspeicher kann nach dem Wortlaut des § 69c Nr. 1 UrhG nicht mehr gegen das Vorliegen eines Vervielfältigungsvorgangs angeführt werden, denn die Dauerhaftigkeit der Kopie ist irrelevant. Zwar dürfen technische Zufälligkeiten nicht zu unterschiedlichen Ergebnissen führen[516], doch handelt es sich hier nicht um eine solche. Denn das Abstellen auf den Arbeitsspeicher ermöglicht eine exakte Ermittlung der Nutzeranzahl als Entlohnungskriterium[517] für den Urheber. Also muß ein zu gewährendes Nutzungsrecht auch an einem die Nutzeranzahl potentiell erhöhenden Vorgang anknüpfen. Dies kann nur das Laden in den Arbeitsspeicher sein[518]. Andernfalls könnte die Übernahme eines Programms aus einem zentralen Festspeicher in die zahlreichen Arbeitsspeicher innerhalb eines Netzwerkes urheberrechtlich nicht erfaßt werden. Hier zeigt sich ein weiterer Unterschied zu anderen Sprachwerken: Während beim Buch zur Ermittlung der Nutzerzahl auf die verkauften Exemplare abgestellt werden kann, entspricht bei Software aufgrund der technischen Möglichkeiten die Anzahl der veräußerten Programmkopien keineswegs der Anzahl der Nutzer. Diese kann nur anhand der Anzahl der in Arbeitsspeichern befindlichen Programmkopien bestimmt werden. Was *Hoeren* postuliert[519], ist eine zeitgleiche Mehr-

---

512 Für unbedeutend halten *Dörner/Jersch*, IuR 1988, S. 140, diese Frage, da es sich allenfalls um eine Nebenpflicht handele. Ähnlich *Jersch*, Jura 1988, S. 582 f.: "nicht maßgebend". Dies ist falsch, siehe oben A II 1 b) aa) (5), S. 35 f.
513 Vgl. *Dreier*, CR 1991, S. 580; *Ernestus*, CR 1989, S. 789; *Habel*, S. 131; überzeugend *Haberstumpf*, Rdnr. 115 ff.; *ders.*, CR 1987, S. 411 m. w. N.; *ders.*, CR 1991, S. 133 f.; *ders.*, GRUR Int. 1992, S. 717; *Harte-Bavendamm*, in: Kilian/Heussen, Abschnitt 54 Rdnr. 61; *Fromm/Nordemann/Vinck*, § 16 Rdnr. 1; *von Gravenreuth*, GRUR 1986, S. 722 f.; *Kindermann*, GRUR 1983, S. 157; *ders.*, ZUM 1985, S. 9; *Koch/Schnupp*, S. 188; *Lehmann*, Europäische Richtlinie, Rdnr. 13; *ders.*, CR 1991, S. 150; *ders.*, CR 1990, S. 627; *ders.*, GRUR Int. 1991, S. 330 f.; *ders.*, NJW 1991, S. 2114; *Schricker/Loewenheim*, § 16 Rdnr. 9; *Marly*, Rdnr. 111 ff.; *ders.*, NJW-CoR 4/93, S. 22; *Moritz/Tybusseck*, Rdnr. 161; differenzierend *Röttinger*, IuR 1987, S. 271; *Rupp*, GRUR 1986, S. 148.
A. A.: *Bartsch*, CR 1987, S. 10; *Brandi-Dohrn*, GRUR 1985, S. 185; ungenau *Buchmüller*, S. 120; *Hoeren*, S. 46; *ders.*, GRUR 1988, S. 344 f.; *König*, Rdnr. 570 ff., 599; *Loewenheim*, S. 434 f.; *Malzer*, S. 103; *Preuß*, S. 242 ff.; *Sucker*, CR 1989, S. 356; *Zahrnt*, DV-Verträge: Gestaltung, S. 105. Differenzierend *Jörg Schneider*, CR 1990, S. 506.
514 *Hoeren*, S. 44, anders noch S. 38.
515 Vgl. auch *Jörg Schneider*, CR 1990, S. 504, i. Erg. zum Teil aber mit *Hoeren* übereinstimmend. Gegen *Hoeren* auch *Marly*, Rdnr. 113 ff.; *Koch/Schnupp*, S. 187 f.
516 Vgl. *Lehmann*, Property Rights, S. 5; *ders.*, CR 1990, S. 626; *Jörg Schneider*, CR 1990, S. 508.
517 Vgl. *Lehmann*, CR 1990, S. 627.
518 Inkonsistent *Malzer*, S. 103, wenn er nur bei einer Parallelnutzung zur gleichen Zeit die urheberrechtlich relevante Schwelle für überschritten hält. Sind zwei Arbeitsspeicherkopien zur selben Zeit als Vervielfältigung i. S. v. § 16 UrhG zu werten, so ist es auch eine einzelne.
519 *Hoeren*, S. 120 ff.

fachnutzung eines einzigen urheberrechtlich geschützten Werkstückes. Dies hätte zur Folge, daß der Einfachnutzer einen höheren Preis zahlen müßte, um den Einnahmeverlust, der bei Mehrfachnutzung einer Programmkopie entsteht, auszugleichen – ein ökonomisch unsinniges Ergebnis: Software würde sich für den "einfachen" Nutzer verteuern, während Netzwerkbetreiber erhebliche Vorteile hätten. Mögen auch dogmatische Bedenken nicht ganz unbeachtlich sein, so ist schon aufgrund ökonomischer Überlegungen ein Vervielfältigungsvorgang beim Laden in den Arbeitsspeicher anzunehmen[520]. Das Urheberrechtsgesetz könnte andernfalls gerade bei dem gegenüber Verletzungen hoch empfindlichen geistigen Gut Software die ihm vom Gesetzgeber zugewiesene Schutzfunktion nicht erfüllen.

Zudem ergibt auch die wortlautgemäße Anwendung von § 69c Nr. 1 UrhG auf die Übernahme des Computerprogramms in den Arbeitsspeicher, daß eine Vervielfältigung vorliegt. Denn selbst wenn die Übernahme nur kurzfristig und unvollständig erfolgt, etwa nur einzelne Bestandteile wie das Hauptprogramm "geladen" werden, Unterprogramme und Hilfsdateien aber nur bei Bedarf, so liegt jedenfalls eine teilweise, wenn auch nur temporäre Vervielfältigung vor, die vom Wortlaut des § 69c Nr. 1 UrhG ("vorübergehende", "teilweise") umfaßt ist. Als Konsequenz des dortigen weiten Vervielfältigungsbegriffs ergibt sich so doch mittelbar die Lösung des Problems, ob das Laden des Programms eine Vervielfältigung darstellt. Hinzu kommt, daß auch die EG-Kommission[521] bei der Anfertigung ihrer Entwürfe für die EG-Richtlinie das Laden des Computerprogramms als Vervielfältigung behandeln wollte. Ein späteres Abrücken von dieser Position durch den Rat ist nicht ersichtlich. Man wird diese Auffassung daher auch bei der Auslegung des deutschen Rechts berücksichtigen dür-

---

520 Mit *Jörg Schneider*, CR 1990, S. 506, differenzierend nur dann eine Vervielfältigung anzunehmen, wenn eine "selbständige Nutzung" möglich ist, erscheint trotz ökonomisch befriedigender Ergebnisse aus zwei Gründen nicht empfehlenswert. Zum einen ist schwer verständlich, warum der technisch identische Vorgang mal eine Vervielfältigung sein soll, mal nicht: Würde das Programm von einer Diskette in den Arbeitsspeicher geladen und dieser Vorgang auf einem zweiten Computer wiederholt, handelte es sich um einen urheberrechtlich relevanten Vorgang. Wäre hingegen kurz zuvor die erste Kopie gelöscht worden, läge keine Vervielfältigung i. S. v. § 16 UrhG vor. Zum anderen sind damit die urheberrechtlichen Probleme wie stillschweigende Einräumung eines Nutzungsrechts, dessen Weiterübertragung und Konsequenzen für den gutgläubigen Erwerber einer Raubkopie nicht beseitigt. Sie stellen sich in gleicher Weise bei der unstrittig als Vervielfältigung zu qualifizierenden Übernahme des Programms in einen peripheren Massenspeicher.

521 Vgl. ABl. EG 1989 Nr. C 91, S. 10: "Das Programm kann teilweise oder als Ganzes als Bestandteil der internen Verarbeitungsprozesse des Computers, in dem das Programm abläuft, erneut geschaffen werden. Während dieses Verfahrens wird keine zweite dauerhafte Kopie des Programms angefertigt, obwohl Teile des Programms „vervielfältigt" ... werden. ...
Das Laden des Programms ist insoweit als eine zustimmungsbedürftige Handlung anzusehen, als augenblicklich dafür normalerweise eine Vervielfältigung eines Teils des Programms erforderlich ist."

fen[522]. Das dem Ablauf des Computerprogramms vorhergehende **Laden** des Objektcodes in den Arbeitsspeicher ist demnach als **Vervielfältigungsvorgang** i. S. v. §§ 69c Nr. 1, 16 UrhG zu werten.

Der **Programmlauf** selbst hingegen stellt in der Regel keine Vervielfältigung dar[523], da hierbei nur die Befehle abgearbeitet werden, aber keine erneute Kopie erzeugt wird. Gleiches gilt für das **Anzeigen** des Programmcodes auf dem Bildschirm, hierdurch wird nur Einblick in den Arbeitsspeicher gewährt, in den das Programm zuvor (bereits zustimmungspflichtig) kopiert wurde. Eine neue Verkörperung stellt die Bildschirmanzeige nicht dar[524].

Das **Übertragen** oder **Speichern** des Computerprogramms ist dann als Vervielfältigung zu werten, wenn dadurch ein zusätzliches Werkstück geschaffen wird. Soweit aber die ursprüngliche Verkörperung im unmittelbaren Zusammenhang mit ihrer erneuten Speicherung oder Übertragung auf einen anderen Datenträger gelöscht wird, liegt ein Vervielfältigungsvorgang nicht vor. Andernfalls ist die Zustimmung des Rechtsinhabers erforderlich.

Die besondere Bedeutung und wesentliche Konsequenz von § 69c Nr. 1 UrhG besteht darin, daß jeder Verwender eines Computerprogramms zur rechtmäßigen Nutzung Inhaber eines urheberrechtlichen Nutzungsrechts sein muß[525]. Die bloße Verschaffung des Werkstücks ermächtigt den Inhaber noch nicht zur tatsächlichen Nutzung; hinzu muß die Einräumung oder Übertragung eines Nutzungsrechts treten. Software ist somit das bisher einzige urheberrechtlich geschützte Gut, welches für den normalen Nutzer nur bei Vorliegen eines Nutzungsrechts verwendbar ist. Letztlich führt somit die weite Interpretation des Vervielfältigungsbegriffs dazu, daß urheberrechtliche Lizenzverträge im weiteren Sinne zu Massenverträgen werden und dann auch entsprechender Standardisierung bedürfen.

b) § *69c Nr. 2 UrhG: Die Umarbeitung*

In § 69c Nr. 2 UrhG wird dem Rechtsinhaber das ausschließliche Recht zu der Übersetzung, der Bearbeitung, dem Arrangement, anderen Umarbeitungen und der Vervielfältigung der gewonnenen Ergebnisse vorbehalten. Rechte, die aufgrund einer Bearbeitung entstehen, bleiben gemäß Satz 2 unberührt. An dieser Stelle zeigen sich deutliche Schwierigkeiten bei der Umsetzung der europäi-

---

522 Siehe oben zur Verwertung der Europäischen Gesetzgebungsmaterialien, B I vor 1, S. 108.
523 Vgl. *Dreier*, CR 1991, S. 580; *Haberstumpf*, CR 1987, S. 412 f.; *Haberstumpf*, Rdnr. 122; *Jersch*, Jura 1988, S. 582; *Lehmann*, GRUR Int. 1991, S. 330; *ders.*, CR 1990, S. 627; *Marly*, jur-pc 1992, S. 1654; mißverständlich *Westphalen/Marly*, Rdnr. 179, richtig Rdnr. 29. A. A. *Kolle*, GRUR Int. 1974, S. 450; *Ulmer/Kolle*, GRUR Int. 1982, S. 499; *Rupp*, GRUR 1986, S. 150; undifferenziert *Sickinger*, S. 38 f.
524 Vgl. auch *Haberstumpf*, Rdnr. 116.
525 Vgl. nur *Haberstumpf*, Rdnr. 121.

schen Terminologie in deutsches Urheberrecht. Denn gemäß § 3 UrhG ist die "Übersetzung" als Unterfall der "Bearbeitung" zu verstehen, diese – wie aus § 23 UrhG ersichtlich – wiederum als Unterfall der "Umgestaltung"[526]. In der EG-Richtlinie wurde jedoch als Oberbegriff für sämtliche Veränderungen am Werk(stück) die "Umarbeitung" gewählt und so auch in § 69c Nr. 2 Satz 1 UrhG übernommen[527]. Die sprachliche Abweichung in Satz 2 ("bearbeiten") gegenüber Art. 4 lit. b) letzter Halbsatz der Richtlinie ("umarbeiten") bedeutet aber keine sachliche Abweichung, sondern resultiert aus dem im deutschen UrhG üblichen Sprachgebrauch. Gemäß § 3 UrhG erfordert die Entstehung eigener Rechte eine Bearbeitung. Insofern ist als Bearbeitung im Sinne des § 69c Nr. 2 Satz 2 wie bei § 3 UrhG auch die Übersetzung zu verstehen, da auch sie als selbständiges Werk geschützt werden kann, und nicht etwa wie im Eingangssatz der Nr. 2 als eigenständiger Begriff neben der Bearbeitung. Die EG-Richtlinie scheint ferner davon auszugehen, daß auch (Neu-)Arrangements vorhandener Werke zu genuinen Bearbeiterurheberrechten führen können. Wie jedoch der Begriff des Arrangements, der Art. 2 Abs. 3 RBÜ entlehnt ist und sich dort auf musikalische Werke bezieht, in Bezug auf Computerprogramme zu verstehen ist, bleibt offen. Auch die Begründung des deutschen Gesetzentwurfs schweigt sich aus. In der EDV-Terminologie ist der Begriff nicht definiert. Ein rechtliches Bedürfnis, einen neuen Begriff, sei es als Unterbegriff von Bearbeitung i. S. v. § 3 UrhG oder danebenstehend als "andere Umgestaltung" i. S. v. § 23 UrhG, einzuführen, ist nicht ersichtlich. Um die begriffliche Klarheit im deutschen UrhG zu wahren und Inkonsistenzen zwischen dem implantierten europäischen Softwarerecht und herkömmlicher urheberrechtlicher Begriffssystematik möglichst zu vermeiden, bietet sich zusammenfassend folgende Lösung an: Oberbegriff für sämtliche Änderungen am Werk ist – wie § 23 UrhG vorsieht – die Umgestaltung. Der aus der Richtlinie übernommene Begriff der "Umarbeitung" ist mit Umgestaltung gleichzusetzen. Die Übersetzung ist eine Art der Bearbeitung (vgl. § 3 UrhG), die Bearbeitung eine Art der Umgestaltung (vgl. § 23 UrhG). Unter Arrangement ist eine weitere Art der Umgestaltung zu verstehen, wobei dem Begriff in der Praxis wohl keine eigenständige Bedeutung zukommen wird[528].

§ 69c Nr. 2 UrhG ist als ergänzende und teilweise spezielle Regelung zu den §§ 23 und 14, 39 UrhG zu verstehen, die insbesondere die änderungsrechtliche Komponente, aber auch die verwertungsrechtliche Komponente[529] der Bearbei-

---

526 Dies ist unstrittig, wenn auch im einzelnen unterschiedliche Auffassungen über die Abgrenzungskriterien für die Differenzierung zwischen Bearbeitung und anderer Umgestaltung (teilweise wird nach der Schöpfungshöhe und Werkqualität, teilweise nach dienender Funktion zum Ausgangswerk differenziert) bestehen, vgl. zum Meinungsstand *Schricker/Loewenheim*, § 23 Rdnr. 3 ff.
527 Man kann wohl davon ausgehen, daß hier wie bei dem Begriff des "Arrangements" auf § 2 Abs. 3 RBÜ Bezug genommen wird.
528 Ähnlich *Marly*, jur-pc 1992, S. 1654 f.
529 Vgl. hierzu *Schricker/Schricker*, § 37 Rdnr. 5.

tungsproblematik bei Computerprogrammen betrifft. Nicht vollständig erfaßt wird die Wirkung von § 69c Nr. 2 UrhG, wenn man ihn nur in Beziehung zu § 23 UrhG setzt[530]:

§ 23 Satz 1 UrhG regelt die Zustimmungsbedürftigkeit nur der Verwertung der Umgestaltung. Doch kann daraus nicht der Schluß gezogen werden, die Umgestaltung selbst sei immer frei[531]. Etwas anderes folgt auch nicht im Falle einer schöpferischen Bearbeitung aus § 3 UrhG: Er regelt nur Bearbeiterurheberrechte, also das Recht aus der Bearbeitung, nicht aber das Recht zur Bearbeitung. Jedoch ergibt sich aus der Gesetzesbegründung zu § 23 UrhG, daß eine Umgestaltung zu privaten Zwecken frei sein soll[532], soweit mit ihr keine Verwertungshandlung verbunden ist. Vor diesem Hintergrund sind auch die änderungsrechtlichen Vorschriften der §§ 14, 39 UrhG zu sehen[533]. Bei bloßer Veränderung des Computerprogramms ohne Vervielfältigungshandlung[534] und ohne Verletzung urheberpersönlichkeitsrechtlicher Belange, die im Falle von Software ohnehin nicht stark ausgeprägt sind, lag somit nach bisheriger Gesetzeslage trotz Umgestaltung keine zustimmungsbedürftige Handlung vor. Für Computerprogramme gilt nun gemäß § 69c Nr. 2 UrhG, daß schon das Umgestalten an sich – und zwar auch in der privaten Sphäre – der Gestattung bedarf, ähnlich wie es § 23 Satz 2 UrhG für das Verfilmen von Werken oder Umsetzen von Plänen und Entwürfen vorsieht. Gleichzeitig wird das Umarbeitungs- bzw. Umgestaltungsrecht als Verwertungsrecht ausgewiesen, was für § 23 UrhG nicht unbestritten war. Hinzu kommt, daß auch die Vervielfältigung der Ergebnisse der Umarbeitungen bzw. Umgestaltungen von der Gestattung des Rechtsinhabers am Ausgangswerk abhängen. Dies hätte sich auch schon nach der bisherigen Rechtslage aus § 23 Satz 1 UrhG ergeben, auf den man auch künftig zurückgreifen muß, soweit es um eine Verwertung durch Verbreitung dieser Ergebnisse geht.

Qualifiziert man eine Bearbeitung als Verwertungshandlung, die in jedem Falle der Zustimmung bedarf, so werden damit auch die persönlichkeitsrechtlich fundierten, änderungsrechtlichen Vorschriften der §§ 14, 39 Abs. 1 UrhG überlagert. Urheberpersönlichkeitsrechtliche Gesichtspunkte stehen bei Software als eher funktionellem denn künstlerischem Werk ohnehin nicht im Vordergrund. Eine Entstellung des Werks ist bei geringen Eingriffen nicht zu befürchten, und zudem liegt für eine Umgestaltung im Falle von Software meist ein berechtigtes Nutzerinteresse vor, so daß § 14 UrhG nicht entgegensteht. Gleiches gilt für

---

530 So aber die Begründung zum Gesetzentwurf, BT-Drs. 12/4022, S. 11 und die meisten Literaturstimmen.
531 Vgl. *Schricker/Loewenheim*, § 23 Rdnr. 25, a. A. *Möhring/Nicolini*, § 23 Anm. 5a.
532 Vgl. *Schricker/Loewenheim*, § 23 Rdnr. 20; *Schricker/Dietz*, § 62 Rdnr. 10.
533 Vgl. *Schricker/Dietz*, § 23 Rdnr. 7 und § 62 Rdnr. 10. Aus ihnen ergibt sich also nichts Gegenteiliges.
534 Also zum Beispiel bei einem bloßen Eingriff in den Programmcode, nicht aber bei einer Übersetzung in den Quellcode.

§ 39 UrhG. Dennoch ist gemäß § 69c Nr. 2 UrhG eine Zustimmung erforderlich. Man wird jedoch § 39 Abs. 2 UrhG auch weiterhin neben § 69d Abs. 1 UrhG, der Ausnahmen von § 69c Nr. 2 UrhG regelt, anwenden können[535], insbesondere soweit es um den Umfang eines pauschal vereinbarten Änderungsrechts geht. Auch kann es Situationen geben[536], in denen eine Änderung nicht i. S. v. § 69d Abs. 1 UrhG zur bestimmungsgemäßen Benutzung notwendig ist, aber dennoch nach Treu und Glauben im Rahmen einer Interessenabwägung gemäß § 39 Abs. 2 UrhG zu gestatten ist.

§ 69c Nr. 2 Satz 1 UrhG trifft somit eine gegenüber § 23 Satz 1 UrhG erweiterte Regelung; er schließt jedoch seine Anwendung auf Computerprogramme nicht grundsätzlich aus. Außerdem wird die Umgestaltung des Werkes als Verwertung qualifiziert, wodurch letztlich die Regelungen der §§ 14, 39 UrhG überlagert werden.

Gemäß § 69c Nr. 2 Satz 2 UrhG soll ein eventuell vorhandenes Bearbeiterurheberrecht "unberührt", nach dem Wortlaut von Art. 4 lit. b) der Richtlinie "unbeschadet" bleiben. Beide Formulierungen ermöglichen zwei Auslegungsalternativen: Entweder ist für die Verwertung einer schutzfähigen Bearbeitung nun die Zustimmung beider Urheber erforderlich oder eben nur diejenige des Bearbeiters. Man wird wie beim Verhältnis zwischen § 3 und § 23 UrhG von ersterem ausgehen müssen, da die Bearbeitung ein abhängiges Werk ist[537].

c) § 69c Nr. 3 UrhG: Die Verbreitung

Gemäß § 69c Nr. 3 UrhG erhält der Rechtsinhaber das ausschließliche Recht zur **Verbreitung** des Originals und anderer Werkstücke, einschließlich deren **Vermietung**. Mit dem Vermietrecht wird ein bei anderen Werken dem Verbreitungsrecht implizites[538] Verwertungsrecht abgespalten und verselbständigt.

Der Begriff der Verbreitung wirft bei Computerprogrammen ein Problem auf, dessen sich der Gesetzgeber vermutlich nicht bewußt war Die tatsächliche Weitergabe von Software vollzieht sich häufig nur anhand einer Datenfernübertragung, insbesondere bei Bezug über eine Mailbox. Dabei bleibt das als Kopiervorlage dienende Vervielfältigungsstück unbeeinträchtigt. Tatsächliche Verbreitung und Vervielfältigung fallen hier technisch zusammen. Nach bisherigem Verständnis vom Verbreitungsbegriff setzt eine Verbreitung aber ein bereits existentes Werkstück (Original oder Kopie) voraus, welches dann in Ver-

---

535 So z. B. *Haberstumpf*, Rdnr. 107 ff.; *ders.*, GRUR Int. 1992, S. 720, 723; *Lehmann*, Europäische Richtlinie, Rdnr. 14; *Moritz*, CR 1993, S. 265.
536 Hier ist z. B. die Frage der Zulässigkeit von Portierungen unter minimalen Eingriffen in den Programmcode zu denken, siehe genauer unten C I 1 a) § 7, S. 221 f.
537 Vgl. *Schricker/Loewenheim*, § 3 Rdnr. 29.
538 Vgl. *Schricker/Loewenheim*, § 17 Rdnr. 6; BGH, GRUR 1986, S. 736 – Schallplattenvermietung.

kehr gebracht oder der Öffentlichkeit angeboten wird[539]. Ein solches liegt bei Datenübertragung direkt in den Rechner des Empfängers nicht vor[540]. Bei einer allgemein zugänglichen Mailbox entspricht der technische Vorgang des Überspielens auch eher dem in § 20 UrhG erwähnten Drahtfunk und ließe sich auch rechtlich darunter subsumieren[541]. Die bloße Sendung eines Werkes aber stellt keine Verbreitung dar, sondern unterfällt dem Senderecht gemäß § 20 UrhG[542]. Dennoch ist bei der Datenfernübertragung von einem Verbreitungsvorgang und nicht von einer Sendung des Werkes auszugehen. Anders als bei einer herkömmlichen Sendung kann das Werk bei der DFÜ nicht vom Empfänger über irgendein Sinnesorgan inhaltlich wahrgenommen werden. Der eigentliche Zweck besteht im Gegensatz zur Sendung ausschließlich darin, beim Empfänger eine Kopie zu erzeugen. Im übrigen würde man an einer Verbreitung sicherlich dann nicht zweifeln, wenn im Zuge der Transmission die übertragene Vorlage gelöscht würde. Die fortdauernde Existenz der Kopiervorlage, die aus der besonderen technischen Situation resultiert, daß Vervielfältigung und Inverkehrbringen zusammenfallen, darf nicht zu einer anderen rechtlichen Wertung führen. Für Computerprogramme ist daher davon auszugehen, daß bei teleologischer Auslegung des Verbreitungsbegriffs eine Verbreitung auch dann vorliegt, wenn das verbreitete Vervielfältigungsstück nicht bereits zuvor existent ist, sondern erst im Zusammenhang mit der Verbreitungshandlung beim Empfänger entsteht. Nur so kann die volle Verkehrsfähigkeit von Software unter Nutzung der technischen Möglichkeiten erreicht werden[543].

Die eigentliche Bedeutung von § 69c Nr. 3 UrhG liegt in dessen Satz 2. Hiernach tritt eine Erschöpfung des Verbreitungsrechts im Geltungsbereich des UrhG ein, sobald das betreffende Werkstück im Gebiet der EG[544] im Wege der Veräußerung in Verkehr gebracht wurde. Unter Veräußerung ist wie im Rahmen von § 17 Abs. 2 UrhG zu verstehen, daß sich der Berechtigte jeder Verfügungsmöglichkeit über das Werkstück endgültig begibt[545], so insbesondere bei der Übereignung[546], nicht aber beim Verleih oder der Vermietung. Jedoch erfaßt die Erschöpfung des Verbreitungsrechts bei Computerprogrammen nicht die Verbreitung durch Vermietung. Insoweit bleibt die Gestattung des Rechtsinhabers erforderlich, der bei Computerprogrammen an mit dem Werkstück erzielten "Miet"einnahmen in jedem Fall partizipieren kann. Die Regelung geht

---

539 Vgl. nur *Schricker/Loewenheim*, § 17 Rdnr. 2 ff.
540 Vgl. *Bartsch*, CR 1987, S. 10.
541 Vgl. zum Drahtfunk *Schricker/v. Ungern-Sternberg*, § 20 Rdnr. 27 ff.
542 Seit BGHZ 11, S. 144 – Lautsprecherübertragung.
543 Vgl. *Bartsch*, CR 1987, S. 10 f. Mit anderen Argumenten gegen eine Sendung (innerhalb eines LAN) *Hoeren*, Rdnr. 310 ff.
544 Es ist zu erwarten, daß aufgrund von Nr. 5 des Anhangs XVII des Abkommens über den Europäischen Wirtschaftsraum vom 2.5.1992 diese Regelung auf das Gebiet des EWR bezogen wird.
545 Vgl. nur *Schricker/Loewenheim*, § 17 Rdnr. 17.
546 Gleichzustellen ist die Überlassung per DFÜ, wenn sie auf Dauer und ohne verbleibende Einflußmöglichkeit auf das neu erstellte Vervielfältigungsstück vorgenommen wird.

somit deutlich über § 27 UrhG hinaus, der für Computerprogramme keine besondere Auswirkung mehr hat. Motiv für § 69c Nr. 3 Satz 2 UrhG war, daß dem Raubkopieren von vermieteter Software durch eine erhöhte Kontrollmöglichkeit seitens des Rechtsinhabers vorbeugen wollte[547]. Entsprechend dem 16. Erwägungsgrund zur Richtlinie[548] wird unter "Vermieten" in Art. 4 der Richtlinie die zeitweilige Überlassung zu Erwerbszwecken verstanden; nicht erfaßt wird jedenfalls der öffentliche Verleih[549]. Mehr wollte auch der deutsche Gesetzgeber nicht regeln[550]. Der private Verleih findet weder in den Erwägungsgründen zur Richtlinie noch in der Gesetzesbegründung Erwähnung. Man wird ihn mangels Erwerbsabsicht für grundsätzlich zulässig erachten müssen. Eine gesetzliche Gesamtregelung ist im Rahmen der Umsetzung der EG-Richtlinie zum Vermiet- und Verleihrecht zu erwarten.

Soweit das Gesetz in § 69c Nr. 3 UrhG von "Vermietung" bzw. "Vermietrecht" spricht, ist damit die zeitweise Überlassung von Computerprogrammen gemeint. Die Formulierung ist Art. 4 Nr. 3 der Richtlinie entnommen und entspricht dem Sprachgebrauch in § 27 UrhG. Für Software erfolgt mit dieser Formulierung keine Festlegung auf den Mietvertrag als Vertragstypus für die zeitweilige Überlassung. Denn das Computerprogramm selbst ist keine Sache[551], die Überlassung eines Datenträgers (einer Sache) nicht zwingend erforderlich und als solche auch nicht ausreichend, denn zum rechtmäßigen Einsatz der Software muß ein Nutzungsrecht vorliegen. Dieses wird aber im Rahmen eines urheberrechtlichen Lizenzvertrages verschafft, nicht im Rahmen eines Mietvertrages.

Eine interessante und noch unbeachtete Konsequenz des neu geschaffenen Vermietrechts ergibt sich für ein in der Entstehung begriffenes Geschäftsfeld des Hardwaremarktes, nämlich für die Vermietung von tragbaren Computern. Sie werden in der Regel tage- oder wochenweise vermietet. Als Mietsache wird die Hardware vereinbart. Die Computer sind jedoch zumindest mit der Systemsoftware, mitunter auch mit Anwendungssoftware ausgestattet. Die Software wird vom Vermieter im Rahmen eines üblichen Kaufvertrages erworben, auf den Computer geladen und schlicht mit"vermietet" ohne ausdrückliche vertragliche Regelung. War dies bisher nach Erschöpfung des Verbreitungsrechts rechtmäßig – entgegenstehende Weitergabeverbote und Vermietverbote in AGB waren unwirksam –, so ist jetzt zur Vermietung der Software eine Gestattung durch den Rechtsinhaber erforderlich. Obwohl im hier meist nur mitüber-

---

547 Vgl. ABl. EG 1989 Nr. C 91, S. 11.
548 16. Erwägungsgrund zur EG-Richtlinie ABl. EG 1991 Nr. L 122, S. 43. Hierzu auch *Marly*, jur-pc 1992, S. 1659.
549 Dies geht zurück auf eine Überlegung der Kommission, ABl. EG 1989 Nr. C 91, S. 12, wonach der Verleih in öffentlichen Bibliotheken zu Studien- und Ausbildungszwecken gesichert bleiben sollte. Die Gefahr von Raubkopien sah man in diesem Bereich als durch Schutzmaßnahmen vermeidbar an.
550 Vgl. Begründung zum Gesetzentwurf, BT-Drs. 12/4022, S. 11.
551 Siehe oben A II 1 a), S. 21.

lassene Systemsoftware betroffen ist, sollte die wirtschaftliche Relevanz einer Vermietung nicht unterschätzt werden. Zwar ist Systemsoftware ohnehin schon auf jedem Computer vorhanden, weshalb man die Gefahr des Raubkopierens für vernachlässigbar gering halten könnte. Jedoch wird Systemsoftware in regelmäßigen Abständen am Markt durch leistungsfähigere Versionen ersetzt, die gerade wegen ihrer Verbreitung häufig raubkopiert werden[552].

4. § 69d UrhG Ausnahmen von den zustimmungsbedürftigen Handlungen

§ 69d UrhG sieht – zusammen mit § 69e UrhG – im Interesse des Programmnutzers als Gegengewicht zu dem in § 69c UrhG umfassend ausgestatteten Property Right des Programmurhebers zustimmungsfreie Handlungen vor. Die Gefahr der Ausnutzung des Property Right durch wettbewerbs- und marktverzerrende Nutzungskontrolle unter Nichtachtung legitimer Nutzerinteressen bestand schon nach alter Rechtslage[553]; ihr muß künftig vorgebeugt werden. An dieser Stelle wird deutlich, daß das Recht nicht nur eine adäquate und effiziente Property Rights-Struktur für den Güteraustausch am Markt zur Verfügung stellen muß, sondern dem Markt auch wirtschaftsethisches und interessengerechtes Verhalten abverlangt und dies gegebenenfalls mittels Normierung durchsetzt[554]. Eine Diskrepanz zur volkswirtschaftlich effizienten Gestaltung besteht dabei – wie aufgezeigt[555] – nicht. Die künftige Rechtsanwendung muß daher darauf achten, daß der Endverbraucher eine gesicherte Rechtsstellung im Sinne einer "Minimalausstattung" mit "Mindestrechten"[556] erhält. Zentrale Bedeutung in der Diskussion hierüber wird der Auslegung von § 69d UrhG, insbesondere seiner zwingenden Bestandteile, zukommen.

§ 69d UrhG setzt Art. 5 der EG-Richtlinie um. Dabei vorgenommene sprachliche Anpassungen stellen keine sachlichen Abweichungen dar. Insbesondere kann nicht aus der Formulierung in § 69d Abs. 2 UrhG ("für die Sicherung künftiger Benutzung" anstelle von "für die Benutzung") geschlossen werden, daß der Gesetzgeber eine Einschränkung der Rechte des Anwenders regeln wollte. Denn die dort geregelte Sicherungskopie zeichnet sich gerade dadurch aus, daß sie der Vorsorge gegen den eventuellen Verlust des Programms dient und insofern immer auf die zukünftige Benutzung gerichtet ist[557]. Man kann

---

552 So hatte Microsoft bei der Einführung der Version 5.0 des am häufigsten genutzten Betriebssystems MS-DOS, welches auf IBM-kompatiblen Computern zum Einsatz kommt, erhebliche Mindereinnahmen zu beklagen.
553 Siehe oben A III 3 e), S. 80 f. und A IV 2 d), S. 103.
554 Vgl. Einleitung, S. 2.
555 Siehe oben A IV 3, S. 104 f.
556 Vgl. *Lehmann*, NJW 1993, S. 1823, der in diesem Zusammenhang von einer neuen Lizenzkultur spricht.
557 Soweit eine zusätzliche Kopie ausnahmsweise schon für die aktuelle Benutzung erforderlich sein sollte, wird sie bereits von § 69d Abs. 1 UrhG gestattet: Es gibt durchaus Computerprogramme, die während ihres Laufs den eigenen Programmcode – zumindest Teile

Fortsetzung nächste Seite

daher mit der Gesetzesbegründung von einer bloßen Korrektur einer sprachlichen Ungenauigkeit der Richtlinie ausgehen.

Sämtliche Ausnahmen, die § 69d UrhG trifft, beziehen sich auf das Vervielfältigungsrecht aus § 69c Nr. 1 oder auf das Umarbeitungsrecht aus § 69c Nr. 2 UrhG. Unberührt von § 69d UrhG bleibt das Recht auf Verbreitung aus § 69c Nr. 3 UrhG, welches zugunsten der Erwerber bereits in § 69c Nr. 3 Satz 2 durch den Erschöpfungsgrundsatz beschränkt wird.

a) *§ 69d Abs. 1 UrhG: Bestimmungsgemäße Benutzung und Fehlerberichtigung*

§ 69d Abs. 1 UrhG lautet:

> Soweit keine besonderen vertraglichen Bestimmungen vorliegen, bedürfen die in § 69c Nr. 1 und 2 genannten Handlungen nicht der Zustimmung des Rechtsinhabers, wenn sie für eine bestimmungsgemäße Benutzung des Computerprogramms einschließlich der Fehlerberichtigung durch jeden zur Verwendung eines Vervielfältigungsstücks des Programms Berechtigten notwendig sind.

Auch in § 69d Abs. 1 UrhG findet sich eine sprachliche Abweichung gegenüber Art. 5 Abs. 1 der EG-Richtlinie: Dort werden die bezeichneten Rechte dem rechtmäßigen "Erwerber" eingeräumt, § 69d Abs. 1 UrhG spricht von jedem "zur Verwendung eines Vervielfältigungsstücks des Programms Berechtigten" und meint damit jeden rechtmäßigen Nutzer (Käufer und Lizenznehmer)[558]. Zu Recht hat hier der deutsche Gesetzgeber die sprachlich zu eng geratene Fassung der EG-Richtlinie erweitert. Denn die Anführung bloß des "Erwerbers" im Richtlinientext geht darauf zurück, daß ursprünglich für Kauf und Lizenzierung von Computerprogrammen zwei unterschiedliche Absätze vorgesehen waren[559], die dann vom Rat zu einem einzigen zusammengefaßt wurden unter sprachlicher Beschränkung auf den "Erwerber", nicht aber unter sachlicher Reduktion auf den Fall des Kaufs von Computerprogrammen.

§ 69d Abs. 1 UrhG wirft trotz scheinbar klarer Regelung eine Reihe von Problemen auf, die wegen ihres Einflusses auf die Vertragsgestaltung der Klärung bedürfen: Fraglich erscheint, welche dogmatische Konstruktion dem Recht des Nutzers auf zustimmungsfreie Vornahme der oben bezeichneten Handlungen zugrundeliegt. Unklar bleibt auch, wie die Vorrangbestimmung zugunsten in-

---

davon und auch zu Sicherungszwecken – vervielfältigen. Doch wird man eine solche Kopie nicht als herkömmliche Sicherungskopie bezeichnen, sondern als eine dem Lauf des Programms und damit der bestimmungsgemäßen Benutzung zugehörige Vervielfältigung.
558 Vgl. Begründung zum Gesetzentwurf, BT-Drs. 12/4022, S. 12.
559 Geänderter Vorschlag der Kommission für eine Richtlinie des Rates über den Rechtsschutz von Computerprogrammen, ABl. EG 1990 Nr. C 320, S. 27 rechte Spalte, anders noch der ursprüngliche Vorschlag, a.a.O. linke Spalte.

dividueller Abreden zu verstehen ist und ob der Vorschrift dennoch ein zwingender Charakter zukommt. Und nicht zuletzt ist in diesem Zusammenhang fraglich, was unter bestimmungsgemäßer Benutzung im einzelnen zu verstehen ist und nach welchen Grundsätzen deren Umfang festgestellt werden kann.

aa) Normcharakter

Klar ist, daß der rechtmäßige Nutzer – Käufer oder Lizenznehmer – auch ohne ausdrückliche Zustimmung im Rahmen bestimmungsgemäßer Benutzung vervielfältigen und umarbeiten darf. Nach dem Gesetzeswortlaut nicht eindeutig ist aber die **dogmatische Konstruktion** von § 69d Abs. 1 UrhG. Man könnte aufgrund der Überschrift der Regelung ("Ausnahmen von den zustimmungsbedürftigen Handlungen") auf die Idee kommen, § 69d Abs. 1 UrhG bezeichne Fälle, in denen der rechtmäßige Nutzer für die bestimmungsgemäße Nutzung keines Nutzungsrechts bedarf, regele also, daß dieser Bereich vom grundsätzlich umfassenden Anwendungsbereich das § 69c UrhG ausgenommen bleibt[560]. Diese Lösung ist jedoch abwegig. Denn dann bedürfte bei bestimmungsgemäßer Nutzung nur der unrechtmäßige Nutzer einer Gestattung durch den Urheber, nicht aber der die gleiche Handlung vornehmende rechtmäßige Nutzer. Ob eine Handlung urheberrechtsrelevant ist, ob also zu deren rechtmäßiger Vornahme ein Nutzungsrecht erforderlich ist, beurteilt sich jedoch unmittelbar anhand ihres technischen Vorgangs und nicht nach der Person des Ausführenden. Außerdem würde man de facto § 69c UrhG den Boden entziehen. Denn seine Funktion liegt gerade darin, dem Urheber via Nutzungsrecht die Kontrolle über die in (bestimmungsgemäßem) Gebrauch befindlichen Werkstücke zu ermöglichen. Als weiteres Argument ist die vorgesehene Möglichkeit vertraglicher Regelung anzuführen. Wäre ein Nutzungsrecht für die bestimmungsgemäße Nutzung nicht erforderlich, so könnte man auch nichts vertraglich regeln; der Passus wäre sinnlos. Es bleibt also dabei: Der Anwender eines Computerprogramms bedarf in jedem Falle eines Nutzungsrechts.

Daher ist § 69d Abs. 1 UrhG so zu verstehen, daß ohne besondere vertragliche Regelung dem rechtmäßigen Nutzer im Rahmen der bestimmungsgemäßen Nutzung die erforderlichen Vervielfältigungs- und Umarbeitungsrechte zukommen. Auch hier gibt der Wortlaut keinen Aufschluß über die rechtliche Konstruktion. Es ergeben sich erneut zwei Möglichkeiten[561]: Entweder erhält der rechtmäßige Erwerber eines Werkstücks unmittelbar kraft gesetzlicher Wirkung ein Nutzungsrecht (gesetzliche Lizenz) oder der Inhalt des Überlas-

---

560 So scheint *Marly*, jur-pc 1992, S. 1660, den Gesetzestext zu verstehen und kritisiert ihn auch deswegen.
561 Eine Zwangslizenz scheidet von vornherein aus. Denn sie erzwingt einen Vertragsschluß. Dabei wird vor allem die Abschlußfreiheit beschnitten, die den Parteien hier unbenommen bleiben soll. Im UrhG gibt es eine Zwangslizenz nur in § 61 UrhG. Sie hat auch dort nahezu keine praktische Bedeutung.

sungsvertrages enthält aufgrund gesetzlicher Ausgestaltung eine entsprechende Rechtseinräumung. Letzteres ist richtig, der erstgenannte Lösungsansatz ist zu verwerfen. Die Nutzungsrechte stellen Tochterrechte des umfassenden Urheberrechts dar[562]. Sie werden durch Rechtsgeschäft analog §§ 413, 398 ff. BGB eingeräumt. Eine gesetzliche "Lizenz" findet sich im UrhG vor allem in den §§ 46 ff UrhG. Diese gesetzlichen Lizenzen stellen Ausnahmevorschriften dar, die das Urheberrecht im Rahmen seiner Sozialbindung aus Art. 14 GG bei bedeutenden Interessen der Allgemeinheit wie Sicherung von Rechtspflege, Bildung und Informationsfreiheit begrenzen. Eine solche Situation liegt hier jedoch nicht vor; im Rahmen von § 69d Abs. 1 UrhG geht es allein im den Ausgleich zwischen Urheber- und Nutzerinteressen. Im übrigen sehen die gesetzlichen Lizenzen eine Vergütungspflicht für die Nutzung vor. Auch dies ist von § 69d UrhG nicht geregelt. Es zeigen sich also gravierende Unterschiede zwischen der Konstruktion von § 69d Abs. 1 UrhG und einer gesetzlichen Lizenz. Zudem müßte auch im Falle eines solchen Nutzungsrechts aus Gesetz auf den zugrundeliegenden Vertrag abgestellt werden, um die bestimmungsgemäße Benutzung, die je nach Vertragszweck unterschiedlich sein kann[563], zu ermitteln. Der Umfang der Lizenz kraft Gesetzes würde sich also letztlich doch nach dem Vertragsinhalt bestimmen. Dies zeigt deutlich, daß der eigentliche Rechtsgrund für die Befugnis zur Nutzung im Vertrag liegt und nicht in unmittelbarer gesetzlicher Gestattung. Das Gesetz regelt somit nicht eine Art dinglich-urheberrechtlicher Nutzungsbefugnis, die dem rechtmäßigen Inhaber einer Software kraft dieser Inhaberstellung zukommt. Vielmehr ist richtigerweise davon auszugehen, daß dem rechtmäßigen Erwerber eines Vervielfältigungsstücks die bezeichneten **Nutzungsrechte aus dem Überlassungsvertrag i. V. m. § 69d Abs. 1 UrhG** zustehen. Rechtmäßiger Nutzer i. S. v. § 69d Abs. 1 UrhG ist somit jeder, der im Rahmen eines Vertrages Nutzungsrechte am Programm erwirbt[564].

Anderer Auffassung sind offenbar *Köhler/Fritzsche*[565], wenn sie davon ausgehen, daß zur Nutzungsberechtigung eine Nutzungsrechtsübertragung wegen § 69d Abs. 1 UrhG nicht erforderlich sei. Damit wird § 69d Abs. 1 UrhG als eine Art gesetzlicher Lizenz qualifiziert, deren Voraussetzung einzig eine Berechtigung am Programm ist. Da es dann bei dieser Berechtigung gerade nicht um das Nutzungsrecht am Programm gehen kann, wird jeder, "der eine Programmkopie, die mit Zustimmung des Urhebers oder Nutzungsberechtigten in Verkehr gelangt ist (§ 69c Nr. 3 Satz 2 UrhG), in einer von diesem gebilligten Weise erlangt hat" als Berechtigter i. S. v. § 69d UrhG bezeichnet[566]. Demgemäß sehen *Köhler/Fritzsche* konsequent auch die Formulierung der EG-Richtlinie in

---

562 Vgl. *Haberstumpf*, GRUR Int. 1992, S. 717 f., *Schricker/Schricker*, Vor §§ 28 ff. Rdnr. 43 ff.
563 Allein schon bzgl. der Dauer der Überlassung.
564 So auch *Haberstumpf*, Rdnr. 159.
565 *Köhler/Fritzsche*, Rdnr. 47, 61. Ähnlich, aber nicht ganz eindeutig *Lehmann*, NJW 1993, S. 1825.
566 Vgl. *Köhler/Fritzsche*, Rdnr. 47.

Art. 5 Abs. 1 ("Erwerber") als zwar zu eng geraten, doch eindeutiger als die Formulierung des deutschen Gesetzgebers ("jeder zur Verwendung ... des Programms Berechtigte") an. Dabei bleibt unberücksichtigt, daß im Entwurfsverfahren zur Richtlinie neben dem letztlich verbliebenen Begriff "Erwerber" eine nahezu gleiche Vorschrift für einen "Lizenznehmer" geplant war, die ausdrücklich **lizenzinhaltsbestimmenden** Charakter hatte, also die Einräumung oder Übertragung eines Nutzungsrechts voraussetzte[567]. Außerdem führt obige Definition letztlich zur Ankoppelung des Nutzungsrechts an das Eigentum oder den Besitz am Programmträger. Deren (rechtmäßige) Übertragung hätte automatisch kraft § 69d Abs. 1 UrhG ein Nutzungsrecht im Verhältnis zum Urheber zur Folge, dessen Inhalt sich mangels Nutzungsvereinbarung abstrakt aus § 69d Abs. 1 UrhG ergeben müßte. Gerade das ist aber nicht der Fall; insbesondere ist die bestimmungsgemäße Benutzung keine Nutzungsart, sondern richtet sich nach dem jeweiligen Vertragszweck[568]. § 69d Abs. 1 UrhG erfordert daher eine zweckbezogene Nutzungsrechtseinräumung, um sie ausgestalten zu können. In Ermangelung besonderer vertraglicher Bestimmungen schreibt § 69d Abs. 1 UrhG einen zweckentsprechenden **Vertragsinhalt** vor. Die von *Köhler/Fritzsche* vertretene Konstruktion steht ferner nicht mit dem Charakter einfacher Nutzungsrechte in Einklang, die normalerweise einer besonderen kausalen Bindung unterliegen[569] und deren Übergang daher nicht grundsätzlich an eine abstrakt wirksame Eigentumsübertragung gekoppelt werden sollte.

Damit kommt man zum Kernproblem von § 69d Abs. 1 UrhG, dessen Lösung letztlich auch über seinen dogmatischen Charakter entscheidet: Wie ist der Vorbehalt zugunsten besonderer vertraglicher Regelung zu verstehen? Bedeutet dies, daß § 69d Abs. 1 eine bloße Auslegungsvorschrift ist? Oder handelt es sich um eine die Parteivereinbarung ergänzende Vorschrift[570], also eine Inhaltsnorm[571]? Und hat § 69d Abs. 1 aufgrund des Vertragsvorbehalts dispositiven Charakter oder ist er letztlich zwingend?

---

567 Vgl. ABl. EG 1990 Nr. C 320, S. 27 rechte Spalte.
568 Siehe unten B I 4 a) bb), S. 128; *Haberstumpf*, Rdnr. 159. Das übersehen *Köhler/Fritzsche*, Rdnr. 50, obwohl sie § 69d Abs. 1 UrhG als besondere Ausprägung des Zweckübertragungsgrundsatzes anerkennen.
Der Hintergrund für ihre Ansicht liegt in der Auffassung, daß ein Nutzungsrecht dem Käufer nicht vom Händler eingeräumt werde (vgl. Rdnr. 65), sondern (nur) vom Hersteller im Rahmen eines Schutzvertrages, der dann in aller Regel nicht zustande komme (vgl. Rdnr. 39). Um den Käufer nicht rechtlos zu stellen, fungiert jetzt § 69d Abs. 1 UrhG als "Notbremse". Dies ist aber dann nicht erforderlich, wenn man die Nutungsrechtseinräumung durch den Händler als dessen Hauptleistungspflicht qualifiziert.
569 Vgl. *Schricker/Schricker*, vor §§ 28 ff., Rdnr. 58 ff. Siehe näher unten B II 4, S. 150.
570 Der Begriff "ergänzende Vorschriften" wird verwendet von *Enneccerus/Nipperdey*, AT, Bd. 1, S. 301; *Larenz*, AT, S. 31 f., *Palandt/Heinrichs*, § 133 Rdnr. 22. Mitunter werden die zwingenden Normen des Vertragsrechts davon ausgenommen, vgl. *Palandt/Heinrichs*, a.a.O.
571 Der prägnantere Begriff "Inhaltsnorm" wird von *Donle*, S. 70 ff., verwendet, ohne daß ein wesentlicher sachlicher Unterschied besteht.

Unter einer Auslegungsregel ist eine Vorschrift zu verstehen, die dazu dient, den Inhalt einer Willenserklärung zu ermitteln und zu diesem Zweck Verfahren[572] (formale Auslegungsregel) oder Auslegungsergebnis[573] (materiale Auslegungsregel[574]) vorgibt. Unter Inhaltsnormen oder ergänzenden Normen sind Vorschriften zu verstehen, die den materiellrechtlichen Inhalt des Vertrages näher bestimmen, wobei insbesondere grundlegende Pflichten festgelegt werden[575]. Sie lassen sich weiter in zwingende und dispositive Normen unterteilen. Zwingendes Recht ist von den Parteien nicht abdingbar; es setzt das Prinzip der Vertragsfreiheit außer Kraft[576]. Dispositives Gesetzesrecht gilt nicht, wenn die Parteien eine abweichende Regelung vertraglich vereinbart haben. Es kommt damit der Wirkung einer Auslegungsregel gleich[577], die ebenfalls nur dann eingreift, wenn die Parteien keine Regelung getroffen haben. Doch bestehen Unterschiede: Eine vertragliche Abweichung von dispositivem Gesetzesrecht durch allgemeine Geschäftsbedingungen wird den Parteien durch das AGBG erschwert[578]. Die Leitbildfunktion des dispositiven Rechts führt zur Inhaltskontrolle nach den §§ 9 ff. AGBG (§ 8 AGBG). Auch revisionsrechtlich ergeben sich Unterschiede[579].

Der **Wortlaut** einer Vorschrift läßt keinen zwingenden Schluß auf ihren Charakter zu, ist jedoch ein erster Ansatzpunkt und kann Indizwirkung entfalten. Bei § 69d Abs. 1 UrhG spricht er eher gegen eine Auslegungsregel. Zwar hat der Gesetzgeber eine § 69d Abs. 1 UrhG ähnliche Formulierung in § 328 Abs. 2 BGB[580] für eine bloße Auslegungsregel[581] verwendet, jedoch erscheint weitaus häufiger die Formulierung "im Zweifel"[582] als deren Merkmal. Ferner spricht

---

572 Z. B. die §§ 133, 157 BGB.
573 Z. B. die §§ 329, 455 BGB.
574 Die Differenzierung zwischen materialer und formaler Auslegungsregel geht zurück auf *Larenz*, AT, S. 338 f. Die Übergänge zwischen beiden Formen sind fließend. Ein Beispiel hierfür ist der neu geschaffene § 69e Abs. 3 UrhG: Er trifft nach seinem Wortlaut (ähnlich § 157 BGB) eine Aussage nur über die Art und Weise der Auslegung, müßte also eine formale Auslegungsregel sein, gibt aber dennoch wie eine materiale Auslegungsregel inhaltliche Grenzen für das Auslegungsergebnis vor.
575 Beispiele sind die §§ 323 ff., 459 ff. BGB.
576 Zwingende Normen gibt es auch in anderen Erscheinungsformen als Inhaltsnormen, etwa als Formvorschriften (z. B. § 313 Satz 1 BGB), unwiderlegbare Vermutungen oder Fiktionen (z. B. § 5 HGB).
577 Vgl. *Palandt/Heinrichs*, § 133 Rdnr. 22.
578 Für das Softwarevertragsrecht ist diese Unterscheidung wegen der regelmäßig verwendeten Formularverträge von besonderem Gewicht.
579 Vgl. *Donle*, S. 76.
580 "In Ermangelung einer besonderen Bestimmung..."
581 Vgl. *Palandt/Heinrichs*, § 133 Rdnr. 22. Genau genommen stellt § 328 Abs. 2 BGB auch allenfalls eine formale Auslegungsregel dar, da er nur die durch Auslegung zu ermittelnden Rechtsfragen festlegt, aber nicht als materiale Auslegungsregel den Vertragsinhalt bestimmt. Im Gegensatz hierzu regelt § 69d Abs. 1 UrhG konkrete Vertragsinhalte, müßte also der Formulierung einer materialen Auslegungsregel entsprechen.
582 Vgl. nur §§ 314, 315 Abs. 1, 316, 317, 329, 330, 331 Abs. 1, 332, 336 Abs. 2, 337 Abs. 1 BGB.

B. Der urheberrechtliche Softwarelizenzvertrag

nach der wortlautbezogenen, formellen Theorie zur Abgrenzung zwischen Inhalts- und Auslegungsnorm die § 69d Abs. 1 UrhG ähnliche Formulierung "soweit nicht ein anderes bestimmt ist" für eine dispositive, ergänzende Norm[583]. Letztlich läßt sich dennoch eine klare Entscheidung nicht ableiten, denn schon der Gesetzgeber des BGB hat – wie unter anderem das Beispiel § 328 Abs. 2 BGB zeigt – die Formulierungen nicht streng einheitlich verwendet[584]. Im vorliegenden Fall kommt hinzu, daß die Gesetzesformulierung nicht originär vom bundesdeutschen Gesetzgeber stammt, sondern wesentlich der EG-Richtlinie entnommen ist. Eine an der Terminologie des BGB ausgerichtete Auslegung verliert damit an Bedeutung.

Vom **Regelungsgehalt** her fällt bei § 69d Abs. 1 UrhG eine sachliche Nähe zur Zweckübertragungstheorie bzw. zu § 31 Abs. 5 UrhG auf[585]. Aber auch zum Normcharakter von § 31 Abs. 5 UrhG gibt es stark unterschiedliche Auffassungen[586]. Vieles spricht dafür, mit einer neuen Auffassung § 31 Abs. 5 UrhG als Inhaltsnorm und nicht mit der herrschenden Meinung als Auslegungsvorschrift zu verstehen[587]. Wegen der mitunter geringen Unterschiede zwischen beiden Ansichten läßt sich letztlich für den Normcharakter von § 69d Abs. 1 UrhG keine Lösung entnehmen, zumal § 69d Abs. 1 eine konkretere Aussage als obige Regelungen trifft und deshalb nicht uneingeschränkt vergleichbar ist.

Erhöhte Relevanz kommt dafür den **europäischen Gesetzgebungsmaterialien** und der **deutschen Gesetzesbegründung** zu. Der erste Entwurf der Richtlinie durch die Kommission sah für die § 69d Abs. 1 UrhG entsprechende Regelung des Art. 5 Abs. 1 Satz 1 eine Regelung mit Vorbehalt lediglich zugunsten einer allseits unterzeichneten, schriftlichen Lizenzvereinbarung vor[588]:

> Ist ein Computerprogramm der Allgemeinheit auf anderem Wege als einer schriftlichen, von beiden Parteien unterzeichneten Lizenzvereinbarung verkauft oder zur Verfügung gestellt worden, so bedürfen die unter Artikel 4 Buchstabe a) und b) genannten Handlungen nicht der Zustimmung des Rechtsinhabers, soweit sie für die Verwendung des Programms erforderlich sind.

Diese etwas eigenartige Formulierung, die Formelemente und bestimmte Vertragstypenvoraussetzungen zu vermischen scheint, erklärt sich aus dem tatsächlichen Hintergrund, vor dem die Regelung verfaßt wurde. Die Begründung des Richtlinienentwurfes[589] geht erstmalig ansatzweise von zwei grundsätzlich verschiedenen Formen der Vermarktung aus: dem Kauf und der Lizenzierung.

---

583 Vgl. *Staudinger/Dilcher*, §§ 133, 157 Rdnr. 13. So sind z. B. §§ 269 Abs. 1 BGB, 8 Abs. 3, 33 UrhG dispositives Recht.
584 Vgl. *Donle*, S. 75 m. w. N. und unter Bezugnahme auf die Motive zum BGB.
585 Vgl. *Lehmann*, NJW 1993, S. 1825; *ders.*, GRUR Int. 1991, S. 332; *Haberstumpf*, GRUR Int. 1992, S. 719.
586 Vgl. die umfassende Zusammenstellung bei *Donle*, S. 53 ff.
587 So *Donle*, S. 90, 103 f., 303.
588 Vgl. ABl. EG 1989 Nr. C 91, S. 14.
589 Vgl. zur folgenden Darstellung ABl. EG 1989 Nr. C 91, S. 11 f.

I. Die Neuregelung des Softwarerechts durch die §§ 69a ff. UrhG

Im letzteren Falle, der dem Rechtsinhaber entsprechend der oben vorgenommenen Vertragstypologie eine stärkere Kontrollmöglichkeit einräumt, geht die Kommission vom Regelfall einer unterzeichneten Lizenzvereinbarung aus. Unter dem ersteren Fall versteht die Kommission vor allem die übliche Geschäftspraxis der Verpackungslizenz[590], bei der trotz endgültiger und dauerhafter Überlassung umfangreiche Nutzungsbeschränkungen in AGB, die der Verpackung beiliegen, mitgeteilt werden. Die Kommission führt hierzu aus[591]:

> Die Bestimmungen von Artikel 4 und 5 sollen bewirken, daß in den Fällen, in denen Software im normalen Sinne des Wortes lizenziert wird, Rechtsinhaber in der Lage sein werden, Ausschließlichkeitsrechte hinsichtlich sämtlicher Vervielfältigungen und Bearbeitungen auszuüben, wobei die genauen Bestimmungen Gegenstand vertraglicher Vereinbarungen gemäß den Lizenzbedingungen sind. Wird jedoch keine schriftliche unterzeichnete Lizenzvereinbarung verwendet, wie das bei den „Verpackungslizenzen" der Fall ist (...), so gestatten es die Bestimmungen von Artikel 5 Absatz 1 dem **Käufer**, die oben beschriebenen Rechte in Anspruch zu nehmen.

Art. 5 Abs. 1 des Vorschlags soll also in erster Linie den Kauf von Software regeln[592] und sieht dabei als zwingenden Inhalt eine Ausstattung des Käufers mit den Rechten zur Vervielfältigung des Computerprogramms im Rahmen der üblichen Verwendung vor. Die Situation der schriftlichen und unterzeichneten Lizenzvereinbarung bezeichnet nicht den Fall einer abweichenden individualvertraglichen Ausgestaltung eines Kaufs, sondern den Fall eines anderen Vertragstyps, nämlich den des urheberrechtlichen Lizenzvertrages im engeren Sinne.

Der ursprüngliche Vorschlag unterlag im Laufe des Richtliniengebungsverfahrens sprachlichen Änderungen, ohne jedoch an dem Kern der oben festgestellten sachlichen Regelung Abstriche vorzunehmen. So sah der vom Europäischen Parlament vorgeschlagene Text folgenden Wortlaut vor[593]:

> Sofern keine spezifischen vertraglichen Vereinbarungen getroffen wurden, unterliegen die unter Artikel 4 Buchstaben a und b genannten Handlungen nicht der Zustimmung des Rechtsinhabers, soweit diese Handlungen für die bestimmungsgemäße Verwendung des Programms durch den rechtmäßigen Erwerber erforderlich sind.

Deutlicher noch als im ursprünglichen Vorschlag der Kommission ist dem geänderten Vorschlag die Differenzierung zwischen Kaufvertrag und Lizenzvertrag zu entnehmen, ebenso die Unabdingbarkeit der inhaltlichen, kaufvertraglichen Ausgestaltung. In diesem Vorschlag waren zwei unterschiedliche Ab-

---

590 Auch Schutzhüllenvertrag genannt. Siehe hierzu unten B IV 4 a), S. 179 ff.
591 ABl. EG 1989 Nr. C 91, S. 12. Hervorhebung durch Verf.
592 Dies bestätigt auch die Begründung des unten zitierten geänderten Vorschlags zu Art. 5, die bezüglich des Einleitungssatzes von Absatz 1 von einer bloßen Vereinfachung der Formulierung spricht, KOM (90) 509 endg. – SYN 183 vom 18.10.1990, S. 8.
593 ABl. EG 1990 Nr. C 231, S. 80.

sätze vorgesehen, einer für den Kauf von Computerprogrammen und einer für deren Lizenzierung, von denen nur noch der letztere den Vorbehalt zugunsten spezifischer Vereinbarungen enthielt, und auch dort waren noch zwingende Inhalte vorgesehen[594]:

> (1) Ist die Kopie eines Computerprogramms verkauft worden, so bedürfen die unter Artikel 4 Buchstaben a) und b) genannten Handlungen nicht der Zustimmung des Rechtsinhabers, wenn sie für die bestimmungsgemäße Verwendung des Programms einschließlich der Fehlerberichtigung durch den rechtmäßigen Erwerber erforderlich sind.
> (2) Absatz 1 gilt auch für einen Lizenzinhaber, wenn die Lizenz für die Verwendung einer Kopie eines Computerprogramms keine spezifischen Vereinbarungen betreffend dieser Handlungen enthält. Die Lizenz darf nicht das Laden und Ablaufen einer Kopie eines Computerprogramms untersagen, wenn diese Handlungen für die bestimmungsgemäße Verwendung des Programms durch den Lizenznehmer notwendig sind.

Die Begründung hierzu macht deutlich, daß auf keinen Fall das Laden und Ablaufenlassen der Software als solches insgesamt vertraglich untersagt werden kann, allenfalls können dessen Umstände im Rahmen eines urheberrechtlichen Lizenzvertrages genauer festgelegt werden[595]. Der letztlich vom Rat verabschiedete Richtlinientext sieht erneut nur einen Absatz zur Regelung der Problematik vor und wurde sprachlich an den Vorschlag des Europäischen Parlaments stärker angeglichen. Dies erfolgte, um im Falle eines Kaufvertrages die Möglichkeit zur vertraglichen Regelung nicht vollständig auszuschließen[596]. Über den teilweise zwingenden Charakter der Vorschrift, die ursprünglich gerade für den Kaufvertrag gedacht war, kann jedoch kein Zweifel bestehen. Der 17. Erwägungsgrund der EG-Richtlinie weist darauf noch einmal hin, wobei zu beachten ist, daß dessen letzter Satz, der vertraglich abweichende Regelungen zuläßt, sich nur auf andere Handlungen als das Laden und Ablaufenlassen von Computerprogrammen bezieht[597]:

> Zu dem Ausschließlichkeitsrecht des Urhebers ... sind im Fall eines Computerprogramms begrenzte Ausnahmen für die Vervielfältigung vorzusehen ... . Dies bedeutet, daß das Laden und Ablaufen, sofern es für die Benutzung einer Kopie eines rechtmäßig erworbenen Computerprogramms erforderlich ist, sowie die Fehlerberichtigung nicht vertraglich untersagt werden dürfen. Wenn spezifische vertragliche Vorschriften nicht vereinbart worden sind, und zwar auch im Falle des Verkaufs einer Programmkopie, ist jede andere Handlung ei-

---

594 ABl. EG 1990 Nr. C 320, S. 27.
595 Vgl. KOM (90) 509 endg. – SYN 183 vom 18.10.1990, S. 9.
596 Vgl. Begründung zum deutschen Gesetzestext, BT-Drs. 12/4022, S. 12.
597 ABl. EG 1991 Nr. L 122, S. 43. Vgl. den die hier vertretene Interpretation noch unterstützenden Hinweis *Lehmanns*, GRUR Int. 1991, S. 333 Fn. 75, wonach die deutsche Version unsauber aus dem Englischen übersetzt wurde und die Worte "zwar auch" in Satz 3 sinnverbessernd gestrichen werden müßten. Dies bedeutet, daß im Falle eines Kaufvertrages tatsächlich nur geringer vertraglicher Spielraum besteht.

nes rechtmäßigen Erwerbers einer Programmkopie zulässig, wenn sie für die bestimmungsgemäße Benutzung der Kopie notwendig ist.

Daraus ist zu schließen, daß der Nutzer zum Laden, Ablaufenlassen und der Fehlerberichtigung immer befugt sein soll, zur übrigen bestimmungsgemäßen Nutzung dann, wenn nichts Abweichendes vereinbart wurde[598].

Der deutsche Gesetzgeber war sich bei Schaffung des § 69d Abs. 1 UrhG des teilweise zwingenden Charakters von Art. 5 Abs. 1 der EG-Richtlinie bewußt und wollte ihn übernehmen. Die Festlegung von Ausmaß und Bedeutung dieses "gewissen zwingenden Kerns" von § 69d Abs. 1 UrhG sollte der Rechtsprechung überlassen bleiben[599]. Entstehungsgeschichte und Gesetzgebungsmaterialien ergeben somit, daß es sich bei § 69d Abs. 1 UrhG um eine Inhaltsnorm handelt, die eben nicht nur eine Willenserklärung auslegt, sondern ex lege den Vertragsinhalt von Softwareüberlassungsverträgen festlegt, dies sogar mit teilweise zwingendem Charakter.

Für eine Inhaltsnorm spricht ferner die **systematische Stellung** von § 69d Abs. 1 UrhG im Zusammenhang mit den nachfolgenden Absätzen 2 und 3, die ebenfalls einen (zwingenden) Vertragsinhalt vorsehen. Da § 69d Abs. 1 UrhG zumindest für den Fall des urheberrechtlichen Lizenzvertrages auch bedeutende dispositive Elemente enthält, konnte er nicht in § 69g Abs. 2 UrhG aufgezählt werden. Die fehlende Verstärkung durch eine entsprechende Unwirksamkeitsregelung läßt sich also nicht als Argument gegen einen zwingenden Charakter von § 69d Abs. 1 UrhG und als Beleg für eine grundsätzlich andere Funktion als die der nachfolgenden Absätze 2 und 3 anführen.

Zusammenfassend ist festzustellen, daß § 69d Abs. 1 UrhG in sprachlich mißglückter Form eine **Inhaltsnorm** darstellt, der abhängig vom Vertragstyp in unterschiedlichem Umfang **teilweise zwingender Charakter** zukommt[600]. Der Einleitungssatz "Soweit keine besonderen vertraglichen Bestimmungen vorliegen..." ist dahingehend zu verstehen, daß "**besondere** Bestimmungen" nur solche zur näheren Ausgestaltung der Nutzungsrechte insbesondere im Rahmen eines urheberrechtlichen Lizenzvertrages sind[601]. Im übrigen – vor allem beim Kauf – sind aber den Vertragszweck konterkarierende Beschränkungen nicht möglich; insoweit setzt sich das Recht zur bestimmungsgemäßen Nutzung

---

598 Anderer Auffassung bezüglich der Berücksichtigung des 17. Erwägungsgrundes ist *Dreier*, CR 1991, S. 579 Fn. 28, mit dem Argument, dieser sei erst spät geändert worden. Dabei übersieht *Dreier* jedoch die lange Vorgeschichte, insbesondere den zuvor formulierten geänderten Vorschlag der Kommission.
599 Begründung zum deutschen Gesetzestext, BT-Drs. 12/4022, S. 12.
600 Vgl. *Haberstumpf*, GRUR Int. 1992, S. 719; *ders.*, Rdnr. 121, 159; *Lehmann*, NJW 1993, S. 1824; *ders.*, CR 1992, S. 327; *Marly*, NJW-CoR 4/93, S. 23; *Schulte*, CR 1992, S. 653. A. A. *Dreier*, CR 1991, S. 579.
601 Ähnlich *Haberstumpf*, GRUR Int. 1992, S. 719.

durch. Insbesondere sind das Laden und Ablaufenlassen zur bestimmungsgemäßen Benutzung unter Einschluß der Fehlerberichtigung immer erlaubt.

bb) Bestimmungsgemäße Benutzung i. S. v. § 69d Abs. 1 UrhG

Wie die "bestimmungsgemäße Benutzung" i. S. v. § 69d Abs. 1 UrhG zu ermitteln ist, bleibt im Gesetzestext und auch in den Gesetzgebungsmaterialien ungeklärt; auch ist nicht deutlich, wo ihre Grenzen zu ziehen sind, also welche Handlungen letztlich von ihr umfaßt sein können.

Maßstab für die Ermittlung der bestimmungsgemäßen Benutzung ist der zwischen den Parteien geschlossene Vertrag. An Stelle von "bestimmungsgemäß" ließe sich auch "vertragsgemäß" setzen. Die "bestimmungsgemäße Benutzung" hat keinen vordefinierten Begriffsinhalt, insbesondere ist sie keine vorgegebene Nutzungsart i. S. v. § 31 Abs. 5 UrhG[602]. Maßgeblich ist also nicht eine objektive Nutzungsmöglichkeit, sondern was sich die Parteien als Nutzung vorgestellt haben. Dies ist eine Konsequenz aus der Nähe zum Zweckübertragungsgrundsatz, dessen konkrete Ausprägung § 69d Abs. 1 UrhG ist[603]. Daher ist dem Vertragszweck zu entnehmen, welche Nutzungsarten, also wirtschaftlich-technisch einheitliche und abgrenzbare Nutzungen dem Softwarenehmer ermöglicht werden sollen. Zur Ermittlung der konkreten Nutzungsarten ist ihre rechtliche Funktion zu bedenken, die darin besteht, dem Urheber eine wirtschaftliche Teilhabe an den mittels seines Werkes erzielten Vorteilen zu garantieren. Die denkbaren Vertragszwecke sind äußerst vielfältig[604]. Während des Richtlinien- und Gesetzgebungsverfahrens wurden jedoch vermutlich nur Verträge mit Endnutzern bedacht[605]. Vertragszweck ist hier in aller Regel der normale Einsatz der Software auf (irgend)einer Hardware. Der Anwendungsbereich der §§ 69a ff. UrhG und der Wortlaut von § 69d Abs. 1 UrhG beschränken sich jedoch keineswegs auf Verträge mit dem Anwender und schon gar nicht auf solche, die nur die herkömmliche Nutzung von Software zum Ziel haben. Der Anwendungsbereich von § 69d Abs. 1 UrhG könnte daher weiter ausfallen als bei der Gesetzesformulierung bedacht wurde, so zum Beispiel auch Verträge im Vertriebsbereich und im Herstellungsbereich umfassen. Die vermutete "Anschauungslücke" des Gesetzgebers rechtfertigt keineswegs, von vornherein § 69d Abs. 1 UrhG auf diese Fälle nicht anzuwenden. Allerdings sind bei einer Anwendung die Ergebnisse besonders kritisch unter dem Aspekt einer interessengerechten Lösung zu untersuchen. Dabei kann § 69d Abs. 1 UrhG niemals zu einem Verbreitungsrecht führen; insoweit hilft nur § 31 Abs. 5 UrhG.

---

602 So auch *Lehmann*, NJW 1993, S. 1825 Fn. 48.
603 Siehe nachfolgend unter dd), S. 132 f.
604 Siehe oben A III 3, S. 78 ff.
605 Vgl. insbesondere die zwei Absätze vorsehende Fassung der Richtlinie im geänderten Vorschlag der Kommission, ABl. EG 1990 Nr. C 320, S. 27, wiedergegeben auf S. 126.

Aber auch für den Normalfall der Softwareüberlassung an den Anwender läßt sich dem Gesetzestext nicht klar entnehmen, wie eng der Kreis der zur bestimmungsgemäßen Nutzung erforderlichen Handlungen zu ziehen ist. Mit Sicherheit sind darunter im Falle eines normalen Softwareüberlassungsvertrages sämtliche Handlungen zu verstehen, die unumgänglich für den Einsatz von Software sind, also das Laden in den Arbeitsspeicher und das (urheberrechtlich irrelevante) Ablaufenlassen. Beides ist im 17. Erwägungsgrund der EG-Richtlinie angesprochen. Der Gesetzgeber ging ferner davon aus, daß die Anfertigung einer Sicherungskopie bereits vom Umfang der bestimmungsgemäßen Benutzung umfaßt und somit gemäß § 69d Abs. 1 UrhG grundsätzlich zulässig ist[606]. Diese These erscheint anfechtbar, da zur normalen Nutzung ein Zugriff auf eine Sicherungskopie oder deren Anfertigung nicht erforderlich ist. Laden und Ablaufenlassen der Software vollziehen sich völlig unabhängig von einer eventuell vorhandenen Sicherungskopie. Zudem hat der Gesetzgeber selbst durch die sprachliche Korrektur von Art. 5 Abs. 2 der Richtlinie[607] klargestellt, daß die Sicherungskopie nur der zukünftigen Nutzung dient. Aber auch die künftige Nutzung läßt sich als bestimmungsgemäße Nutzung auffassen. An dieser Stelle zeigt sich, daß unter "bestimmungsgemäßer Benutzung" nicht nur das reine Anwenden der Software zu verstehen ist, sondern sämtliche anderen Handlungen, die durch den Einsatz der Software bedingt sind, umfaßt werden. Die erfaßten Handlungen müssen noch nicht einmal üblicherweise mit der Softwarenutzung einhergehen; es ist ausreichend, daß eine Handlung (im konkreten Fall) ausnahmsweise vorgenommen werden muß, um die bestimmungsgemäße Nutzung zu ermöglichen. Dies belegt der Zusatz "einschließlich der Fehlerberichtigung", der die Fehlerberichtigung einbezieht[608], obwohl sie nicht der zentrale Zweck des Vertrages ist, sondern allenfalls (als unerwünschte Begleiterscheinung) bei Fehlerhaftigkeit des Computerprogramms erforderlich wird. Für einen weiten Bereich der von der bestimmungsgemäßen Benutzung erfaßten Handlungen und damit letztlich für einen weiten Begriff der bestimmungsgemäßen Benutzung selbst spricht ferner der letzte Satz des 17. Erwägungsgrundes, der "**jede** andere Handlung"[609] für unter Umständen zulässig erklärt. Man muß also nach der neuen Gesetzeslage davon ausgehen, daß ohne ausdrückliche vertragliche Regelung jede Handlung, die irgendwie konditional mit der gegenwärtigen oder zukünftigen Inbetriebnahme der Software verknüpft ist, dem Nutzer gestattet ist und er Inhaber der entsprechenden urheberrechtlichen Nutzungsrechte ist.

---

606 Vgl. BT-Drs. 12/4022, S. 12.
607 Siehe oben B I 4 vor a), S. 118.
608 Vgl. auch Begründung zum geänderten Vorschlag der Kommission, KOM (90) 509 endg. – SYN 183, S. 2.
609 Siehe oben S. 126, Hervorhebung durch den Verf.

cc) Umfang des Rechts zur Fehlerberichtigung

Ist der Umfang der bestimmungsgemäßen Benutzung geklärt, so ergibt sich daraus noch nicht zwingend der Umfang des darin enthaltenen Rechts zur Fehlerberichtigung[610]. Über dessen Reichweite bestehen unterschiedliche Auffassungen. Nach einer engeren Auffassung[611] ermöglicht das Recht zur Fehlerbeseitigung lediglich Minimaleingriffe in den Programmcode wie das Überbrücken gewisser Programmstellen oder das sogenannte patching im Objektcode. Dabei ist insbesondere auch an die Entfernung von Viren gedacht. Ein Dekompilieren oder eine Vervielfältigung soll dabei aber nicht gestattet sein. Nach einer anderen, weiten Auffassung[612] gibt das Recht zur Fehlerbeseitigung umfangreiche Befugnisse zu Bearbeitungshandlungen, vor allem auch zur Dekompilierung, falls das zur Beseitigung des Fehlers erforderlich sein sollte. Während der Beratungen zur EG-Richtlinie war offensichtlich von einer engen Interpretation des Rechts zur Fehlerberichtigung ausgegangen worden. Andernfalls hätten sich wohl auch die beteiligten Industriekreise in ähnlich deutlicher Weise wie bei § 69e UrhG bzw. Art. 6 der Richtlinie gegen die Möglichkeit einer Dekompilierung ausgesprochen. Die Materialien des europäischen Gesetzgebungsverfahrens geben jedoch keinen endgültigen Aufschluß: Dem Nutzer soll zur Sicherstellung der bestimmungsgemäßen Verwendung erlaubt sein, "Fehler dieses Programms zu berichtigen"[613]. Das normale Verständnis dieses Wortlautes und erst recht desjenigen des deutschen Gesetzestextes legt dabei eine Beschränkung auf nur ganz bestimmte Handlungen zur Fehlerberichtigung wie etwa kleine Änderungen unter Ausschluß von Vervielfältigungen oder Übersetzungen nicht nahe. Andernfalls wäre es auch entbehrlich gewesen, eine Ausnahme zu § 69c Nr. 1 und 2 UrhG zu regeln. Für ein weites Verständnis vom Recht zur Fehlerbeseitigung spricht ferner, daß die Korrektur gerade gravierender Fehler durch bloßes Patchen oft nicht möglich ist und einer genauen Analyse und eines etwas weitergehenden Eingriffs in den Programmcode bedarf, wobei aus Sicherheitsgründen auch nicht auf Kopien verzichtet werden kann.

Letztlich geht es bei der Frage des Umfangs des Rechts zur Fehlerbeseitigung erneut um einen Ausgleich von Nutzer- und Herstellerinteressen. Da sich in jeder Software Fehler finden lassen, besteht im Falle einer weiten Interpretation die berechtigte Befürchtung, daß unter dem Vorwand der Fehlerbeseitigung Software in großem Stile dekompiliert wird. Dies darf natürlich nicht Folge des Rechts zur Fehlerbeseitigung sein. Auf der anderen Seite sind durchaus Situationen vorstellbar, in denen im Rahmen der Fehlerbeseitigung zur Sicherstel-

---

610 Das Recht zur Fehlerberichtigung wirft insbesondere auch Probleme bezüglich des zugrundeliegenden Fehlerbegriffs auf, die vertraglich geklärt werden müssen, siehe unten C U 1 a) § 5, S. 215 ff.
611 Vgl. *Lehmann*, NJW 1993, S. 1823; *Marly*, jur-pc 1992, S. 1661.
612 Vgl. *Haberstumpf*, GRUR Int. 1992, S. 720 und 723.
613 Vgl. KOM (90) 509 endg. – SYN 183, S. 8 und S. 2.

lung der weiteren Nutzung eine zumindest teilweise Dekompilierung unumgänglich ist, insbesondere wenn der Hersteller zur Fehlerbeseitigung nicht bereit oder nicht in der Lage ist. Soll das Recht zur Fehlerbeseitigung nicht faktisch entwertet werden, wird man wohl von einem weiten Verständnis auszugehen haben. Die Wahrung der Urheberinteressen muß dann im Rahmen der Tatbestandsvoraussetzungen erfolgen, d. h., ein erheblicher Eingriff in den Programmcode und insbesondere eine Dekompilierung dürfen nur unter sehr engen Voraussetzungen möglich sein. Einen Ansatzpunkt hierfür gibt § 69d Abs. 1 UrhG selbst, indem er die **Notwendigkeit** der Verwertungshandlungen fordert. Daraus ist zu folgern, daß jeweils nur der geringstmögliche Eingriff in den Programmcode zur Fehlerberichtigung erlaubt ist und außerdem die betroffenen Interessen in angemessenem Verhältnis stehen müssen. Erklärt sich der Hersteller zur Fehlerberichtigung bereit, darf der Nutzer eigene Dekompilierungen, Vervielfältigungshandlungen und Bearbeitungen nicht vornehmen. Ebensowenig darf wegen eines trivialen, nicht erheblichen Fehlers dekompiliert werden. Ergibt sich aber zur Beseitigung eines schweren Programmfehlers[614], insbesondere soweit er auch eine Abweichung vom dokumentierten Programmverhalten darstellt, keine andere Möglichkeit als die der Dekompilierung, so ist sie erlaubt.

Das Recht zur Fehlerberichtigung verschafft dem Softwarenehmer die urheberrechtlich-dingliche Befugnis, Eingriffe in den Programmcode vorzunehmen, mithin, das erworbene Gut zu verändern. Damit erhält er eine Stellung, die im Falle der Überlassung einer Sache selbstverständlich ist: Für den Mieter folgt dies aus § 538 Abs. 2 Halbsatz 1 BGB, für den Käufer und nachfolgenden Eigentümer aus dessen Eigentümerstellung. § 69d Abs. 1 UrhG verwirklicht somit mit dem Recht zur Fehlerberichtigung anerkannte Grundsätze des vertraglichen Interessenausgleichs und bringt sie in Einklang mit dem tendenziell restriktive Wirkung entfaltenden Property Right des Urhebers. Mit dem urheberrechtlich-dinglichen Recht des Softwarenehmers zur Fehlerberichtigung korrespondiert jedoch nicht automatisch die schuldrechtliche Pflicht des Softwaregebers zur Fehlerbeseitigung – dies bleibt einer vertraglichen Regelung im Rahmen der jeweiligen Vertragsart vorbehalten[615].

---

614 Hierbei ist ein objektiver Fehlerbegriff zugrundezulegen. Denn es geht um die urheberrechtlich-dingliche Befugnis des Anwenders im Verhältnis zum Urheber bzw. Rechtsinhaber, nicht etwa um ein schuldrechtliches Recht, bei dem auf den Vertrag in concreto abzustellen wäre. Vgl. auch unten C I 1 a) § 5, S. 216.
615 Beim Kaufvertrag kann ein Nachbesserungsrecht gem. § 476a BGB vereinbart werden; beim Werkvertrag folgt es aus § 633 Abs. 2 BGB, bei Anwendung von Pachtrecht aus §§ 581 Abs. 2, 538 BGB.

B. Der urheberrechtliche Softwarelizenzvertrag

dd) Verhältnis zur Zweckübertragungstheorie bzw. § 31 Abs. 5 UrhG.

Aufgrund der sachlichen Nähe stellt sich die Frage nach dem Verhältnis von § 69d Abs. 1 UrhG zur Zweckübertragungstheorie[616], insbesondere zu § 31 Abs. 5 UrhG. Dieser sieht mangels genauer vertraglicher Spezifizierung zur Ermittlung der übertragenen Nutzungsrechte und ihres Umfangs ein Abstellen auf den Vertragszweck vor. § 69d Abs. 1 UrhG regelt mangels "besonderer vertraglicher Bestimmungen" zur Ermittlung der Zustimmungsbedürftigkeit einer Vervielfältigungs- oder Umarbeitungshandlung ein Abstellen auf die Erforderlichkeit dieser Handlung im Rahmen bestimmungsgemäßer Benutzung. Beiden Vorschriften ist gemeinsam, daß gewisse vertragliche Regelungen nicht erfolgt sind und daß zur Ermittlung der Nutzerbefugnisse die Ausrichtung des Vertrages herangezogen wird. Wesentliche Unterschiede liegen jedoch in der Anwendungsbreite und der Rechtsfolge. § 31 Abs. 5 UrhG enthält eine deutlich weitere Formulierung, die sämtliche denkbaren Nutzungsarten im Rahmen von Urheberrechtsverträgen erfaßt. Die Regelung des § 69d Abs. 1 UrhG ist dennoch nicht überflüssig, da sie viel genauer als § 31 Abs. 5 UrhG den Umfang des Nutzungsrechts bei Softwareüberlassungsverträgen festlegt, indem einzelne Handlungen, die vom Nutzungsrecht gedeckt sind, bestimmt werden[617]. Dabei hat § 69d Abs. 1 UrhG als nutzerinteressenwahrende Vorschrift sogar eine tendenziell gegensätzliche Wirkung zu § 31 Abs. 5 UrhG, der als Ausprägung der Zweckübertragungstheorie grundsätzlich urheberinteressenwahrenden Charakter hat. Eine auf der allgemeinen Zweckübertragungstheorie beruhende, restriktive Nutzungsrechtsbestimmung hätte möglicherweise keine Sicherung der Anwenderinteressen in dem von § 69d Abs. 1 UrhG bestimmten Umfang ergeben[618]. Ein weiterer, erheblicher Unterschied zu § 31 Abs. 5 UrhG besteht in der teilweise zwingenden Wirkung von § 69d Abs. 1 UrhG, die die vertragliche Ausschaltung des Zweckübertragungsgedankens verhindert. Während § 31 Abs. 5 UrhG bei Einzelbenennung der Nutzungsrechte nicht mehr anwendbar ist, bleibt auch dann der zwingende Kern von § 69d Abs. 1 UrhG erhalten und führt gegebenenfalls zur Unwirksamkeit der vertraglichen Regelung. Schließlich ist noch zu beachten, daß § 69d Abs. 1 UrhG nur Nutzungsrechte aus dem Bereich des Vervielfältigungs- und Bearbeitungsrecht des Urhebers betrifft.

§ 69d Abs. 1 UrhG stellt somit eine konkrete Regelung der Zweckübertragungstheorie für Softwareüberlassungsverträge dar[619]. Während § 31 Abs. 5 UrhG

---

616 Siehe zu den Konsequenzen für eine Nutzungsartbestimmung unten B III 1 a), S. 153.
617 Z. B. Änderungshandlungen zur Fehlerberichtigung.
618 So insbesondere nach der vorgeschlagenen Auslegungsmethode "in dubio pro auctore", *Fromm/Nordemann*, § 1 Rdnr. 1; wesentlich vorsichtiger *Schricker/Schricker*, Vor §§ 28 ff. Rdnr. 65.
619 Vgl. auch *Haberstumpf*, GRUR Int. 1992, S. 719; *Lehmann*, Europäische Richtlinie, Rdnr. 17; *ders.*, GRUR Int. 1991, S. 332. Daß die allgemeine Zweckübertragungstheorie im UrhG auch spezielle Ausprägungen findet, die § 31 Abs. 5 UrhG verdrängen, ist nicht unge-

Fortsetzung nächste Seite

sich auf alle Verwertungsrechte bezieht, bestimmt § 69d Abs. 1 UrhG nur Nutzungsrechte und Nutzungsarten, die den Verwertungsrechten aus § 69c Nr. 1 (Vervielfältigungsrecht) und Nr. 2 UrhG (Umarbeitungsrecht) entstammen, welche (in der Regel) den üblichen Einsatz von Software erfassen. Die Zweckübertragungstheorie und § 31 Abs. 5 UrhG bleiben daher grundsätzlich auf Softwareüberlassungsverträge anwendbar; soweit aber § 69d Abs. 1 UrhG als lex specialis bereits den Vertragsinhalt bestimmt, werden die übrigen Regelungen verdrängt.

ee) Zusammenfassung zu § 69d Abs. 1 UrhG

§ 69d Abs. 1 UrhG regelt ein computerprogrammbezogenes Urhebervertragsrecht. Den Parteien wird der Inhalt üblicher Nutzungsverträge in Bezug auf dem Nutzer einzuräumende **Mindestrechte** vorgeschrieben. Die Rechtsmacht zur individualvertraglichen Regelung wird begrenzt, der Grundsatz der Vertragsfreiheit beschränkt. Dabei entfaltet § 69d Abs. 1 UrhG als spezielle Ausprägung der Zweckübertragungstheorie sowohl Wirkung auf das Verpflichtungsgeschäft wie auch auf das Verfügungsgeschäft.

Im Ergebnis bewirkt § 69d Abs. 1 UrhG, daß kein Anwender von Software Eigentümer eines Werkstücks sein kann, ohne diese Mindestrechte innezuhaben[620]. Grundsätzlich können sich keine vom Rechtsinhaber überlassenen Werkstücke in Umlauf befinden, die mangels Nutzungsrecht nicht verwendet werden dürfen. § 69d Abs. 1 UrhG gewährleistet so, daß Software, ähnlich einem Buch oder einer Schallplatte, einmal zum Einsatz überlassen, auch tatsächlich eingesetzt werden darf, obwohl hierfür anders als bei den übrigen Werken ein Nutzungsrecht erforderlich ist. Die Regelung stellt eine notwendige Ergänzung zur Vorschrift des § 69c UrhG dar. Die Auslegung von § 69d Abs. 1 UrhG und seine Anwendung im Einzelfall werden für das softwarebezogene Urhebervertragsrecht von erheblicher Bedeutung sein.

b) § 69d Abs. 2 UrhG: Erstellung einer Sicherungskopie

§ 69d Abs. 2 UrhG bestimmt, daß die Anfertigung einer Sicherungskopie, soweit dies zur Sicherung der zukünftigen Nutzung erforderlich ist, nicht vertraglich untersagt werden darf. Gemäß § 69g Abs. 2 UrhG sind hiergegen ver-

---

wöhnlich, vgl. §§ 37, 39, 44 Abs. 1, 88, 89 UrhG, *Fromm/Nordemann/Hertin*, §§ 31/32 Rdnr. 24.
620 Damit besteht vom wirtschaftlichenErgebnis her weitgehend Übereinstimmung mit *Köhler/Fritzsche*, Rdnr. 47, siehe im einzelnen oben B I 4 a) aa), S. 121 f. Die rechtliche Konstruktion ist hier freilich eine andere und orientiert sich stärker am Überlassungsvertrag.

B. Der urheberrechtliche Softwarelizenzvertrag

stoßende Klauseln nichtig[621]. Es handelt sich also um **zwingendes Recht**. Die Erstellung einer Sicherungskopie ist ein Vervielfältigungsvorgang i. S. d. §§ 16, 69c Nr. 1 UrhG, der bereits im Rahmen der bestimmungsgemäßen Benutzung gemäß § 69d Abs. 1 UrhG gestattet ist. Angesichts der klaren Begründung zum Gesetzentwurf ist davon auszugehen, daß die bestimmungsgemäße Benutzung auch die Sicherung gegen den Verlust oder die Beschädigung der Software umfaßt[622].

Hervorzuheben ist, daß § 69d Abs. 2 UrhG lediglich zwingende Wirkung bezüglich der Erstellung einer einzigen Sicherungskopie entfaltet; die Anfertigung weiterer Sicherungskopien kann also vertraglich geregelt und untersagt werden[623]. Soweit keine Vereinbarung getroffen ist, wird man davon ausgehen können, daß § 69d Abs. 1 UrhG keine Nutzungsrechtseinräumung[624] zu weiteren Sicherungskopien vorsieht[625]. Denn zusätzliche Sicherungskopien sind nicht zwingend erforderlich; sie dienen allenfalls einem (unwesentlichen) Mehr an Sicherheit.

c) *§ 69d Abs. 3 UrhG: Beobachten, Untersuchen und Testen der Funktionsweise des Computerprogramms*

§ 69d Abs. 3 UrhG regelt im Zusammenspiel mit § 69g Abs. 2 UrhG zwingend, daß der berechtigte Nutzer das Funktionieren des Programms beobachten, untersuchen und testen darf, solange es durch Handlungen geschieht, zu denen er ohnehin schon vertraglich berechtigt ist. Damit wird hier dem Nutzer nicht ein neues oder erweitertes Nutzungsrecht verschafft, sondern lediglich klargestellt, daß der Softwarenehmer seine Befugnisse auch zur Ermittlung der dem Pro-

---

621 Da § 69g Abs. 2 UrhG schon selbst die Nichtigkeitsfolge regelt, handelt es sich nicht um ein Verbotsgesetz i. S. v. § 134 BGB, so daß dieser zur Begründung der Nichtigkeit auch nicht mehr herangezogen werden kann.
622 Siehe oben B I 4 a) bb), S. 129.
623 Ungenau ist insofern die Formulierung der Gesetzesbegründung, BT-Drs. 12/4022, S. 12: "Der letzte Halbsatz (von § 69d Abs. 2 UrhG) schließt zunächst die Erstellung von mehr als einer Sicherungskopie aus."
624 Die gesetzliche Regelung setzt voraus, daß sich ein urheberrechtliches Nutzungsrecht zur Erstellung einer einzigen Sicherungskopie (gegebenenfalls als Teil des Nutzungsrechts zur bestimmungsgemäßen Benutzung aus § 69d Abs. 1 UrhG) von dem Nutzungsrecht auf Erstellung weiterer Sicherungskopien rechtlich unterscheiden läßt bzw. noch, sich das Nutzungsrecht zur Erstellung von Sicherungskopien gem. § 32 Abs. 1 UrhG auf die Anfertigung einer einzigen Kopie beschränken läßt. Dies ist auch unproblematisch möglich, denn zahlenmäßige Begrenzungen bezüglich der Vervielfältigungsstücke sind hinreichend bestimmt, wirtschaftlich-technisch abgrenzbar und damit zulässig, vgl. Haberstumpf, GRUR Int. 1992, S. 721.
625 Eine vertragliche Regelung ist zur Klarstellung dennoch dringend zu empfehlen, siehe unten C I 1 a) § 3, S. 211 ff. Die übliche Praxis der Überlassung eines Datenträgers an den Anwender, der dann die Software auf seine Festplatte kopiert, worunter herkömmlicherweise nicht die Anfertigung einer Sicherungskopie verstanden wird, macht dies erforderlich.

gramm oder Programmelementen zugrundeliegenden Ideen und Grundsätze einsetzen darf[626]. Diese sind ohnehin vom urheberrechtlichen Schutzumfang nicht erfaßt[627]. Soweit der Nutzer nur die ihm erlaubten Handlungen vornimmt, kommt es also nicht zu einer über die vertraglich vereinbarte Nutzung hinausgehenden Verwertung des Werkes, die vergütungspflichtig sein und ein berechtigtes Partizipationsinteresse des Urhebers berühren könnte.

Der Nutzer kann somit zum Zwecke der Analyse der Funktionsweise insbesondere den Inhalt des Arbeitsspeichers, der die berechtigt geladene Kopie enthält, auf dem Bildschirm sichtbar machen[628]. Allerdings wird dies in den seltensten Fällen bedeutenden Aufschluß über das Funktionieren geben, da der hexadezimale Objektcode praktisch nicht verständlich ist. Eine näherliegende Methode erscheint daher, das Programm mit Testdaten ablaufen zu lassen oder bestimmte Befehlssequenzen zu durchspielen. Auch dadurch sind aber vertiefte Einblicke in die Funktionsweise nicht zu gewinnen; insbesondere bleibt der Implementationsalgorithmus völlig im Verborgenen. Allenfalls eine grobe Struktur eines Funktionsmodells läßt sich ermitteln. Keinesfalls dürfen im Rahmen dieser Untersuchungen seitens des Softwarenehmers zusätzliche Kopien erstellt oder Bearbeitungen vorgenommen werden, auch wenn dadurch ebenfalls nur ungeschützte Grundsätze und Ideen ermittelt werden sollen. Damit scheidet auch die Dekompilierung aus. Ein Eingriff in den Programmcode, der relativ leicht Erkenntnisse über die Funktionsweise vermitteln kann, wird von § 69c Nr. 2 UrhG untersagt. Weitergehende Berechtigungen können sich aber aus den Rechten zur Fehlerbeseitigung (§ 69d Abs. 1 UrhG) oder zur Dekompilierung (§ 69e UrhG) ergeben, in deren Zusammenhang es regelmäßig auch zur Funktionsanalyse kommen wird.

Vom sachlichen Gehalt her betrifft § 69d Abs. 3 UrhG einen Teilbereich des noch vor kurzer Zeit höchst kontrovers diskutierten Reverse Engineering[629]. Darunter sind sämtliche Vorgehensweisen zu verstehen, die dazu dienen, die innere Struktur, den Algorithmus, die Arbeitsweise oder die Herstellungsweise eines Programms zu ermitteln[630]. Im Mittelpunkt steht dabei die Dekompilierung, d. h. die Rückübersetzung des Maschinencodes in eine höhere Programmiersprache, die eine Offenlegung des Algorithmus mit sich bringt. Dies

---

626 Trotz des ähnlichen Wortlautes von § 69d Abs. 3 ("kann ohne Zustimmung") und § 69d Abs. 1 UrhG ("bedürfen ... nicht der Zustimmung") haben beide Absätze völlig unterschiedliche Rechtsfolgen.
627 Siehe § 69a Abs. 2 Satz 2 UrhG, im einzelnen oben A II 1 b) aa) (3), S. 31 f.
628 Dabei wird keine neue Vervielfältigung erstellt, siehe oben B I 3 a), S. 112.
629 Gelegentlich werden ohne genaue Abgrenzung auch die Ausdrücke Dekompilieren, Reassemblieren, Entkompilieren, Entassemblieren oder Zurückentwickeln verwendet.
630 Vgl. *Haberstumpf*, CR 1991, S. 129; *Harte-Bavendamm*, GRUR 1990, S. 658; *Lietz*, CR 1991, S. 564; *Schnell/Fresca*, CR 1990, S. 157; *Sucker*, CR 1989, S. 471; *Wiebe*, CR 1992, S. 134. Einen engeren Begriff (im wesentlichen nur die Rückführung auf eine frühere Entwicklungsphase der Software) verwenden *Ilzhöfer*, CR 1990, S. 579 und *Kindermann*, CR 1990, S. 638.

wird von § 69d Abs. 3 UrhG in keinem Fall erlaubt; die Problematik hat ihre Regelung hauptsächlich in § 69e UrhG gefunden.

Der Regelungsgehalt von § 69d Abs. 3 UrhG stellt sich insgesamt als wenig spektakulär dar[631]. Die praktischen Auswirkungen sind gering. Während § 69d Abs. 3 UrhG als solcher nur Selbstverständliches regelt, erlangt er seine Bedeutung durch die zwingende Wirkung aus § 69g Abs. 2 UrhG, weshalb auch schuldrechtlich nicht möglich ist, die Befugnisse der Nutzer zu beschränken.

d) Zusammenfassung zu § 69d UrhG

§ 69d UrhG ist die zentrale inhaltsgestaltende Norm für den Softwareüberlassungsvertrag. Den Absätzen 2 und 3 kommt gemäß § 69g Abs. 2 UrhG zwingende Wirkung zu. Wie eine Auslegung unter Berücksichtigung der Gesetzgebungsmaterialien ergibt, hat Absatz 1 teilweise zwingende Wirkung; dies bezieht sich vor allem auf das Recht zum Laden und Ablaufenlassen sowie zur Fehlerberichtigung. Dadurch wird die Ausstattung des Softwarenehmers mit einem festen Bestand an Mindestrechten, die den tatsächlichen Einsatz der Software rechtlich absichern, gewährleistet. Zu beachten ist, daß § 69d UrhG keinen besonderen Vertragstyp[632] voraussetzt oder anordnet. Aufgrund dieses weiten Anwendungsbereiches ließe sich § 69d UrhG von der systematischen Funktion her auch als allgemeines Urhebervertragsrecht für Softwareüberlassungsverträge bezeichnen.

5. § 69e UrhG Dekompilierung

§ 69e UrhG erlaubt unter engen Voraussetzungen die Vervielfältigung und Übersetzung im Rahmen der Dekompilierung, jedoch ausschließlich zum Zwecke der Herstellung von Interoperabilität mit anderer Software. Unter Dekompilierung ist die Transformation des Objektcodes zurück in den Quellcode zu verstehen[633], unter Interoperabilität die Fähigkeit von Computerprogrammen, mit anderen Programmen Daten auszutauschen oder auf deren Funktio-

---

631 Vgl. *Haberstumpf*, GRUR Int. 1992, S. 720.
632 Natürlich muß es sich um einen urheberrechtlichen Lizenzvertrag im weiteren Sinne handeln, also einen Vertrag über urheberrechtsschutzfähige Software, der demgemäß eine Nutzungsrechtseinräumung oder -übertragung enthält.
633 Vgl. *Lietz*, CR 1991, S. 566; *Vinje*, GRUR Int. 1992, S. 254 Fn. 39. Die Dekompilierung ist der wichtigste Anwendungsfall des Reverse Engineering und muß in diesem Zusammenhang gesehen werden. Das Gesetz verwendet den Begriff lediglich in der Überschrift. Denkbar wäre auch eine weite Definition, die jede Transformation des Computerprogramms in eine logisch vorgeschaltete Ausdrucksform erfaßt, so z. B. *Kindermann*, CR 1990, S. 638 und wohl *Lehmann*, CR 1992, S. 327 in Gleichsetzung mit dem Begriff des Reverse Engineering. Dies muß man dann erwägen, wenn sich ergibt, daß allein die Erarbeitung des Quellcodes nicht zur Herstellung der Interoperabilität bzw. zur Offenlegung der Schnittstellen ausreicht.

nen zugreifen zu können⁶³⁴. § 69e UrhG setzt nahezu wortgleich Art. 6 der EG-Richtlinie um. Sprachliche Abweichungen, insbesondere jene in Absatz 3, bedeuten keine sachlichen Abweichungen⁶³⁵.

Art. 6 war die umstrittenste⁶³⁶ Vorschrift der EG- Richtlinie. Ursprünglich sollte eine Lösung für die Problematik des Reverse Engineering im Kartellrecht gefunden werden⁶³⁷. Auf Vorschlag des Europäischen Parlaments⁶³⁸ wurde dann doch eine urheberrechtliche Regelung vorgezogen. Eine ebenfalls in Erwägung gezogene Dekompilierung zu Wartungszwecken⁶³⁹ wurde letztlich verworfen. Gleiches gilt für die Dekompilierung zum Zwecke der Erstellung interoperabler Hardware⁶⁴⁰. Die extrem enge und komplizierte, in ihrer Bedeutung im einzelnen ungeklärte Fassung von Art. 6 der Richtlinie und § 69e UrhG resultiert daraus, daß bedeutende wirtschaftliche Interessen seitens der betroffenen Kreise gegeneinander abzuwägen waren und ein eindeutiger und klarer Kompromiß nicht gelang. Damit verlagert sich die eigentliche Problembewältigung im Einzelfall auf die Rechtsprechung. Es bleibt zu hoffen, daß aufgrund kartellrechtlicher Beschränkungen bereits wesentliche Schnittstelleninformationen offengelegt werden und so der Anwendungsbedarf von § 69e UrhG in der Praxis erheblich reduziert wird⁶⁴¹.

Der Normcharakter von § 69e UrhG und seine dogmatische Konstruktion entsprechen § 69d UrhG. Die grundsätzlich gemäß § 69c UrhG erforderliche Nutzungsrechtseinräumung wird vertragsinhaltsbestimmend von § 69e UrhG geregelt. Dabei ist zu beachten, daß § 69e UrhG wie § 69d Abs. 2 und Abs. 3 UrhG gemäß § 69g Abs. 2 UrhG zwingendes Recht enthält. Auch § 69e UrhG ist somit eine **zwingende Inhaltsnorm**.

a)   Reverse Engineering und Schnittstellenproblematik

Reverse Engineering wurde in den letzten Jahren stark kontrovers diskutiert⁶⁴². Gegen eine urheberrechtliche Sperrwirkung wendete sich ein Teil der Litera-

---

634 Vgl. etwa den 12. Erwägungsgrund der EG-Richtlinie, ABl. EG 1991 Nr. L 122, S. 43; ähnlich wird der Begriff der Kompatibilität verwendet, der sich häufig auch auf Hardware bezieht und zusätzlich im Sinne von Austauschbarkeit zu verstehen ist.
635 Vgl. die Begründung zum Gesetzentwurf, BT-Drs. 12/4022, S. 13.
636 Vgl. *Lehmann*, NJW 1991, S. 2115 Fn. 58; *Schulte*, CR 1992, S. 653 f. und die Darstellung bei *Vinje*, GRUR Int. 1992, S. 256.
637 Vgl. *Lehmann*, CR 1989, S. 1059, der entschieden für eine urheberrechtliche Regelung eintrat.
638 ABl. EG 1990 Nr. C 231, S. 81, Änderung Nr. 35.
639 Vgl. Art. 5a der geänderten Vorschlags, ABl. EG 1990 Nr. C 320, S. 28.
640 Vgl. BT-Drs. 12/4022, S. 13; *Schulte*, CR 1992, S. 654.
641 Vgl. *Lehmann*, NJW 1993, S. 1824; *ders.*, NJW 1991, S. 2113, 2116.
642 Vgl. *Bauer*, Reverse Engineering und Urheberrecht, CR 1990, S. 89 ff.; *Haberstumpf*, Die Zulässigkeit des Reverse engineering, CR 1991, S. 129 ff.; *Harte-Bavendamm*, Wettbewerbsrechtliche Aspekte des Reverse Engineering von Computerprogrammen, GRUR 1990,

Fortsetzung nächste Seite

tur[643] mit der Argumentation, daß ein freier Zugang zu den Ideen gewährt werden müsse, um den Programmschöpfer nicht gegenüber anderen Urhebern zu bevorzugen und die Entwicklung kompatibler Programme zu ermöglichen. § 53 Abs. 4 Satz 2 UrhG a. F. habe seinem Zweck nach dem nicht entgegengestanden[644], soweit zum privaten oder wissenschaftlichen Gebrauch nur ein Papierausdruck des Codes erstellt werde. Auch ein Vergleich mit dem Halbleiterschutz, bei dem die gleiche Interessenlage bestehe, spreche für die Zulässigkeit einer Rückübersetzung. Zudem könne der Urheber durch Offenlegung von Schnittstellen einem vollständigen Reverse Engineering zuvorkommen. Einer dieser Meinung entsprechenden teleologischen Reduktion des Vervielfältigungsbegriffs des § 16 UrhG widersprach die Gegenmeinung[645], denn ein vollständiger Zugang zu den Ideen sei im Urheberrecht keineswegs immer gesichert. Im übrigen bestünde der Sonderschutz für Halbleiter gerade, um das dem Urheberrecht fremde Reverse Engineering zu ermöglichen.

Diese Diskussion wird durch § 69e UrhG zum Teil bereinigt. War früher die urheberrechtliche Relevanz des Reverse Engineering strittig, so ist nun angesichts der umfangreichen Urheberbefugnisse in § 69c UrhG[646] davon auszugehen, daß in Ausschließlichkeitsrechte des Urhebers eingegriffen wird. Andernfalls wäre die Schaffung von § 69e UrhG auch entbehrlich gewesen. Die Dekompilierung stellt zum einen eine Übersetzung (§ 69c Nr. 2) dar, zum anderen handelt es sich um eine Vervielfältigung (§ 69c Nr. 1), denn sowohl Objekt- wie auch Quellcode sind Ausdrucksformen desselben Werkes. Zudem ist auch der umgekehrte Fall der Übersetzung des Quellcodes in den Objektcode bei Erstellung der Arbeitskopie im Arbeitsspeicher vor dem Programmlauf eine Verviel-

---

S. 657 ff.; *Hoeren*, S. 95 ff.; *Ilzhöfer*, Reverse-Engineering und Urheberrecht, CR 1990, S. 578 ff.; *Kindermann*, Reverse Engineering von Computerprogrammen, CR 1990, S. 638 ff.; *Lehmann*, Freie Schnittstellen ('interfaces') und freier Zugang zu den Ideen ('reverse engineering'), CR 1989, S. 1057 ff.; *ders.*, Erwiderung – Reverse Engineering ist keine Vervielfältigung i. S. d. §§ 16, 53 UrhG, CR 1990, S. 94 f.; *Schnell/Fresca*, Reverse Engineering, CR 1990, S. 157 ff.; *Sucker*, CR 1989, S. 470 ff.; *Taeger*, Softwareschutz durch Geheimnisschutz, CR 1991, S. 449 ff.; *Vinje*, Die EG-Richtlinie zum Computerprogrammen und die Frage der Interoperabilität, GRUR Int. 1992, S. 250 ff.; *Wiebe*, Reverse Engineering und Geheimnisschutz von Computerprogrammen, CR 1992, S. 134 ff.
643 Vgl. *Lehmann*, CR 1989, S. 1062 f.; *ders.*, CR 1990, S. 94 f.; *Sucker*, CR 1989, S. 470 ff.
644 So *Haberstumpf*, CR 1991, S. 135 f.
645 Vgl. *Bauer*, CR 1990, S. 92 ff.; *Ilzhöfer*, CR 1990, S. 581 f.; *Kindermann* war zumindest gegen den vom Europäischen Parlament vorgeschlagenen Umfang von Reverse Engineering, CR 1990, S. 640; ebenso *Immenga*, FAZ vom 8.11.1990, S. 19.
646 Dies gilt insbesondere bezüglich des Umarbeitungsrechts, welches nach früherer Rechtslage nicht bestand.

fältigung⁶⁴⁷. In aller Regel wird im Rahmen des gegebenenfalls sehr komplexen Vorgangs des Reverse Engineering sogar von mehrfachen Übersetzungen und Vervielfältigungen auszugehen sein. Gerade die Erkenntnis, daß grundsätzlich freie Elemente wie zugrundeliegende Ideen und Grundsätze im Falle der im Objektcode überlassenen Software nicht offenliegen und nur durch Vervielfältigungs- oder Bearbeitungshandlungen zugänglich werden, hat zur Regelung des § 69e UrhG geführt. Zu einer wettbewerbsbeschränkenden Sperrwirkung des Urheberrechts ohne ausreichendes Partizipationsinteresse des Urhebers kann es nun nicht mehr kommen. Damit wird auch eine teleologische Reduktion des Vervielfältigungsbegriffs⁶⁴⁸ entbehrlich.

Die rechtliche Zulässigkeit von Reverse Engineering darf nicht in Widerspruch zu bereits getroffenen Wertungen des Urheberrechts stehen. Hierbei ist insbesondere an den vom Formschutz erfaßten⁶⁴⁹ oder wegen Individualität schutzfähigen⁶⁵⁰ Algorithmus zu denken. Billigt man ihm teilweise Urheberrechtsschutz zu, so kann er nicht Bestandteil der dem Programm zugrundeliegenden, freien Idee sein. Reverse Engineering (vom Objektcode zum Quellcode) legt aber hauptsächlich den (teilweise) geschützten Algorithmus offen, nicht nur die zugrundeliegenden Ideen, Grundsätze oder Schnittstelleninformationen. Um der bestehenden Gefahr der Übernahme geschützter Algorithmen zu begegnen, bezeichnet § 69e UrhG den vielfältigen Motivationen⁶⁵¹, die dem Reverse Engineering zugrundeliegen können, einzig und allein den Zweck der Herstellung von Interoperabilität mit anderen Programmen als rechtmäßige Grundlage. Soweit die Dekompilierung anderen Zwecken dient, ist eine erweiterte vertragliche Nutzungsrechtseinräumung erforderlich⁶⁵². Zudem sieht § 69e Abs. 2 UrhG restriktive Regelungen zur Verwertung der erlangten Kenntnisse über das dekompilierte Programm vor.

Diese Betonung des Zwecks der Herstellung von Interoperabilität durch das Gesetz macht die eigentliche Zielsetzung des Gesetzgebers deutlich: Jedem Programmschöpfer soll ermöglicht werden, sein Programm so zu gestalten, daß es in der Lage ist, mit jedem beliebigen anderen Programm Daten auszutauschen und mit ihm zusammenzuarbeiten. Unverträglichkeiten sollen vermeidbar sein. Das bedeutet, daß jeder Programmschöpfer zu den Schnittstellen anderer Programme Zugang haben soll und diese Schnittstellen zum Zwecke der Interoperabilität auch in seinem Programm implementieren darf. Wesentliche Konsequenz dieser Grundwertung des Gesetzes ist aber, daß die Schnittstelle als solche, d. h. die als Mindestspezifikation zu ihrer Implementierung und

---

647 Siehe oben B I 3 a), S. 112.
648 So noch *Lehmann*, CR 1989, S. 1062.
649 So *Troller*, CR 1987, S. 358.
650 So *Haberstumpf*, Rdnr. 77, 98 und oben A II 1 b) aa) (3), S. 31.
651 Vgl. hierzu *Lietz*, CR 1991, S. 564 f.
652 Eine Ausnahme gilt für die gemäß § 69d Abs. 1 UrhG zulässige Fehlerbeseitigung, im Rahmen derer ebenfalls eine Dekompilierung erforderlich werden kann.

Nutzung erforderliche Information urheberrechtlich frei ist und eine Übernahme in andere Programme nicht untersagt werden kann. Ein Restschutz für Schnittstellen bleibt dennoch: Sie dürfen **in dem dekompilierten Programm** nicht einfach verändert werden und auf die Kommunikation mit anderen, nicht vorgesehenen Systembestandteilen angepaßt werden. Dies ist eine Konsequenz aus dem Schutz des Algorithmus, der die Schnittstelle definiert. Auch würden dadurch die Interessen des Urhebers, von erweiterten Einsatzmöglichkeiten seiner Software zu profitieren, berührt.

b) Zulässigkeit der Verwertung der gewonnenen Informationen bei der Erstellung von Ersatzprogrammen

Als Hauptproblem der Zweckbestimmung von § 69e UrhG (Herstellung von Interoperabilität) ergibt sich die Frage, ob die bei der Dekompilierung erlangten Informationen lediglich zur Erstellung nicht funktionsgleicher Programme (sog. Anschlußprogramme) verwendet werden dürfen oder ob auch die Schaffung funktionsidentischer Programme umfaßt ist, die kompatibel (im Sinne von austauschbar) mit dem dekompilierten Programm sind (sog. Ersatzprogramme)[653].

Der Wortlaut von § 69e UrhG gibt keinen hinreichenden Aufschluß: Für eine enge Zweckbestimmung (bloße Erstellung von Anschlußprogrammen) spricht, daß nach dem nächstliegenden Gedankengang von § 69e Abs. 1 UrhG die Dekompilierung der Interoperabilität **mit** dem dekompilierten Programm und nicht dessen Ersetzung dienen soll[654]. Denn das bereits "unabhängig geschaffene Programm" soll interoperabel werden; folglich sind die "anderen Programme", mit denen Interoperabilität bestehen soll, zu dekompilieren. Eine solche Auslegung entspräche auch § 69e Abs. 3 UrhG, der die Interessen des Urhebers des dekompilierten Programms schützen will. Doch ist der obige Gedankengang nicht zwingend. Denn die erforderlichen Schnittstelleninformationen können jeweils beiden miteinander operablen Programmen entnommen werden. Daher kann der einfachere Weg zur Erlangung dieser Informationen über die Dekompilierung einer zu substituierenden Software führen. Auch dann wird Interoperabilität mit "anderen Programmen" erreicht, und zwar solchen, die interoperabel mit der dekompilierten Software sind. Die unbestimmte Formulierung in § 69e Abs. 1 UrhG "mit anderen Programmen", die offenläßt, ob damit das dekompilierte Programm oder (auch) davon verschiedene, dritte Programme gemeint sind, führt somit zu erheblichen Unsicherheiten. Hinzu kommt, daß der Begriff der Interoperabilität mitunter auch wie Kompatibilität im Sinne von Austauschbarkeit verstanden wird[655]. Auch geht § 69e Abs. 2 Nr. 3 UrhG offenbar selbst davon aus, daß funktionsgleiche Ersatzprogramme

---

653 Vgl. zu diesem Problemkreis vor allem *Schulte*, CR 1992, S. 653 f.
654 So auch exakter einige Änderungsvorschläge, vgl. im einzelnen *Vinje*, GRUR Int. 1992, S. 255.
655 So ausdrücklich z. B. *Kindermann*, CR 1990, S. 638.

geschaffen werden[656], wenn er regelt, daß sie im Falle der Verwertung der Schnittstelleninformationen (zumindest) in ihrer Ausdrucksform nicht wesentlich ähnlich sein dürfen.

Der Lösungsweg ist der Regelung von § 69e Abs. 2 Nr. 3 UrhG in Verbindung mit § 69a Abs. 2 Satz 2 UrhG zu entnehmen: Die Differenzierung zwischen ungeschützter Idee und geschützter Ausdrucksform soll klären, inwieweit Schnittstelleninformationen zur Erstellung kompatibler Ersatzprogramme verwendet werden dürfen. Soweit nur freie Grundsätze verwertet werden oder die verwerteten Informationen zu einer nur unwesentlich ähnlichen Ausdrucksform führen, liegt eine Urheberrechtsverletzung nicht vor. Damit ist dann auch die Auslegungsregel von § 69e Abs. 3 UrhG gewahrt. Die Schwierigkeiten dieses Lösungsansatzes liegen jedoch im Detail, denn das Gesetz hat nicht geklärt, wie die angesprochene Differenzierung vorzunehmen ist[657] und was unter wesentlicher Ähnlichkeit der Ausdrucksform zu verstehen ist. Die Ansicht, daß als Kriterium dieser Ähnlichkeit auf den Funktionsumfang abzustellen sei[658], ist abzulehnen. Denn die Funktionalität einer Software ist der ihr zugrundeliegenden Idee zuzurechnen[659], andernfalls entstünde ein Monopol bezüglich des jeweiligen Anwendungsbereichs der Software, Konkurrenz würde völlig ausgeschaltet.

Legt man die oben[660] entwickelten Differenzierungskriterien und Überlegungen zur Schutzfähigkeit von Algorithmen und Schnittstellen an, so ergibt sich folgende Lösung: Ersatzprogramme dürfen unter Verwertung der erlangten Informationen geschaffen werden. Jedoch dürfen dabei die dem dekompilierten Quellcode (durch Abstraktion) entnehmbaren Algorithmen, soweit sie individuell sind, allenfalls in elementaren Bausteinen übernommen werden, niemals in größeren Zusammenhängen. Die unmittelbare Schnittstellengestaltung, wie sie sich aus deren abstrakter, aus dem Quellcode abzuleitender Beschreibung ergibt, darf identisch erfolgen; eine identische Übernahme des Algorithmus oder gar dessen Implementierung im Quellcode darf nur dann erfolgen, wenn andernfalls die Schnittstelle nicht genutzt werden kann.

---

656 Die Kommission war sich der Wirkung der "offenen" Formulierung durchaus bewußt und sah nach der Verabschiedung der Richtlinie das Erstellen von Ersatzprogrammen unter Verwendung der dekompilierten Informationen als vom Wortlaut gedeckt an, vgl. *Vinje*, GRUR Int. 1992, S. 256. Bedenken hiergegen äußert *Moritz*, CR 1993, S. 266.
657 Siehe oben A II 1 b) aa) (3), S. 31 f. und B I 1, S. 108.
658 Hiervon berichtet *Schulte*, CR 1992, S. 653.
659 Siehe oben A II 1 b) aa) (3), S. 32. Der Funktionsumfang, wie er etwa in einem Pflichtenheft festgelegt wird, ist geradezu die Kernidee, die der Software zugrundeliegt.
660 A II 1 b) aa) (3), S. 29 ff.

c) Verhältnis zum Geheimnis- und Know-how-Schutz

§ 69e UrhG ermöglicht als zwingende Norm die Aufdeckung von Informationen, denen – auch wenn sie nicht urheberrechtlich geschützt sind – Geheimnischarakter zukommen kann. Insofern fragt sich, ob eine Kollision mit den gemäß § 69g Abs. 2 UrhG unberührt bleibenden Vorschriften des UWG, insbesondere §§ 17, 18 UWG vorliegt. Im Ergebnis wird man von einem Vorrang des Urheberrechts ausgehen müssen[661].

d) Tatbestandsvoraussetzungen von § 69e UrhG

Die Tatbestandsvoraussetzungen von § 69e UrhG sind äußerst restriktiv gefaßt, um der ungerechtfertigten Übernahme einer fremden Programmiererleistung vorzubeugen: Die Dekompilierung muß durch einen rechtmäßigen Nutzer erfolgen. Die Dekompilierung darf sich nur auf die Teile des Programms beziehen, deren Kenntnis zur Herstellung der Interoperabilität erforderlich ist, also die Schnittstellen. Vor allem aber ist eine Dekompilierung gänzlich unzulässig, wenn die gewünschte Schnittstelleninformation anderweitig ohne weiteres verfügbar ist. Unter "ohne weiteres" ist nicht Kostenlosigkeit zu verstehen, jedoch dürfen die Kosten eine Aufwandsentschädigung nicht übersteigen[662].

e) Ökonomische Konsequenzen

Die widerstreitenden Interessen sind offensichtlich: Auf der einen Seite ermöglicht die Schaffung funktionsidentischer Programme auf der Grundlage des Quellcodes des Ausgangsprogramms eine starke Reduktion der Entwicklungskosten[663] und birgt die Gefahr eines sehr viel preisgünstigeren Konkurrenzproduktes, welches das Originalprodukt verdrängen kann. Der Anreiz zur Erstellung innovativer Software sinkt damit[664]. Insofern war die Rede von einer Übertragung wirtschaftlicher Vorteile von den Programmentwicklern auf die Nachahmer[665] und einer "Austrocknung des europäischen Softwaremarktes"[666]. Auf der anderen Seite können marktstarke Unternehmen durch Geheimhaltung ihrer Schnittstellen ihre Wettbewerbsvorteile gegenüber kleineren Softwareanbietern ausbauen. Allerdings kann hier das Kartellrecht Abhilfe ermöglichen. Letztlich muß abgewogen werden zwischen dem durch ein Anreizsystem von Monopolrechten zu sichernden Partizipationsinteresse des Urhebers und dem gesamtwirtschaftlichen Interesse an evolutiver Konkurrenz.

---

661 Siehe zu § 69g UrhG unter B I 7, S. 144 f.
662 Vgl. *Marly*, NJW-CoR 4/93, S. 23 f. unter Bezugnahme auf den französischen Text der EG-Richtlinie.
663 Vgl. *Immenga*, FAZ vom 8.11.1990, S. 19: 4 Monate Entwicklungszeit anstelle von 4 Jahren.
664 Vgl. *Ilzhöfer*, CR 1990, S. 581.
665 *Immenga*, FAZ vom 8.11.1990, S. 19.
666 *Kindermann*, CR 1990, S. 639.

Die Kritik an § 69e UrhG ist bei genauerer Beurteilung seiner ökonomischen Konsequenzen nicht berechtigt. Denn § 69e UrhG selbst schafft nicht die tatsächliche Möglichkeit zum Reverse Engineering. Diese bestand schon immer und wird auch zukünftig (unrechtmäßig) genutzt werden. Eine rechtliche Zulässigkeit des Reverse Engineering beschränkt sich auf diejenigen Teile des Programms, deren Kenntnis zur Herstellung einer Interoperabilität erforderlich ist. Keinesfalls dürfen künftig systematisch Programme vollständig dekompiliert werden. Im Gegenteil legt § 69e Abs. 1 Nr. 2 UrhG sogar fest, daß eine Dekompilierung dann unzulässig ist, wenn die Schnittstelleninformation anderweitig erhältlich ist. Der Urheber eines innovativen Programms steht künftig also vor der Entscheidung, ob er die Schnittstellen genau spezifiziert, sauber implementiert und die betreffenden Informationen offenlegt oder ob er eine Dekompilierung und mannigfache Bearbeitungen seiner Software durch die Konkurrenz provozieren will, wobei natürlich eine erhöhte Gefahr der Leistungsübernahme besteht. Indem er diese Entscheidung letztlich dem Urheber überantwortet, aktiviert § 69e UrhG die selbstregulativen Kräfte des Marktes: der Urheber wird in aller Regel die (ungeschützten) Schnittstellen offenlegen, um einer Dekompilierung seiner Software vorzubeugen. Um möglichst wenig Einblick in die Programmstruktur geben zu müssen, wird er zudem auf eine saubere, abgrenzbare Programmierung und klare Definition der Schnittstellen achten. Damit steigt die Softwarequalität. Dies wird bei den Interessenten die Möglichkeit und den Anreiz zur Schaffung interoperabler Programme erhöhen und das Bedürfnis, eine Dekompilierung vorzunehmen, senken – abgesehen von ihrer rechtlichen Unzulässigkeit in diesem Fall. Insgesamt wird so der Marktanteil interoperabler Software konkurrenzbelebend und zum Nutzen der Anwender steigen. § 69e UrhG mag eine unter juristischen Aspekten unbefriedigende und mißlungene Vorschrift darstellen, unter ökonomischen Gesichtspunkten ist von der Regelung jedoch ein wettbewerbs- und innovationsfördernder Impuls zu erwarten.

6. § 69f UrhG Rechtsverletzungen

§ 69f Abs. 1 UrhG sichert das neu ausgestaltete Property Right des Programmschöpfers mit zivilrechtlichen Vernichtungsansprüchen bezüglich rechtswidrig hergestellter, verbreiteter oder zur Verbreitung bestimmter Vervielfältigungsstück, wobei an die bestehende Regelung des § 98 UrhG angeknüpft wird. Die urheberrechtliche Neuheit besteht darin, daß Maßnahmen nicht nur gegenüber dem Verletzer, sondern gegenüber jedem Besitzer oder Eigentümer der Vervielfältigungsstücke ergriffen werden können, mithin der Rechtsinhaber wirksam jeden Plagiatsbesitz und jedes Weiterverbreiten unterbinden kann. § 69f Abs. 2 UrhG ermöglicht die gleichen Maßnahmen bezüglich solcher Mittel, die allein der unerlaubten Beseitigung oder Umgehung von Programmschutzmechanismen dienen[667]. Auswirkungen auf die Vertragsgestaltung sind von § 69f UrhG kaum zu erwarten; jedoch kann für den Erwerber von Software der Nachweis seiner Berechtigung von praktischer Bedeutung sein.

7. § 69g UrhG Anwendung sonstiger Rechtsvorschriften; Vertragsrecht

§ 69g Abs. 1 UrhG soll inhaltsgleich Art. 9 Abs. 1 Satz 1 der Richtlinie umsetzen[668]. Dabei dürfte dem Gesetzgeber aufgrund überflüssig komplizierter Formulierungsweise ein grammatikalischer Fehler[669] unterlaufen sein. Denn nach der Richtlinie sollten übrige gesetzliche Schutzvorschriften sowie das **Vertragsrecht** unberührt bleiben. Nach dem deutschen Gesetzestext bleiben übrige gesetzliche Schutzvorschriften "sowie schuldrechtliche Vereinbarungen" unberührt – eine völlig sinnwidrige Formulierung in Anbetracht der teilweise zwingenden Regelungen der §§ 69a ff. UrhG. Man wird den deutschen Gesetzestext daher im Sinne von Art. 9 Abs. 1 Satz 1 der EG-Richtlinie zu verstehen haben. § 69g Abs. 1 UrhG ist danach zu lesen: "... lassen die Anwendung sonstiger Rechtsvorschriften auf Computerprogramme, insbesondere über den Schutz von ... sowie *über* schuldrechtliche Vereinbarungen, unberührt." Insoweit wird klargestellt, daß sämtliche übrigen gesetzlichen Schutzrechte zugunsten von Software anwendbar bleiben, vor allem das Patentrecht und das Wettbewerbsrecht. Verträge haben sich an dem üblichen Vertragsrecht auszurichten, also an den §§ 31 ff. UrhG, am BGB und insbesondere auch am AGBG und an kartellrechtlichen Beschränkungen.

Zwischen einem wettbewerbsrechtlichen Geheimnisschutz nach dem UWG und der gemäß § 69g Abs. 2 UrhG zwingenden Vorschrift des § 69e UrhG ergibt sich jedoch ein Konkurrenzproblem. In der im Objektcode überlassenen Software sind mangels Offenkundigkeit des in ihr enthaltenen Programmiererwissens Geheimnisse enthalten[670]. Auch ist den Parteien eines Vertrages grundsätzlich möglich, durch vertragliche Vereinbarung[671] Geheimnisschutz gemäß §§ 17, 18 UWG zu erlangen. Dies kann gerade dort interessant sein, wo ein urheberrechtlicher Schutz nicht besteht, etwa bezüglich der Schnittstellen. Die Befugnis zu genau deren Offenlegung sieht jedoch vertragsrechtlich zwingend § 69e UrhG vor. Würde man nun aufgrund des wettbewerbsrechtlichen Schutzes die Dekompilierung für unzulässig erachten, so wäre die urheber-

---

667 Insoweit wurde geäußert, daß das Gesetz über das Ziel hinausschieße, vgl. *Marly*, NJW-CoR 4/93, S. 24. Dabei dürfte jedoch der Gesetzeswortlaut zu kritisch interpretiert worden sein: Dienen die Mittel einer Fehlerberichtigung, so dienen sie auch einer erlaubten und nicht **allein** einer unerlaubten Beseitigung der Programmschutzmechanismen. § 69f Abs. 2 UrhG greift dann nicht ein. Man wird auf den konkreten Einzelfall abzustellen haben.
668 Vgl. Begründung zum Gesetzentwurf, BT-Drs. 12/4022, S. 15.
669 Es ließe sich auch argumentieren, nur ein Komma sei falsch gesetzt: nämlich versehentlich vor das Wort "sowie" statt vor das Wort "unberührt".
670 Vgl. *Wiebe*, CR 1992, S. 135 f.
671 So *Lehmann*, GRUR Int. 1991, S. 335; *Schulte*, CR 1992, S. 657; a. A. *Wiebe*, CR 1992, S. 138.

rechtliche Regelung umgangen, die Schnittstellen könnten trotz der §§ 69e, 69g Abs. 2 UrhG monopolisiert werden, das Ziel der Interoperabilität auf dem Softwaremarkt wäre gefährdet. In diesem Fall muß die allgemeinere Bestimmung des § 69g Abs. 1 UrhG hinter der Spezialregelung des § 69e UrhG zurücktreten, d. h. grundsätzlich bleiben die wettbewerbsrechtlichen Schutzvorschriften anwendbar, im Falle der Aufdeckung von Schnittstellen unter den engen Voraussetzungen des § 69e UrhG greift der wettbewerbsrechtliche Schutz nicht ein[672].

§ 69g Abs. 2 UrhG sieht mit rückwirkender Kraft[673] die Unwirksamkeit vertraglicher Regelungen, die gegen die §§ 69d Abs. 2, Abs. 3 oder 69e UrhG verstoßen, vor. Da schon hier die Folge der Unwirksamkeit bestimmt ist, bedarf es nicht mehr eines Rückgriffs auf § 134 BGB. Im übrigen dürfte § 69g Abs. 2 UrhG zumindest im Falle von § 69e UrhG vertraglich anderslautenden Bestimmungen dann nicht im Wege stehen, wenn die Abweichung zugunsten des Nutzers erfolgt, er also zum Beispiel unter erleichterten Bedingungen oder in erweitertem Umfang dekompilieren darf. Dies läßt sich zwar dem Wortlaut nicht entnehmen, ist aber eine Konsequenz aus dem Schutzzweck der Vorschrift, die den Nutzer sichern soll, ihn aber nicht in über das gesetzlich vorgesehene Mindestmaß hinausreichenden vertraglichen Rechten beschneiden will.

8. Zusammenfassung

Die §§ 69a ff. UrhG stellen von ihrer systematischen Funktion her ein **Sonderurheberrecht für Computerprogramme** dar. Das Partizipationsinteresse der Programmschöpfer am wirtschaftlichen Erfolg des besonders verletzlichen Gutes Software wird durch die Ausstattung mit verstärkten Verwertungsrechten gemäß § 69c UrhG abgesichert: Dem Vervielfältigungsrecht liegt erkennbar ein weiter Vervielfältigungsbegriff zugrunde. Das Umarbeitungsrecht geht deutlich über § 23 UrhG hinaus und ermöglicht zusammen mit § 39 UrhG die Kontrolle über jeden Eingriff in den Programmcode. Das Verbreitungsrecht ist um ein neuartiges Vermietrecht ergänzt. Wesentliche Rechtsfolge ist, daß der Anwender zum rechtmäßigen Einsatz der Software Inhaber eines urheberrechtlichen Nutzungsrechts sein muß. Eine inhaltliche Beschränkung dieses Nutzungsrechts durch den Urheber gemäß § 32 UrhG verschafft ihm weitestgehende Marktkontrolle, Monopolstellungen auch bezüglich urheberrechtlich freier Bestandteile der Software und entfaltet so potentiell wettbewerbsbeschränkende Wirkung. Als Korrelat und Korrektiv zum Property Right des Urhebers erhalten daher dessen marktwirtschaftliche Gegenspieler, die Softwarenachfrager, eine vertragsrechtliche Absicherung ihrer Nutzungsinteressen

---

672 Vgl. auch *Dreier*, CR 1991, S. 583 f.; *Lehmann*, CR 1992, S. 328; *ders.*, NJW 1991, S. 2117; *ders.*, GRUR Int. 1991, S. 335 f.; *Schulte*, CR 1992, S. 657; *Taeger*, CR 1991, S. 457; *Wiebe*, CR 1992, S. 138. A. A. *Moritz*, GRUR Int. 1991, S. 702 f. Für eine "industriepolitische", nicht eine rechtliche Lösung wie oben beschrieben, plädierte *Habel*, CR 1991, S. 260.
673 Vgl. § 137d Abs. 2 UrhG.

durch die überwiegend zwingenden Regelungen der §§ 69d und 69e UrhG. Dadurch wird ihnen eine **Mindestausstattung mit Nutzungsrechten** garantiert, die eine vertragliche Knebelung durch den Softwaregeber verhindert[674]: Aufgrund seiner Mindestrechte darf jeder rechtmäßige Nutzer das Programm laden und ablaufen lassen und in diesem Zusammenhang dessen Funktionsweise testen und beobachten. Er darf eine notwendige Fehlerberichtigung vornehmen. Er darf eine Sicherungskopie halten. Unter engen Voraussetzungen darf er das Programm dekompilieren. Der Käufer eines Computerprogramms darf dieses weiterveräußern.

Die beschriebenen Regelungen kodifizieren ansatzweise ein allgemeines Urhebervertragsrecht für Computerprogramme. Eine Festlegung auf einen bestimmten Vertragstypus erfolgt dabei nicht, jedoch scheint dem Gesetz eine grundsätzliche **Differenzierung zwischen Kaufvertrag und stärker nutzungsbeschränkendem Lizenzvertrag (im engeren Sinne)** zugrundezuliegen. Damit besteht Übereinstimmung mit der oben[675] ermittelten Systematik der rechtlich geeigneten und ökonomisch effizienten Vertragstypen.

II. GRUNDSÄTZE DES ALLGEMEINEN URHEBERVERTRAGSRECHTS UND VERTRAGLICH RELEVANTE GRUNDSÄTZE DES ÜBRIGEN URHEBERRECHTS

Die Anwendung der allgemeinen Grundsätze des nur fragmentarisch[676] geregelten Urhebervertragsrechts auf Softwareüberlassungsverträge bleibt gemäß § 69g Abs. 1 UrhG unberührt; auch sind bei der Vertragsgestaltung einige Prinzipien des übrigen Urheberrechts zu beachten. Dabei ist insbesondere an die Zweckübertragungstheorie zu denken sowie der Charakter urheberrechtlicher Nutzungsrechte zu klären.

1. Der Begriff der Nutzungsart, des Nutzungsrechts und die Beschränkbarkeit urheberrechtlicher Nutzungsrechte gem. § 32 UrhG

Der Begriff der Nutzungsart (§ 31 Abs. 1, Abs. 4, Abs. 5 UrhG) ist wirtschaftlich zu bestimmen. Die Nutzungsart bzw. das ihr zugeordnete Nutzungsrecht (§ 31 Abs. 1 UrhG) ist begrifflich und gedanklich von den in den §§ 15 ff. UrhG aufgezählten Verwertungsrechten zu trennen, die bloß abstrakt und pauschal, dafür jedoch umfassend die rechtlich relevanten, dem Urheber zugeordneten Verwertungsmöglichkeiten beschreiben. Das dem Nutzer zugeordnete Nutzungsrecht enthält in aller Regel nur Ausschnitte aus dem Kreis der Verwertungsrechte. Die Differenzierung in unterschiedliche Nutzungsarten erfolgt, um dem Urheber die Partizipation an jeglicher wirtschaftlicher Verwertung

---

674 So insbesondere *Lehmann*, NJW 1993, S. 1823.
675 A IV 1, S. 93 und A V, S. 106.
676 Vgl. *Fromm/Nordemann/Hertin*, Vor § 31 Rdnr. 1.

seines Werkes zu ermöglichen[677]. Daher sind die Verwertungsmöglichkeiten auch nach wirtschaftlichen und technischen Kriterien zu differenzieren. Eine Grenze findet die Aufspaltbarkeit im Verkehrsschutzinteresse. Daher ist unter einer Nutzungsart eine nach der Verkehrsauffassung hinreichend bestimmte und klar abgrenzbare, wirtschaftlich-technische einheitliche und selbständige, konkrete Nutzung zu verstehen[678]. Für eine oder mehrere derartig konkrete Nutzungsarten kann gemäß § 31 Abs. 1 UrhG ein (konkretes) Nutzungsrecht eingeräumt werden.

Gemäß § 32 UrhG können diese Nutzungsrechte räumlich, zeitlich oder inhaltlich beschränkt werden. Dabei läßt sich insbesondere bezüglich der inhaltlichen Beschränkungsmöglichkeit keine scharfe Abgrenzung zur Spezifizierung nach § 31 UrhG vornehmen. Richtig dürfte sein, in § 32 UrhG eine ergänzende Norm zu sehen, die die Feingliederung der Nutzungsrechte vor allem in zeitlicher und räumlicher Dimension ermöglicht[679]. Vom Ergebnis her bleibt es dabei, daß eine Modifizierung der Nutzungsrechte über die Grenzen wirtschaftlich-technischer Differenzierbarkeit nicht möglich ist[680]. Auf der dinglichen Ebene kommt es somit zu einer – wenn auch sehr fein spezifizierten – Auffächerung denkbarer Nutzungsrechte, die mosaikartig die gesamte Palette der Werkverwertung abdecken, jedoch als elementare Bausteine nicht noch weiter diversifiziert werden können. Auf der schuldrechtlichen Ebene steht es den Parteien frei, weitere Beschränkungen und Inhaltsbestimmungen vorzunehmen – natürlich nur mit relativer Wirkung inter partes. Die Beschränkungen und Aufspaltungen der Nutzungsrechte müssen – auch bei urheberrechtlich-dinglicher Wirkung – den üblichen Vertragskontrollen standhalten, vor allem dem AGBG und dem Kartellrecht. Von § 32 UrhG gedeckte Verwendungsbeschränkungen verstoßen allerdings regelmäßig nicht gegen Kartellrecht[681].

Es zeigt sich einmal mehr, daß das Urheberrecht für die wirtschaftliche Verwertung von Software, deren technische Verwendungsmöglichkeiten immer weiter zunehmen und bei der die Entstehung neuer Nutzungsarten vorhersehbar ist, gerade aufgrund der flexiblen und wirtschaftlich-technisch orientierten Nutzungsrechtsgestaltung einen geeigneten rechtlichen Rahmen vorgeben kann.

---

677 Genau dieser Gedanke liegt auch der Zweckübertragungstheorie zugrunde.
678 Vgl. *Schricker/Schricker*, Vor §§ 28 Rdnr. 52 m. w. N., §§ 31/32 Rdnr. 7, 38; *Donle*, S. 150 f.; *Haberstumpf*, GRUR Int. 1992, S. 719; BGH, GRUR 1986, S. 65 – GEMA-Vermutung I. Die ältere Auffassung, wonach Verwertungs- und Nutzungsrechte sich nur nach ihrer personellen Zuordnung unterscheiden, wird praktisch nicht mehr vertreten, so aber *Matthias Scholz*, S. 41.
679 Vgl. *Schricker/Schricker*, Vor §§ 28 ff. Rdnr. 51, §§ 31/32 Rdnr. 7.
680 Vgl. *Haberstumpf*, GRUR Int. 1992, S. 719, der die Beschränkbarkeit nach § 32 UrhG allerdings völlig mit der Bestimmung der Nutzungsart nach § 31 gleichsetzt.
681 Vgl. *Lehmann*, Kartellrechtliche Grenzen, Rdnr. 50; *ders.*, NJW 1993, S. 1826.

2. Zweckübertragungstheorie und § 31 Abs. 5 UrhG

Die Zweckübertragungstheorie ist ein zentraler Grundsatz des Urhebervertragsrechts und basiert hauptsächlich auf von der Rechtsprechung entwickelten Grundsätzen[682]. Sie bewirkt eine weitgehend restriktive Einräumung von Nutzungsrechten[683]. Wirtschaftliches Ziel der Zweckübertragungstheorie ist eine möglichst umfassende Partizipation des Urhebers an der Verwertung seines Werkes. Der diese Absicht transformierende rechtliche Grundgedanke ist, daß das Urheberrecht die Tendenz hat, so weit wie möglich beim Urheber zurückzubleiben[684]. Ohne gesonderte Vereinbarung erfolgt die Belastung des Urheberrechts mit Nutzungsrechten also nur so weit, wie dies zur Erreichung des Vertragszwecks unbedingt erforderlich ist, keinesfalls aber darüber hinaus[685]. Dies gilt sowohl für die Frage, ob der Vertrag überhaupt ein Nutzungsrecht einräumt als auch für die Feststellung dessen Umfangs im Rahmen einer Beschränkung gemäß § 32 UrhG[686]. Die Zweckübertragungstheorie ist dabei rechtsdogmatisch als Auslegungsgrundsatz zu verstehen[687].

Das Verhältnis zu § 31 Abs. 5 UrhG ist strittig und kann nicht als geklärt angesehen werden[688]. Ein Teil der Literatur sieht in § 31 Abs. 5 UrhG eine nachträgliche Kodifikation der schon durch die Rechtsprechung gefestigten Zweckübertragungstheorie[689]. Doch dürfte dem entgegenzuhalten sein, daß § 31 Abs. 5 UrhG nur einen Ausschnitt der Zweckübertragungstheorie regelt und daneben die übrigen Grundsätze anwendbar bleiben. Daher ist § 31 Abs. 5 UrhG zwar ein Anknüpfungspunkt der Zweckübertragungstheorie, doch nicht deren volle gesetzliche Regelung[690]. § 31 Abs. 5 UrhG bewirkt für die Parteien letztlich eine Spezifizierungslast bezüglich jedes einzelnen Nutzungsrechts, bei deren Nichtbeachtung zur Ermittlung von Art und Umfang der Nutzungsrechtseinräumung auf den Vertragszweck abgestellt wird. Über den Charakter der Vorschrift bestehen deutlich divergierende Ansichten[691] (Auslegungsnorm, zwingende Norm, dispositive Inhaltsnorm, Formvorschrift). Trotz seines Ursprungs

---

682 Vgl. nur *Fromm/Nordemann/Hertin*, §§ 31/32 Rdnr. 12.
683 Vgl. die der Rechtsprechung entnommene, thesenartige Zusammenstellung bei *Donle*, S. 50 f.
684 Vgl. nur *Ulmer*, S. 365.
685 In engem Zusammenhang damit steht die Aufspaltung in wirtschaftliche Nutzungsarten, denen jeweils ein spezifisches Nutzungsrecht zugeordnet ist und die Ausschnitte aus den dem Urheber zugeordneten Verwertungsrechten beanspruchen.
686 Vgl. *Fromm/Nordemann/Hertin*, §§ 31/32 Rdnr. 16; BGH, GRUR 1957, S. 612 – Bel ami.
687 So die ganz h. M.: vgl. *Fromm/Nordemann/Hertin*, §§ 31/32 Rdnr. 12 in Anspielung auf die naturgemäß stark vertragsergänzende Wirkung: "Grenzbereich zwischen Auslegung und Vertragskorrektur"; *Donle*, S. 52 Fn. 131; *v. Gamm*, § 31 Rdnr. 18 ff.; *Schricker/Schricker*, §§ 31/32 Rdnr. 31.
688 Vgl. *Donle*, S. 52 ff.
689 Vgl. *Möhring/Nicolini*, § 31 Anm. 11; *Kockler*, UFITA, Bd. 73 (1975), S. 21, 23 m. w. N.
690 Vgl. *Donle*, S. 48; *Fromm/Nordemann/Hertin*, §§ 31/32 Rdnr. 12; *Schricker/Schricker*, §§ 31/32 Rdnr. 36: " Ergänzt ... um die allgemeine Zweckübertragungslehre".
691 Vgl. die zusammenfassende Darstellung bei *Donle*, S. 52 ff.

in der Zweckübertragungstheorie sprechen gewichtige Argumente dafür, § 31 Abs. 5 UrhG nicht als Auslegungsregel zu betrachten[692]. Denn letztlich kann ein dem erklärten und übereinstimmenden Willen der Parteien entgegenstehender Vertragsinhalt die Folge von § 31 Abs. 5 UrhG sein, wenn diese bei (gewollter) pauschaler Nutzungsrechtsübertragung nicht den Grundsatz der Einzelbezeichnung der Nutzungsrechte beachtet haben. § 31 Abs. 5 UrhG ist daher als Inhaltsnorm, die unter besonderen Voraussetzungen (Einzelbezeichnung) abbedungen werden kann, anzusehen[693].

§ 31 Abs. 5 UrhG findet nicht nur Anwendung auf die mit dem Urheber geschlossenen Verträge, sondern auch auf sämtliche anderen, nachfolgenden Rechtseinräumungen und -übertragungen. Ferner ist die Zweckübertragungstheorie auf schuldrechtliches Verpflichtungsgeschäft und sachenrechtliche Verfügung gleichermaßen anzuwenden[694].

3. Die Rechtsnatur urheberrechtlicher Nutzungsrechte

Das urheberrechtliche Nutzungsrecht entsteht als Tochterrecht beim Nutzer durch Belastung des Urheberrechts als Mutterrecht. Dabei geschaffene ausschließliche Nutzungsrechte sind unstritig dingliche Rechte mit absoluter Wirkung[695].

Über die Rechtsnatur einfacher Nutzungsrechte bestehen widersprüchliche Ansichten. Ein Teil der Literatur geht von einer lediglich schuldrechtlichen Rechtsposition gegenüber dem Berechtigten aus, die sich in einer Duldung erschöpfe und zudem nicht übertragbar sei[696]. Dagegen spreche auch der Sukzessionsschutz des § 33 UrhG nicht zwingend. Diese Auffassung verkennt jedoch die grundsätzliche Verwandtschaft zwischen einfachem und ausschließlichem Nutzungsrecht; beide unterscheiden sich im wesentlichen nur durch das dem ausschließlichen Recht immanente negative Verbotsrecht. Bezüglich des positiven Benutzungsrechts kann aber jeweils die gleiche Lage bestehen. Die herrschende Auffassung, der zuzustimmen ist, geht daher auch beim einfachen Nutzungsrecht von einer dinglichen Rechtsnatur aus[697]. Für Softwareüberlassungsverträge wäre eine andere Auffassung auch kaum vertretbar: Die Mindermeinung hätte für Software, bei der zum normalen Gebrauch ein einfaches

---

692 Vgl. *Donle*, S. 104.
693 § 31 Abs. 5 UrhG gleicht damit von der Wirkung her eher einer dispositiven Norm als einer zwingenden Norm, welche er streng rechtsdogmatisch darstellen mag. Dies muß auch *Donle*, S. 107, konzedieren.
694 Vgl. *Fromm/Nordemann/Hertin*, §§ 31/32 Rdnr. 22; *Bappert/Maunz/Schricker*; § 8 Rdnr. 5 c; *Schricker/Schricker*, §§ 31/32 Rdnr. 37.
695 Vgl. nur *Schricker/Schricker*, Vor §§ 28 ff. Rdnr. 48.
696 Vgl. *Fromm/Nordemann/Hertin*, §§ 31/32 Rdnr. 2; *Möhring/Nicolini*, § 31 Anm. 9; *Nirk*, S. 137.
697 Vgl. *Bappert/Maunz/Schricker*, § 28 Rdnr. 23, S. 503; *W. Erdmann*, CR 1986, S. 258; dezidiert *v. Gamm*, § 31 Rdnr. 11; *Schricker/Schricker*, Vor §§ 28 ff. Rdnr. 49; *Ulmer*, S. 368 f.

Nutzungsrecht erforderlich ist, sinnwidrig zur Folge, daß zwar das Werkstück gemäß § 69c Nr. 3 Satz 2 UrhG weiterveräußert werden dürfte, dem Zweiterwerber aber kein Nutzungsrecht übertragen werden könnte[698]. Dies steht nach Einfügung des neuen Softwarerechts auch nicht mehr in Einklang mit dem Gesetz, denn § 69d Abs. 1 UrhG geht davon aus, daß jedem[699] "zur Verwendung eines Vervielfältigungsstücks des Programms Berechtigten" ein einfaches Nutzungsrecht zukommt. Daher dürfte die erstgenannte Auffassung auch im übrigen Urheberrecht nicht mehr vertretbar sein. Man mag einwenden, daß es sich bei der neuen Regelung um europäisch geprägte Vorschriften handelt, die nicht mit dem übrigen UrhG in vollem Einklang zu stehen bräuchten, doch fragt sich letztlich, welche Vorteile die Annahme eines bloß relativen, schuldrechtlichen Nutzungsrechts mit sich bringt.

4. Die Ungültigkeit des sachenrechtlichen Abstraktionsprinzips

Im Urhebervertragsrecht gilt das sachenrechtliche Abstraktionsprinzip des BGB nach ganz überwiegender Auffassung nicht[700]. Die Grundlage hierfür ist letztlich wie bei der Zweckübertragungstheorie in einem Schutzbedürfnis des Urhebers zu sehen. Scheitert der zugrundeliegende schuldrechtliche Vertrag, so ist die – wenn auch in uno acto vorgenommene, so doch nach dem Trennungsprinzip grundsätzlich rechtlich selbständig zu beurteilende – dingliche Nutzungsrechtseinräumung ebenfalls unwirksam. Somit bedarf es keines bereicherungsrechtlichen Ausgleichs, und der Urheber ist vor der Verwertung seines Werkes durch eine ohne entsprechenden schuldrechtlichen Anspruch dinglich Berechtigten gesichert. Allerdings gilt das Abstraktionsprinzip dann, wenn die Parteien dessen Wirkung wünschen. Dies muß dem Vertrag aber deutlich zu entnehmen sein. Ferner gilt das Abstraktionsprinzip für alle nicht zweckgebundenen Verträge, insbesondere solche, die bereits abgespaltene Tochterrechte weiterübertragen[701] – ein bei Softwareüberlassungsverträgen häufiger Fall.

5. Leitbildfunktion des UrhG

Die Kontrolle Allgemeiner Geschäftsbedingungen im Rahmen von urheberrechtlichen Lizenzverträgen stößt auf das Problem, inwieweit dem UrhG Leitbildfunktionen zukommt. Die nur rudimentäre Regelung des Urhebervertragsrechts in oftmals bloßen Auslegungsregeln läßt den Parteien weiten Gestaltungsspielraum. Entsprechend hat der BGH eine Leitbildfunktion weitgehend

---

698 Vgl. *Preuß*, S. 363 ff.; *Jörg Schneider*, CR 1990, S. 505 m. w. N.; i. Erg. für einen dinglichen Charakter *Habel*, S. 145.
699 Wobei der Zweiterwerb bedacht wurde.
700 Vgl. *Schricker/Schricker*, Vor §§ 28 ff. Rdnr. 61 mit überzeugender Begründung; *Ulmer*, S. 391 und *Fromm/Nordemann/Hertin*, Vor § 31 Rdnr. 5 unter Berufung auf die Zweckbindung; *Haberstumpf*, GRUR Int. 1992, S. 718.
701 Vgl. *Schricker/Schricker*, Vor §§ 28 ff. Rdnr. 62.

verneint[702]. Sieht man aber in § 31 Abs. 5 UrhG eine (dispositive) Inhaltsnorm, so kann man das UrhG als Leitbild fruchtbar machen. Zudem ist zu berücksichtigen, daß die Zweckübertragungstheorie auch im übrigen inhaltlich präzisierte Rechtsfolgen hat und ähnlich dem dispositiven Gesetzesrecht einen interessengerechten Ausgleich schaffen will. Da nahezu alle Softwareüberlassungsverträge AGB-Verträge sind und es sich hierbei zunehmend um einen Massenartikel handelt, ist gerade im Verhältnis zum Anwender ein effektiver Verbraucherschutz durch das AGB-Gesetz unerläßlich. Die mangelnde Kodifizierung des Urhebervertragsrechts in vertragstypengestaltenden Normen darf sich dabei nicht zu Lasten des wirtschaftlich Schwächeren auswirken. Daher sind urheberrechtliche Grundwertungen wie die Zweckübertragungstheorie als gesetzliches Leitbild anzusehen. Gleiches gilt für die §§ 33 ff. UrhG und erst recht für die softwarespezifischen §§ 69a ff. UrhG[703]. Daneben kommen als Maßstab i. S. v. § 8 AGBG die jeweiligen Vertragsrechtsnormen des BGB in Betracht.

III. Spezifikation und Modifikation von Nutzungsarten beim Softwarelizenzvertrag

Die konsequente Anwendung der aufgezeigten urheberrechtlichen Rahmenbedingungen auf Softwareverträge führt zu einer zentralen Problemstellung. Zur Absicherung legitimer Nutzerinteressen einerseits sowie zur optimalen Verwertung des Werkes andererseits ist die Spezifikation von Nutzungsarten erforderlich. Hier läßt sich die Basis für den Ausgleich gegensätzlicher Interessen legen und hier können durch grundsätzliche Kategorisierung wesentliche, typische Inhalte des Softwareüberlassungsvertrages bestimmt werden. Die bisherigen Versuche zur Identifikation einzelner Nutzungsarten sind nicht sehr zahlreich[704]; sie sind meist auf den Bereich zum Anwender beschränkt und haben bisher noch nicht differenziert Nutzungsarten definiert. Die wesentlich häufiger gewählte Methode der Vertragsanalyse besteht darin, einzelne Klauseln auf ihre Wirksamkeit zu untersuchen und dabei die Grundsätze der §§ 31, 32 UrhG zu beachten[705]. Diese Vorgehensweise a minor ad majore erschwert die Spezifikation und Differenzierung distinkter Nutzungsarten. Ein systematischer Überblick über die Palette der Werkverwertung wird verbaut. Dies ist bedenklich, denn wenn man die Zweckübertragungstheorie als Auslegungsgrundsatz und Leitbild im Rahmen der Vertragskontrolle nutzbar machen möchte, ist der der Ermittlung der konkreten, vertraglich vorgesehenen Nutzungsart logisch

---

702 Urteil vom 18.2.1982, GRUR 1984, S. 48; zustimmend *Prinz zu Löwenstein*, BB 1985, S. 1698; kritisch *Fromm/Nordemann/Hertin*, §§ 31/32 Rdnr. 21; ablehnend *Bappert/Maunz/Schricker*, Einl. Rdnr. 1; *Hubmann/Rehbinder*, S. 209.
703 Vgl. *Schmidt*, Rdnr. 68.
704 Hauptsächlich *Haberstumpf*, GRUR Int. 1992, S. 721 ff. und ansatzweise *Lehmann*, NJW 1993, S. 1825 f.
705 So z. B. *Marly*, Teil D. Softwarespezifische Vertragsbestandteile, S. 253 ff.; *Jochen Schneider*, G. Beschaffung von Software und softwarebezogene Leistungen, S. 518 ff.

vorrangige Schritt eine abstrakte Bestimmung der denkbaren Nutzungsarten. Doch konnte bisher angesichts ungeklärten Urheberrechtsschutzes und magerer gesetzlicher Ausgestaltung des Softwarerechts der Blick nicht so frei auf dieses Problem fallen. Auch mag eine gewisse Zurückhaltung bei der Einführung völlig neuer, auch bei anderen Werken nicht vorbekannter Nutzungsarten in das Urheberrecht bestehen. Mit der neuen gesetzlichen Regelung werden jedoch in §§ 69d und 69e UrhG bereits Ausgestaltungen einzelner Nutzungsarten vorgenommen. Damit dies in ein Gesamtsystem integriert werden kann, soll hier versucht werden, eine Basistypologie[706] der Nutzungsarten bei Computerprogrammen[707] zu entwickeln.

Hierzu sind nach der Verkehrsauffassung hinreichend bestimmte und klar abgrenzbare, wirtschaftlich-technisch einheitliche und selbständige, konkrete Nutzungen zu ermitteln. Da diese Definition der Kontrolle zulässiger Nutzungsartspezifikationen gemäß § 31 UrhG und -modifikationen gemäß § 32 UrhG zugleich gilt und beide Vorschriften in einem nicht genau abgrenzbaren Komplementärverhältnis stehen, läßt sich nicht in jedem Fall eine sichere Einteilung nach Nutzungsart oder bloß zusätzlicher Beschränkung vornehmen. Die hier vorgenommene Einordnung soll einen marktnahen Anhaltspunkt liefern und stellt eine von mehreren Möglichkeiten dar. Jedoch unabhängig davon, wo man im einzelnen den Übergang von nutzungsartbestimmender zu nutzungsartmodifizierender Regelung sieht, kann letztlich die Grenze der Aufspaltbarkeit von Nutzungen gemäß den §§ 31, 32 UrhG ermittelt werden. Damit liegt zugleich fest, inwieweit bei Computerprogrammen schuldrechtliche Verwendungsbeschränkungen urheberrechtlich-dinglich abgesichert werden können. Bei der nach vorwiegend wirtschaftlichen Kriterien zu bestimmenden Nutzungsart müssen jedoch auch rechtliche Gesichtspunkte berücksichtigt werden. Denn soweit bereits gesetzliche Regelungen bezüglich möglicher Nutzungshandlungen oder eines zulässigen Nutzungsumfangs vorhanden sind, macht es wenig Sinn, hierzu im Widerspruch stehende Nutzungsarten zu definieren. Insofern entfalten die §§ 69c ff. UrhG eine die Verkehrsanschauung ergänzende typisierende Wirkung.

Im Rückgriff auf bereits dargestellte wirtschaftliche Grundlagen[708] lassen sich folgende Nutzungsarten unterscheiden:

---

706 Im Sinne einer Grobeinteilung. Feinere Abstufungen und Diversifizierungen werden als Problem der Vertragsgestaltung behandelt.
707 Auf die übrigen Bestandteile der Software wie die Dokumentation, wird nicht eingegangen, da insoweit keine neuen Probleme auftreten.
708 Siehe oben A III 3.

1. Nutzungsarten im Anwenderbereich

Im Anwenderbereich geht es um die verschiedenen Formen, in denen der Anwender die Software verwerten kann. Ausgehend vom Standardfall des Normalgebrauchs können weitere Nutzungsarten ermittelt werden.

a) Normalgebrauch

Unter dem Normalgebrauch des Computerprogramms ist die Übernahme der Kopie auf einen Permanentspeicher – in der Regel die Festplatte – und das Ablaufenlassen der Software, dem das Laden in den Arbeitsspeicher vorhergeht, zu verstehen. Dabei ist vom Normalgebrauch nur die Aufnahme in jeweils einen[709] Arbeitsspeicher zur gleichen Zeit gedeckt. Ferner ist die Anfertigung einer Sicherungskopie umfaßt. Das Computerprogramm kommt im Objektcode[710] zum Einsatz. Eingriffe in den Programmcode über das dem Programm immanente Maß sollen nur zur Fehlerberichtigung und zur Gewährleistung des Programmlaufs möglich sein. Eine Dekompilierung darf grundsätzlich nicht erfolgen. Diese letzten Merkmale können nach den bisherigen konfusen und uneinheitlichen Vertragsbedingungen auf dem Softwaremarkt (noch) nicht als gesicherte Verkehrsanschauung angenommen werden, jedoch zeigt sich hier die nutzungsartspezifizierende Wirkung der §§ 69d und 69e UrhG.

Eine Festlegung auf Hardware einer bestimmten Art erfolgt nicht. Dies ist zwar eine wirtschaftlich-technisch abgrenzbare Verwendungsart der Software, jedoch kein für eine Grobeinteilung zur Ermittlung der Nutzungsarten taugliches Differenzierungskriterium. Software kann auf unterschiedlichster Hardware zum Einsatz kommen. So ist es durchaus möglich, Anwendungssoftware, die für IBM-kompatible Rechner erstellt wurde, auf denen das Betriebssystem MS-DOS oder DR-DOS eingesetzt wird, durch softwaremäßige Simulation dieses Betriebssystems auf einem Apple Macintosh zu verwenden. Darin wird nach der Verkehrsanschauung aber kein erheblicher Unterschied gesehen. Eine Einschränkung auf eine Art der Hardware oder gar auf eine ganz bestimmte CPU sind daher als Nutzungsrechtsbeschränkungen inhaltlicher Art anzusehen und nicht bereits nutzungsartbestimmend.

Diese Überlegung veranschaulicht jedoch, daß ein wirtschaftlich-technisch erhebliches Differenzierungskriterium darin besteht, mit welchem Betriebssystem

---

709 Insoweit besteht keine Übereinstimmung mit der Ansicht von *Haberstumpf*, GRUR Int. 1992, S. 721, eine zahlenmäßige Begrenzung von Vervielfältigungsstücken sei nur bei Sicherungskopien sinnvoll und zulässig. Die zahlenmäßige Begrenzung der zulässigen Arbeitsspeicherkopien hat hier sogar nutzungsartbestimmenden Charakter und ist das wesentliche Element zur Abgrenzung gegenüber dem Netzwerkbetrieb mit "intelligenten" Rechnern.
710 Eine Ausnahme bilden diejenigen Programme, die über einen Interpreter umgesetzt werden. Sie werden im Quellcode überlassen.

die Software interoperiert, genauer: mit welchen Schnittstellen sie ausgestattet ist, denn darauf beruht die Interoperabilität mit entsprechend konfigurierter Systemsoftware. Es macht in der marktmäßigen Verwertung einen signifikanten Unterschied, mit welcher Systemsoftware das Anwendungsprogramm kompatibel ist, denn die Marktdurchdringung der unterschiedlichen Betriebssysteme variiert stark und die Systemwelten sind so unterschiedlich, daß sich teilweise sogar völlig getrennte Vertriebswege und Absatzkanäle gebildet haben. Auch technisch besteht ein deutlicher Unterschied, der letztlich zu einem nur noch ähnlichen, aber nicht mehr identischen Softwareprodukt führt. Die bloße Änderung der Schnittstelle reicht zur Implementation in eine andere Systemumgebung oft nicht aus. Nahezu alle Anwendungsprogramme greifen auf Hilfsfunktionen der Systemsoftware zu, die bei den jeweiligen Betriebssystemen sehr unterschiedlich gestaltet sein können und in anderem Umfang zur Verfügung stehen[711]. Entsprechend muß auch der Funktionsumfang und damit der Algorithmus der Anwendungssoftware angepaßt werden. Gute Beispiele aus dem PC-Bereich stellen die von Microsoft jeweils für beide Systemwelten (IBM und Apple) konzipierten Programme Word (Textverarbeitung) und Excel (Tabellenkalkulation) dar. Trotz gleichen Namens und grundsätzlich gleichem Funktionsumfang divergieren die Programme in der Anwendung erheblich; sie zeigen ein unterschiedliches Zeitverhalten, im einzelnen differente Funktionen und sind auch in der Bildschirmdarstellung nicht identisch[712]. Updates ergehen in jeweils unterschiedlichen Zeitabständen und eine Vermarktung folgt getrennten Wegen. Aus diesen technisch und wirtschaftlich verschiedenen, jeweils für sich einheitlichen und selbständigen Nutzungsmöglichkeiten, nach denen auch die Verkehrsanschauung differenziert, folgt, daß für Anwendungssoftware die Interoperabilität mit einer bestimmten Systemsoftware nutzungsartspezifizierend ist. Man könnte noch präziser formulieren, daß die auf das Betriebssystem bezogene Schnittstellenausstattung[713] der Software nutzungsartspezifizierend ist.

---

711 Dies wiederum resultiert aus der Prozessorabhängigkeit des Betriebssystems; so hat ein Intel-Prozessor der 86er Baureihe, wie er von IBM und kompatiblen PCs verwendet wird, einen völlig anders strukturierten Befehlsvorrat als der eines Motorola-Prozessors der 68er Reihe von Motorola, wie er im Apple Macintosh zum Einsatz kommt. Da die Systemprogrammierung aber auf diesen Hardwarevorgaben aufbaut, entstehen technisch völlig unterschiedliche Systeme – auch wenn sie letztlich die gleichen Aufgaben bewältigen.
712 Hier ist innerhalb des IBM-Bereichs erneut zu unterscheiden, ob systemergänzend als Benutzeroberfläche Windows verwendet wird – auch diesbezüglich kommt es zu einem nach der Verkehrsauffassung abgrenzbaren Unterschied: Word für DOS oder Word für Windows sind faktisch getrennte Produkte.
713 Nicht aber die in dieser Schnittstellenausstattung umgesetzte konkrete Konfiguration der Schnittstelle. Kommt es nur zur Veränderung einzelner calls bei der Portierung auf eine andere Systemsoftware, so wird man wohl nicht von einer anderen Nutzungsart ausgehen können.

Für Systemsoftware ergibt sich eine analoge Differenzierung nicht. Man könnte zwar die Kompatibilität mit einer bestimmten Hardware als nutzungsartbestimmend ansehen, jedoch ist Systemsoftware speziell auf den jeweiligen Prozessor zugeschnitten und kann schon technisch überhaupt nicht anders verwendet werden, so daß sich die Frage einer anderen Nutzungsart und damit auch ein Abgrenzungsbedürfnis überhaupt nicht ergibt. Eine Portierung auf eine andere Hardware ist nicht möglich.

Mit obiger Nutzungsartbestimmung ist eine Vorentscheidung für die Frage der Zulässigkeit von Portierungen[714] getroffen. Denn zumindest im Falle einer anderen Schnittstellenkonzeption der neuen Systemsoftware, auf die die Anwendungssoftware übertragen werden soll, bedarf der Nutzer eines diese neue Nutzungsart umfassenden Nutzungsrechts. Ein solches Nutzungsrecht wird ihm in der Regel nicht zustehen.

b) Netzwerkbetrieb

Der Netzwerkbetrieb muß differenziert[715] betrachtet werden. Zum einen fallen unter den Begriff Netzwerk multi-user-fähige Systeme oft mittlerer und großer DV-Anlagen. Zum anderen sind auch sämtliche Netzwerke zu beachten, die eigenständige Rechner verschiedenster Kategorien miteinander verknüpfen. Dies reicht von lokaler Verknüpfung innerhalb eines LAN bis zu weltweiter Kommunikation über öffentliche Netze.

Multi-User-Systeme bzw. Einprozessor-Mehrplatzsysteme ermöglichen den zeitgleichen Zugriff mehrerer Nutzer auf dieselbe Software von sogenannten "dummen" Terminals[716] aus. Software, die darauf zugeschnitten ist, dient von vornherein dem Mehrbenutzerbetrieb; es handelt sich quasi um den Normalgebrauch dieser netzwerkfähigen Software. Hier liegt eine besondere Nutzungsart vor, denn sowohl wirtschaftlich (da mehrere Nutzer) wie technisch (da besondere Softwarekonzeption) ist diese Nutzung von einer normalen Einplatznutzung getrennt zu behandeln. Die Anzahl der angeschlossenen Terminals und damit der potentiellen Nutzer läßt sich in diesem Fall nicht mit urheberrechtlich-dinglicher Wirkung beschränken, denn der einzelne Nutzer nimmt keine urheberrechtlich relevante Nutzungshandlung vor[717]. Für alle

---

714 Zum Problemkreis *Lehmann*, CR 1990, S. 625 ff. und 700 ff. Siehe ferner unter C I 1 a) § 7, S. 221 f.
715 Insofern nicht ganz eindeutig *Haberstumpf*, GRUR Int. 1992, S. 721. Seine Formulierung "Mehrplatzsystem" deckt beide Formen des Netzwerks, vgl. die auch von *Haberstumpf* in Bezug genommene Begriffssystematik bei *Marly*, Rdnr. 761 ff.
716 Diese sind nicht mit eigenem Prozessor oder Arbeitsspeicher ausgestattet.
717 In der Regel handelt es sich um mit höchster Geschwindigkeit sequentiell arbeitende Prozessoren, so daß die Befehle der mehreren Nutzer nacheinander abgearbeitet werden, aber in so kurzer Zeit, daß alle Teilnehmer faktisch parallel an den Terminals arbeiten können, wenn auch genau genommen immer nur einer pro Zeiteinheit auf das Programm und den Prozessor zugreift. Rechtlich läßt sich dies durchaus mit der Situation verglei-

Fortsetzung nächste Seite

Nutzer befindet sich die Software im zentralen Arbeitsspeicher, ohne daß nutzerzahlabhängig Vervielfältigungsvorgänge stattfänden.

Rechnernetze, insbesondere die in letzter Zeit als Standard installierten LANs, vernetzen "intelligente", voll eigenständige Rechner[718] (Einplatzsysteme) miteinander. In diesem besonders praxisrelevanten Fall gilt regelmäßig nicht, daß die Software durch besondere technische Maßnahmen netzwerkfähig gemacht werden muß. Denn der eigentliche Vorgang der Programmnutzung spielt sich nur auf dem jeweiligen Einzelrechner ab, insbesondere die Aufnahme in den Arbeitsspeicher[719]. Das Netzwerk wird lediglich zur anfänglichen Überspielung des Programms genutzt. Die Nutzungsweise kann somit voll dem Normalgebrauch der Software entsprechen, soweit von allen Netzteilnehmern nur ein einziger die Software in seinen Arbeitsspeicher lädt. Der Einsatz der Software auf einem vernetzten Rechner ist also keine gesonderte Nutzungsart. Wird jedoch zeitgleich das Programm in einen weiteren Arbeitsspeicher geladen, so liegt genau darin der technisch relevante Unterschied; wirtschaftlich kommt es zu einer zweiten selbständigen Nutzung. Dennoch handelt es sich hier nicht um eine neue Nutzungsart. Denn die beiden Nutzungen der Software haben keinen inneren Zusammenhang – sie sind reine **Parallelnutzungen**, die man genauso durch das einmalige Übertragen per Diskette erreichen könnte[720]. Die Software wird nicht auf neue Weise verwertet, sondern der Normalgebrauch wird multipliziert. Daher ist von einer bloßen Modifikation der oben als Normalgebrauch ermittelten Nutzungsart auszugehen, die darin besteht, die zahlenmäßige Beschränkung auf eine Arbeitskopie zur gleichen Zeit entsprechend der gewünschten Anzahl der Nutzer im Netz zu erhöhen[721]. Gegebenenfalls kann auch die Anzahl der zulässigen Sicherungskopien erhöht werden. Auch wenn in der Nutzung im Rechnernetz keine eigenständige Nutzungsart gesehen wird, so ist dennoch die volle Kontrolle des Urhebers über die Verwertung des Programms gesichert. Auch bleiben die Kriterien der nach der Verkehrsanschauung bestimmten und abgrenzbaren, wirtschaftlich-technisch ein-

---

chen, daß zwei Nutzer am selben PC sitzen und abwechselnd jeder an seinem Dokument arbeitet.
718 Mit eigener CPU. Zum Begriff Rechnernetz auch *Picot/Reichwald*, S. 379. Teilweise findet auch der Begriff Mehrprozessor-Mehrplatzsystem Verwendung, vgl. *Marly*, Rdnr. 763, wobei diese Bezeichnung genaugenommen nichts über die (allein rechtlich relevante) Anzahl der Arbeitsspeicher aussagt.
719 Dabei kann der Arbeitsspeicher, in den das Programm geladen wird, auch zu einem anderen Terminal gehören und vom eigentlichen Arbeitsplatz aus abgerufen werden. Es bleibt aber dabei, daß pro Nutzung eine Aufnahme in einen Arbeitsspeicher im Netz erfolgt.
720 Dies gilt auch im Falle von kommunikationsbezogener Software. Hier wird zwar das Netz während des Programmlaufs genutzt, dem Lauf vorhergehend muß jedoch in jeder an der Kommunikation teilnehmenden CPU eine Aufnahme in den Arbeitsspeicher erfolgen.
721 Eine nahezu identische Lösung ist es, zwei Nutzungsrechte zum Normalgebrauch einzuräumen.

heitlichen und selbständigen Nutzung gewahrt. Denn jede einzelne Normalnutzung läßt sich nach der jeweiligen CPU identifizieren.

c) *Programmveränderung*

Eine besondere Nutzungsart liegt vor, wenn der Anwender Eingriffe in den Programmcode vornehmen können soll und hierfür der Quellcode[722] überlassen wird. Grundsätzlich wird man zwar technisch unterscheiden können zwischen Änderungen größeren und kleineren Umfangs, doch sind diese Unterschiede nicht signifikant für einheitliche, selbständige und somit voneinander abgrenzbare Nutzungen. Auch die Verkehrsanschauung kann nicht zwischen größeren und kleineren Änderungen klar unterscheiden. Insofern liegt bei Programmänderungen unabhängig von ihrem Umfang eine einheitliche Nutzungsart vor. Davon ist sowohl die bloße Anpassung und Änderung einer Schnittstelle, wie auch die Bearbeitung der Software, die zu einem neuen Produkt führt, umfaßt. Auch eine bloße Schnittstellenanpassung läßt sich nicht eigenständig abspalten, da Schnittstellen sehr unterschiedlichen Umfang haben können und die Anpassungsarbeiten insbesondere dann nicht klar von anderen Eingriffen in die Programmstruktur abgrenzbar sind, wenn die Schnittstelle nicht nur zum Austausch von Daten dient, sondern auch Funktionen der kommunizierenden Programme vernetzt. Nicht unter diese Nutzungsart fallen sämtliche Handlungen, die lediglich programmimmanente Anpassungsvorgänge im Sinne einer Parametrisierung[723] betreffen; sie sind bereits von einem Normalgebrauch umfaßt.

d) *Reverse Engineering*

Eine weitere Nutzungsart liegt vor, wenn der Nutzer den überlassenen Programmcode auf vorhergehende Entwicklungsstufen zurückführt. Wirtschaftlich-technisch ist dies eine einheitliche, selbständige Nutzung, die man von der Änderung des Programmcodes trennen kann. Die technischen Vorgänge sind andere, wirtschaftlich liegt eine völlig unterschiedliche Zielsetzung vor. Es geht darum, die Programmstruktur zu analysieren, Programmierkenntnisse zu erlangen oder Ersatzprogramme zu erstellen[724]. Daß bei rechtlicher Betrachtung bei Änderung und Reverse Engineering jeweils Bearbeitungshandlungen i. S. v. § 69c Nr. 2 UrhG vorliegen, ist für die Aufspaltung nach Nutzungsarten irrelevant. Soll im Zusammenhang mit Reverse Engineering eine (abhängige) Bear-

---

722 Siehe oben A III 3 g) bb), S. 82. Wird lediglich der Objektcode überlassen, so dürfte die Änderungsbefugnis mit einer Befugnis zum Reverse Engineering gekoppelt sein.
723 Siehe oben A III 2 b), S. 75.
724 Diese Ziele können auch erreicht werden, wenn gleich der Quellcode überlassen wird, etwa als gedrucktes Programmlisting. In diesem Falle bedarf der "Nutzer" gar keines urheberrechtlichen Nutzungsrechts. Das Lesen eines Programms ist keine Verwertung i. S. d. UrhG. Entsprechend das bloße Überlassen des Quellcodes auch keine Nutzungsart dar.

beitung erfolgen, so muß das Nutzungsrecht zusätzlich die Nutzungsart Programmveränderung umfassen. Wird jedoch nur eine freie Bearbeitung i. S. v. § 24 UrhG erstellt, so ist für dieses Vorhaben kein weitergehendes Nutzungsrecht neben dem zum Reverse Engineering erforderlich.

e) Vermietung

Nach der Verkehrsanschauung hinreichend bestimmte und klar abgrenzbare einheitliche Nutzungen und die Gesetzeslage beeinflussen sich gegenseitig. Formuliert das Gesetz ein neues Property Right, so muß diese Rechtsposition auch wirtschaftlich beachtet und seine Übertragung vertraglich geregelt werden. Dies gilt auch für das neu geschaffene Vermietrecht aus § 69c Nr. 3 UrhG. Soweit der Nutzer der Software auch zu ihrer Vermietung berechtigt sein soll, ist ihm ein dieses Verwertungsrecht betreffendes Nutzungsrecht einzuräumen[725]. Wirtschaftlich führt die Vermietung zu einer Erhöhung der Nutzergesamtzahl. Konsequenterweise müßte bei rein wirtschaftlicher Betrachtung nach diesem Kriterium auch der Verleih erfaßt werden und die betreffende Nutzungsart "Zeitweise Weitergabe" lauten. Jedoch bleibt der Verleih von Software vom Umfang des Vermietrechts ausgeschlossen[726], so daß mangels Überschneidung mit einem Verwertungsrecht für den Verleih kein Nutzungsrecht erforderlich ist.

f) Modifikation der Nutzungsarten

Die vorstehend aufgeführten Nutzungsarten lassen sich im einzelnen modifizieren.

Am wichtigsten ist die Beschränkung der Nutzung in **zeitlicher** Hinsicht. Sie kann sich auf alle Nutzungsarten beziehen. So läßt sich insbesondere der Normalgebrauch aufteilen in Normalgebrauch auf Dauer im Falle einer endgültigen Überlassung und Normalgebrauch auf Zeit im Falle einer zeitlich beschränkten oder zumindest kündbaren Überlassung. Diese Differenzierung könnte man auch als nutzungsartbestimmend ansehen[727], doch erscheint es systematisch konsequenter und näher am Gesetzeswortlaut, eine bloß modifizierende Wirkung von zeitlichen Beschränkungen anzunehmen.

Eine **räumliche** Beschränkung der Nutzungsarten im Anwenderbereich erscheint wenig sinnvoll, da mit urheberrechtlich-dinglicher Wirkung aus Bestimmtheitsgründen eine Beschränkung nur bezüglich territorialer Grenzen er-

---

725 Eine Aufspaltung der Nutzungsrechte und damit der Nutzungsarten nach einzelnen Verwertungsrechten ist jedenfalls möglich, vgl. *Schricker/Schricker*, Vor §§ 28 ff. Rdnr. 55.
726 Siehe oben B I 3 c), S. 116 f.
727 So wohl *Haberstumpf*, GRUR Int. 1992, S. 721.

folgen kann[728]. Raum- oder betriebsgeländebezogene Lizenzen können allenfalls schuldrechtliche Wirkung entfalten.

Eine **zahlenmäßige** Beschränkung als inhaltliche Beschränkung i. S. v. § 32 UrhG kann sich vor allem auf die Anzahl der Vervielfältigungsstücke beziehen. Hier kommen Arbeitskopien und Sicherungskopien in Betracht[729]. Ladevorgänge oder gar Programmläufe können nicht zahlenmäßig beschränkt werden. Insbesondere sagt die Häufigkeit der Übernahme in den Arbeitsspeicher bei jeweils nur einer Arbeitskopie zur gleichen Zeit nichts über die Intensität der Programmnutzung aus. Bezüglich der neuen Nutzungsart Vermietung ist aber eine zahlenmäßige Begrenzung der Vermietvorgänge denkbar.

Als weitere, **inhaltliche** Beschränkungen kommen Programmnutzungsbindungen bezüglich bestimmter Hardwareumgebungen oder auch auf eine ganz bestimmte CPU in Betracht. Auch sogenannte field of use-Beschränkungen, die das wirtschaftliche Einsatzgebiet der Software eingrenzen, sind grundsätzlich denkbar[730].

2. Nutzungsarten im Vertriebsbereich

Die Nutzungsarten im Vertriebsbereich zeichnen sich durch das gemeinsame Merkmal aus, daß sie Nutzungshandlungen umfassen, die das Verbreitungsrecht des Urhebers aus § 69c Nr. 3 UrhG berühren.

Die Nutzungsartbestimmung im Vertriebsbereich wirft einige Fragen auf, die eine Nutzungsartdefinition komplizieren. Zum einen muß dem Anwender ein Nutzungsrecht verschafft werden, das sich inhaltlich nicht zwingend vom Nutzungsrecht des Händlers ableitet. Zum anderen erschwert die im Softwarevertrieb häufig angestrebte Aufspaltung zwischen Händler, der die Software beschafft, und Urheber bzw. Rechtsinhaber, der das dazugehörige Nutzungsrecht verschafft, eine systematische Einteilung. Zuletzt können sich auch noch Probleme im Zusammenhang mit einer aufgrund des neuen Vermietrechts erforderlichen Differenzierung ergeben. Folgende Nutzungsarten lassen sich entsprechend den grundsätzlichen Vertriebskonstellationen[731] unterscheiden:

a) Schlichter Vertrieb

Erhält der Händler vom Hersteller oder Rechtsinhaber bereits erstellte Werkstücke zur weiteren Verbreitung, ohne daß sie an ihn veräußert werden, so be-

---

728 Vgl. *Schricker/Schricker*, Vor §§ 28 ff. Rdnr. 54 m. w. N. Dies übersieht *Kindermann*, GRUR 1983, S. 156.
729 A. A.: *Haberstumpf*, GRUR Int. 1992, S. 721: nur Sicherungskopien. Vgl. hierzu oben B I 3 a), S. 112.
730 Vgl. *Lehmann*, NJW 1993, S. 1825.
731 Siehe hierzu aus wirtschaftlicher Sicht oben A III 3 h), S. 83 f.

darf er eines Nutzungsrechts zur Verbreitung. Da er keine Vervielfältigungshandlungen vornimmt, sondern nur Weitergabe und Verteilung der Software durch ihn erfolgen, läßt sich diese Nutzungsart als "schlichter Vertrieb" bezeichnen[732].

Ein Vertriebsrecht ist hierfür jedoch nur dann erforderlich, wenn sich das Verbreitungsrecht bezüglich der dem Händler überlassenen Exemplare noch nicht erschöpft hat. Die Werkstücke dürfen daher nicht im Wege der Veräußerung in Verkehr gelangt sein. Folglich müssen sie zum Zwecke des Vertriebs ähnlich einem Kommissionsgeschäft[733] lediglich tatsächlich überlassen sein. Im Regelfall jedoch werden die für den Vertrieb erstellten Werkstücke an den Händler veräußert, die Programme sollen endgültig an ihn übergehen und er erhält Eigentum an den Disketten. Das Verbreitungsrecht hat sich dann bezüglich jedes einzelnen Werkstücks erschöpft. Damit liegt eine urheberrechtlich relevante Nutzung durch den Händler bei Weitergabe nicht mehr vor. Demgemäß wird die bei Standardsoftware weitaus häufigste Vertriebsvariante abgewickelt, ohne daß der Händler eines Nutzungsrechts zur Verbreitung bedarf.

Von der (Nutzungs-)Befugnis zur Vornahme urheberrechtlich relevanter Vervielfältigungs- und Verbreitungshandlungen ist die (Verfügungs-)Befugnis zur Einräumung oder Übertragung des für den Anwender erforderlichen Nutzungsrechts zu trennen. Dieses Nutzungsrecht kann der Endabnehmer theoretisch vom Händler oder vom Urheber erhalten. Soweit der Händler selbst dem Anwender das Nutzungsrecht (regelmäßig zum Normalgebrauch) einräumt oder überträgt, kann sich eine Befugnis hierzu nicht aus seinem Nutzungsrecht zum Vertrieb ableiten. Zum einen handelt es sich bei dem dem Anwender ermöglichten Normalgebrauch um eine völlig andere Nutzungsart, die sich nicht vom Vertriebsrecht des Händlers ableiten läßt. Das Nutzungsrecht des Anwenders ist keinesfalls als Enkelrecht[734], das vom Tochterrecht des Händlers abstammt, zu qualifizieren. Zum anderen ist die bloße Verschaffung eines Nutzungsrechts keine Nutzungshandlung, sondern eine Verfügung – über das Urheberrecht (im Falle der Einräumung) oder das Nutzungsrecht (im Falle der Übertragung). Ob dem Händler die Rechtsmacht zur Verschaffung von Nutzungsrechten zukommt, ist somit eine Frage, die zwar seine Rechtsstellung im Verhältnis zu Urheber beeinflußt und im Rahmen eines Vertriebsvertrags[735] geklärt werden muß, sie dient jedoch nicht der Definition von Nutzungsarten.

---

732 Davon sind terminologisch und sachlich zu unterscheiden **reine** Vertriebsvereinbarungen **ohne** lizenzvertragliche Abrede, vgl. *Lehmann*, Kartellrechtliche Grenzen, Rdnr. 44.
733 Ein Kommissionsgeschäft ist nur bezüglich Waren und Wertpapieren möglich, vgl. § 383 HGB. Man wird jedoch trotz des immateriellen Charakters von Software einen Warencharakter annehmen können.
734 Zur Terminologie vgl. *Schricker/Schricker*, Vor §§ 28 ff. Rdnr. 43.
735 Siehe hierzu unten B V 1, S. 195 ff und C II, S. 245 ff.

b) Vertrieb eigenerstellter Werkexemplare

Erhält der Händler ein Exemplar der Software[736], welches er selbst vervielfältigt an Abnehmer verteilt, so liegt eine wirtschaftlich einheitliche und selbständige Nutzung vor, die Ausschnitte aus dem Vervielfältigungsrecht und dem Verbreitungsrecht des Urhebers berührt. Grundsätzlich wird man annehmen können, daß dem Händler auch die Verbreitung durch Vermietung gestattet ist. Doch ist darin eine eigenständige Nutzungsart zu sehen, die nicht zwangsläufig vom Nutzungsrecht umfaßt ist.

Die Nutzungsart zum Vertrieb eigenerstellter Werkexemplare ist anhand der konkreten Softwareversion, die zur Verbreitung kommen soll, zu spezifizieren. In einem ersten Schritt ist zwischen der Verbreitung des Programms im Quellcode und der Verbreitung des Programms im Objektcode zu differenzieren. Im letzteren Fall ist nach den jeweiligen Systemwelten weiter zu unterscheiden. Hierin liegt – wie beim Recht des Anwenders zum Normalgebrauch – ein wesentliches technisches und wirtschaftliches Differenzierungskriterium. Eine Lizenz zur Vervielfältigung und Verbreitung eines Programms für den DOS-Bereich befugt nicht zur Verbreitung desselben Programms (dessen Objektcode dann freilich völlig anders aussähe) für eine andere Betriebssystemumgebung, etwa Atari. In aller Regel ergibt sich diese Differenzierung schon selbstverständlich aus den Rahmenbedingungen, z. B., wenn das zur Kopie überlassene Werkexemplar bereits im betreffenden Objektcode abgespeichert ist oder wenn das Sortiment des Händlers ohnehin nur auf eine Systemwelt ausgerichtet ist. Dennoch erscheint erwähnenswert, daß sich eine derartige Differenzierung auch mit urheberrechtlich-dinglicher Wirkung durch eine entsprechende Nutzungsartdefinition vornehmen läßt. Eine Parallele läßt sich hier auch zum Verlagsvertrag ziehen, der ebenfalls die Vervielfältigung und Verbreitung von Werken vorsieht und bei dem gemäß § 2 Abs. 2 Nr. 1 VerlG Rechte bezüglich fremdsprachiger Ausgaben getrennt vergeben werden können. Dem Ursprungswerk entspricht in etwa der Quellcode, den Übersetzungen in andere Sprachen entspricht der jeweils in eine andere Maschinensprache kompilierte Objektcode.

Sinnvoll erscheint, den Vertrieb eigenerstellter Werkexemplare zusätzlich nach der Art des zur Verbreitung eingesetzten Datenträgers in mehrere Nutzungsarten aufzuspalten. Mit der Verkehrsauffassung ließe sich differenzieren in Vertrieb auf Diskette[737], Vertrieb auf CD – insbesondere soweit dies in Zusammenhang mit anderer Software geschieht[738] – und Vertrieb auf Spezialdatenträ-

---

[736] Auch "Masterkopie" genannt.
[737] Keinen verkehrswesentlichen Unterschied dürfte die Größe der Diskette (etwa 3,5 oder 5,25 Zoll) ausmachen, da viele Geräte über Laufwerke beider Größen verfügen.
[738] In jüngster Zeit werden so ganze Programmsammlungen aus oft gerade veralteten Versionen und ohne Dokumentation zu besonders günstigen Preisen im Rahmen einer wirtschaftlichen Zweitverwertung nochmals auf den Markt gebracht. Diese CD-Versionen

Fortsetzung nächste Seite

gern[739]. Aus wirtschaftlicher Sicht zielt die jeweilige Vertriebsform auf unterschiedliche Anwenderkreise und birgt ein unterschiedlich hohes Piraterierisiko; aus technischer Sicht erfolgt eine unterschiedliche Art der Datenspeicherung (optisch/magnetisch). Zudem erfolgt der Vertrieb der einzelnen Datenträger jeweils unabhängig voneinander. Damit sind die Merkmale einer eigenen Nutzungsart je potentiellem Datenträger gegeben. Für eine derartige Differenzierung spricht ferner ein Vergleich mit der Lizenzierungspraxis bei Nebenrechten an Musikwerken: Die GEMA[740] vergibt diesbezügliche Vervielfältigungs- und Verbreitungsrechte ebenfalls datenträgerbezogen (z. B. für Schallplatte, CD, DAT-Band) unter Zugrundelegung unterschiedlicher Tarife.

Die Nutzungsart "Vertrieb eigenerstellter Werkexemplare", die regelmäßig auf der ersten Handelsstufe praktische Bedeutung erlangt, läßt sich erst durch Angabe der Softwareversion und der zur Verbreitung vorgesehenen Datenträger genauer definieren. Wie beim reinen Vertrieb ist auch hier die Frage der Einräumung oder Übertragung eines Nutzungsrechts an den Anwender nicht nutzungsartbestimmend.

c) Vermietung

Während der Händler bei endgültigem Erwerb der Software für die Weiterveräußerung keines Nutzungsrechts bedarf, ist für eine zeitweise Überlassung der Software aufgrund des nicht der Erschöpfung unterliegenden Vermietrechts ein Nutzungsrecht erforderlich. Die diesbezügliche Nutzungsart entspricht dabei der Nutzungsart "Vermietung" im Anwenderbereich mit dem Unterschied, daß sich das entsprechende Nutzungsrecht nicht nur auf eines, sondern auf mehrere Werkstücke bezieht. Darin kann man eine zahlenmäßige Inhaltsbestimmung erblicken, die nicht nutzungsartverändernd wirkt. In der Praxis dürfte diese Nutzungsart nur auf der letzten Handelsstufe im Verhältnis zum Anwender eine Rolle spielen.

d) Mailbox-Vertrieb

Als eigenständige Nutzung läßt sich ferner der Vertrieb über eine sogenannte Mailbox qualifizieren. Hier ist der technische Vorgang der Programmübermittlung ein anderer; auch absatzwirtschaftlich wird eine spezifische Zielgruppe angesprochen.

---

sind dann auch nicht updatefähig. Für eine Differenzierung in dieser Hinsicht könnte eine Parallele zu § 2 Abs. 3 VerlG sprechen.
739 Z. B. spezielle Chipkarten, die Spielesoftware enthalten und nur von technisch entsprechend ausgerüsteten Spielecomputern gelesen werden können.
740 Gesellschaft für musikalische Aufführungs- und mechanische Vervielfältigungsrechte.

e) Vertrieb als Firmware

Soweit Software zu Firmware umgesetzt, in Hardware implementiert und vertrieben wird, liegt eine wirtschaftlich selbständige und auch nach der Verkehrsanschauung getrennt zu behandelnde Nutzung vor[741]. Die Umsetzung in eine integrierte elektronische Schaltung stellt eine Bearbeitung (in Form der Übersetzung) dar, die Produktion dieses elektronischen Bausteins eine Vervielfältigung und der anschließende Vertrieb eine Verbreitung der Software. Soweit das integrierte Programm von der Hardware unmittelbar ausgeführt wird, also ein vorheriges Laden in den Arbeitsspeicher nicht erfolgt, muß dem Abnehmer ein Nutzungsrecht nicht verschafft werden.

Bei wortlautgemäßer Anwendung des Gesetzes würde durch die Veräußerung der Firmware das Vermietrecht nicht erschöpft. Dies hätte zur Folge, daß die Hardware, in die die Software als elektronischer Baustein Eingang gefunden hat, nicht ohne Zustimmung des Urhebers vermietet werden dürfte. Hier muß im Rahmen einer teleologischen Reduktion das Vermietrecht in dem Moment als ebenfalls erschöpft gelten, in dem die spezifische Gefährdungslage der Softwarepiraterie nicht mehr gegeben ist, die als Firmware implementierte Software also nicht mehr ohne weiteres kopiert werden kann.

f) Vertrieb nach Veränderung

Soweit ein verändertes Werk vertrieben werden soll, bedarf der Händler zusätzlich eines Änderungsrechts. Nach der Bearbeitung sind die gleichen Nutzungsarten im Vertriebsbereich möglich wie beim Ausgangswerk. Dieser Fall ist denkbar, wenn ein Händler die Software auf die Bedürfnisse einer spezifischen Nutzergruppe anpaßt oder auf eine andere Systemumgebung portiert. Hier ergibt sich eine Überschneidung mit Nutzungsarten im Herstellerbereich.

g) Verbreitung von Programmlistings

Die Verbreitung von sogenannten Programmlistings, d. h. Ausdrucken des Programmcodes, vor allem in Zeitschriften, stellt eine wirtschaftlich abgrenzbare und eigenständige Nutzung dar. Hierbei geht es weniger darum, den Leser in die Lage zu versetzen, die Software einsetzen zu können, sondern vielmehr darum, das im Programmcode enthaltene (programmiertechnische) Know-how zu vermitteln[742].

---

741 Vgl. *Haberstumpf*, Rdnr. 114.
742 Dem Leser muß ein Nutzungsrecht nur dann verschafft werden, wenner geschützte Teile, also Kombinationsalgorithmen individueller Prägung (siehe oben A II 1 b) aa) (3), S. 31), in andere Programme übernehmen will. Insoweit könnte man von einer offerta ad incertas personas ausgehen, falls der Urheber nicht ohnehin auf sein Recht verzichtet.

h) OEM-Vertrieb

Beim OEM-Vertrieb[743] wird die Software unter anderem Namen vertrieben. Auch hierin ist bei wirtschaftlicher Betrachtung nach der Verkehrsanschauung eine gesonderte und abgrenzbare Nutzungsart zu sehen. Der Händler erhält zugleich die Möglichkeit, das Programm entsprechend abzuändern.

Keine eigenständigen Nutzungsarten sind die Vertriebssonderformen VAR-Vertrieb[744] und SHAP-Vertrieb[745]. In beiden Fällen wird die Software wie bei den herkömmlichen Vertriebsformen verbreitet; es handelt sich um rein absatzpolitische Maßnahmen, die keine wirtschaftlich eigenständige Nutzung bewirken.

i) Shareware-Vertrieb

Die Möglichkeit, Software im Shareware-Vertrieb zu verbreiten, beruht im wesentlichen darauf, daß der Urheber auf die Geltendmachung seiner Rechte verzichtet[746]. Dann aber sind auch ein Nutzungsrecht und eine Nutzungsartbestimmung diesbezüglich entbehrlich. Der Shareware-Vertrieb stellt somit keine eigenständige Nutzungsart dar, auch wenn er als eigenständige Vermarktungsform anzuerkennen ist.

j) Modifikation der Nutzungsarten

Die Nutzungsarten im Vertriebsbereich können ebenfalls Modifikationen unterliegen. Insbesondere folgende urheberrechtlich-dinglich wirkenden Beschränkungen kommen in Betracht:

Eine **zeitliche** Beschränkung ist unproblematisch zulässig. Ebenso ist eine **zahlenmäßige** Begrenzung der Anzahl der Vervielfältigungs- und Vertriebsstücke möglich[747]. Auch **räumliche** Begrenzungen bezogen auf ein Staatsgebiet sind zulässig. Allerdings kommt der räumlichen Begrenzung, die insbesondere in Verbindung mit exklusiver Rechtseinräumung von Interesse ist, möglicherweise keine besondere Bedeutung zu. Da sich die Erschöpfungswirkung bezüglich des Verbreitungsrechts auf das gesamte Gebiet der EG erstreckt, kann die Weiterverbreitung von innerhalb der EG in Verkehr gebrachten Werkstücken durch den Urheber bzw. Rechtsinhaber nicht untersagt werden. Eine räumliche Begrenzung kann jedoch bei Vertriebsrechten für Staaten, die nicht

---

743 Siehe hierzu oben A III 3 h) aa), S. 84.
744 Siehe hierzu oben A III 3 h) bb), S. 85.
745 Siehe hierzu oben A III 3 h) cc), S. 85.
746 Ob dies rechtswirksam möglich ist, ist umstritten. Hier wird von einem wirksamen Verzicht ausgegangen. Andernfalls ließe sich der Shareware-Vertrieb wohl als eigenständige Nutzungsart auffassen. Näher zum Shareware-Vertrieb unten B IV 5 b), S. 190 ff.
747 Vgl. für den Verlagsvertrag § 29 Abs. 1 VerlG; *Schricker/Schricker*, Vor §§ 28 ff. Rdnr. 53.

der EG angehören, sinnvoll sein. Auch soweit Sprachbarrieren – wie häufig bei Software – die Verbreitung innerhalb der EG faktisch behindern, kann eine räumliche Beschränkung wirtschaftlich Sinn ergeben.

3. Zusammenfassung und Konsequenzen

Im Anwenderbereich ergibt sich als Grundsystematik eine Aufteilung in die Nutzungsarten Normalgebrauch, Netzwerkbetrieb, Programmveränderung, Reverse Engineering und Vermietung. Dabei zeigen sich schon in der Nutzungsartdefinition vielfach Konsequenzen der neuen gesetzlichen Regelung.

Im Vertriebsbereich sind bei der Nutzungsartspezifikation zwei Fragen klar zu trennen: Zum einen die Frage nach der urheberrechtsrelevanten Verbreitungshandlung mit dem Problem der Erschöpfung des Verbreitungsrechts und zum anderen die Frage nach der Nutzungsrechtsverschaffung beim Softwarenehmer. Letztere ist nicht nutzungsartspezifizierend[748]. Im übrigen ergeben sich im Vertriebsbereich vielfältige, wirtschaftlich getrennt zu betrachtende Nutzungsarten, so insbesondere der Vertrieb eigenerstellter Werkexemplare auf jeweils unterschiedlichen Datenträgern, der Vertrieb über Mailboxen, der Vertrieb als Firmware, und der Vertrieb als Programmlisting. Der Shareware-Vertrieb erfolgt ohne Nutzungsrecht.

Die Vielzahl der Nutzungsarten ist bei der Vertragsgestaltung zu beachten. Für eine rechtssichere Vertragsgestaltung – vor allem im Vertriebsbereich, der mangels gesetzlicher Regelung mehr Spielraum eröffnet – ist wegen § 31 Abs. 5 UrhG und § 69d Abs. 1 UrhG eine Einzelbezeichnung der Nutzungsarten dringend zu empfehlen.

Aus der Spezifikation von Nutzungsarten ergibt sich die Grenze der Aufspaltbarkeit von Nutzungsrechten bei Software. Damit liegt auch der potentielle, mit urheberrechtlich-dinglicher Wirkung erga omnes ausgestattete Vertragsinhalt fest. Weitergehende Beschränkungen können nur schuldrechtliche Wirkung inter partes entfalten. Sie sind nicht von den §§ 31, 32 UrhG gedeckt und unterliegen somit voller kartellrechtlicher und AGB-rechtlicher Kontrolle.

IV. DIE EINZELNEN VERTRAGSTYPEN BEI DER SOFTWAREÜBERLASSUNG AN DEN ANWENDER

Ein Blick auf die Geschäftsfelder der Softwareüberlassung an Anwender[749] zeigt, daß von Ausnahmen abgesehen nur noch drei Vertragstypen in Betracht kommen: Werkvertrag im Falle der Erstellung oder Anpassung von Software, Kaufvertrag und urheberrechtlicher Lizenzvertrag im engeren Sinne. Daneben

---

748 Sie wirkt sich natürlich dennoch auf die Gestaltung der Vertriebsverträge aus.
749 Siehe Matrixdarstellung oben A IV 1, S. 92.

müssen besondere Gestaltungsformen im Softwarebereich berücksichtigt werden: zum einen der neben dem eigentlichen Softwareüberlassungsvertrag häufig angestrebte zusätzliche Vertrag mit dem Hersteller, zum anderen die Vertragsbeziehungen bei Shareware und Freeware. Im folgenden werden die vertragsspezifischen Merkmale dargestellt, die neben den oben bereits erläuterten urheberrechtlichen Regelungen zu berücksichtigen sind, insbesondere die gewährleistungsrechtliche Problematik.

1. Werkvertrag

Der Werkvertrag hat im Anwenderbereich die Erstellung von Individualsoftware oder die Anpassung von Software zum Ziel.

a)   Erstellung von Individualsoftware

aa)   Hauptleistungspflichten des Werkunternehmers

Herbeizuführender Erfolg im Sinne eines Softwareerstellungsvertrages ist die Herstellung und Installation bzw. Übergabe der vollständigen Software, d. h. des funktionsfähigen Programms, der Benutzer- und der Wartungsdokumentation[750]. Das Fehlen der Dokumentation ist als Nichterfüllung und nicht als Mangel zu werten[751], da die Dokumentation essentieller Bestandteil der Software[752] und deren Übergabe somit Hauptleistungspflicht ist. Software ohne Begleitmaterial ist nicht schlechte Software, sondern unvollständig.

---

750 A. A. *Jochen Schneider*, Rdnr. D 341, der für eine Wartungsdokumentation eine gesonderte Vereinbarung fordert, vgl. auch OLG München, CR 1988, S. 38. Die Wartungsdokumentation dürfte dann entbehrlich sein, wenn – wie häufig – ein Software-Pflegevertrag mit dem Veräußerer geschlossen wird.

751 Fehlende Dokumentation betrachten als Mangel: OLG Frankfurt, IuR 1986, S. 261; OLG Frankfurt, NJW 1987, S. 3206 (für Hardware); OLG Köln, NJW 1988, S. 2477; OLG Köln, CR 1989, S. 193. Auch *Jochen Schneider* geht wohl ("jedenfalls") von einem Mangel aus, S. 285, D 340, deutlicher S. 581, G 219, jedoch widersprüchlich zu S. 267, D 272; *ders.*, CR 1989, S. 194. Ebenso mittlerweile *Palandt/Putzo*, § 459 Rdnr. 36, der in der 48. Auflage nicht einmal einen Fehler angenommen hatte. Richtig hingegen OLG Saarbrücken, IuR 1988, S. 22; LG Baden-Baden, CR 1988, S. 308; OLG Stuttgart für Hardware, CR 1989, S. 812. Offengelassen für Hardware von BGH, CR 1990, S. 192, von *Bokelmann* in einer Anmerkung aber als Tendenz zur Annahme eines Mangels interpretiert, CR 1990, S. 195. Jetzt jedoch eindeutig als Nichterfüllung qualifiziert von BGH, Urteil vom 4.11.1992, CR 1993, S. 204 f. Ebenso *Malzer*, CR 1989, S. 1086 f.

752 Siehe oben A I 2 c), S. 10. Vgl. *Junker*, S. 157; *Koch*, Rdnr. 561; *Lesshaft*, CR 1989, S. 147; *Jochen Schneider*, Rdnr. D 272 und CR 1989, S. 194; *Zahrnt*, DV-Verträge, Rechtsfragen, unter 1.3 (3). Auch die BVB-Erstellung sehen die Dokumentation in § 1 Nr. 1 Satz 2 lit. c) als "Erstellungsleistung" an.

Weitere Hauptleistungspflicht[753] ist die Einräumung eines Nutzungsrechts an der Software. Beim Werkvertrag kann es sämtliche oben aufgezählte Nutzungsarten des Anwender- und des (bei Individualsoftware wenig praxisrelevanten) Vertriebsbereichs umfassen. Auch eine zahlenmäßige Begrenzung der dem Besteller erlaubten Vervielfältigungen wird dann nicht vereinbart. In diesem Falle wird der Werkunternehmer vom Besteller bereits vollständig für die Programmierleistung entlohnt; das wirtschaftliche Ergebnis soll komplett auf den Besteller übertragen werden. Aus dem gleichen Grund handelt es sich dann um ein dauerhaftes, ausschließliches Recht des Anwenders. Genauso ist aber auch eine andere Regelung möglich, so z. B. die Beschränkung auf ein Recht zum Normalgebrauch. Dies ist letztlich eine Frage der Höhe der Entlohnung und der konkreten Interessenlage der Parteien vor dem Hintergrund der anderweitigen Verwertbarkeit der Software. In jedem Fall ist eine explizite Regelung der Rechtseinräumung für die Parteien wichtig[754]. Eine einfache Übergabe eines Werkexemplars führt mangels besonderer Vereinbarung nach der im Urheberrecht geltenden Zweckübertragungstheorie[755] in der Ausprägung des § 31 Abs. 5 UrhG nur zu einem einfachen Nutzungsrecht an der Software[756].

Regelungsbedürftig ist vor allem, ob dem Besteller auch der Quellcode zugänglich gemacht wird. Maßstab hierfür ist der Vertragszweck, der sich in der beabsichtigten Nutzungsart manifestiert. Ohne ausdrückliche Regelung wird der Quellcode beim Ersteller der Software bleiben[757]. Wenn dem Besteller aber auf Dauer die ausschließliche Nutzung und weitere Verwertung zustehen oder er zur Bearbeitung der Software befähigt werden soll, muß von einer Hauptleistungspflicht zur Überlassung des Quellcodes ausgegangen werden. Weiteres Kriterium ist die Sachlage bezüglich der Wartung. Ist ein langfristiger Wartungsvertrag geschlossen worden, so ist jedenfalls zum Zwecke der Softwarepflege eine Überlassung des Quellcodes nicht erforderlich. Fehlt hingegen ein Wartungsvertrag völlig und ist auch keine ausreichende Wartungsdokumentation überlassen, so muß stattdessen der Quellcode zugänglich gemacht werden[758].

Wesentliches Element des Vertrages ist ein Pflichtenheft, in dem die genauen Anforderungen an das Computerprogramm festgelegt werden. Die Qualität des Pflichtenhefts hängt größtenteils von den EDV-Kenntnissen des Auftraggebers ab und reicht von einfacher, verbaler Problembeschreibung, die allenfalls als Grobkonzept bezeichnet werden kann, bis hin zu detaillierten Definitionen von Datenstruktur, Programmaufbau, -ablauf und Benutzerschnittstellen. Feh-

---

753 Siehe hierzu oben A II 1 b) aa) (5), S. 36.
754 So auch *Link*, GRUR 1986, S. 144.
755 Vgl. nur *Fromm/Nordemann/Hertin* §§ 31/32 Rdnr. 12 ff.
756 Vgl. *Jochen Schneider*, Rdnr. G 224, G 344; *Link*, GRUR 1986, S. 143 f.
757 Vgl. *Lehmann*, NJW 1988, S. 2421; BGH, NJW 1987, S. 1259 = CR 1986, S. 377.
758 Vgl. LG München, DB 1989, S. 973.

ler, die in dieser Definitionsphase der Softwareerstellung gemacht werden, sind während des nachfolgenden Software-Engineering-Prozesses kaum noch auszugleichen[759]. Fraglich ist, wer für dann erforderliche Mehraufwendungen aufzukommen hat. Für eine Verantwortlichkeit des Bestellers spricht hier § 645 Abs. 1 Satz 1 BGB ("Anweisung"), insbesondere wenn das Pflichtenheft nicht bloße Aufgabenbeschreibung ist, sondern detaillierte Hinweise zur Durchführung enthält. Andererseits braucht der Besteller mangels eigener Sachkunde häufig schon bei der Formulierung des Pflichtenhefts fachliche Unterstützung. Erkennt der Unternehmer die Unzulänglichkeit des Pflichtenhefts, so ist von einer Hinweispflicht auszugehen. Bei geringer Spezifikation der DV-Aufgabe durch den Besteller ist der Unternehmer verpflichtet, entsprechende Definitionen in Zusammenarbeit mit dem Besteller vorzunehmen[760]. Dabei ist mit unbeabsichtigten Falschangaben des Bestellers zu rechnen. Wird der Unternehmer bei der Erstellung des Pflichtenhefts tätig, so kann er eine zusätzliche Vergütung verlangen[761], hat aber auch für die Folgen mangelhafter Pflichtenbeschreibung einzustehen. Im Vertrag sollte deshalb eine genaue Abgrenzung getroffen werden, auf welche Angaben der Unternehmer vertrauen darf (im Sinne einer Anweisung gemäß § 645 Abs. 1 Satz 1 BGB) und welche Angaben er verifizieren muß. Möchte der Anwender jedes Risiko vermeiden, so kann er einen eigenen Vertrag über die Planung des Softwareprojektes – gegebenenfalls mit einem Dritten – abschließen.

bb) Hauptleistungspflichten des Bestellers

Neben der Vergütung (§§ 631 Abs. 1 Halbsatz 2, 632 BGB), die auch beim Werkvertrag zeitbezogen erfolgen kann, schuldet der Besteller die Abnahme (§ 640 Abs. 1 BGB). Im Normalfall des Werkvertrages erfolgt die Abnahme des Werkes durch Billigung als vertragsgemäß in unmittelbarem zeitlichen Zusammenhang mit der Entgegennahme[762]. Bei Software ist dem Besteller vor Abnahme eine der Komplexität des Programms entsprechende Frist zur Prüfung der Funktionsfähigkeit einzuräumen; innerhalb dieser Frist muß die Software ohne Fehler gearbeitet haben[763]. Dies gründet insbesondere in dem Umstand, daß Software nicht fehlerfrei zu erstellen ist. Ein Ausgleich für die vom Besteller zu kompensierenden Anlaufschwierigkeiten liegt in dem späteren Beginn der Verjährungsfrist.

---

759 Vgl. *Balzert*, S. 83; allgemein zur Fehlerproblematik *Bons*, S. 35 ff.
760 *Jochen Schneider*, Rdnr. D 295, G 245 f.
761 Vgl. OLG Oldenburg, CR 1986, S. 552.
762 Eine **körperliche** Entgegennahme ist bei dem immateriellen Gut Software allerdings nachrangig, vgl. *Unger*, CR 1986, S. 86. Für den Zeitaspekt ist aber auf die Zurverfügungstellung der Software – ggf. durch Übergabe eines Datenträgers – abzustellen.
763 Vgl. *Palandt/Putzo* § 640 Rdnr. 2; *Jochen Schneider*, Rdnr. D 375 ff.; *Unger*, CR 1986, S. 86; zur entwicklungsphasenbezogenen Abnahme *Müller-Hengstenberg/Wild*, CR 1991, S. 330 ff.; OLG Hamburg, CR 1986, S. 84; OLG Celle, CR 1988, S. 219; a. A. LG Frankfurt, Urteil vom 29.8.1980, Aktz.: 3/8 O 37/80, *Zahrnt*, DV-Rechtsprechung I, K/M-9, S. 57 f.

Neben diesen Hauptleistungspflichten treffen den Besteller umfangreiche Neben(leistungs)pflichten zur Mitwirkung, die regelmäßig in AGB vereinbart werden[764]. Im Normalfall des Werkvertrages handelt es sich nur um Obliegenheiten, deren Verletzung die Rechtsfolge der §§ 642, 643 BGB nach sich zieht[765]; im Falle einer Softwareerstellung kommt daneben eine positive Vertragsverletzung in Betracht.

cc) Gewährleistung

Auch für immaterielle Werke gelten die §§ 633 ff. BGB[766]. Bezüglich des werkvertraglichen Gewährleistungsrechts besteht insoweit für Software Einigkeit[767]. Die im Rahmen der §§ 633 ff. BGB für künstlerische und wissenschaftliche Werke geltenden Einschränkungen[768] sind für Software nicht gültig, da deren Ersteller nicht wissenschaftliche Deutungsfreiheit oder künstlerische Gestaltungsfreiheit für sich beanspruchen kann. Hier tritt der funktionale Charakter der Software in den Vordergrund. Software ist problemlösungsorientiert und kann damit nach herkömmlicher Fehlerdefinition anhand ihrer Gebrauchstauglichkeit und der im Pflichtenheft festgelegten, gegebenenfalls zugesicherten Eigenschaften auf Mängel überprüft werden. Dies gilt auch bei urheberrechtlich geschützter Software, wie ein Vergleich mit einem Bestellvertrag gemäß § 47 VerlG, auf den die §§ 633 ff. BGB Anwendung finden[769], zeigt[770].

Die Unterschiede des werkvertraglichen Gewährleistungsrechts zum kaufvertraglichen (Berücksichtigung auch unerheblicher Fehler, Nachbesserungsanspruch gemäß § 633 Abs. 2 BGB, Aufwendungsersatz für Mängelbeseitigung gemäß § 633 Abs. 3 BGB, Verjährungsbeginn erst nach Abnahme, umfassender Schadensersatzanspruch) und mietvertraglichen Gewährleistungsrecht (Berücksichtigung auch unerheblicher Fehler, kurze Verjährungsfrist gemäß § 638 BGB, Minderung erst nach Vollzug gemäß §§ 634 Abs. 4, 465 BGB) bestehen bei Software unverändert.

Mangels Spezifizierungen im Pflichtenheft kann zur Beurteilung des Sollzustands bei der Fehlerermittlung auf vergleichbare, bereits am Markt befindliche Software abgestellt werden[771].

---

764 Vgl. *Jochen Schneider*, Rdnr. G 268 ff.
765 Vgl. *Palandt/Putzo* § 642 Rdnr. 1.
766 *Erman/Seiler*, § 633 Rdnr. 11; *Jauernig/Schlechtriem*, § 633 Anm. 4.
767 Vgl. *Köhler/Fritzsche*, Rdnr. 155 ff.; *Malzer*, S. 313 m. w. N. Da sich die wesentlichen Meinungsstreite an der kaufrechtlichen Gewährleistung entzündet haben, soll schwerpunktmäßig dort auf die Gewährleistungsproblematik eingegangen werden.
768 Vgl. *MüKo/Soergel*, § 631 Rdnr. 133, § 633 Rdnr. 21.
769 Vgl. *Bappert/Maunz/Schricker*, § 47 Rdnr. 15 ff.; *Fromm/Nordemann/Hertin* Vor § 31 Rdnr. 31.
770 Vgl. *Engel*, BB 1985, S. 1161.
771 Vgl. *Jochen Schneider*, Rdnr. D 297.

b) Anpassung von Software

Soll beim Anwender bereits vorliegende Standardsoftware angepaßt werden, stellt sich das zusätzliche Problem, ob dieser überhaupt zu einem Eingriff in den Programmcode berechtigt ist. Dies ist regelmäßig in den AGB der Hersteller ausgeschlossen[772]. Ob eine solche Klausel aber gemäß § 5 AGBG dann wegen Kollision unwirksam ist, wenn zugleich eine weitere AGB bei einem Eingriff in den Programmcode den Verlust der Gewährleistungsrechte vorsieht[773], erscheint zweifelhaft. Soweit keine vertraglichen Bestimmungen vorliegen, kommt dem zum Normalgebrauch befugten Anwender mit Ausnahme einer Fehlerberichtigung kein Recht zum Eingriff in den Programmcode zu. Will er eine echte Anpassung der Software (über bloßes Parametrisieren hinaus) zu deren Verbesserung vornehmen, bedarf er eines weitergehenden Nutzungsrechts, welches die Nutzungsart Programmveränderung umfaßt. Dies folgt aus den §§ 69c Nr. 2 (Umarbeitungsrecht des Urhebers) und 69d Abs. 1 UrhG (Rechtsstellung des Programmnutzers).

2. Kaufvertrag

Der Kaufvertrag hat als punktuelles Austauschgeschäft die endgültige Überlassung der Software an den Käufer zum Ziel.

a) Hauptleistungspflichten des Verkäufers

Der Verkäufer hat dem Käufer die komplette Software zu beschaffen. Das Programm muß dem Käufer auf ein Speichermedium, in der Regel eine Diskette, übermittelt werden, wobei keine Rolle spielt, ob dies durch Aushändigung eines maschinenlesbaren Datenträgers oder mittels DFÜ erfolgt[774]. Aus Praktikabilitätsgründen erhält der Käufer zu diesem Zweck regelmäßig eine oder mehrere Disketten zu Eigentum. Weiterhin ist ihm ein Exemplar der Dokumentation zu übereignen. Falls eine Wartung der Software erforderlich ist und nicht durch Hersteller oder Händler erfolgt, muß auch die Wartungsdokumentation enthalten sein. Die Softwareüberlassung erfolgt regelmäßig in der Form des Objektcodes. Ob ausnahmsweise auch der Quellcode zu überlassen ist[775], ist mangels Regelung dem Vertrag durch Auslegung zu entnehmen, wobei auf

---

772 Z. B.: "Dem Lizenznehmer ist untersagt, ... c) ohne vorherige schriftliche Einwilligung ... die Software abzuändern, zu übersetzen, zurückzuentwickeln, zu entkompilieren oder zu entassemblieren."
773 So zumindest das OLG München, CR 1988, S. 378.
774 Im Ergebnis richtig bejahen daher OLG Stuttgart, Urteil vom 8.11.1988, NJW 1989, S. 2635 f. und BGH, Urteil vom 18.10.1989, CR 1990, S. 24 ff. die Anwendbarkeit des AbzG bei direktem Überspielen des Programms auf die Festplatte des Käufers. Zustimmend *Bartsch*, CR 1989, S. 694.
775 Ein solcher Fall lag dem Urteil des OLG Karlsruhe vom 5.4.1990, CR 1991, S. 730 f. zugrunde.

den Vertragszweck bzw. die beabsichtigte Nutzungsart abgestellt werden kann.

Der Verkäufer muß dem Käufer ferner entsprechend §§ 398 ff., 413 BGB ein Nutzungsrecht (§§ 69d Abs. 1, 31 ff. UrhG) zu verschaffen. Hierfür ist die genaue vertragliche Definition der Nutzungsart(en) erforderlich. Insofern kommt beim Kaufvertrag jede der im Rahmen der obigen Typologie entwickelten Nutzungen in Betracht. Immer ist jedoch in Übereinstimmung mit § 69d Abs. 1 UrhG als nucleus die **Nutzungsart Normalgebrauch** für eine bestimmte Systemumgebung enthalten. Denn der Kaufvertrag hat grundsätzlich die Verschaffung der (möglichst) vollen Rechtsmacht über den Kaufgegenstand zum Ziel. Andernfalls wäre der Käufer praktisch nicht in der Lage die Software weiterzuveräußern, da er dem Zweitkäufer kein Nutzungsrecht zum Normalgebrauch verschaffen könnte. Beschränkungen über eine von §§ 31, 32 UrhG gedeckte und durch Urheberinteressen gerechtfertigte Begrenzung auf einen Normalgebrauch hinaus dürfen nicht vorgenommen werden, insbesondere nicht solche inhaltlicher Art. Dies widerspräche dem Charakter eines Kaufvertrages. Wollen die Vertragsparteien derartige Beschrankungen vereinbaren, so muß von einem Lizenzvertrag im engeren Sinne ausgegangen werden. Das Nutzungsrecht des Käufers darf außerdem nicht zeitlich beschränkt sein, sondern muß **auf Dauer** bestehen. Im Anwenderbereich wird es sich in der Regel um ein einfaches Nutzungsrecht handeln. Jedoch sind auch Konstellationen denkbar, in denen der Anwender ein ausschließliches Nutzungsrecht erlangen möchte, etwa zur Erzielung eines besonderen Wettbewerbsvorteils. Dann dürfte das Nutzungsrecht auch weitere Nutzungsarten umfassen. Hier verschwimmen in der Praxis die Grenzen zur Individualsoftware.

Zusammenfassend ergibt sich, daß beim Kaufvertrag das Nutzungsrecht als **Mindestumfang** einen **dauerhaften uneingeschränkten Normalgebrauch** erfaßt.

Auf diesen nutzungsrechtsbezogenen Teil des Kaufvertrages sind die Regeln des Rechtskaufs anwendbar[776]. Unerheblich ist insoweit, daß das "verkaufte" Nutzungsrecht im Falle der Einräumung erst im Moment des Verfügungsgeschäfts entsteht.

Da der Verkäufer selbst zur Verschaffung des Nutzungsrechts verpflichtet ist, erscheint fraglich, ob eine Nutzungsrechtseinräumung auch im Rahmen eines Schutzhüllenvertrages durch den Hersteller erfolgen kann. Zwar könnte man einen Erfüllungsvorgang gemäß §§ 362 Abs. 1, 267 Abs. 1 BGB konstruieren, doch ist dies dann abwegig, wenn der Verkäufer bereits Inhaber eines übertragbaren Nutzungsrechts ist, z. B. im Falle einer Absatzkette seinerseits die Software im Rahmen eines Kaufvertrages erworben hat. Ferner werfen zusätz-

---

776 So wohl auch *Kilian*, S. 35; ferner OLG Nürnberg, Urteil vom 26.3.1992, CR 1992, S. 723 f.

liche Nutzungsbeschränkungen im Schutzhüllenvertrag, die gegen § 69d Abs. 1 UrhG verstoßen, erhebliche Bedenken auf[777].

b) Gewährleistungsrecht

Die Anwendung der §§ 459 ff. BGB setzt eine Sache als Vertragsgegenstand voraus. Für immaterielle Güter fehlen Gewährleistungsvorschriften. Direkt sind die §§ 459 ff. BGB daher nur auf übereignete Datenträger und äußere Mängel der Dokumentation anwendbar.

Umstritten ist, ob die §§ 459 ff. BGB auch bei Mängeln des Computerprogramms (analoge) Anwendung finden[778]. Daß grundsätzlich Sachmängelgewährleistungsrecht zur Anwendung kommen kann, ein Rückgriff auf allgemeine Regelungen wie positive Vertragsverletzung oder die §§ 323 ff. BGB also nicht erforderlich ist[779], wird anhand der werkvertraglichen Regelung deutlich, die nicht zwischen materiellem und immateriellem Werk unterscheidet. Die Anwendung der §§ 459 ff., 480 BGB auf andere Immaterialgüter ist anerkannt[780]. Sie sind angesichts der Funktionalität von Software analog auch für Mängel des Programms anzuwenden[781]. Dabei läßt sich die übliche Definition eines Fehlers – nachteilige Abweichung der Ist- von der Sollbeschaffenheit, wo-

---

777 Siehe im einzelnen zur Schutzhüllenvertragskonstruktion unten B IV 4 a), S. 179 ff.
778 Vgl. allgemein zum Gewährleistungsrecht und Fehlerbegriff: *Bömer*, Risikozuweisung für unvermeidbare Softwarefehler, CR 1989, S. 361 ff.; *Bons*, Fehler und Fehlerauswertungen, in: Gorny/Kilian (Hrsg.), Computer-Software und Mängelhaftung, S. 35 ff.; *Brandi-Dohrn*, Die gewährleistungsrechtliche Einordnung des Software-Überlassungsvertrags, CR 1986, S. 63 ff.; *Engel*, Mängelansprüche bei Software-Verträgen, BB 1985, S. 1159 ff.; *Gorny*, Fehlerbehaftete Software – Einige Gedanken aus der Sicht der Informatik, in: Gorny/Kilian (Hrsg.), Computer-Software und Mängelhaftung, S. 7 ff.; *Heussen*, Technische und rechtliche Besonderheiten von Mängeln bei Computerleistungen, Teil I und II, CR 1988, S. 894 ff., 986 ff.; *ders.*, Urheber- und lizenzrechtliche Aspekte bei der Gewährleistung für Computersoftware, GRUR 1987, S. 779 ff.; *Hoeren*, EDV-Gewährleistungsrecht – Aktuelle Entwicklungen, CR 1992, S. 533 ff.; *Kilian*, Vertragsgestaltung und Mängelhaftung bei Computer-Software, CR 1986, S. 187 ff.; *Lesshaft/Ulmer*, Softwarefehler und Gewährleistung, CR 1988, S. 813 ff.; *Mehrings*, Computersoftware und Gewährleistungsrecht, NJW 1986, S. 1904 ff.; *Müller-Hengstenberg*, Bemerkungen zum Software-Gewährleistungsrecht, CR 1986, S. 441 ff.; *ders.*, Zuordnung von Softwarefehlern in Risikobereiche, CR 1989, S. 900 f.; *Redeker*, Fehlernachweis bei Softwaremängelprozessen, CR 1991, S. 654 ff.; *ders.*, Der Rechtsbegriff des Mangels beim Erwerb von Software, CR 1993, S. 193 ff.; *Ruppelt*, Verjährung der Gewährleistungsansprüche bei fehlerhaften Computerprogrammen, CR 1990, S. 256 ff.; *Zahrnt*, Gewährleistung bei der Lieferung von DV-Systemen, IuR 1987, S. 102 ff.; *ders.*, Gewährleistung bei der Überlassung von Standardprogrammen, IuR 1986, S. 252 ff.
779 So aber OLG Stuttgart, CR 1986, S. 640.
780 Vgl. allgemein für Immaterialgüter *Hubmann/Rehbinder*, § 43 II 1, S. 207.
781 Vgl. *Hoeren*, CR 1992, S. 533; *Jaeger*, MDR 1992, S. 96; *Kilian*, S. 44; *Köhler*, CR 1987, S. 829; *König*, Rdnr. 673 ff.; *Malzer*, S. 144 ff.; *Marly*, Rdnr. 351; *Redeker*, CR 1993, S. 194; *Jochen Schneider*, Rdnr. D 73; *MüKo/Westermann*, § 433 Rdnr. 20; *v. Westphalen/Seidel*, S. 17; BGH, Urteil vom 4.11.1987, CR 1988, S. 124; OLG Nürnberg, Urteil vom 20.10.1992, CR 1993, S. 359 ff.

bei sich die Sollbeschaffenheit mit dem subjektiven Fehlerbegriff primär nach dem Vertragszweck und erst sekundär nach dem gewöhnlichen Gebrauch richtet[782] – auch auf Software anwenden[783]. Eine softwarespezifische Interpretation des Fehlerbegriffs ist demnach entbehrlich. Jedoch wird neuerdings zurecht darauf hingewiesen, daß zwischen EDV-technischem und juristischem Fehlerbegriff Unterschiede bestehen[784]. Nicht jeder Fehler nach dem Verständnis der Informatik führt zu einem Mangel im Rechtssinne. Zur Ermittlung des technischen Standards kann aber auf die üblichen Qualitätsanforderungen der Informatik zurückgegriffen werden.

Nicht interessengerecht erscheint für Software die Verjährungsregelung des § 477 BGB[785]. Bei Standardsoftware handelt es sich mittlerweile um hochkomplexe Produkte, deren volle Funktionalität erst nach dauerhaftem Praxiseinsatz überprüft werden kann. Die technische Unmöglichkeit der Erzielung von Fehlerfreiheit beruht nicht zuletzt darauf, daß die vielfältigen Aufgaben und Funktionen, die Software in der Praxis zu erfüllen hat, sich ex ante nicht vorhersehen, simulieren und testen lassen. So treten gewisse Fehler nur in ganz bestimmten, seltenen Konstellationen und Bearbeitungssituationen auf. Dennoch können sie gravierende Folgen haben und das Programm entwerten. All diese potentiellen Fehlerquellen innerhalb der Gewährleistungsfrist zu überprüfen, übersteigt die Möglichkeiten eines Anwenders. Als Korrektiv wird ein Hinausschieben des Ablieferungszeitpunkts bis zur Durchführung eines Probebetriebs vorgeschlagen[786].

Nach anderer Auffassung[787] soll die kaufvertragliche Lücke der Gewährleistung für immaterielle Güter bei Software unter Berufung auf die Interessenlage durch die werkvertragliche Gewährleistungsregelung gefüllt werden. Trotz beachtlicher Argumentation wird dabei übersehen, daß die analoge An-

---

782 Vgl. nur *Palandt/Putzo*, § 459 Rdnr. 8.
783 Vgl. *Redeker*, CR 1993, S. 194; ebenso *König*, Rdnr. 677. Siehe ferner *v. Westphalen/Seidel*, S. 24 ff. mit einer ausführlichen Darstellung von Softwaremängeln und der Beurteilung durch die Rechtsprechung.
784 Vgl. *Redeker*, CR 1993, S. 195 f.; a. A. *Ruppelt*, S. 49 ff.
785 Vgl. *Ruppelt*, CR 1988, S. 256 f.
786 *Hager*, AcP 190 (1990), S. 330 f.; so verläuft auch die Entwicklung in der Rechtsprechung, vgl. *Zahrnt*, CR 1993, S. 134 ff. m. w. N. A. A. *Jersch*, Jura 1988, S. 583.
787 So insbesondere *Mehrings*, NJW 1986, S. 1907; *ders.*, NJW 1988, S. 2439; ebenso *Lesshaft/Ulmer*, CR 1988, S. 816 ff; siehe hierzu auch *Eickmeier/Eickmeier*, CR 1993, S. 73 ff. mit ihrer Lösung nach den Grundsätzen vom gemischten Vertrag. In der Rechtsprechung unter Berufung auf *Mehrings* OLG Düsseldorf, Urteil vom 9.6.1989, CR 1990, S. 122 ff. und LG Nürnberg-Fürth, Urteil vom 16.12.1991, CR 1992, S. 338 f. für "nicht-evidente Mängel" mit grundsätzlich zustimmender Anmerkung von *Brandi-Dohrn*, CR 1992, S. 340 f. Die Entscheidungen scheinen sich sachverhaltsbezogener Argumentation allerdings stark auf Einzelfallgerechtigkeit zugeschnitten zu sein, und es bleibt letztlich unklar, was unter einem "nicht-evidenten" Mangel zu verstehen ist. Die ökonomischen Konsequenzen eines Nachbesserungsrechts werden verkannt. Eine grundsätzliche Haltung der Rechtsprechung läßt sich aus diesen Entscheidungen nicht ableiten.

wendung einer Rechtsvorschrift Vergleichbarkeit der Sachverhalte erfordert. Die auf raschen und vielfachen Güteraustausch abzielende Veräußerung des Massengutes Standardsoftware ist aber nicht mit der Erstellung spezifischer Individualsoftware zu vergleichen. So unbefriedigend im Falle von Software die kaufvertragliche Regelung (insb. § 477 BGB) auch ist – § 633 BGB ist kein Heilmittel. Das Nachbesserungsrecht mag im Einzelfall noch interessengerecht sein[788], problematisch erscheint jedoch der damit verbundene Aufwendungsersatzanspruch aus § 633 Abs. 3 BGB. Denn bei massenhaft verkaufter Software kann der Aufwendungsersatzanspruch zu ökonomisch viel unsinnigeren Ergebnissen führen als die bloße Wandelung. Eine Fehlerbeseitigung durch den Anwender im Objektcode ist – falls überhaupt möglich – kostenintensiv[789]. Die Verpflichtung zum Aufwendungsersatz träfe den Verkäufer gleich mehrfach und damit in unzumutbarer Höhe. Anders als der Werkunternehmer hat der Verkäufer als Händler oft gar nicht die Möglichkeit zur Nachbesserung und kann den Aufwendungsersatzanspruch nicht abwehren. Der bei einer Wandlung dem Anwender entstehende Schaden durch verminderte Einsatzfähigkeit seines DV-Systems hingegen kann gerade bei Standardsoftware durch Erwerb eines Konkurrenzprodukts vermindert werden. Weiterhin ist zu bedenken, daß bei Standardsoftware auch § 480 Abs. 1 BGB analoge Anwendung finden kann[790]. Damit muß der Hersteller bzw. der Händler (über den Hersteller) einer fehlerfreie Nachlieferung vornehmen, was im Falle von Software faktisch einer Mängelbeseitigung gleichkommt. Der Vertrag wird aufrechterhalten, eine Wandelung ist entbehrlich und damit das Argument[791], die kaufvertragliche Gewährleistung sei "destruktiv", entkräftet. Das Problem eines Aufwendungsersatzanspruches besteht nicht. Die Anwendung werkvertraglicher Gewährleistungsregelungen im Rahmen des nicht auf langwierige Herbeiführung eines Erfolgs, sondern auf schnellen, zügigen Austausch eines Wirtschaftsguts gerichteten Kaufvertrages ist daher trotz vordergründig interessengerechten Ergebnisses abzulehnen. Im übrigen bleibt den Parteien aber unbenommen, auch beim Kaufvertrag gemäß § 476a BGB ein Nachbesserungsrecht zu vereinbaren.

Von der Frage des Nachbesserungsrechts ist streng zu trennen die Frage des Rechts zur Fehlerberichtigung gemäß § 69d Abs. 1 UrhG. Während das Nachbesserungsrecht einen Anspruch gegen den Vertragspartner auf Beseitigung des Fehlers bezeichnet und im Falle der Selbstausführung einen Aufwendungsersatzanspruch zum Ausgleich vorsieht, bedeutet das Recht zur Fehler-

---

788 So in den Fällen des OLG Düsseldorf, Urteil vom 9.6.1989, CR 1990, S. 122 ff. und LG Nürnberg-Fürth, Urteil vom 16.12.1991, CR 1992, S. 338 f.
789 Auch würden gesamtwirtschaftlich ineffizient die gleichen Nachbesserungsarbeiten mehrmals ausgeführt. Eine für den Hersteller "heilsame" Wandelungswelle würde aber sicherlich sehr schnell zu einem verbesserten Produkt führen – mit der Folge der Fehlerbeseitigung durch den "cheapest-cost-avoider".
790 Voraussetzung ist natürlich, daß ein Gattungskauf vorliegt, der Käufer also nur irgendein Exemplar der Software A des Herstellers B kaufen möchte und nicht ein ganz bestimmtes Stück.
791 So *Brandi-Dohrn*, CR 1992, S. 341.

beseitigung gemäß § 69d Abs. 1 UrhG lediglich die urheberrechtliche Befugnis zum selbsttätigen Eingriff in den Programmcode, regelt also eine Rechtsstellung des Softwarenehmers, die dem Käufer und Eigentümer einer Sache ohnehin gemäß § 903 BGB zukommt. Die Regelungen beziehen sich auf unterschiedliche Ebenen und bedingen einander auch nicht. Über einen Nachbesserungsanspruch oder gar einen Aufwendungsersatzanspruch trifft das UrhG keine (Vor-)Entscheidung.

Auf inhaltliche Mängel der Dokumentation sind ebenfalls die §§ 459 ff. BGB anwendbar[792].

Für Mängel im Nutzungsrecht, z. B. ein entgegenstehendes Urheberrecht Dritter, hat der Verkäufer gemäß §§ 437, 440 BGB einzustehen[793].

c) Allgemeine Geschäftsbedingungen

Abgesehen vom reinen Verkauf über die Ladentheke, der mündlich und oft ohne Hinweis auf AGB erfolgt[794], liegen der dauerhaften Überlassung von Standardsoftware grundsätzlich AGB-Verträge zugrunde. Neben den Vertragsbedingungen der öffentlichen Hand (BVB-Überlassung) finden auch AGB-Verträge der Hersteller Anwendung, die insbesondere von Kleinkunden mangels Marktmacht und Interessenvertretung nicht korrigiert werden können. Die Problematik der üblichen Klauseln der bisherigen Vertragspraxis wie Weitergabeverbot, Nutzungsbestimmungen, Rückgabeverpflichtungen etc. wird im Rahmen der Vertragsgestaltung behandelt.

3. Urheberrechtlicher Lizenzvertrag im engeren Sinne

Der urheberrechtliche Lizenzvertrag im engeren Sinne hat als Dauerschuldverhältnis die nutzungsbeschränkte oder zeitbezogene Überlassung von Software zum Ziel.

a) Hauptleistungspflichten des Lizenzgebers

Hauptleistungspflichten des Lizenzgebers sind Pflichten zur Einräumung oder Übertragung eines Nutzungsrechts bezüglich der Software und zu deren Übergabe. Beim urheberrechtlichen Lizenzvertrag, der im Vergleich zu Kauf- und Werkvertrag keine endgültig gesicherte, umfassende Rechtsstellung des Softwarenehmers vorsieht und vielfältigere Interessenlagen zum Ausgleich bringen soll, kommen der vertraglichen Festlegung der Nutzungsart und ihrer Modifi-

---

792 Vgl. BGH, NJW 1973, S. 843 – Nottestamentsmappe.
793 Vgl. *Fromm/Nordemann/Hertin*, Vor § 31 Rdnr. 9; *Hubmann/Rehbinder*, § 43 II 1, S. 207; *Marly*, Rdnr. 476.
794 Zur Situation bei Schutzhüllenverträgen siehe B IV 4 a) aa), S. 180.

B. Der urheberrechtliche Softwarelizenzvertrag

kation besondere Bedeutung zu. Im Grundsatz wird es sich aber auch hier um die Einräumung eines Nutzungsrechts zum Normalgebrauch handeln, mit dem Unterschied, daß eine zeitliche Begrenzung hinzutritt, gegebenenfalls auch weitere Verwendungsbeschränkungen, z. B. field of use-Klauseln, die das Einsatzgebiet der Software einengen. Jedoch darf auch beim Lizenzvertrag der Lizenznehmer im Rahmen eines Normalgebrauchs vor allem die Software jederzeit laden und ablaufen lassen sowie Fehler berichtigen. Insofern ist eine Einschränkung nicht möglich; sie würde gegen § 69d Abs. 1 UrhG verstoßen.

b) Vertragsart

Als Vertragsart ist von einem rechtspachtähnlichen Vertrag auszugehen, der durch urheberrechtliche Besonderheiten abgewandelt ist[795]. Zwar geht es bei Software – jedenfalls im Verhältnis zum Anwender – im Unterschied zur Rechtspacht nicht um den Genuß von Früchten, doch ist die Interessenlage angesichts dauernder Nutzung mit der Rechtspacht vergleichbar[796]. Ein Rückgriff auf die Konstruktion eines Vertrages sui generis[797], der eigenen bzw. allgemeinen Grundsätzen folgt, ist entbehrlich. Damit handelt es sich beim urheberrechtlichen Lizenzvertrag weder um einen normierten Vertragstypus noch um einen atypischen Vertrag, vielmehr ist grundsätzlich von einem verkehrstypischen Vertrag[798] in Anlehnung an den genormten Typus des Pachtvertrages auszugehen. Gemäß § 581 Abs. 2 BGB finden mietrechtliche Vorschriften auf den Pachtvertrag entsprechende Anwendung. Den Kritikern der Lizenzvertragskonstruktion aus dem Lager derjenigen, die Sachqualität von Software annehmen, ist zuzugeben, daß ihre mietvertragliche Lösung auf direkterem Wege zu weitgehend gleichen Rechtsgrundlagen führt. Jedoch liegt der entscheidende Unterschied in der Ausgestaltung der Hauptleistungspflichten: Bei der Annahme eines reinen Mietvertrages wird die urheberrechtliche Komponente der zeitweisen und/oder nutzungsbeschränkten Softwareüberlassung völlig in den Hintergrund gedrängt und in ihrer Bedeutung unterschätzt.

Soweit mietrechtliche oder pachtrechtliche Regelungen in Widerspruch zu urheberrechtlichen Regelungen stehen, haben letztere Vorrang. Insbesondere die Überlassung der Software an Dritte richtet sich nach Urheberrecht. Auf § 584a Abs. 1 BGB, der die Anwendung des für Software ohnehin unpassenden § 549

---

795 Vgl. *Bartl*, CR 1985, S. 14; *Staudinger/Emmerich*, Vorbem zu §§ 535, 536 Rdnr. 76; *Habel*, S. 245; *Lehmann*, NJW 1990, S. 2421; *ders.*, CR 1987, S. 423; *Stumpf*, Rdnr. 24; ansatzweise BGH, Urteil vom 25.3.1987, CR 1987, S. 361. Ähnlich *Heussen*, GRUR 1987, S. 789; *ders.* in: Kilian/Heussen, Abschnitt 21 Rdnr. 39.
796 Von *Ruppelt*, S. 35, 37 insoweit falsch bewertet.
797 Vgl. RGRK/*Mezger*, Vorbem. vor § 433 Rdnr. 22; MüKo/*Voelskow*, Vorbem. vor § 582 Rdnr. 15; *Ruppelt*, S. 37.
798 Siehe zu verkehrstypischen Verträgen *Palandt/Heinrichs*, Einf v § 305 Rdnr. 12. Für die Softwareüberlassung läßt sich im einzelnen eine verkehrstypische Gestaltung noch präzisieren, hierzu unter C I 2, S. 234 ff.

Abs. 1 Satz 2 BGB ausschließt, kommt es gar nicht erst an. Auch kann z. B. der Verwendungsersatzanspruch des Mieters aus § 547 BGB keine Anwendung finden.

c) *Gewährleistung*

Mangels gesetzlicher Regelung ist auch für den Lizenzvertrag die Frage des anzuwendenden Gewährleistungsrechts umstritten und offen. Dabei geht es weniger um den zugrundeliegenden Fehlerbegriff, der bei geringen Abweichungen mit dem des Kaufvertragsrechts übereinstimmt, als vielmehr um die Art und Dauer der Gewährleistung.

Die Parteien können kraft Vertragsfreiheit – abgesehen von AGB-rechtlichen Beschränkungen[799] – das anzuwendende Gewährleistungsrecht vereinbaren. Fraglich ist aber, welches Gewährleistungsrecht bei fehlender vertraglicher Regelung Anwendung findet. Entscheidend gegen eine kaufrechtliche Gewährleistung spricht § 477 BGB. Da § 477 BGB schon beim einmaligen Leistungsaustausch zu kurz für Software bemessen ist[800], muß dies umso mehr beim Dauerschuldverhältnis Lizenzvertrag gelten. Ähnliches gilt für die im werkvertraglichen Gewährleistungsrecht vorgesehene Frist des § 638 BGB. Beiden Regelungen fehlt es für eine analoge Anwendung an der Vergleichbarkeit der wirtschaftlichen Sachverhalte.

Es bleibt die mietvertragliche Gewährleistung. Obwohl auf Sachen ausgelegt, ist sie ähnlich den §§ 459 ff. BGB ihrem Grundgehalt nach auf das immaterielle Gut Software wegen dessen funktionalen Charakters anwendbar. Fehlerbegriff und Lizenzgebührminderung kraft Gesetzes (§ 537 Abs. 1 BGB) erscheinen akzeptabel[801]. Bedenken ergeben sich aber bezüglich folgender Regelungen: Die verschuldensunabhängige Schadensersatzpflicht für anfängliche Mängel gemäß § 538 Abs. 1 Fall 1 BGB[802] führt angesichts der Häufigkeit und Unvermeidbarkeit der Softwarefehler zu untragbaren Ergebnissen[803]. Schäden in der EDV können beträchtliche Höhen erreichen, sie galten lange Zeit als unversicherbar. Fehler im Programm sind in aller Regel anfänglich. Der Softwaregeber wäre somit in unbeschränkter Höhe für die gesamte Dauer der Überlassung

---

799 Hierzu unten C I 2 § 9, S. 241 f.
800 Vgl. nur *Ruppelt*, CR 1988, S. 256 f.
801 A. A. *Kilian*, S. 41. Dessen Argument, daß verschuldensunabhängig für einen Fehler eingestanden werden muß, der im Falle von Software nicht vermeidbar ist, ist kein spezifisch mietvertragliches und noch nicht einmal auf Software beschränktes Problem, sondern Frage allgemeiner Korrektur des Schuldrechts, vgl. *Lehmann*, Ökonomische Analyse, S. 184. Es kann daher nicht zur Ablehnung mietvertraglicher Gewährleistung für Software führen. Mit anderen Argumenten gegen *Kilian* auch *Ruppelt*, S. 61.
802 Dagegen allgemein *Larenz*, Schuldrecht, Band II/1, S. 236 f.
803 A. A. *Malzer*, S. 243 f.; ähnlich *Köhler/Fritzsche*, Rdnr. 192, die dies als allgemeine Problematik ohne softwarespezifischen Bezug ansehen. Zur Risikotragung bei unvermeidbaren Fehlern oben A IV 2 d), S. 101 f.

ohne Einschränkung für jeden fehlerkausalen Schaden verantwortlich. Verschuldensunabhängige Schadensersatzpflichten sind Ausnahmeregelungen im Vertragsrecht und müssen entsprechend restriktiv gehandhabt werden. Zwar soll der Lizenzgeber das Äquivalenzinteresse des Lizenznehmers befriedigen; eine darüber hinausgehende verschuldensunabhängige Schadensersatzpflicht ist aber allenfalls befristet oder begrenzt vertretbar[804]. Etwas anderes gilt für den Fall der Zusicherung (§ 537 Abs. 2 BGB). Der Aufwendungsersatzanspruch des Mieters gemäß § 538 Abs. 2 BGB weckt ähnliche Bedenken wie § 633 Abs. 3 BGB[805]. Kommt der Lizenzgeber seiner Mängelbeseitigungspflicht nicht nach, wäre an einen Vorrang der Kündigung zu denken, soweit dies für den Lizenznehmer nicht unzumutbar ist.

Insgesamt stellt sich das mietvertragliche Gewährleistungsrecht, von dem mangels entgegenstehender Vereinbarung auszugehen ist, als wenig interessengerechte Regelung der lizenzvertraglichen Überlassung von Software dar. Den Parteien ist insoweit dringend eine vertragliche Vereinbarung zu empfehlen.

Für Rechtsmängel kommt § 541 BGB zur Anwendung; für Sachmängel am Datenträger gelten die §§ 537 ff. BGB direkt.

d) Allgemeine Geschäftsbedingungen

Da der urheberrechtliche Softwarelizenzvertrag bisher auch nicht ansatzweise gesetzlich geregelt war, handelte es sich bei nahezu allen in der Praxis verwendeten Verträgen um vorformulierte AGB. Die Erscheinungsformen und einzelnen Regelungen wichen erheblich voneinander ab. Bis auf einzelne Klauseln hat sich bisher ein einheitliches Erscheinungsbild nicht ergeben[806]. Sachlich als Lizenzverträge einzustufende Vertragssituationen wurden durch kaufvertragliche Regelungen geprägt. Urheberrechtlich zwingende Regelungen wurden mißachtet. Insgesamt besteht anbieterseits noch immer eine ausgeprägte Tendenz zur einseitigen Interessenwahrung.

Die Kontrolle Allgemeiner Geschäftsbedingungen im Rahmen urheberrechtlicher Lizenzverträge durch das AGB-Gesetz ist daher für einen effektiven Verbraucherschutz unerläßlich. Als Maßstab i. S. v. § 8 AGBG ist vor allem die

---

804 Dem kann mit einer Ausgliederung von Folgeschäden durch enge Auslegung des Schutzzwecks der Norm im haftungsausfüllenden Tatbestand entsprochen werden, vgl. *Köhler/Fritzsche*, Rdnr. 192.
805 Vgl. oben B IV 2 b), S. 174.
806 A. A. wohl *von Ohlen*, S. 24 ff., der einen "Durchschnittsvertrag" ermitteln konnte. Allerdings machen schon die vielfältigen Anmerkungen deutlich, daß es sich keineswegs um einen weitverbreiteten Standardvertrag handelt. Im übrigen wurde der "Durchschnittsvertrag" unter Vermischung von Vereinbarungen bezüglich dauerhafter und zeitbezogener Überlassung ermittelt, vgl. S. 17. Ob das zu einem sinnvollen Ergebnis führen kann, darf bezweifelt werden.

Neuregelung des Software- und Softwarevertragsrechts im UrhG zu beachten[807]. Daneben können urheberrechtliche Grundwertungen wie die Zweckübertragungstheorie und die Vorschriften der Rechtspacht und des Mietrechts, soweit sie auf den Lizenzvertrag anwendbar sind, als Leitbild dienen.

4. Ergänzender Nutzungsvertrag mit dem Hersteller

Um einen einheitlichen und den gleichen rechtlichen Bedingungen unterliegenden Vertrieb von Standardsoftware an den Anwender zu sichern, streben die Hersteller häufig neben dem eigentlichen Softwareüberlassungsvertrag, den der Endabnehmer mit dem Händler schließt, einen zusätzlichen Vertrag mit dem Anwender an. Dieser soll detailliert die Nutzungsbefugnisse, häufig aber auch andere Vertragselemente wie Gewährleistungsfragen regeln. Dann ist von einem Dreipersonenverhältnis auszugehen. Erst nach Abschluß des zusätzlichen "Nutzungsvertrages" soll der Softwarenehmer zur Nutzung der Software berechtigt sein. Schon diese Eigenartigkeit der Konstruktion und das Faktum, daß der Vertrag mit dem Hersteller gewährleistungsrechtliche Teile des eigentlichen Softwareüberlassungsvertrages mit dem Händler regeln soll, wecken erhebliche Bedenken an der Wirksamkeit. Sinn und Zweck dieser zusätzlichen Nutzungsverträge mit dem Hersteller ist einerseits, unabhängig vom jeweiligen Händlerverhalten alle Anwender den gleichen Nutzungsbedingungen zu unterwerfen, andererseits die Nutzung der Software durch Anwender zu vermeiden, die nicht mit der Geltung der AGB – selbst wenn diese unwirksam sind – einverstanden sind. Derartige Vertragskonstruktionen dienen damit ausschließlich Herstellerinteressen.

Im wesentlichen lassen sich drei Formen unterscheiden, die in der Praxis auch kombinierte Verwendung finden: der Schutzhüllenvertrag, die sogenannte ENTER-Vereinbarung und der Registrierkartenvertag.

a) Schutzhüllenvertrag

Schutzhüllenverträge, auch Verpackungslizenzen, Tear-open-Verträge oder shrink wrap agreements genannt, werden bei der Überlassung von Standardsoftware an den Anwender verwendet und können in zwei Formen auftreten. Entweder sollen die darin aufgestellten AGB Inhalt eines zweiten Vertrages sein, der neben der vertraglichen Bindung zum Händler mit dem Hersteller zustande kommen soll[808]. Oder die AGB sollen Inhalt des mit dem Händler ge-

---

807 Die gegenteilige Auffassung von *Chrocziel,* CR 1989, S. 793 f., das Urheberrecht sei irrelevant für die rechtliche Beurteilung von Verwendungsbeschränkungen, kann angesichts der neuen Rechtslage wohl kaum mehr vertreten werden.
808 Nicht richtig ist, daß Schutzhüllenverträge nur mit dem Hersteller zustande kommen sollen, so aber *Hoeren,* S. 141; *Marly,* Rdnr. 323, 326. Die AGB-Formulierungen sind häufig so unklar, daß AGB-Verwender sowohl der Händler wie auch der Hersteller sein können.

Fortsetzung nächste Seite

schlossenen Vertrages werden[809]. Charakteristisch ist, daß die Zustimmung zu den Vertragsbedingungen durch Öffnen der Softwareverpackung, die in der Regel verklebt oder in Folie eingeschweißt ist, verbindlich erfolgen soll. Entsprechende Klauseln lauten etwa:

> Bitte lesen Sie vor dem Öffnen dieser Packung den Lizenzvertrag aufmerksam durch! Das Programm auf den Disketten in dieser Packung steht dem Benutzer im Rahmen eines Lizenzvertrages zur Verfügung. Wenn Sie diese Packung öffnen, erkennen Sie damit gleichzeitig die Bedingungen des Lizenzvertrages an.

und weiter im eigentlichen Vertragstext den inhaltlichen Bedingungen vorgeschaltet:

> Durch Öffnen der versiegelten Diskettenpackung wie auch durch Unterzeichnung der Registrierungskarte erklären Sie sich mit diesen Vertragsbedingungen einverstanden. Daher lesen Sie bitte den nachfolgenden Text vollständig und genau durch. Wenn Sie mit diesen Vertragsbedingungen nicht einverstanden sind, so dürfen Sie die Diskettenpackung nicht öffnen. Geben Sie in diesem Fall die ungeöffnete Diskettenpackung und alle anderen Teile des erworbenen Produktes ... unverzüglich dort, wo Sie das Produkt erworben haben, zurück; der Erwerbspreis wird Ihnen voll zurückerstattet.

Zum besseren Verständnis und einer genauen rechtlichen Beurteilung ist im folgenden zwischen den hier zitierten Einbeziehungsklauseln und den im Vertragstext nachfolgenden inhaltlichen Klauseln zu differenzieren. Denn beide Klauselarten können entweder als Inhalt des Händlervertrages oder als Inhalt eines zusätzlichen Vertrages mit dem Hersteller vorgesehen sein.

Die Wirksamkeit der Einbeziehungsklauseln unterliegt gleich mehrfachen AGB-rechtlichen Bedenken:

aa) Einbeziehungsklauseln als Inhalt des Vertrages mit dem Händler

Als AGB müssen sie gemäß §§ 2, 3 AGBG in den Vertrag einbezogen sein. Verwender i. S. v. § 2 AGBG ist der Händler; er muß gemäß § 2 Abs. 1 Nr. 1 AGBG ausdrücklich auf die Einbeziehungsklauseln hinweisen. Dies erfolgt in den meisten Fällen nicht. Ein Aushändigen der Software mit der Packung nach Vertragsschluß – der übliche Fall in der Praxis – genügt nicht[810]. Vollends abwegig ist die bei Betriebssystemen verbreitete Praxis, die Hardware mit bereits installierter Systemsoftware zu übergeben. Zur tatsächlichen Nutzung ist dann noch nicht einmal die von den Klauseln als konkludenter Vertragsschluß beurteilte Handlung erforderlich. Auch ein deutlich sichtbarer Aushang ist in der Praxis

---

Nur so erklären sich auch auf den Vertrag mit dem Händler bezogene Regelungskomplexe wie Gewährleistungs-, insbesondere Wandelungs- und Minderungsabreden.
809 Vgl. *Jochen Schneider*, Rdnr. G 10.
810 Vgl. *Chrocziel*, CR 1989, S. 790 f.; *Moritz/Tybusseck*, Rdnr. 940.

nicht anzutreffen[811]. Allenfalls weist ein Händler auf seine eigenen Verkaufsbedingungen hin, nicht aber auf die vom Hersteller der Software beigelegten AGB.

Weiterhin müßte der Anwender mit der Geltung der AGB **einverstanden** sein. Davon ist auszugehen, wenn der Anwender nach Hinweis und Möglichkeit zur Kenntnisnahme den Vertrag abschließt[812]. Die Einverständnisfiktion der Schutzhüllenklausel kann, soweit es um ihre eigene Einbeziehung geht, keine Wirkung entfalten[813].

Soweit die Voraussetzungen von § 2 AGBG ausnahmsweise erfüllt sind, die Schutzhüllenklausel sich jedoch – wie häufig – auf den Abschluß eines zusätzlichen Vertrages mit dem Hersteller[814] bezieht, handelt es sich um eine **überraschende Klausel** i. S. v. § 3 AGBG[815]: Der regelmäßig zu erwartende Durchschnittskunde kann nicht damit rechnen, neben dem Vertrag mit dem Händler, der ihm die Software einsatzbereit verschafft ("verkauft") und hierzu auch gemäß des zwingenden Kerns von § 69d Abs. 1 UrhG verpflichtet ist[816], einen zusätzlichen Vertrag mit dem Hersteller schließen zu müssen, der ihm erhebliche Pflichten auferlegt oder auch erst das Nutzungsrecht verschaffen soll[817]. Diese Klausel wird im Falle eines Kaufvertrages mit dem Händler somit nicht in den Vertrag einbezogen, soweit nicht zuvor ein ausdrücklicher oder nicht zu übersehender Hinweis auf die Eigentümlichkeit der Vertragsabwicklung erfolgt, der ein Überraschungsmoment verhindert[818]. Damit scheitert der zusätzliche Nutzungsvertrag mit dem Hersteller regelmäßig schon an der Einbeziehung

---

811 Ein derartiger Aushang dürfte im Falle von Software auch nicht ausreichend sein, denn bei der Beratung oder einer schriftlichen "Auftragserteilung" kommt es regelmäßig zu einem persönlichen Kontakt, wobei leicht ein ausdrücklicher Hinweis möglich ist. Etwas anderes kann für als Massenware in Kaufhäusern gehandelte (Spiele-)Software gelten, vgl. *Marly*, Rdnr. 322; *Schmidt*, Rdnr. 19; *Palandt/Heinrichs*, § 2 AGBG Rdnr. 7; *Ulmer/Brandner/Hensen*; § 2 Rdnr. 40. Aber auch da ist ein Aushang nicht üblich: Man müßte ja jeweils die AGB aller Hersteller aushängen, was nur zu Verwirrung führen kann.
812 Vgl. *Schmidt*, Rdnr. 19; *Palandt/Heinrichs*, § 2 AGBG Rdnr. 16.
813 A. A. wohl *Moritz/Tybusseck*, Rdnr. 943, ohne Begründung.
814 Dies ist aufgrund mehrdeutiger Formulierung den AGB oft nicht zu entnehmen. Von einem Vertrag mit dem Hersteller ist dann auszugehen, wenn im eigentlichen Vertragstext dessen Rechte (über normale Schutzrechtssicherungen hinaus) und insbesondere Pflichten geregelt werden. Unklarheiten diesbezüglich gehen gem. § 5 AGBG zu Lasten des Verwenders.
815 Vgl. *Jochen Schneider*, Rdnr. G 12; *Marly*, Rdnr. 330.
816 Siehe hierzu oben A IV 2 a), S. 127 f.
817 In einer Rechtseinräumung erst durch den Hersteller, nicht schon durch den "Verkäufer" einer urheberrechtlich geschützten Standardsoftware, sieht *Habel*, S. 145, den Sinn des Schutzhüllenvertrages. Damit wird aber der Leistungsinhalt des dem Softwareerwerb zugrundeliegenden Vertrages, der die Nutzung der Software ermöglichen soll, verkannt, vgl. *Jochen Schneider*, Rdnr. G 12. Siehe auch *Marly*, Rdnr. 332. Anderes kann gelten, wenn die Software nicht auf Dauer oder nur unter Einschränkungen überlassen wird.
818 Vgl. nur *Palandt/Heinrichs*, § 3 AGBG Rdnr. 2, 3.

derjenigen Klauseln, die überhaupt erst sein Erfordernis und die Art seines Vertragsschlusses regeln sollen.

Ist die Klausel dennoch im Einzelfall Vertragsbestandteil geworden, so unterliegt sie der **Inhaltskontrolle** gemäß §§ 9 ff. AGBG: Sollen die Einbeziehungsklauseln den Abschluß eines nachfolgenden und getrennten, zusätzlichen Vertrages mit dem Hersteller regeln, so sind sie gemäß § 10 Nr. 5 AGBG unwirksam[819]. Denn auch ohne Rechtsbindungs- und Geschäftswillen[820] wird allein aufgrund der entsprechenden Handlung die Annahmeerklärung fingiert. Hält man § 10 Nr. 5 AGBG nicht für anwendbar, da sich die Willenserklärung zu einem Zweitvertrag mit dem Hersteller auch als nicht im Rahmen der Vertragsdurchführung[821] liegend auffassen läßt, so ergibt sich eine Unwirksamkeit jedenfalls nach § 9 Abs. 2 AGBG. Die unangemessene Benachteiligung liegt darin, daß dem juristisch unkundigen Anwender die Gültigkeit und Wirksamkeit der nachfolgenden inhaltlichen Klauseln suggeriert wird[822], obwohl mit dem fingierten Einverständnis lediglich die Voraussetzungen für einen Vertragsschluß mit dem Hersteller bzw. für eine Einbeziehung der nachfolgenden AGB geschaffen werden und sich deren Wirksamkeit letztlich nach dem AGBG bemißt.

Soweit vom Anwender mangels Einverständnis mit den übrigen AGB nach Vertragsschluß eine Rückgabe verlangt wird, gilt in jedem Fall, daß von einer unangemessenen Benachteiligung i. S. v. § 9 Abs. 2 Nr. 1 AGBG auszugehen ist. Nach der vorgeschlagenen Regelung trüge der Anwender das volle wirtschaftliche Risiko einer Rückabwicklung, obwohl er zu keiner Obliegenheit oder gar Pflicht in Widerspruch gerät, wenn er vorgelegte Klauseln nicht akzeptiert. Im übrigen führt fehlendes Einverständnis grundsätzlich zur Nichteinbeziehung der AGB in den Vertrag, nicht zu dessen Rückabwicklung. Will der Verwender von AGB deren Einbeziehung sicherstellen, so muß er sich **vor** Vertragsschluß

---

819 Ähnlich *Chrocziel*, CR 1989, S. 790 f. Dies gilt auch für den kaufmännischen Geschäftsverkehr gem. §§ 9 Abs. 2 Nr. 1, 24 Satz 2 AGBG, vgl. *Palandt/Heinrichs*, § 10 AGBG Rdnr. 31. Theoretisch ließe sich für den Fall einer Lieferung der Software an ein Unternehmen (i. S. d. GWB) auch an eine Unwirksamkeit gem. § 15 GWB denken, da ein weiterer Vertrag (der Nutzungsvertrag) über die gelieferten Waren (die Software) mit einem Dritten (dem Hersteller) inhaltlich (durch die nachfolgenden Inhaltsklauseln) vorbestimmt wird. Jedoch wird damit wohl der intendierte Anwendungsbereich von § 15 GWB, der vertikale vertragliche Wettbewerbsbeschränkungen unterbinden will, verlassen.

820 Vgl. *Marly*, Rdnr. 328 ff.

821 Nur für diese Willenserklärungen gilt § 10 Nr. 5 AGBG, vgl. *Palandt/Heinrichs*, § 10 AGBG Rdnr. 26.

822 Dies ist ein besonders zu berücksichtigendes Merkmal bei der Schutzhüllenvertragskonstruktion. Im Normalfall einer AGB weiß der Vertragspartner, daß er das "Kleingedruckte" nicht unbedingt zu lesen braucht, die unangemessene benachteiligende Klauseln nach dem AGBG unwirksam sind. Die besondere Einverständniserklärung weckt hingegen den Eindruck, daß die Klauseln unumstößlich Gültigkeit besäßen allein durch das Öffnen:"... erkennen Sie ... die Bedingungen ... an" und "Wenn Sie ... nicht einverstanden sind, so dürfen Sie ... nicht öffnen".

des Einverständnisses des Anwenders vergewissern. Andernfalls würde trotz Unwirksamkeit vieler Klauseln deren Einhaltung durch Selbstselektion der Anwender und unter dem Druck, andernfalls eine lästige Rückabwicklung vornehmen zu müssen, faktisch erzwungen.

Ferner ergibt sich aus der Konstruktion eines zusätzlichen Nutzungsvertrages mit dem Hersteller noch ein weiterer Unwirksamkeitsgrund. Soweit die AGB vorsehen, daß das Nutzungsrecht dem Softwarenehmer erst vom Hersteller eingeräumt wird, verstoßen sie gegen den zwingenden Kern von § 69d Abs. 1 UrhG, der die Nutzungsrechtsübertragung durch den Vertragspartner als Inhalt des Vertrages bestimmt. Dies gilt jedenfalls, wenn die Software vom Händler im Rahmen eines Kaufvertrages überlassen wird. Die gleiche Wertung, die die Klausel überraschend erscheinen läßt, führt nun zur Unwirksamkeit. Der Überraschungseffekt mag durch einen Hinweis beseitigt werden, nicht aber die unangemessene, erhebliche Abweichung von den Pflichten eines Verkäufers, der seinerseits die Rechtsverschaffung schuldet[823]. Bei einem Lizenzvertrag im engeren Sinne ist vorstellbar, daß bei besonderer Gestaltung des Nutzungsrechts der Hersteller dieses einräumt.

Sollen die Einbeziehungsklauseln die Aufnahme weiterer, nämlich der nachfolgenden, inhaltlichen AGB in den Vertrag mit dem Händler regeln, so ist hier § 10 Nr. 5 AGBG nicht einschlägig[824], da es nicht um eine später abzugebende Willenserklärung geht, sondern das Einverständnis mit den restlichen AGB als Einbeziehungsvoraussetzung gemäß § 2 Abs. 1 letzter Halbsatz AGBG unterstellt wird[825] – ein Vorgang, der unmittelbar bei Vertragsschluß erfolgen sollte. Eine Unwirksamkeit ergibt sich aus § 9 Abs. 2 Nr. 1 AGBG, weil mittels der Einverständnisfiktion versucht wird, nach dem eigentlichen Vertragsschluß weitere AGB in den Vertrag einzubeziehen. Der Händler hätte aber sofort auf alle Klauseln hinweisen können, und die Schutzhüllenkonstruktion wäre entbehrlich.

bb) Einbeziehungsklauseln als Inhalt eines Vertrages mit dem Hersteller

Sollen die oben zitierten Einbeziehungsklauseln von vornherein Vertragsbestandteil eines gesondert mit dem Hersteller abzuschließenden Vertrages sein,

---

823 Siehe hierzu auch oben B IV 2 a), S. 127. Ausnahmsweise wird man annehmen können, daß sich der Händler des Herstellers zur Erfüllung seiner Pflicht zur Nutzungsrechtsverschaffung bedient, indem er ein unwiderrufliches Angebot des Herstellers dem Abnehmer übermittelt. Die Erfüllung erfolgt dann gem. §§ 362 Abs. 1, 267 Abs. 1 BGB. Diese Konstruktion verstößt allerdings nur dann nicht gegen § 69d Abs. 1 UrhG, wenn die Nutzungsrechtseinräumung durch den Händler im vom Hersteller geschuldeten Umfang erfolgt und nicht mit zusätzlichen Pflichten belegt ist. Bei den üblicherweise in Verpackungslizenzen geregelten Nutzungsbeschränkungen liegen diese Voraussetzungen nicht vor.
824 A. A. trotz Zweifeln *Moritz/Tybusseck*, Rdnr. 944.
825 Vgl. *Hoeren*, S. 151; a. A. offensichtlich *Habel*, S. 67, 145: "nimmt ... konkludent an."

so muß gemäß § 2 AGBG dieser auf die AGB hinweisen. Ausreichend ist hier mangels persönlichen Kontaktes ein außen an der Verpackung deutlich angebrachter Hinweis[826]. Allerdings besteht für den Anwender kein Bedürfnis und schon gar keine Verpflichtung, einen zusätzlichen Vertrag mit dem Hersteller zu schließen, soweit er die Software vom Händler gekauft und dieser ihm entsprechend die zur Nutzung erforderlichen Rechte verschafft hat. Allenfalls wenn der Händler die Nutzungsrechte nicht verschafft, diese vom Hersteller eingeräumt werden sollen und dies dem Anwender bei Vertragsschluß bekannt war[827], könnte in dem Öffnen der Verpackung eine konkludente Annahme eines Angebots des Herstellers gesehen werden, deren Zugang gemäß § 151 BGB entbehrlich ist[828]. Eine unabhängig von der inneren Willenslage fingierte Willenserklärung liegt aber auch hier nicht vor, denn die AGB können nicht den Vertragsschluß selbst regeln[829]. Die spezifische Schutzhüllenvertragskonstruktion hat damit auch in diesem Fall keinen Bestand.

Beim Erwerb der Software vom Händler ist in aller Regel mangels Vertrag mit dem Hersteller eine Einbeziehung der inhaltlichen AGB nicht möglich. Die "Verpackungslizenz" stellt sich dann als nicht angenommenes Angebot des Herstellers dar[830]. Anders verhält es sich, wenn der Anwender die Software direkt vom Hersteller erwirbt. Allerdings ist dann die Konstruktion eines gesonderten Schutzhüllenvertrages entbehrlich.

cc) Formbedürftigkeit

Unter kartellrechtlichen Gesichtspunkten sind Schutzhüllenverträge gemäß §§ 34 GWB, 126 Abs. 1 BGB formbedürftig, wenn sie zwischen Unternehmen geschlossen werden und – wie in der Regel – wettbewerbsbeschränkende Abreden[831] i. S. v. § 18 GWB enthalten[832]. Die Formwahrung allerdings konterkariert den angestrebten Zweck: Ein Vertragsschluß durch Öffnen der Verpackung ist dann nicht mehr möglich.

---

826 Vgl. *Hoeren*, S. 155; *Schmidt*, Rdnr. 19; *Moritz/Tybusseck*, Rdnr. 942.
827 Vgl. auch *Marly*, Rdnr. 329 ff. Dann entspricht das "Grundgeschäft" mit dem Händler aber nicht mehr der typischen Handhabung als Kauf. Die Konstruktion eines parallel abzuschließenden Vertrages mit dem Hersteller ähnelt derjenigen bei Shareware. Allerdings fließt hier die Vergütung dem Hersteller indirekt über das Vertriebsnetz zu.
828 Vgl. *Lehmann*, Kartellrechtliche Grenzen, Rdnr. 6, Fn. 4; *Jörg Schneider*, S. 198.
829 Vgl. Palandt/Heinrichs, § 10 AGBG Rdnr. 29.
830 Eine einseitig vom Hersteller bestimmte Annahmefiktion ist unwirksam. Probleme ergeben sich dann, wenn der Händler kein Nutzungsrecht verschaffen kann. Zu den Rechtsfolgen bei letztlich gescheiterter Nutzungsrechtseinräumung *Marly*, Rdnr. 339 ff. Eine Annahmeerklärung kann aber im Absenden der Registrierungskarte mit entsprechendem Text liegen, von *Hoeren*, S. 142, RETURN-Vereinbarung genannt, liegen.
831 Z. B. ein Weitergabeverbot, vgl. *Jörg Schneider*, S. 190.
832 Vgl. *Chrocziel*, CR 1989, S. 679 f.; *Lehmann*, Kartellrechtliche Grenzen, Rdnr. 6; *Jörg Schneider*, S. 199 mit Vorschlägen zur Formwahrung.

dd) Ergebnis

Die für eine Verpackungslizenz typischen Klauseln sind wegen Verstoßes gegen das AGB-Gesetz unwirksam[833]. Auch die kartellrechtlich erforderliche Form wird nicht gewahrt. Folglich kann der Anwender die Software öffnen und nutzen ohne besonderes Einverständnis mit den AGB[834]. Die Schutzhüllenverträge verfehlen damit unter juristischen Aspekten weitgehend ihren Zweck.

b) ENTER-Vereinbarung

Bei der sogenannten ENTER-Vereinbarung[835] erscheint erst beim erstmaligem Aufruf des Programms ein Hinweis, der den Anwender mit dem Erfordernis eines zusätzlichen Vertrages sowie den Nutzungsbedingungen vertraut macht und ihn darauf hinweist, daß er durch Fortfahren im Programmablauf (früher oft durch Betätigen der ENTER-Taste) diese Vertragsbedingungen akzeptiert. Hier scheitert eine Einbeziehung schon am fehlenden Hinweis vor Vertragsschluß. Ferner ist die Klausel überraschend i. S. v. § 3 AGBG. Auch hält sie aus den gleichen Gründen wie beim Schutzhüllenvertrag nicht einer Inhaltskontrolle nach § 9 AGBG stand.

c) Registrierkartenvertrag

Der Registrierkartenvertrag kommt durch Absendung einer sogenannten Registrierkarte an den Hersteller zustande, auf der der Anwender ein Angebot des Herstellers zum Nutzungsvertrag annimmt. Diese Konstruktion vermeidet einige der oben ermittelten Wirksamkeitshindernisse. Insbesondere entfällt bei ausdrücklicher Einigung die Einverständnisfiktion und auch eine gemäß § 34 GWB erforderliche Schriftform kann gewahrt werden.

Es bleiben jedoch die Bedenken wegen des überraschenden Charakters der Klausel, die einen zusätzlichen Vertrag mit dem Hersteller vorsieht. Insoweit kommt es nur dann zu einer Einbeziehung einer entprechenden Klausel und damit zu einer Verpflichtung des Anwenders, vor der Nutzung einen Registrierkartenvertrag mit dem Hersteller abzuschließen, wenn der Händler ausdrücklich und deutlich auf dieses Erfordernis hingewiesen hat. Ferner muß es sich um eine Softwareüberlassung im Rahmen eines Lizenzvertrages im enge-

---

833 Ebenso die ganz überwiegende Literatur mit unterschiedlicher Begründung im einzelnen, vgl. *Hoeren*, Rdnr. 418; *Marly*, Rdnr. 332 ff.; *Jochen Schneider*, Rdnr. G 9 ff. A. A. ohne Begründung *Kilian*, S. 20 f.
834 Beim üblichen Vertrieb über Zwischenhändler, die ihrerseits bereits Käufer sind, ist der Händler in der Lage das erforderliche Nutzungsrecht zu verschaffen. Dies ist eine mittelbare Konsequenz aus dem Erschöpfungsgrundsatz gem. §§ 69c Nr. 3 Satz 2, 17 Abs. 2 UrhG und aus § 69d Abs. 1 UrhG. Siehe im einzelnen B V 1, S. 196.
835 So bezeichnet von *Hoeren*, S. 142 f.

ren Sinne handeln, bei der nicht automatisch davon ausgegangen werden kann, daß der Händler das erforderliche Nutzungsrecht verschaffen kann bzw. bei der die besondere Ausgestaltung der Nutzungsrechte eine Einräumung vom Hersteller rechtfertigen. Allerdings werden derartige Verträge in der Praxis ohnehin meist direkt mit dem Hersteller geschlossen.

Bei einem herkömmlichen Kaufvertrag über Software behält die Klausel ihren überraschenden Charakter oder ist doch zumindest wegen Verstoßes gegen § 9 Abs. 1 Nr. 1 AGBG unwirksam, da die Hauptleistungspflicht des Verkäufers zur Nutzungsrechtsverschaffung auf ein anderes Vertragsverhältnis mit einem Dritten übertragen wird. Damit erfolgt die Aufspaltung eines einheitlichen Rechtsgeschäfts, wodurch letztlich das gesamte Synallagma zu Lasten des Softwarenehmers aufgehoben, zumindest gelockert wird.

d) Ergebnis

Bei üblichen Endverbraucherverträgen, die der Händler mit dem Anwender schließt und die nach Herstellerintention den eigentlichen Anwendungsbereich des zusätzlichen Nutzungsvertrages darstellen sollen, verstoßen entsprechende Klauseln gegen das AGBG. Eine Ausnahme kann im Falle eines Lizenzvertrages im engeren Sinne vorliegen. Dem Hersteller verbleibt als Möglichkeit, Anwender bei indirektem Vertrieb an gleichlautende Vertragsbedingungen zu binden, das Angebot[836] zum Abschluß eines attraktiven Garantievertrages, der zur Einhaltung der gewünschten Bedingungen verpflichtet. Allerdings erfolgt auch hier eine Inhaltskontrolle gemäß §§ 9 ff. AGBG. Ferner ist an eine Verpflichtung der Händler, die Software nur unter bestimmten Vertragsbedingungen weiterzuveräußern, zu denken[837]. Allerdings sind diesbezüglich kartellrechtliche Grenzen zu beachten.

Die von Herstellerseite bevorzugte Konstruktion eines zusätzlichen Nutzungsvertrages lizenzartigen Charakters mit dem Anwender ließe sich nur dann realisieren, wenn eine Änderung der Geschäftsabwicklung mit dem Anwender gerade für den Fall der endgültigen Überlassung erfolgte. Zwischen Händler und Anwender dürfte kein Kaufvertrag über die Software geschlossen werden, sondern lediglich eine Programmübergabe vereinbart werden, und der Anwender müßte ausdrücklich auf den erforderlichen Nutzungsvertrag mit dem Hersteller hingewiesen werden. Dieser Vertrag wäre dann als der eigentliche Kaufvertrag zu werten, während dem Vertrag mit dem Händler nicht viel mehr als vermittelnder Charakter zukäme. Alternativ könnte dem Händler Vollmacht zur Einräumung von Nutzungsrechten (zum Normalgebrauch) erteilt werden, dieser dann einen Kaufvertrag mit dem Anwender schließen, daraufhin das Nutzungsrecht in Vertretung des Herstellers verschaffen und so den

---

836   Als "offerta ad incertas personas", vgl. *Palandt/Heinrichs*, § 145 Rdnr. 7.
837   Dieser Weg ist vielversprechend, vgl. im einzelnen unten B V 2, S. 200 und C II 1 § 4, S. 250 f.

Kaufvertrag gemäß §§ 267 Abs. 1, 362 Abs. 1 BGB erfüllen. Eine Vertretungsmacht wird der Hersteller dem Händler wegen der Mißbrauchsgefahr aber nicht zukommen lassen wollen. Ferner wären auch in diesen Fällen die üblicherweise in den Schutzhüllenverträgen vorgesehenen Verwendungsbeschränkungen unwirksam, soweit sie dem Leitbild des Kaufvertrages widersprächen. Ob mit dieser Konstruktion der Hersteller tatsächlich besser gestellt wäre, darf bezweifelt werden.

Nach neuem Recht erscheint denkbar, daß derartigen zusätzlichen Nutzungsverträgen auch bei Berücksichtigung der Herstellerinteressen die wirtschaftliche Rechtfertigung genommen wird. Denn das eigentliche Ziel war, den Anwender an bestimmte Verwendungsbeschränkungen zu binden oder doch zumindest die Suggestion einer Bindung hervorzurufen und Abschreckungswirkung zu erzeugen. Das neue Softwarerecht ermöglicht, eine nach Nutzungsarten klar umrissene Rechtsstellung des Softwarenehmers einfach und rechtssicher zu vereinbaren. Dabei sind den vertraglichen Möglichkeiten der Hersteller aufgrund zwingender gesetzlicher Regelungen ohnehin engere Grenzen gesetzt als zuvor. Andererseits kommt ihnen der volle Rechtsschutz des UrhG zugute. Die speziellere gesetzliche Ausgestaltung macht im einzeln ausfernde vertragliche Verwendungsbeschränkungen überflüssig[838]. Bedenkt man zudem, daß der Händler bei einer normalen Absatzkette dem Anwender nur das an Nutzungsrechten übertragen kann, was ihm zuvor vom Hersteller eingeräumt wurde, dann zeigt sich, daß eine einheitliche Rechtsstellung des Anwenders gegenüber dem Hersteller in urheberrechtlich-dinglicher Hinsicht leicht durch einheitliche Vergabe von Nutzungsrechten an die Händler erreicht werden kann. Nicht zuletzt sollte von den Herstellern auch aus Gründen des Unternehmensimages und der Marktakzeptanz darauf verzichtet werden, einseitig interessenwahrend mittels rechtsunwirksamer Regelungen eine faktische Verhaltenssteuerung beim Verbraucher zu bewirken.

Eine Aufspaltung der Softwareüberlassung in die bloße Verschaffung der Software vom Händler einerseits und die Nutzungsrechtseinräumung vom Hersteller andererseits kann regelmäßig nur durch Individualabreden bewirkt werden. In diesem Fall sollte man eine rechtliche Verknüpfung der wirtschaftlich zusammengehörigen Geschäfte nach den Grundsätzen vom Wegfall der Geschäftsgrundlage annehmen.

5. Freeware- und Shareware-Verträge

Aufgrund der (partiellen) "Freigabe" der Software durch den Urheber treten im Freeware- und Shareware-Bereich Besonderheiten bei der Vertragsgestaltung

---

838 Vgl. auch *Lehmann*, NJW 1993, S. 1822 f. Der "Vertragskokon" kann nun entflochten werden.

auf[839]. Als Vorfrage ist hier zu klären, wie eine solche Freigabe rechtlich zu werten ist. Aus der Unübertragbarkeit des Urheberrechts wird seine grundsätzliche Unverzichtbarkeit gefolgert[840]. Das Werk kann also durch eine "Freigabe" der Sphäre des Urheberrechts nicht völlig entzogen werden. Jedoch ist mit der grundsätzlichen Unverzichtbarkeit des Urheberrechts als Ganzem noch nicht gesagt, daß nicht bestimmte Ausschnitte verzichtbar seien[841]. Für Freeware und Shareware fragt sich, ob auf einzelne Verwertungsrechte (etwa das Vervielfältigungsrecht und das Verbreitungsrecht) allgemein verzichtet werden kann. Dies ist strittig. Teilweise wird ein Verzicht für unwirksam gehalten[842], teilweise als Einräumung einfacher Nutzungsrechte angesehen[843], teilweise wird nur ein Verzicht auf die aus der Rechtsverletzung erwachsenden Ansprüche angenommen[844] und teilweise wird ein Verzicht für möglich erachtet[845]. Die beiden letztgenannten Meinungen stimmen vom Ergebnis her überein: Der Nutzer bedarf keines Nutzungsrechts zur Verwendung des Werkes[846]. Dem ist zu folgen. Wenn auch das Urheberrecht als Ganzes unverzichtbar ist, so kann dennoch die Verzichtbarkeit einzelner Abwehransprüche nicht versagt werden. Der Urheber kann nicht zu einer Rechtsmacht gezwungen werden. Auch sollte ein Verzicht auf einzelne Verwertungsrechte ermöglicht werden. Das Beispiel Shareware zeigt, daß ein Verzicht auf ein Verwertungsrecht (nämlich das Verbreitungsrecht) die wirtschaftliche Verwertung gerade fördern kann und somit in besonderen Situationen dem Sinn und Zweck des Urheberrechts entspricht. Der Urheber will bei Freeware und Shareware gerade die unbeschränkte Verbreitung seines Werkes. Es ist daher von einem wirksamen Verzicht auf das Verbreitungsrecht oder doch zumindest auf die aus seiner Verletzung resultierenden Ansprüche auszugehen[847].

---

839 Dabei wird vorausgesetzt, daß Urheberrechtsschutz vorliegt, was bei Freeware und Shareware nicht selbstverständlich ist.
840 Vgl. *Schricker/Schricker*, § 29 Rdnr. 15; *v. Gamm*, § 29 Rdnr. 6; *Möhring/Nicolini*, § 29 Anm. 3 b).
841 In diesem Sinne aber *Marly*, Rdnr. 243, unter Berufung auf einen Teil der Kommentarliteratur, siehe unten Fn. 843. Indem er als Konsequenz einen Vergütungsverzicht als Einräumung eines einfachen Nutzungsrechts interpretiert, werden voneinander unabhängige Merkmale verknüpft. Ein **Vergütungs**verzicht mag für eine Schenkung oder eine Gefälligkeit sprechen, über die urheberrechtlich-dingliche Ebene der Nutzungsberechtigung sagt er allein nichts aus. Nur verzichtet der Urheber eben in aller Regel auch auf eine Kontrolle von Vervielfältigung und Verbreitung.
842 Vgl. *v. Gamm*, § 29 Rdnr. 6.
843 Vgl. *Fromm/Nordemann/Hertin*, Vor § 28; *Möhring/Nicolini*, § 29 Anm. 3 b); *Haberstumpf*, Rdnr. 157.
844 Vgl. *Hubmann/Rehbinder*, S. 191.
845 Vgl. *Schricker/Schricker*, § 29 Rdnr. 18; *Ulmer*, S. 366.
846 Vgl. *Hubmann/Rehbinder*, S. 191: "... kann jedermann das Werk frei benutzen ...".
847 Ähnlich LG München I, CR 1993, S. 144: "... er (der Autor) gibt insoweit, also zur Herstellung und zum Vertrieb von Kopien, das Programm allgemein frei." A. A. *Marly*, Rdnr. 243; völlig unbeachtet läßt *Hoeren*, CR 1989, S. 887 ff., die urheberrechtlichen Belange. Eine alternative Lösung bestünde darin, ein einfaches Nutzungsrecht einzuräumen. Dann müßte die Bezeichnung als Shareware bzw. deren erläuternde Hinweise als Angebot zur

Fortsetzung nächste Seite

a) Verträge über Freeware

Bei Freeware[848] verzichtet der Urheber auf das Verbreitungsrecht und das Vervielfältigungsrecht zugunsten der Allgemeinheit. Sie kann daher völlig frei eingesetzt und verbreitet werden; ein Nutzungsrecht ist nicht erforderlich. Anders kann es sich bei einer Veränderung der Software verhalten. Hier ist im Einzelfall zu untersuchen, ob auch ein Verzicht auf das Umarbeitungsrecht des § 69c Nr. 2 UrhG vorliegt[849]. Freeware wird in der Regel von Anwender zu Anwender einfach weitergegeben; auch ein Bezug vom Händler ist möglich.

Erhält der Anwender Freeware vom Händler gegen ein geringes Entgelt, welches als Aufwendungsersatz gedacht ist, so werden Dienst- oder Kaufvertrag als Grundlage diskutiert. Ein Dienstvertrag[850] scheidet jedoch nach richtiger Ansicht aus[851], denn der Händler schuldet nicht eine Dienstleistung, sondern primär die Überlassung von Software. Damit ist nicht ein bloßes Tätigwerden, sondern ein Erfolg geschuldet. Auch die Übereignung des Datenträgers, soweit sie erfolgt, steht der Annahme eines Dienstvertrages entgegen. Stattdessen ist von einem Kaufvertrag über das immaterielle Gut Software auszugehen[852], denn von den Parteien ist ein punktuelles Austauschgeschäft gewollt. Dabei besteht keine Pflicht zur Rechtseinräumung, da ein Nutzungsrecht zur Ingebrauchnahme der Software nicht erforderlich ist. Welche Kosten der Händler mit dem Entgelt deckt und ob dies Kosten für Werbung oder Verwaltung sind, spielt für die vertragstypologische Einordnung keine Rolle. Auch die dem Kaufvertrag immanente Gleichwertigkeit von Leistung und Gegenleistung bleibt trotz nur geringen Kaufpreises erhalten. Aufgrund der freien Vervielfältigung der Software verliert diese nämlich größtenteils ihren Marktwert (natürlich nicht ihren Nutzwert), da das Angebot jede Nachfrage bedienen kann.

Die Weitergabe von Freeware unter Anwendern ist bisher kaum rechtlich beurteilt worden[853]. Sie findet unentgeltlich "unter Freunden" statt. Hierbei ist mangels Rechtsbindungswillen nicht von einer Schenkung, sondern nur von einer

---

Einräumung eines Nutzungsrechts zum Vertrieb verstanden werden, welches konkludent durch Vornahme der Verbreitungshandlung angenommen wird, wobei der Urheber auf den Zugang der Annahme gem. § 151 Satz 1 BGB verzichtet.

848 Vgl. grundsätzlich zu Freeware und Shareware oben A III 3 i), S. 85 ff.
849 Dann ließe sich die Software als Public Domain Software (im engeren Sinne) bezeichnen. Wegen des urheberpersönlichkeitsrechtlichen Bezugs änderungsrechtlicher Vorschriften ist hier Vorsicht geboten, auch wenn dieser Bezug bei Computerprogrammen nur schwach ausgeprägt ist.
850 So *Marly*, Rdnr. 257, und die meisten Händler-AGB.
851 Vgl. *Hoeren*, CR 1989, S. 888 f.
852 Für einen reinen Sachkauf konsequent *Hoeren*, CR 1989, S. 889.
853 Soweit ersichtlich nur *Marly*, Rdnr. 276 f.

Gefälligkeit ohne primäre Leistungspflichten auszugehen[854]. Allerdings bestehen Schutz- und Obhutspflichten[855]. Wegen des bekannt hohen Haftungsrisikos aufgrund der potentiellen Verseuchung von Freeware mit Computerviren, gegen das der Freeware-Geber wirtschaftlich nicht gesichert ist, ist in Analogie zu den gesetzlich geregelten Gefälligkeitsverhältnissen (§§ 521, 599, 690 BGB) von einer Haftungsreduktion auf grobe Fahrlässigkeit auszugehen[856], wenn man nicht sogar einen stillschweigenden Haftungsausschluß annehmen möchte. Daß für den wichtigen Fall der Gefälligkeit in Form eines Auftrages eine Haftungsreduktion vom BGB nicht vorgesehen ist[857], stört nicht, denn der Sachverhalt kommt hier einer Schenkung viel näher. Andernfalls würde der Freeware-Geber bei bloßer Gefälligkeit stärker haften als bei einer vertraglichen Leistungspflicht aufgrund eines Schenkungsvertrages.

b) Verträge über Shareware

Die Schwierigkeit Shareware-Verträge juristisch zu fassen, liegt darin begründet, daß der Programmautor einerseits eine Vervielfältigung und Verbreitung der Software ausdrücklich wünscht, andererseits aber einen dauerhaften Einsatz nur gegen Zahlung einer Lizenzgebühr zulassen möchte. Damit liegt jedenfalls ein Verzicht auf das Verwertungsrecht zur Verbreitung (§ 69c Nr. 3 Satz 1 UrhG, bezüglich der Handbücher § 17 Abs. 1 UrhG) vor. Ein vollständiger Verzicht auf das Vervielfältigungsrecht erfolgt nicht, da über die vom Programmautor über den von ihm erfaßten Einsatz der Software die Kontrolle behalten möchte, um so die Lizenzgebühr erwirtschaften zu können. Sämtliche Kopiervorgänge, die der Verbreitung dienen, also die Schaffung neuer Werkstücke bedeuten, sollen möglich sein. Damit verzichtet der Urheber auf sein Vervielfältigungsrecht nicht vollständig, sondern nur auf denjenigen Ausschnitt, der von der Nutzungsart "Vertrieb eigenerstellter Werkexemplare" umfaßt ist. Rechtliche Bedenken bestehen dabei nicht, denn wenn auf ein einzelnes Verwertungsrecht ganz verzichtet werden kann, dann kann auch auf einen bloßen Ausschnitt verzichtet werden, solange dieser hinreichend bestimmt ist. Gerade das ist bei den einzelnen Nutzungsarten der Fall[858]. Fraglich ist, ob der Programmautor ferner einen Verzicht erklären kann, der den Anwendern das Testen des Programms ohne Nutzungsrecht, nicht aber den endgültigen Einsatz

---

854 Insofern falsch *Marly*, Rdnr. 276 f.: Kein Rechtsbindungswille und kein Schuldverhältnis im Rechtssinn, aber dennoch "bloße Schenkung im Sinne des § 516 BGB".
855 Eine Verletzung dieser Pflichten führt zu einem Anspruch aus positiver Forderungsverletzung. Mangels primärer Leistungspflichten kommt eine Sachmängelgewährleistung nicht in Betracht. Daher ist es nicht richtig, § 524 Abs. 1 BGB anzuwenden, unmittelbar ohnehin schon mangels Schenkungsvertrages nicht. So aber unzutreffend *Marly*, Rdnr. 277.
856 Vgl. im einzelnen *Staudinger/Schmidt*, Einl zu §§ 241 ff Rdnr. 218.
857 Darauf verweist *Larenz*, Band I, S. 555.
858 Siehe zu den Kriterien einer Nutzungsart und zum Umfang der Nutzungsart "Vertrieb eigenerstellter Werkexemplare" oben B III 2 a), S. 161 f.

der Software ermöglicht. Eine Nutzungsart "Erprobung" läßt sich jedoch nach der Verkehrsauffassung bei wirtschaftlich-technischer Betrachtung nicht abgrenzen, da die technischen Vorgänge beim Testen exakt dieselben sind wie bei der endgültigen Verwendung und auch wirtschaftlich keine Differenzierung möglich ist[859]. Als Ausgangspunkt ergibt sich demnach für Shareware: Jegliche Vertriebstätigkeit darf ohne Nutzungsrecht erfolgen. Für einen Gebrauch der Software – auch im Falle des Testens – ist hingegen ein Nutzungsrecht erforderlich.

aa) Verhältnis Urheber-Händler

Denkbar ist, daß zwischen Autor und Händler ein Vertriebsvertrag geschlossen wird. Dabei kann es sich um einen exklusiven Vertriebsvertrag handeln[860]. Allerdings dürfte dies eher selten sein, denn damit wäre das Shareware-Vertriebskonzept relativiert[861]. Häufiger dürfte der Händler ohne vertragliche Beziehung zum Autor Shareware in sein Sortiment aufnehmen, die dieser zu Zwecken der Distribution und des Testeinsatzes in Umlauf gebracht hat. Hierfür bedarf der Händler keines Nutzungsrechts.

bb) Verhältnis Händler-Anwender

Zunächst ist zu klären, von wem der Anwender das Nutzungsrecht erhält. Denkbar ist die Einräumung einfacher Nutzungsrechte durch den Händler als Sharewaregeber. Da der Händler bei Shareware nie ein ausschließliches Recht zum Gebrauch hat, von dem er abgeleitete, einfache Nutzungsrechte einräumen könnte, setzt die Lösung voraus, daß er zur Einräumung einfacher Nutzungsrechte ermächtigt ist. Das bedeutet, daß jeder Sharewarenutzer, der ja gleichzeitig potentieller Sharewaregeber ist, zur Einräumung einfacher Nutzungsrechte ermächtigt sein müßte – eine sehr komplexe Konstruktion[862]. Gegen eine Rechtseinräumung durch den Händler spricht auch, daß eine Zahlung an den Urheber zur Erlangung der vollen Einsatzfähigkeit dann völlig überflüssig wäre. Dem Shareware-Vertrieb wäre der rechtliche Boden entzogen und der Autor darauf angewiesen mittels minderwertiger Vertriebsversionen den Nutzer zur Zahlung anzuhalten[863]. Daher ist richtigerweise von einer **Nutzungsrechtseinräumung durch den Urheber** auszugehen. Die Bezeichnung als Shareware und die Erlaubnis zum Testen sind als Angebot des Urhebers an jedermann zum Abschluß eines Vertrages zu verstehen. Dieser Vertrag enthält

---

859 Ebenso *Heymann*, CR 1991, S. 10.
860 So z. B. lag dem Urteil des LG München I vom 3.6.1992, CR 1993, S. 143 f., eine exklusive Vertriebslizenz zugrunde.
861 Ähnlich *Schulz*, CR 1990, S. 298.
862 Die zudem eine Beschränkung auf die Erprobung beim Empfänger nur schwerlich gewährleistet.
863 Insofern ist die mit einem einzigen Vertrag zugunsten Dritter auskommende Konstruktion *Hoerens*, CR 1989, S. 891, konsequent.

die Einräumung eines Nutzungsrechts zum **Normalgebrauch unter der schuldrechtlichen Beschränkung**[864], die Software nicht voll zum Einsatz zu bringen. Die Annahme erfolgt konkludent durch das Testen, wobei der Urheber gemäß § 151 Satz 1 BGB auf den Zugang der Annahme verzichtet. Ein solcher Vertrag ist aufgrund der schuldrechtlichen Beschränkung ein Lizenzvertrag im engeren Sinne.

Vor diesem Hintergrund läßt sich der Vertrag mit dem Händler beurteilen. Ein Dienstvertrag[865] scheidet aus den gleichen Gründen wie bei Freeware aus. Bisherige Einordnungen als (Sach-)Kauf auf Probe zugunsten des Autors[866] oder als reiner Kauf[867] vermögen ebenfalls nicht zu überzeugen. Gegen einen Kauf auf Probe zugunsten des Autors spricht weniger die fehlende Einigung über den an den Autor zu zahlenden Preis[868] als vielmehr die kaufrechtliche Konstruktion selbst, die beiden Ansichten zugrundeliegt. Der Verkäufer von Software schuldet die dauerhafte Überlassung gegen einmaliges Entgelt zum Einsatz im Rahmen eines Normalgebrauchs. Während die ersten beiden Merkmale unproblematisch sind, kann von einem zulässigen Normalgebrauch durch den Anwender zunächst keine Rede sein. Der Händler will gerade kein Nutzungsrecht verschaffen und kann es auch nicht. Er schuldet damit nur die tatsächliche Zurverfügungstellung der Software. Diese Pflicht entspricht nicht der Pflicht eines normalen Verkäufers, wie auch ein Vergleich mit dem Sachkauf belegt: Der Verkäufer einer Sache muß Besitz **und** (unbelastetes) Eigentum verschaffen. Auf das Immaterialgut Software übertragen, bedeutet dies, daß bei einem Kauf der tatsächliche Zugriff ermöglicht **und** ein Nutzungsrecht verschafft werden muß. Gegen einen Sachkauf zugunsten des Herstellers spricht ferner, daß dieser im Verhältnis zum Nutzer häufig Pflichten übernimmt. Eine Registrierung soll erfolgen, eine Benutzerdokumentation übermittelt, Vollversionen und Updates sollen geliefert werden. Aus dem Vertrag zu Gunsten Dritter wäre ein unzulässiger[869] Vertrag zu Lasten des Urhebers geworden. Mangels Vertretungsmacht kann der Händler derartige Verpflichtungen auch nicht in dessen Namen eingehen. Sie sind aber synallagmatisch mit der Zahlung an den Urheber verknüpft. Somit ist auch deswegen ein eigener Vertrag mit diesem erforderlich.

Das Vertragsverhältnis zum Händler läßt sich auch nicht als Geschäftsbesorgungsvertrag qualifizieren. Ein Tätigwerden des Händlers in fremdem Inter-

---

864 Eine urheberrechtlich-dingliche Beschränkung ist mangels Differenzierbarkeit nicht möglich, siehe oben vor aa).
865 So *Marly*, Rdnr. 294.
866 Vgl. *Hoeren*, CR 1989, S. 891.
867 Vgl. *Heymann*, CR 1991, S. 9; *Malzer*, S. 92 f.
868 So aber *Heymann*, CR 1991, S. 7. Jedoch ist der Preis in der Regel in einer in den Programmablauf eingebundenen Zahlungsaufforderung vermerkt, so daß der Anwender informiert ist; i. ü. könnte hier ergänzende Vertragsauslegung weiterhelfen, vgl. *Palandt/Putzo*, § 433 Rdnr. 27.
869 Vgl. *Soergel/Hadding*, § 328 Rdnr. 118; *Jauernig/Vollkommer*, § 328 Anm. 3 d.

esse[870] liegt nicht vor: Die Beschaffung der Software gehört nicht zu Geschäften, die der Anwender ursprünglich im Rahmen der Wahrung seiner Vermögensinteressen zu besorgen hatte, sondern sie wird erst durch die Bestellung beim Händler Gegenstand wirtschaftlicher Betätigung. Denkbar wäre vielleicht eine (gemischte) Schenkung. Für die Schenkung genügt eine (faktische) Bereicherung des Beschenkten, volle Verfügungsmacht ist anders als beim Käufer nicht erforderlich. Ferner zahlt der Anwender auch nur eine Aufwandspauschale. Genaugenommen liegt aber keine Unentgeltlichkeit vor: Der Händler wird für seine eingeschränkte Leistung (bloß tatsächliche Nutzungsmöglichkeit ohne rechtliche Nutzungsbefugnis, ggf. Versand und Datenträger) voll entlohnt. Aus dem gleichen Grund scheitert ein Auftrag. Richtiger dürfte demnach von einem Vertrag eigener Art auszugehen sein, da hier ein immaterielles Gut ausnahmsweise ohne das zur vollen Nutzung erforderliche Recht faktisch übertragen wird. Auf diesen Vertrag kann neben den allgemeinen Regeln trotz oben ermittelter Unterschiede gewährleistungsrechtlich Kaufrecht zur Anwendung kommen, denn die Parteien wollen die Software endgültig überlassen und im Ergebnis ermöglicht der Händler durch Übermittlung des an jedermann gerichteten Angebots des Urhebers den Testeinsatz der Software.

cc) Verhältnis Urheber-Anwender

Damit ist auch die Beziehung zwischen Urheber und Anwender geklärt: Zunächst räumt der Urheber ein auf das Testen schuldrechtlich beschränktes Nutzungsrecht zum Normalgebrauch im Rahmen eines urheberrechtlichen Lizenzvertrages im engeren Sinne ein. Geht der Anwender zum vollen Einsatz der Software über, so ist darin nach der gleichen Konstruktion wie beim ersten Vertrag die Annahme eines Angebots zur Einräumung eines unbeschränkten Nutzungsrechts zu sehen. Bei diesem zweiten Vertrag handelt es sich um einen urheberrechtlich geprägten Kaufvertrag. Da der Anwender die Software schon hat, ist Vertragsinhalt im wesentlichen nur die Nutzungsrechtseinräumung (bzw. Aufhebung der schuldrechtlichen Beschränkung) gegen einmaliges Entgelt auf Dauer.

dd) Verhältnis Anwender-Anwender

Auch die Weitergabe von Shareware unter Anwendern läßt sich unproblematisch beurteilen. Der Sharewaregeber wird wie ein Händler tätig; der eigentliche Nutzungsvertrag ist nachträglich mit dem Autor zu schließen. Allerdings wird hier wie bei der Weitergabe von Freeware unter Anwendern von einer reinen Gefälligkeit und damit von Haftungsreduktion oder -ausschluß auszugehen sein.

---

870 Vgl. *Palandt/Thomas*, § 675 Rdnr. 3.

c) Ergebnis

Das Urheberrecht ermöglicht eine interessengerechte und konsistente Differenzierung zwischen Freeware und Shareware sowie zwischen den einzelnen Zweipersonenverhältnissen. Gerade im Bereich des Shareware-Vertriebs, bei dem wirtschaftlich eine Aufspaltung zwischen Verbreitung und vollem Einsatz des Programms erfolgt, erweist es sich als flexibler und treffender rechtlicher Rahmen. Beim Shareware-Vertrieb kommt es ausnahmsweise zu einer Aufspaltung zwischen tatsächlicher Überlassung der Software vom Händler und Nutzungsrechtsverschaffung durch den Autor. Ein Widerspruch zur Bewertung des Schutzhüllenvertrages ist darin jedoch nicht zu sehen, denn bei Shareware erwartet der Softwarenehmer gerade nicht, vom Händler eine voll einsatzfähige Software zu erhalten und entlohnt diesen auch nicht für ein volles Gebrauchsrecht, sondern für die bloße Verschaffung.

6. Zusammenfassung

Die primären Leistungspflichten der Verträge mit dem Anwender lassen sich für Werkvertrag, Kaufvertrag und Lizenzvertrag klar beschreiben. Auch die Sonderinteressenlage bei Shareware und Freeware läßt sich urheberrechtlich und vertragsrechtlich erfassen. Rechtsunsicherheit und Mängel bestehen vor allem im Bereich der Sekundäransprüche bei Gewährleistung. Hier und im Falle besonderer urheberrechtlicher Vertragsinhalte erscheint eine Ausgestaltung durch Allgemeine Geschäftsbedingungen empfehlenswert.

Zusätzliche Nutzungsverträge mit dem Hersteller, insbesondere in der Form von Schutzhüllenverträgen, kommen angesichts der Unwirksamkeit der Einbeziehungsklauseln und der unangemessenen Benachteiligung des Softwarenehmers durch die Aufspaltung eines wirtschaftlich einheitlichen Geschäfts regelmäßig nicht wirksam zustande.

V. Vertriebsverträge

Als Vertriebsverträge über Standardsoftware kommen **Kaufvertrag** und **urheberrechtlicher Lizenzvertrag** im engeren Sinne in Betracht[871]. Vertriebsverträge über urheberrechtlich geschützte Güter sind rechtlich im Überschneidungsbereich von Kartellrecht und Urheberrecht anzusiedeln. Dabei ergibt sich zwischen urheberrechtlich fundierter Marktkontrolle und kartellrechtlich intendierter Wettbewerbsfreiheit ein Spannungsverhältnis, welches in der konkreten Vertriebsvereinbarung zum Ausgleich gebracht werden muß. Im folgenden sollen hauptsächlich die urheberrechtlichen Rahmenbedingungen für Softwarevertriebsverträge dargestellt werden; spezifisch kartellrechtliche Fragestellun-

---

871 Siehe obige Matrixdarstellung A IV 1, S. 92.

gen bleiben außer Betracht[872]. Vereinfachend wird ein lediglich zweistufiger Vertrieb vom Urheber über den Händler an den Anwender zugrundegelgt; die Einschaltung von umfassend berechtigten Programmverwertern auf der ersten Handelsstufe und von (weiteren) Zwischenhändlern in den Absatzvorgang wird vernachlässigt, da die auftretenden urheberrechtlichen Probleme dieselben bleiben.

1. **Urheberrechtliche Regelungskomplexe im Softwarevertriebsvertrag – Interdependenzen zur Vertragsgestaltung im Anwenderbereich**

Für den Softwarevertriebsvertrag lassen sich im wesentlichen zwei urheberrechtlich geprägte Regelungskomplexe ermitteln: Einerseits muß der Vertriebsvertrag klären, ob und inwieweit dem Händler ein Nutzungsrecht zukommt und welche Nutzungsarten aus dem Vertriebsbereich[873] umfaßt sind. Andererseits muß entschieden werden, wer dem Anwender das erforderlich Nutzungsrecht zum Einsatz der Software verschafft und ob dem Händler in diesem Zusammenhang eine Ermächtigung oder Vertretungsmacht zu erteilen ist. Dabei hängt die Klärung dieser beiden Fragen voneinander ab.

Die Beantwortung der **Frage nach dem Nutzungsrecht des Händlers** entscheidet über denVertragstypus und entscheidet sich danach, ob der Händler die zu verbreitenden Softwareexemplare selbst herstellt oder ob er sie vom Urheber erwirbt. Erwirbt er die bereits erstellten Softwareexemplare im Wege der Veräußerung vom Urheber, so erschöpft sich an ihnen das Verbreitungsrecht; ein Nutzungsrecht für die weitere Verteilung ist nicht mehr erforderlich. Der Vertrag zwischen Urheber und Händler stellt sich dann im Kern als Kaufvertrag (über eine größere Anzahl von Werkstücken) dar, wie er auch für den Vertrieb sonstiger Waren üblich ist[874]. Vervielfältigt der Händler die Software selbst oder erhält er Softwareexemplare aufgrund bloßer Überlassung ohne Veräußerung (ähnlich einem Kommissionär), so bedarf er für die Verbreitung im ersteren Falle eines Nutzungsrechts zum Vertrieb eigenerstellter Exemplare, im letzteren Falle eines Nutzungsrechts zum schlichten Vertrieb. Der Vertrag zwischen Urheber und Händler ist dann ein urheberrechtlicher Lizenzvertrag im engeren Sinne, insbesondere schon wegen der regelmäßig vereinbarten zahlenmäßigen und zeitlichen Beschränkung.

Die Frage nach der Gestaltung der **Nutzungsrechtsverschaffung gegenüber dem Anwender** beantwortet sich nach der Verfügungsbefugnis des Händlers

---

872 Vgl. hierzu aber *Lehmann*, Kartellrechtliche Grenzen: zum europäischen Wettbewerbsrecht Rdnr. 7 ff., zum deutschen Kartellrecht Rdnr. 38 ff.
873 Siehe hierzu oben B III 2, S. 159 ff.
874 Dennoch bleiben urheberrechtliche Wertungen, z. B. bezüglich des übertragbaren Nutzungsrechts zum Normalgebrauch, zu berücksichtigen. Es handelt sich also nicht um einen der von *Lehmann*, Kartellrechtliche Grenzen, Rdnr. 44 ff., als "reine Programmvertriebsverträge" bezeichneten Vertrag gänzlich ohne lizenzvertragliche Aspekte.

B. Der urheberrechtliche Softwarelizenzvertrag

und entscheidet über die Anzahl der erforderlichen Vertragsverhältnisse zur vollständigen Abwicklung der Softwareüberlassung an den Anwender. Theoretisch ergeben sich zwei Möglichkeiten: Zum einen kann der Hersteller dem Anwender ein Nutzungsrecht (in der Regel zum Normalgebrauch) einräumen und sich dabei gegebenenfalls des Händlers als Vertreter bedienen. Dann ist neben dem Softwareüberlassungsvertrag mit dem Händler ein zusätzlicher Vertrag mit dem Hersteller erforderlich. Zum anderen kann der Händler ein bei ihm bereits vorhandenes Nutzungsrecht (zum Normalgebrauch) übertragen oder aufgrund Ermächtigung durch den Urheber gemäß § 185 Abs. 1 BGB in eigenem Namen ein Nutzungsrecht einräumen. Dann tritt der Anwender mit dem Hersteller nicht in vertraglichen Kontakt; die Softwareüberlassung wird nur mit dem Händler abgewickelt. Die Problemstellung ist für Vertriebsverträge neu. Denn bisher bedurfte der Endverbraucher bei urheberrechtlich geschützten Gütern keines Nutzungsrechts, so daß sich die Frage nach einer Rechtsverschaffung entlang der Handelskette oder direkt im Verhältnis zum Urheber nicht stellen konnte.

Versucht man die jeweiligen Gestaltungsmöglichkeiten der beiden Regelungskomplexe miteinander in Einklang zu bringen, so ergibt sich folgendes:

Soweit der Händler die Softwareexemplare im Rahmen eines Kaufs vom Urheber erwirbt, muß ihm dieser auch das übliche Nutzungsrecht zum Normalgebrauch einräumen. Entsprechend kann und muß der Händler gemäß § 69d Abs. 1 UrhG dieses Nutzungsrecht bei einem nachfolgenden Verkauf an den Anwender übertragen. In diesem Fall ist weder eine Ermächtigung des Händlers noch ein zusätzlicher Vertrag mit dem Hersteller erforderlich. Diese Konstruktion entspricht einer normalen Absatzkette und unterscheidet sich nicht vom Vertrieb anderer Wirtschaftsgüter.

Soweit der Händler die Softwareexemplare nur kommissionsweise vom Urheber erhalten hat oder selbst erstellt hat, darf er sie zwar weiterverbreiten, jedoch kommt ihm ohne besondere Vereinbarung kein Nutzungsrecht zum Normalgebrauch zu, welches er dem Anwender übertragen könnte. Der Händler kann dem Anwender daher nur dann ein Nutzungsrecht einräumen, wenn er hierzu durch den Urheber gemäß § 185 Abs. 1 BGB ermächtigt ist. Ein gutgläubiger Erwerb des Nutzungsrechts durch den Anwender ist nicht möglich[875]. Ist der Händler nicht ermächtigt, so kann der Anwender das Nutzungsrecht nur vom Hersteller erhalten.

An dieser Stelle zeigt sich erwartungsgemäß der Einfluß der für das Softwareüberlassungsverhältnis zum Anwender gewonnenen Ergebnisse auf die Gestaltung der Vertriebsverträge zwischen Händler und Hersteller. Dem Händler muß nach Art einer "Rechtepyramide"[876] mindestens soviel Rechtsmacht zu-

---

875 Vgl. *Schricker/Schricker*, Vor §§ 28 ff. Rdnr. 44, 63 m. w. N.
876 Siehe hierzu oben A III 4, S. 90.

kommen, wie er für eine Überlassung an den Anwender und Endabnehmer benötigt; hinzu treten gegebenenfalls seine Vertriebsrechte. Natürlich ließe sich auch umgekehrt argumentieren, der Inhalt der Verträge mit dem Endabnehmer müsse sich eben an den Befugnissen des Händlers ausrichten. Doch wird man damit nicht den derzeitigen Gepflogenheiten des Rechtsverkehrs im Anwenderbereich gerecht, die eindeutig auf eine kaufrechtliche Überlassung ausgerichtet sind. Insbesondere die dargelegte Unwirksamkeit ergänzender Nutzungsverträge mit dem Hersteller bei kaufrechtlicher Gestaltung des Geschäfts mit dem Endabnehmer zwingt den Händler, dem Anwender das erforderliche Nutzungsrecht direkt zu verschaffen[877]. Anders verhielte es sich nur, wenn die Abwicklung des Endabnehmergeschäfts auf Herstellerbetreiben nicht mehr als Kauf, sondern eher als Vermittlung ausgestaltet würde, was für einige Irritation bei Anwendern und Händlern sorgen dürfte.

Soweit aber entsprechend der derzeitigen Geschäftspraxis zwischen Händler und Anwender ein Kaufvertrag geschlossen wird, muß der Vertriebsvertrag den Händler zur Erfüllung der daraus resultierenden Pflichten befähigen. Im Falle des Kaufvertrages ist dies unproblematisch, da der Händler bei vollem Erwerb der Software ohnehin ein Nutzungsrecht zum Normalgebrauch erhält. Im Falle eines Lizenzvertrages im engeren Sinne muß der Händler zur Einräumung von Nutzungsrechten gemäß § 185 Abs. 1 BGB ermächtigt werden oder mit einer entsprechenden Vollmacht ausgestattet werden, was dann eine Erfüllung gemäß §§ 267 Abs. 1, 362 Abs. 1 BGB zur Folge hätte.

2. Kaufvertrag

Für den Kaufvertrag als Vertriebsvertrag gelten grundsätzlich dieselben Regeln wie für den Kaufvertrag mit dem Anwender[878]. Der Verkäufer, hier der Hersteller, muß die Software verschaffen, in diesem Zusammenhang Datenträger und Dokumentation übereignen und ein Nutzungsrecht zum Normalgebrauch einräumen[879]. Ein Nutzungsrecht zur Weiterverbreitung ist nicht erforderlich, da das Verbreitungsrecht bezüglich der veräußerten Softwarekopien erschöpft ist (§§ 17 Abs. 2, 69c Nr. 3 Satz 2 UrhG).

Folgende Besonderheiten können sich im Vertriebsbereich ergeben: Der Kaufvertrag wird sich in aller Regel auf mehrere Werkexemplare beziehen. Hierbei muß deren Stückzahl nicht von Beginn an festgelegt sein, vielmehr kann es sich bei dauerhafter Vertragsbeziehung um einen Sukzessivlieferungsvertrag in

---

877 A. A. *Sucker*, CR 1989, S. 474 f., der beim Vertrieb durch Verkauf den Händler nicht in eine "Lizenzvertragskette" eingereiht sieht und als Gegensatz hierzu bei Einschaltung des Händlers in die Nutzungsrechtsübertragung von "Lizenzierung" spricht.
878 Siehe zum Kaufvertrag mit dem Anwender oben B IV 2, S. 170 ff.
879 Dieses darf auch nicht durch eine Programmsperre vereitelt werden, vgl. OLG Celle, Urteil vom 3.3.1992, NJW CoR 4/93, S. 26, zugleich als Beispiel eines Kaufvertrages im Vertriebsbereich.

Form eines Bezugsvertrages handeln[880]. Dann sind auch Regeln des Dauerschuldverhältnisses zu berücksichtigen. Bei mehreren aufeinanderfolgenden Kaufverträgen können diese auch in einen Rahmenvertrag eingebettet sein, der einheitlich für alle Kaufverträge die Konditionen festlegt und mitunter auch die Verpflichtung des Händlers zum Kauf einer bestimmten Anzahl von Softwareexemplaren vorsieht[881]. Im Gewährleistungsbereich sind die §§ 377, 378 HGB zu beachten, die dem Händler bei Software ein nicht unerhebliches Risiko auferlegen, im Falle von Gewährleistungsansprüchen des Anwenders mangels Rückgriffsmöglichkeit gegenüber dem Hersteller auch wirtschaftlich die Folgen der Fehlerhaftigkeit tragen zu müssen[882].

Wie bei jedem Vertriebsvertrag können zusätzliche Abreden über Modalitäten und Bedingungen von Weitergabe und Verwendung der Software geregelt werden. Soweit diese Regelungen, wie z. B. Vervielfältigungs- oder Vermietungsverbote, vom UrhG gedeckt sind und der Verwirklichung eines anerkennenswerten Partizipationsinteresses des Urhebers dienen, sind sie normalerweise wirksam[883]. Soweit sie aber von diesem Zweck nicht mehr getragen werden und dann auch keine urheberrechtlich-dingliche, sondern nur noch schuldrechtliche Wirkung entfalten, wie z. B. Preisbindungen, unterliegen sie insbesondere kartellrechtlicher Kontrolle[884].

Der Kaufvertrag im Vertriebsbereich ist regelmäßig ein AGB-Vertrag, der zwischen Kaufleuten geschlossen wird. Er unterliegt daher der Inhaltskontrolle gemäß § 9 AGBG, für die vielfach die Klauselverbote der §§ 10 und 11 AGBG indizielle Wirkung entfalten[885].

3. Urheberrechtlicher Lizenzvertrag im engeren Sinne

Der urheberrechtliche Softwarelizenzvertrag im engeren Sinne unterscheidet sich im Vertriebsbereich deutlich von seiner Ausprägung im Anwenderbereich. Zentraler Vertragsinhalt ist hier die Verpflichtung zur Einräumung eines Nutzungsrechts zur Verbreitung der Software, gegebenenfalls auch zu ihrer Vervielfältigung. Bei der Festlegung des Nutzungsrechts sind die oben ermittelten Nutzungsarten zugrundezulegen. Je nach Ausgestaltung, insbesondere im Falle des Vertriebs eigenerstellter Werkexemplare, können sich hier Parallelen zum Verlagsvertrag ergeben; meist dürfte die softwarespezifische Interessenlage aber einer analogen Anwendung des VerlG entgegenstehen. Die Vertriebsli-

---

880 Vgl. *Palandt/Heinrichs*, Einf v § 305 Rdnr. 27. Aus der Rechtsprechung: OLG Frankfurt, Urteil vom 10.6.1992, CR 1993, S. 284 f., mit Mindestabnahmeverpflichtung.
881 Vgl. *Palandt/Heinrichs*, Einf v § 305 Rdnr. 29: gerade bei Alleinvertriebsverträgen.
882 Vgl. hierzu OLG Hamm, Urteil vom 22.10.1992, CR 1991, S. 349 f.
883 Vgl. *Lehmann*, Kartellrechtliche Grenzen, Rdnr. 40, 49 f.
884 Vgl. *Lehmann*, Kartellrechtliche Grenzen, Rdnr. 52 ff.; *Sucker*, CR 1989, S. 475, zum europäischen Wettbewerbsrecht.
885 Vgl. nur *Palandt/Heinrichs*, § 9 AGBG Rdnr. 34 f.

zenz wird regelmäßig zeitbezogen erteilt, worin sich der Charakter als Dauerschuldverhältnis manifestiert. Ferner ist eine Begrenzung der Stückzahl möglich. Es kann sich um ein einfaches oder ausschließliches, übertragbares oder nicht-übertragbares Recht zum Vertrieb handeln. Auch räumliche Begrenzungen können angesichts der durch Sprachbarrieren gebremsten Verbreitung von Software im EG-Binnenmarkt von wirtschaftlichem Interesse sein. All diese Beschränkungen werden durch die §§ 31, 32 UrhG ermöglicht, dienen der Sicherung des Partizipationsinteresses des Urhebers und enthalten grundsätzlich keinen Verstoß gegen Kartellrecht[886]. Im Vertriebsbereich stellt sich der urheberrechtliche Lizenzvertrag dank seiner Anpassungsfähigkeit an ökonomische Bedürfnisse als geeignetes Gestaltungsmittel dar.

a)   Hauptleistungspflichten des Herstellers

Für die Hauptleistungspflichten des Herstellers ist nach der beabsichtigten Nutzung weiter zu unterscheiden: Soll der Händler die Software nur verbreiten, nicht aber vervielfältigen, so ist der Hersteller verpflichtet, dem Händler die entsprechende Anzahl von Vervielfältigungsstücken inklusive der Dokumentationen zu überlassen. Dabei handelt es sich in Abgrenzung zum Kaufvertrag gerade nicht um eine Veräußerung, d. h. ein endgültiger Übergang der Software auf den Händler ist nicht beabsichtigt und auch nicht erforderlich. So muß der Händler z. B. nicht abgesetzte Exemplare auch zurückgewähren. Die Situation entspricht einem Kommissionsgeschäft. Der Hersteller muß ferner ein Recht zum schlichten Vertrieb der überlassenen Kopien einräumen, nicht aber ein Nutzungsrecht aus dem Anwenderbereich[887].

Soll der Händler die Vervielfältigung selbst vornehmen, so muß der Hersteller ihm ein vollständiges Originalexemplar der Software, welches als Vorlage dient, verschaffen. Je nach Vertrag kann die Software im Objektcode oder im Quellcode zu überlassen sein. Ferner muß der Vertrag klären, für welche Systemumgebung der Händler die Software vertreiben darf und welche Datenträger er hierfür benutzen darf. Das einzuräumende Nutzungsrecht bezieht sich auf die Nutzungsart "Vertrieb eigenerstellter Exemplare" und umfaßt demgemäße Vervielfältigungs- und Verbreitungsrechte.

Soll der Vertriebspartner die Software unter eigenem Namen vertreiben, handelt es sich also um ein OEM-Geschäft, so sind zusätzlich entsprechende Änderungsrechte einzuräumen. Regelmäßig wird dann auch der Quellcode des Programms überlassen; es kommt zu einer besonders engen Zusammenarbeit zwischen Softwaregeber und Softwarenehmer.

---

886 Vgl. *Lehmann*, Kartellrechtliche Grenzen, Rdnr. 49.
887 Würde dies hier geschehen, dann dürfte von den Parteien wohl doch ein Kauf intendiert sein: Der Händler erhält Software und Einsatzrecht, soll sie weiterverbreiten und das Recht übertragen.

Den aufgeführten Formen des Vertriebslizenzvertrages ist gemeinsam, daß der Hersteller den Händler entsprechend obiger Überlegungen zur Einräumung von Nutzungsrechten (zum Normalgebrauch) ermächtigen muß. Andernfalls kann der Händler seiner Verpflichtung gegenüber seinen Abnehmern nicht nachkommen. Die **Ermächtigung** hat für den Urheber entgegen erstem Anschein keinen entscheidenden Nachteil: Er kann bereits im Vertriebsvertrag den Umfang des Nutzungsrechts, zu dessen Einräumung der Händler ermächtigt sein soll, unter Beachtung der §§ 69c ff. UrhG mit der Regelungsschärfe urheberrechtlich-dinglich möglicher Spezifikationen bestimmen. Damit erhält der Urheber genau diejenigen Gestaltungsmöglichkeiten, die er im Falle eines direkten Vertragskontaktes mit dem Endabnehmer hätte. Weiterreichende Beschränkungen des Händlers bei der Weitergabe der Software unterliegen allerdings kartellrechtlicher Kontrolle gemäß den §§ 15, 18 GWB[888]. Überschreitet der Händler die Grenzen der Ermächtigung, so kommt das Nutzungsrecht nicht zur Entstehung. Ein gutgläubiger Erwerb eines Nutzungsrechts ist nicht möglich und auch der gute Glaube an eine Ermächtigung zur Rechtseinräumung ist nicht geschützt[889]. Beim Übertreten einer eventuell erteilten **Vollmacht** hingegen könnten die Grundsätze der Anscheinsvollmacht zum Tragen kommen und so ein Nutzungsrecht entstehen. Obwohl eine Bevollmächtigung des Händlers zum gewünschten Nutzungsvertrag mit dem Hersteller führen könnte, ist von ihr daher dringend abzuraten.

b) Vertragsart

Der urheberrechtliche Lizenzvertrag im Vertriebsbereich läßt sich keiner vorbekannten und gesetzlich definierten Vertragsart eindeutig zuordnen. Charakteristikum ist wie im Anwenderbereich die Ausprägung als Dauerschuldverhältnis unter Auswertung urheberrechtlicher Nutzungsrechte. Daher dürfte auch hier von einem rechtspachtähnlichen Vertrag auszugehen sein. Eine analoge Anwendung der Pachtrechts- und Mietrechtsregelungen sollte aber nur mit Vorsicht erfolgen, da im Vertriebsbereich das Motiv für die Überlassung

---

888 Vgl. *Lehmann*, Kartellrechtliche Grenzen, Rdnr. 56 ff., 63 ff.
889 Allerdings liegt bei Software ein besonderer Fall vor: Sie enthält häufig Sachbestandteile, an deren Besitz grundsätzlich ein Rechtsschein angeknüpft werden könnte. Sie darf nur bei Vorliegen eines Nutzungsrechts eingesetzt werden, wird also regelmäßig – durch § 69d Abs. 1 UrhG abgesichert – mit dem Nutzungsrecht erworben. Und sie wird wie eine Ware gehandelt, was eine anderen Gütern vergleichbare Lage schafft und ein entsprechendes Verkehrsschutzbedürfnis weckt. Man könnte daher an § 366 HGB denken. Aber zum einen handelt es sich nicht um die (translative) Veräußerung einer Sache sondern um die (konstitutive) Einräumung eines Rechts, zum anderen könnte man auch bei einer analogen Anwendung nicht von den gutgläubigen Erwerb rechtfertigenden Rechtsscheinstatbestand ausgehen: Während ein Kaufmann normalerweise ermächtigt ist, in seinem Besitz befindlichen Sachen zu übereignen oder zu verpfänden, kann bei einem Softwarehändler gerade nicht davon ausgegangen werden, daß er an Softwareexemplaren Nutzungsrechte **über** einen Normalgebrauch hinaus einräumen darf. § 366 HGB kann keinesfalls zu einem entsprechenden Nutzungsrecht führen.

nicht in einer normalen Verwendung des überlassenen Gegenstandes liegt, sondern auf einer übergeordneten Stufe der Zuführung zu einer marktlichen Verwertung. Ohnehin gehen urheberrechtliche Bestimmungen und Wertungen als lex specialis den Regelungen des BGB vor. Ein **Verlagsvertrag liegt nicht vor**, auch dann nicht, wenn die Nutzungsart "Vertrieb eigenerstellter Werkstücke" dem Vertriebsvertrag zugrundeliegt[890]. Zwar ließe sich argumentieren, Computerprogramme seien als Sprachwerke der Werkkategorie der Literatur zuzuordnen, und damit sei wortlautgemäß der Anwendungsbereich des Verlagsgesetzes eröffnet (§ 1 VerlG). Doch bezog sich das VerlG bei seinem Inkrafttreten 1902 nur auf die bis dahin bekannten, klassischen Werke der Literatur. Entsprechend sind auch die meisten seiner Regelungen schon sachlich nicht auf Computerprogramme anwendbar, z. B. § 2 (beim Urheber verbleibende Rechte), § 4 (Sonderausgaben), § 6 (Zuschuß- und Freiexemplare), § 7 (Verlust von Abzügen). Auch ist ein Computerprogramm – sieht man einmal vom Fall des Programmlistings ab – **nicht druckfähig**[891] und die Vervielfältigung von Computerprogrammen unterfällt nicht dem eigenständigen, von § 16 UrhG unterschiedlichen[892] Vervielfältigungsbegriff des Verlagsgesetzes. Im Einzelfall ist aber zu überlegen, inwieweit Vorschriften des Verlagsvertrages entsprechend oder ihrem Rechtsgedanken nach angewendet werden können.

Anders als im Anwenderbereich, erhält der urheberrechtliche Lizenzvertrag im engeren Sinne im Vertriebsbereich sehr unterschiedliche Vertragsinhalte. Man wird daher (noch) nicht von einem verkehrstypischen Vertrag ausgehen können. Regelmäßig dürfte ein atypischer Vertrag vorliegen, der durch die parteiliche Ausgestaltung bestimmt wird, wesentlich von urheberrechtlichen Wertungen geprägt ist und einer vorsichtigen Auslegung und Ergänzung durch Pachtrecht und Verlagsvertragsrecht zugänglich ist.

c) Gewährleistungsrecht

Generelle Aussagen über das anzuwendende Gewährleistungsrecht lassen sich nicht treffen. Die Vertragspraxis ist sehr uneinheitlich. Hier sind umfassende Haftungsausschlüsse[893], zeitliche und gegenständliche Beschränkungen[894], sowie summenmäßige Haftungsgrenzen zu verzeichnen. Auch kaufrechtliche Gewährleistung wird vorgeschlagen[895]. Angesichts stark differierender Interes-

---

890 Vgl. auch *Lehmann*, Kartellrechtliche Grenzen, Rdnr. 65; *Bappert/Maunz/Schricker*, § 1 Rdnr. 33 a. E.
891 Dies ist aber Voraussetzung für das Vorliegen eines Verlagsvertrags, vgl. *Hubmann/Rehbinder*, S. 213; *Bappert/Maunz/Schricker*, § 1 Rdnr. 35; *Fromm/Nordemann*, Vor § 31 Rdnr. 25.
892 Vgl. *Bappert/Maunz/Schricker*, Einl Rdnr. 24, § 1 Rdnr. 51 unter Erwähnung der Einspeicherung in eine DV-Anlage; *Ulmer*, S. 430.
893 So auch *Geissler/Pagenberg*, Rdnr. 50 f.
894 Vgl. *Jochen Schneider*, Rdnr. D 117.
895 Vgl. *Heussen* in: Kilian/Heussen, Abschnitt 47 Rdnr. 95, jedoch ist nicht ganz eindeutig, ob auch der Fall des Vertriebs eigenerstellter Exemplare gemeint ist.

senlage in Abhängigkeit von Software, Vertriebsart und auch Gegenleistung kann nicht mehr davon ausgegangen werden, daß das mietrechtliche Gewährleistungsrecht einen im Regelfall gerechten Ausgleich herbeiführt. Je nach Einsatzgebiet der Software sind erhebliche Schadensersatzansprüche zu befürchten, die bei Kumulation in der Person des Erstellers dessen Leistungsfähigkeit übersteigen können und auch nicht durch die Software erwirtschaftet werden können. Im Vertriebsbereich gilt daher in besonderem Maße, daß die Risikoverteilung nach Gesichtspunkten wirtschaftlicher Leistungsfähigkeit erfolgen sollte. Ferner ist zu berücksichtigen, ob der Händler den Quellcode erhalten hat und selbst in der Lage ist, Fehler zu beseitigen. Muß man mangels einer expliziten Vertragsregelung wegen des Charakters als entgeltlichem Dauerschuldverhältnis doch auf mietvertragliches Gewährleistungsrecht zurückgreifen, so sollte jedenfalls gemäß §§ 133, 157 BGB von einem stillschweigenden Ausschluß der Garantiehaftung des § 538 Abs. 1 Halbsatz 1 BGB ausgegangen werden.

d) AGB-rechtliche Kontrolle

Ob ein urheberrechtlicher Lizenzvertrag als Vertriebsvertrag einer AGB-rechtlichen Kontrolle unterliegt, muß im Einzelfall entschieden werden. Verträge, die exklusive Vertriebsrechte vorsehen, werden möglicherweise nur einmal geschlossen; ihre Vertragsbedingungen sind dann nicht für eine Vielzahl von Verträgen vorformuliert, so daß der Anwendungsbereich des AGBG gemäß § 1 Abs. 1 AGBG nicht eröffnet ist[896]. Häufiger wird im Hersteller mehrere gleichartige Verträge mit Händlern schließen, etwa bezüglich jeweils unterschiedlicher Softwareprodukte, Versionen oder für verschiedene Vertriebsgebiete. Dann ist der sachliche Anwendungsbereich des AGBG grundsätzlich eröffnet. Bei der Kontrolle ist jedoch darauf zu achten, daß individuell ausgehandelte Klauseln, die gerade im Vertriebsbereich mit seinen vielfältigen Variationsmöglichkeiten und seinen uneinheitlichen wirtschaftlichen Machtgefällen keine Seltenheit sein dürften, nicht überprüft werden. Im übrigen richtet sich die Inhaltskontrolle nach § 24 Satz 1 Nr. 1, Satz 2 i. V. m. § 9 AGBG. Als Leitbild kommen nur allgemeine Rechtsgrundsätze in Betracht, da der urheberrechtliche Softwarelizenzvertrag als Vertriebsvertrag keinem genormten Vertragstyp zugeordnet werden kann.

---

896 Insoweit ist jedoch die künftige Rechtsentwicklung zu beachten. Die EG-Richtlinie 93/13/EWG über mißbräuchliche Klauseln in Verbraucherverträgen vom 5.4.1993, abgedruckt in NJW 1993, S. 1838, deren Umsetzung bis zum 31.12.1994 zu erfolgen hat, sieht jedenfalls für Verträge mit dem nicht-gewerblichen Verbraucher vor, daß die Klausel nicht für mehrfache Verwendung formuliert zu sein braucht, vgl. auch *Heinrichs*, NJW 1993, S. 1818.

4. Ergebnis

Zu Vertriebszwecken kann der Hersteller entweder bereits erstellte Softwareexemplare veräußern oder Nutzungsrechte zur Herstellung bzw. Verbreitung von Vervielfältigungsstücken einräumen. Hier ergeben sich aufgrund flexibler und vielseitiger, urheberrechtlich-dingliche Wirkung entfaltender Nutzungsspezifikationen zahlreiche Möglichkeiten zur Verwertung der Software, die trotz tendenziell wettbewerbsbeschränkenden Charakters regelmäßig nicht gegen Kartellrecht verstoßen.

Festzuhalten bleibt, daß die Unwirksamkeit ergänzender Nutzungsverträge mit dem Hersteller sowie der Umfang des dem Anwender einzuräumenden Nutzungsrechts die Gestaltung der urheberrechtlichen Regelungskomplexe in Vertriebsverträgen entscheidend beeinflussen. Dabei ermöglichen rechtssichere Nutzungsartdefinitionen eine Wahrung der Interessen des Urhebers, obwohl dieser nicht mehr in vertraglichen Kontakt mit dem Endnutzer tritt. Ein direkter Kontakt zum Hersteller trotz Einschaltung von Händlern kommt nur noch in Ausnahmefällen in Betracht. Der Softwarevertrieb ist somit in der praktischen Handhabung dem Vertrieb normaler Waren angenähert.

VI. ZUSAMMENFASSUNG ZU TEIL B

Die Interpretation der neuen Urheberrechtsregelungen als softwarespezifisches Urhebervertragsrecht und ihre systematische Integration in das übrige Urheberrecht führen im gegenseitigen Zusammenspiel zur Definition von Nutzungsarten. Dabei werden die dem Softwarenehmer vertraglich zuzuweisenden Ausschnitte aus dem Urheberrecht vorstrukturiert und so die Basis für einen gerechten Ausgleich im Rahmen vertraglicher Interessenkoordination gelegt. Für alle Vertragstypen ergeben sich erhebliche Auswirkungen auf den Vertragsinhalt. Die Festlegung von Nutzungsarten ermöglicht im Rahmen einer AGB-Kontrolle unter Zugrundelegung der Zweckübertragungstheorie, insbesondere von § 69d Abs. 1 UrhG und § 31 Abs. 5 UrhG, eine Feinabstimmung des Vertragsinhalts, die sich folgend im Rahmen der Vertragsgestaltung nutzbar machen läßt.

Die Darstellung der einzelnen Ausprägungen des urheberrechtlichen Lizenzvertrages im weiteren Sinne demonstriert die zentrale Eigenschaft des Lizenzvertrages, seine Flexibilität und Anpassungsfähigkeit an unterschiedlichste Interessenlagen und Geschäftssituationen, als Stärke und entblößt sie zugleich als Schwäche. Denn die unterschiedlichen Vertragsinhalte lassen abgesehen von übereinstimmenden urheberrechtlichen Grundelementen eine einheitliche juristische Erfassung nicht zu. Soweit sich – wie im Anwenderbereich zu weiten Teilen – eine Deckung der Interessenlage mit genormten Verträgen des BGB ergibt, können diese als Grundlage dienen; die rechtliche Behandlung bereitet dann nur geringe Schwierigkeiten. Geht es im übrigen um den engeren Bereich des Softwarelizenzvertrages, so ist eine weitere Differenzierung nach Geschäftszweck bzw. Nutzungsart erforderlich. Zur Ermittlung eines typischen Gehalts für den urheberrechtlichen Lizenzvertrag im engeren Sinne, bei dem spezifisch lizenzvertragliche Elemente wie Zeitbezug oder Verwendungsbeschränkungen überwiegen, reicht der bloße Verweis auf pachtrechtliche Vorschriften jedenfalls nicht aus. Im Kern vertragsprägend ist die Verpflichtung des Lizenzgebers zur Einräumung des jeweiligen Nutzungsrechts. Hier ist eine weitere Differenzierung erforderlich. Als primäre Unterteilung bietet sich diejenige nach Vertriebsbereich und Anwenderbereich an. Als sekundäres Kriterium tritt die Nutzungsart hinzu. Man kann davon ausgehen, daß sich die gleiche Differenzierung auch für den (hier nicht behandelten) Herstellungsbereich von Software im Rahmen der Überlassung von Entwickler an Hersteller ergibt. Der urheberrechtliche Softwarelizenzvertrag im weiteren Sinne ist zur rechtlichen Erfassung somit sinnvollerweise nach zwei Kriterien zu untergliedern: zum einen nach der Vergleichbarkeit mit genormten Typenverträgen des BGB, zum anderen nach der Produktions- und Handelsstufe. Diese Systematik läßt sich folgendermaßen darstellen:

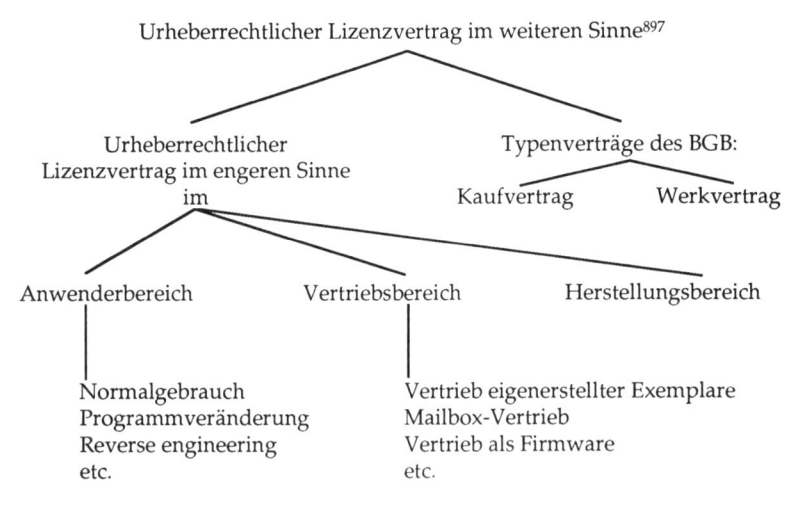

Urheberrechtlicher Lizenzvertrag im weiteren Sinne[897]

- Urheberrechtlicher Lizenzvertrag im engeren Sinne im
  - Anwenderbereich
    - Normalgebrauch
    - Programmveränderung
    - Reverse engineering
    - etc.
  - Vertriebsbereich
    - Vertrieb eigenerstellter Exemplare
    - Mailbox-Vertrieb
    - Vertrieb als Firmware
    - etc.
- Typenverträge des BGB:
  - Kaufvertrag
  - Werkvertrag
  - Herstellungsbereich

Wie genau man letztlich die Geschäftssituation festlegen muß, um einen vertragstypspezifizierenden oder verkehrstypischen Inhalt identifizieren zu kön-

---

897 Natürlich lassen sich auch Kaufvertrag und Werkvertrag weiter unterteilen in Anwender-, Vertriebs- und Herstellungsbereich mit jeweils unterschiedlichen Nutzungsarten. Jedoch ändert sich dadurch nicht ihre Typizität und das anzuwendende Recht, sondern lediglich der Vertragsgegenstand. Daher wurde von einer Untergliederung abgesehen. Beim urheberrechtlichen Lizenzvertrag im engeren Sinne, dessen Typizität es zu erfassen gilt, sind die Unterschiede wegen des starken Nutzungsrechtsbezugs größer.

VI. Zusammenfassung zu Teil B

nen – der sich gegebenenfalls auch gesetzlich regeln ließe – hängt vom Abstraktionsniveau der angestrebten Typisierung ab. Hier ist im Zweifel eine zu enge Typologie nachteilig, da sie leicht umgangen werden kann und angesichts der hohen Dynamik im Softwaresektor rasch von der Rechtswirklichkeit überholt würde.

Zusammenfassend darf jedoch nicht verkannt werden, daß die neuen urheberrechtlichen Regelungen für Computerprogramme einen deutlichen Zugewinn an Rechtssicherheit quer durch alle Vertragsarten bringen. Vor allem zwischen den Vertragspartnern besonders umkämpfte Fragen wie Reverse Engineering, Weitergabe und Weitervermietung sowie Fehlerbeseitigung lassen sich künftig eindeutig beantworten. Dadurch wird gerade im Anwenderbereich für die Vertragsgestaltung ein klarer rechtlicher Rahmen vorgegeben.

C. DIE GESTALTUNG DES URHEBERRECHTLICHEN SOFTWARELIZENZVERTRAGES IN STANDARDSITUATIONEN

Ein konsequent verwirklichter Ansatz zur Vertragsgestaltung auf der Grundlage des urheberrechtlichen Softwarelizenzvertrages läßt sich in der Literatur bisher nicht finden. Auf der einen Seite mag hierzu beigetragen haben, daß die urheberrechtlichen Rahmenbedingungen erst mit der EG-Richtlinie über den Rechtsschutz von Computerprogrammen genauere Formen angenommen haben. Auch konnte erst nach der Umsetzung in deutsches Recht damit gerechnet werden, daß die Gerichte eine auf den Urheberrechtsschutz rekurrierende Vertragsgestaltung akzeptieren. Insofern war zuvor aufgrund der Inkassoprogramm-Entscheidung des BGH[898] von einer Lähmung der Vertragspraxis auszugehen. Auf der anderen Seite waren diejenigen Vertragsformulare, die den Urheberrechtsschutz "beschworen", einseitig auf Wahrung der Herstellerinteressen ausgerichtet. Es dürfte nicht gewagt sein zu behaupten, daß kein einziges in der Praxis verwendetes Vertragsformular die Neuregelung des Softwarerechts, wie sie seit Erlaß der EG-Richtlinie vorauszusehen war, vorweggenommen hat. Auch die aktuellen[899] Vertragsusancen entsprechen nicht im mindesten der Rechtslage: Ein Blick auf die Vertragsbedingungen großer Standardsoftwarehersteller zeigt, daß ein Umdenken noch nicht erfolgt ist und weitgehend alte Formulierungen weiterverwendet werden.

Um eine Standardisierung zu erreichen und der Vertragspraxis so zu einem neuen, rechtssicheren und interessengerechten Fundament zu verhelfen, lassen sich basierend auf den erarbeiteten theoretischen Grundlagen Musterverträge[900] für wirtschaftliche Standardsituationen der Softwareüberlassung aufstellen. Die Formulierung eines Mustervertrages verspricht den größten Nutzen in den Bereichen, die die häufigsten gleichgelagerten Vertragsschlüsse verzeichnen. Damit rücken Verträge über Standardsoftware im Anwenderbereich in den Mittelpunkt des Interesses. Auch für den Vertriebsbereich scheint ein Regelungsvorschlag bezüglich urheberrechtlicher Vertragselemente sinnvoll. Verträge über die Erstellung von Individualsoftware werden im folgenden ausgeklammert[901].

---

898 Siehe hierzu ausführlich oben A II 1 b) aa) (1), S. 23 f.
899 Bezogen auf September 1993.
900 In der Literatur finden sich nur vereinzelt Versuche zur Vertragsgestaltung. Dabei wird meist der urheberrechtliche Aspekt unterbewertet. Vgl. *Bösert*, S. 376 ff., allerdings von seinem vereinzelt gebliebenen Standpunkt einer Nießbrauchsbestellung aus; *Geissler/Pagenberg*, Der Software-Lizenzvertrag in der Praxis; *Groß*, Lizenzvertrag Standardsoftware; *ders.*, Lizenzvertrag Individualsoftware; *Hoeren*, Rdnr. 471 ff.; am ausführlichsten *Marly*, Teil F. Musterverträge, S. 417 ff.
901 Siehe hierzu *Geissler/Pagenberg*, Rdnr. 68 ff. mit einem Vertragsvorschlag, der angesichts Zeitbezogenheit und Weitergabeverbots stark lizenzvertragliche Ausrichtung hat, also keine Anwendung finden kann, wenn ein endgültiger Leistungsaustausch (wie üblicher-

Fortsetzung nächste Seite

I. ÜBERLASSUNG VON STANDARDSOFTWARE AN DEN ANWENDER

Die übliche Standardsituation im Anwenderbereich läßt sich als alltäglicher Erwerb der Software von Hersteller oder Händler zur normalen Verwendung beschreiben, wobei zum Zwecke der Programmüberlassung Disketten, auf denen sich der Objektcode befindet, übergeben werden. Dabei wird davon ausgegangen, daß das Programm – wie in der Regel – nicht mit Kopierschutzmechanismen versehen ist. Für diese Situation werden nachfolgend als Prototypen des Standardsoftwareüberlassungsvertrages mit dem nichtkaufmännischen Anwender Musterverträge für die endgültige Überlassung auf Dauer (Kaufvertrag) und die Überlassung unter zeitlicher oder nutzungsbezogener Beschränkung (Lizenzvertrag im engeren Sinne) formuliert.

Eine Differenzierung zwischen der Überlassung vom Hersteller und der Überlassung vom Händler ist dabei grundsätzlich nicht vorzunehmen. Denn erstens haben sich beim Erwerb vom Händler die Konstruktionen für einen zusätzlichen Nutzungsvertrag mit dem Hersteller als unwirksam erwiesen[902]. Und zweitens trifft den Softwaregeber die Pflicht zur Rechtsverschaffung unabhängig davon, ob er Händler oder Hersteller ist[903]. Besonderes gilt jedoch für diejenigen Vertragsbestandteile, die spezifisch das Verhältnis zwischen Urheber und Nutzer betreffen, z. B. die Rechte zur Fehlerbeseitigung und Dekompilierung. Hier herrscht keine volle Interessenkongruenz zwischen Hersteller und Händler, so daß ein Vertrag je nach Person des Softwaregebers unterschiedlich ausfallen könnte. Der nachfolgende Vertragsentwurf hat daher, um den Interessenausgleich vertraglich dem Grunde nach zu bewältigen, die Überlassung vom Hersteller als Softwaregeber im Auge. Es wird sich jedoch zeigen[904], daß jedenfalls für den Kaufvertrag bei entsprechender vertraglicher Regelung der Weitergabevoraussetzungen der nutzungsrechtsbezogene Vertragsinhalt auch im Verhältnis zwischen Ersterwerber und Zweiterwerber Anwendung findet und demgemäß zumindest im Falle einer Absatzkette vom Hersteller über den Händler zum Anwender im Verhältnis zwischen Händler und Anwender der vorgeschlagene Mustervertrag ebenfalls verwendbar ist. Ob ein Vertrag mit dem Händler auch dann identisch ausfallen muß, wenn dieser die Software

---

weise beim Werkvertrag) beabsichtigt ist. Ferner *Groß*, Lizenzvertrag Individualsoftware, mit ebenfalls lizenzvertraglicher Prägung.

902 Siehe oben B IV 4 d), S. 186. Mit Ausnahme eines Registrierkartenvertrages im Rahmen einer Lizenzierung unter besonderen Umständen. Diese Situation wird hier vernachlässigt.
903 Damit soll nicht ausgeschlossen werden, daß der Händler im Einzelfall nur Vermittler sein kann, doch dann ist er eben nicht der eigentliche Softwaregeber, sondern nur Vertreter oder Bote bzw. auch Erfüllungsgehilfe. Im übrigen entspricht dies nicht der wirtschaftlichen Standardsituation in der Praxis.
904 Siehe unten C I 1 a) zu § 8, S. 226.

nicht käuflich erwirbt, sondern selbst erstellt, ist eine Frage der Gestaltung des Softwarevertriebs und wird in diesem Zusammenhang diskutiert[905].

1. Überlassung auf Dauer (Kaufvertrag)

Für die endgültige Überlassung auf Dauer im Rahmen eines Kaufvertrages wird nachfolgender Mustervertrag vorgeschlagen.

a) Vertragsentwurf und Kommentierung

Der Vertragsentwurf gliedert sich folgendermaßen[906]: Vorweg werden essentialia und Hauptpflichten bestimmt. Die §§ 2 bis 7 regeln das Nutzungsrecht und beziehen sich nur auf das Computerprogramm. Von der Weitergaberegelung in § 8 wird die gesamte Software betroffen. Die §§ 9 (Gewährleistung) und 10 (Haftung) regeln Sekundäransprüche.

§ 1 Parteien, Kaufgegenstand, Vergütung

1. *Käufer ist ...., nachfolgend "Anwender" genannt.*
   Verkäufer ist ...., nachfolgend "Lieferant" genannt.
2. *Kaufgegenstand ist ein Exemplar der Software "A-Software für XY-OS", bestehend aus der auf den Originaldisketten befindlichen Kopie des Computerprogramms "A-Programm für XY-OS" im Objektcode mit der Registriernummer A1234XY und der zugehörigen Anwenderdokumentation (Benutzerhandbuch A-Software).*
3. *Der Kaufpreis beträgt .... DM.*

§ 1 des Vertrages legt die essentialia fest: Parteien, Kaufgegenstand und Kaufpreis. Im Falle von Anwendungssoftware ist empfehlenswert, die Bezeichnung des Betriebssystems, auf das die Software ausgelegt ist (hier: XY-OS), in die Produktbezeichnung mit aufzunehmen. Insoweit werden schon durch die Namensgebung der bestimmungsgemäße Gebrauch mitdefiniert und Fehlvorstellungen über die Einsatzfähigkeit der Software vermieden. Dies ist insbesondere wegen des zwingend bestehenden Rechts zur Fehlerbeseitigung von Bedeutung. Gegebenenfalls ist die zur Inbetriebnahme erforderliche Version der Systemsoftware zu bezeichnen. Im Falle des Verkaufs von Systemsoftware sollte aus den gleichen Gründen die Bezeichnung der kompatiblen Hardware an dieser Stelle erfolgen, auch wenn hier Mißverständnisse erheblich seltener sein dürften. Die Angabe der Registriernummer dient der Kontrolle der Weitergabe der Software.

---

905 Siehe unten C II 1 § 4, S. 251.
906 Um einen ersten Überblick über die Regelungssystematik und den Vertragsinhalt zu gewinnen, kann der Vertragstext zusammenhängend dem Anhang (unter I) entnommen werden.

§ 2 Nutzungsrecht am Computerprogramm

1. *Der Lieferant verschafft dem Anwender ein nicht ausschließliches, dauerhaftes, nicht einseitig widerrufliches, übertragbares Nutzungsrecht an dem Computerprogramm.*
2. *Das Nutzungsrecht berechtigt den Anwender zur Einzelnutzung des Computerprogramms im Rahmen eines normalen Gebrauchs in einer Softwareumgebung, die dem Betriebssystem XY-OS entspricht. Auf andere Nutzungsarten erstreckt sich das Nutzungsrecht nicht.*
3. *Der Normalgebrauch umfaßt als zulässige Nutzungshandlungen*
   a) *die Programminstallation und die Anfertigung einer Sicherungskopie gemäß § 3,*
   b) *das Laden des Programms in den Arbeitsspeicher und seinen Ablauf gemäß § 4,*
   c) *notwendige Handlungen im Rahmen einer Fehlerberichtigung gemäß § 5 und*
   d) *ausnahmsweise ein Reverse Engineering zur Schnittstellenermittlung gemäß § 6.*
4. *Außerhalb dieser Handlungen darf der Anwender aufgrund des Urheberrechtsschutzes keinerlei Änderungen, Übersetzungen oder Vervielfältigungen des Computerprogramms vornehmen, auch nicht teilweise oder vorübergehend, gleich welcher Art und mit welchen Mitteln. Eine unzulässige Vervielfältigung stellt auch der Ausdruck des Programmcodes dar. Änderungen, zu denen nach Treu und Glauben die Zustimmung nicht verweigert werden kann (§ 39 Abs. 2 UrhG), sind statthaft.*

Die §§ 2 bis 7 beziehen sich nur auf das Computerprogramm, nicht auf die gesamte Software. Besondere Vertragsbestimmungen bezüglich der Benutzerdokumentation, die zweckmäßigerweise mit einem Urheberrechtsvermerk versehen und als Bestandteil des konkreten Softwarepakets gekennzeichnet wird, erscheinen entbehrlich. Für die Vervielfältigung der Dokumentation gilt ohnehin § 53 UrhG. Die Pflicht zur Übereignung der Dokumentation und der Disketten als Sachen folgt schon aus der Vereinbarung eines Kaufvertrags.

§ 2 des Vertrages legt als zentrale Bestimmung das dem Anwender zustehende Nutzungsrecht fest, beschreibt die Nutzungsart, verweist hierbei auf die im einzelnen ausgestaltenden Vertragsvorschriften der §§ 3 bis 6 und grenzt unzulässige Nutzungshandlungen ausdrücklich ab.

Nr. 1 legt die grundsätzlichen Charakteristika des Nutzungsrechts fest. Beim Kaufvertrag muß das Nutzungsrecht auf Dauer bestehen und als Konsequenz des Erschöpfungsprinzips auch übertragbar sein[907]. Ferner handelt es sich um ein einfaches Nutzungsrecht, welches die Nutzung lediglich neben anderen Nutzern ermöglicht. Hierbei ist die Formulierung "nicht ausschließlich" für den normalen Anwender leichter verständlich und vermeidet Verwechslungen mit

---

[907] Siehe auch die Kommentierung zu § 8 des Vertragsentwurfs.

der Beschränkung auf eine Einzelnutzung. Ein zusätzlicher Hinweis auf die absolute Wirkung des Nutzungsrechts hätte keine konstitutive Bedeutung und ist angesichts des Theorienstreits nicht zu empfehlen.

Nr. 2 legt die dem Nutzungsrecht zugrundeliegende Nutzungsart fest und entspricht so dem Erfordernis von § 31 Abs. 5 UrhG. Bei der Nutzungsart handelt es sich um einen Normalgebrauch. Als wesentliche Merkmale enthält der Normalgebrauch eine bloße Einzelnutzung und bezieht sich auf eine bestimmte Betriebssystemumgebung. Gegebenenfalls ist die benötigte Softwareversion des Systems anzugeben. Die Formulierung macht (für Anwendungssoftware) deutlich, daß die Systemumgebung dem bezeichneten Betriebssystem nur entsprechen, nicht aber aus diesem System selbst bestehen muß. Damit wird die Nutzung auch auf anderer Hardware bzw. anderer Systemsoftware ermöglicht, die das bezeichnete System nur simuliert[908]. Eine andere Formulierung könnte leicht unwirksam sein. Denn im Falle einer Beschränkung auf die Nutzung nur mit Systemsoftware ganz bestimmter Art hätte der Anwender kein Recht zum technisch möglichen Einsatz in Verbindung mit Systemsimulationen. Eine derartige Nutzungsbeschränkung verstieße im Falle eines Kaufvertrages, der grundsätzlich umfassende Verfügungsmöglichkeit verschaffen soll, gegen § 9 Abs. 2 Nr. 1 AGBG. Auch läge eine Unwirksamkeit gemäß § 134 BGB i. V. m. § 69d Abs. 1 UrhG vor, da die im Rahmen eines Kaufvertrages bestimmungsgemäße Benutzung entsprechend umfassend ist[909] und durch eine systemsoftwarespezifizierende, eng formulierte Klausel unnötig begrenzt würde.

Nr. 3 spezifiziert die Nutzungsart durch Angabe der erlaubten Nutzungshandlungen. Dabei werden die oben entwickelten Kriterien zur wirtschaftlich-technischen Abgrenzbarkeit der Nutzung eingehalten und die §§ 69c ff. UrhG beachtet. Zwar ist nach richtiger Ansicht davon auszugehen, daß der Ablauf des Programms urheberrechtlich irrelevant ist. Er hätte demnach keiner Erwähnung bedurft. Doch liegt Rechtsprechung zu dieser Frage noch nicht vor, und eine Mindermeinung sieht auch im bloßen Programmlauf eine Vervielfältigung. Zudem findet der Ablauf in bewußter Offenlassung dieser Frage auch in § 69c Nr. 1 UrhG und im 17. Erwägungsgrund zur EG-Richtlinie Erwähnung. Die Rechtslage kann daher noch nicht als abschließend geklärt angesehen werden. Eine ausdrückliche Gestattung des Ablaufs schadet nicht und dient außerdem der Klarheit auf der Seite des Anwenders.

---

908 Diese Regelung könnte im PC-Bereich zukünftig hohe Praxisrelevanz erhalten, denn für die nächsten Jahre ist die Einführung des PowerPC geplant, der unter Führung von IBM eine neue Computergeneration aufbaut, für die nahezu alle wichtigen Betriebssysteme verfügbar sein sollen. Zumindest für die Übergangsphase werden Emulatoren zum Einsatz kommen, die die Nutzung der bisherigen Software ermöglichen, so z. B. die von Apple für diese Funktion entwickelte "Toolbox", vgl. MACup 10/93, S. 66.
909 Siehe oben B IV 2 a), S. 171.

Nr. 4, insbesondere die Bezugnahme auf den Urheberrechtsschutz[910], hat (wie auch Satz 2 von Nr. 2) nur klarstellende und deklaratorische Funktion. Die Regelung dient in erster Linie der Information des Anwenders, soll diesen mit der Rechtslage vertraut machen und ihn von unzulässigen Nutzungshandlungen abhalten. Angesichts von Üblichkeit und allgemeiner Akzeptanz von Softwarepiraterie wurde zur Verdeutlichung eine weite und erläuternde Formulierung gewählt. Erwägenswert wäre bei besonders wertvoller Software auch ein Hinweis auf Schadensersatz- und Vernichtungsansprüche gemäß §§ 69f, 97 ff. UrhG und die Straftatbestände der §§ 106 ff. UrhG. Der letzte Satz stellt sicher, daß das Änderungsverbot nicht gemäß § 9 AGBG wegen Abweichens von § 39 Abs. 2 UrhG unwirksam ist[911].

Verzichtet wird auf früher übliche Formulierungen, die neben dem Nutzungsrecht einen Rechtserwerb allgemein oder insbesondere einen Eigentumserwerb[912] ausschließen. Auch eine solche Klausel hätte nur zusätzlich klarstellenden Charakter ohne rechtsgestaltende Wirkung. Jedoch bestünde die Gefahr von Widersprüchlichkeiten. Denn in der Literatur und ansatzweise in der Rechtsprechung wird (noch immer) die Theorie von der Sacheigenschaft der Software vertreten. Demnach besteht auch Eigentum an der Software. Eine klärende, höchstrichterliche Rechtsprechung liegt bisher nicht vor.

§ 3 Installation und Sicherungskopie

1. *Der Anwender darf von den Originaldisketten eine einzige funktionsfähige Kopie auf einen Massenspeicher übertragen (Installation).*
2. *Stimmen die installierte Kopie und der Inhalt der Originaldisketten überein, so verbleiben die Originaldisketten als Sicherungskopie. Die Anfertigung einer zusätzlichen Sicherungskopie von den Originaldisketten ist dann untersagt. Stimmen die installierte Kopie und der Inhalt der Originaldisketten nicht überein, so darf der Anwender von den Originaldisketten eine einzige weitere Sicherungskopie anfertigen.*
3. *Ist eine der dem Anwender genehmigten Kopien beschädigt oder zerstört, so darf er eine Ersatzkopie erstellen.*

§ 3 behandelt den Problembereich der Permanentspeicherungen des Computerprogramms beim Anwender.

---

910 Vgl. *Geissler/Pagenberg*, Rdnr. 13 f.
911 Vgl. *Haberstumpf*, GRUR Int. 1992, S. 724, *Marly*, Rdnr. 817.
912 So aber *Geissler/Pagenberg*, Rdnr. 80, in § 1 Nr. 4. Dabei dürfte die Klausel, die nicht nur einen Eigentumserwerb am Datenträger(!) ausschließt, sondern zusätzlich auch noch Eigentumserwerb des Softwaregebers(!) an Datenträgern vorsieht, auf die das vertragsgegenständliche Programm überspielt wird, jedenfalls bei Anwendbarkeit des AGBG unwirksam sein. Richtigerweise läßt sich ein solcher Vertrag aber schon gar nicht mehr als Kaufvertrag qualifizieren. Dies gilt umso mehr angesichts nur begrenzter Vertragsdauer in § 1 Nr. 2, a.a.O.

C. Die Gestaltung des urheberrechtlichen Softwarelizenzvertrages

Nr. 1 behandelt den Vorgang der erstmaligen Installation des Programms auf einem Massenspeicher. Die Übernahme auf einen derartigen Speicher, in der Regel eine Festplatte, ist gemäß § 69d Abs. 1 UrhG zwingend vom Nutzungsrecht – jedenfalls im Falle eines Kaufvertrages – gedeckt. Eine Festplattenkopie gehört nach der Verkehrsanschauung zur Nutzungsart des Normalgebrauchs; eine Nutzung nur von der Diskette aus ist regelmäßig unzumutbar. Bei vielen Programmen ist die auf den Disketten befindliche Version als solche auch nicht ablauffähig. Sie muß erst im Rahmen eines Installationsvorgangs anhand mitgelieferter Installationssoftware oft unter Verwendung von Datendekompressionsverfahren in eine ablauffähige Form auf dem Massenspeicher gebracht werden. Diese Form übersteigt mitunter die Speicherkapazität von Disketten, so daß die Übernahme auf den Massenspeicher auch deswegen erforderlich ist. In diesen Fällen ist der Installationsvorgang also kein reiner Kopiervorgang, der den Inhalt der gelieferten Originaldisketten identisch auf den Massenspeicher überträgt, sondern es werden Bearbeitungen vorgenommen und Teile der Originaldisketten (z. B. das Installationsprogramm[913]) nicht übertragen. Die Regelung in Nr. 1 soll sicherstellen, daß der Anwender jedenfalls eine funktionsfähige Kopie des Programms auf seiner Festplatte halten kann.

Nr. 2 behandelt die dem Anwender gestattete Anfertigung von Sicherungskopien. Gemäß § 69d Abs. 1 UrhG ist dem Anwender die Erstellung einer einzigen Kopie zu Sicherungszwecken gestattet[914]. Nach dem Sinn des Gesetzes soll zur Sicherung der künftigen bestimmungsgemäßen Benutzung dabei gewährleistet sein, daß im Falle des Verlustes oder der Beschädigung einer Kopie der Anwender noch immer auf alle Programmteile der Software zugreifen kann. Genau dieses Kriterium erfüllt die Regelung in Nr. 2: Stimmen nach der Installation die Massenspeicherkopie und Originaldisketten inhaltlich überein, so ist die zusätzliche Anfertigung einer Sicherungskopie nicht mehr erforderlich. Der Anwender kann, egal welche von beiden Kopien unbrauchbar wird, das Programm wieder vervollständigen und einem erneuten Verlust vorbeugen. Eine Sicherungskopie zusätzlich zu Originaldisketten und Massenspeicherkopie darf der Anwender dann nicht mehr erstellen. Stimmen aber der Inhalt von Originaldisketten und installierter Kopie nicht überein, so darf der Anwender eine zusätzliche Sicherungskopie anfertigen. Denn wenn z. B. in oben beschriebenem Fall das Installations- und Datendekompressionsprogramm verloren ginge, könnte der Anwender die Originaldisketten nicht mehr verwenden und auch nicht ersetzen. Nur diese darf er aber weitergeben, wie sich aus dem Erschöpfungsprinzip ergibt. Also muß er auch für deren Erhalt Vorsorge treffen können.

---

913 Gegebenenfalls verzichtet der Anwender auch aus speicherplatztechnischen Gründen auf eine vollständige Übertragung aller Programmdateien.
914 Siehe oben B I 4 b), S. 133 f.

Will der Hersteller bzw. Softwaregeber das Anfertigen von Sicherungskopien vermeiden oder ist das Programm mit einer Kopiersperre versehen, so wäre folgende Regelung möglich:

2. *Der Anwender erhält auf Verlangen bei Rückgabe der beschädigten Originaldiskette unverzüglich Ersatz gegen Erstattung der Materialkosten. Sicherungskopien darf der Anwender nicht fertigen, es sei denn, der Anspruch auf Ersatzlieferung wäre gefährdet.*

Diese Regelung verstößt nicht gegen § 69d Abs. 2 UrhG, ist also nicht nichtig gemäß § 69g Abs. 2 UrhG, da hier die Anfertigung von Sicherungskopien zur Sicherung der künftigen Nutzung nicht erforderlich ist. Denn der Anwender kann jederzeit beschädigte Disketten gegen intakte eintauschen.

Nr. 3 stellt klar, daß die vorherigen Regelungen eine zahlenmäßige Beschränkung nicht der Vervielfältigungshandlungen, sondern der Vervielfältigungsstücke regeln, daß also eine zerstörte Kopie ersetzt werden darf.

Optional wäre zur sicheren Vermeidung eines Verstoßes gegen § 69d Abs. 1 UrhG eine Regelung über die Zulässigkeit von Programmvervielfältigungen zur Sicherung des gesamten Datenbestandes des Massenspeichers zu bedenken, z. B.:

4. *Der Anwender darf von einem Massenspeicher eine einzige weitere Kopie halten, die die installierte Kopie umfaßt, wenn dies zur Sicherung seines Datenbestandes notwendig ist.*

Insbesondere bei großen Datenspeichern wird in regelmäßigen Zeitabständen aus Gründen der Datensicherheit eine vollständige Kopie des gesamten Speicherinhalts vorgenommen[915]. Dabei wird unter Umständen nicht dateiweise vorgegangen, so daß man die entsprechenden Programmdateien ausnehmen könnte, sondern aus Praktikabilitätsgründen wird der Speicher entsprechend seines physikalischen Aufbaus reproduziert. Hiervon sind dann auch die Programme, vermischt mit den übrigen Daten, umfaßt. Die vorgeschlagene Klausel würde diese Möglichkeit in Übereinstimmung mit § 69d Abs. 1 UrhG dann eröffnen, wenn dies zur bestimmungsgemäßen Nutzung notwendig ist. Schaden könnte eine solche Vorschrift nicht. Allerdings wird ihre Praxisrelevanz nicht sehr groß sein. Denn bei den heutigen Datensicherungsmethoden kann man leicht Programmdateien ausnehmen, so daß deren Vervielfältigung nie notwendig sein wird.

---

915 Hierauf weist zurecht Marly hin, v. *Westphalen/Marly*, Rdnr. 206.

§ 4 Laden und Ablauf des Programms

1. *Der Anwender darf das Computerprogramm in einen Arbeitsspeicher laden und ablaufen lassen. Dabei darf das Programm zu jedem Zeitpunkt nicht mehr als ein einziges Mal in einem Arbeitsspeicher funktionsfähig vorhanden sein (Einzelnutzung).*
2. *Dies gilt auch und gerade im Falle miteinander verbundener Computer. Eine zeitgleiche Mehrfachnutzung im Netzwerk ist durch Zugriffsschutzmechanismen zu verhindern.*

§ 4 behandelt den Problemkreis der temporären Vervielfältigungen des Programms im Arbeitsspeicher. Durch Begrenzung auf eine zulässige Arbeitsspeicherkopie wird der Normalgebrauch als Einzelnutzung definiert und gleichzeitig den Mindestanforderungen von § 69d Abs. 1 UrhG entsprochen.

Nr. 1 schließt zeitgleiche Mehrfachnutzungen aus. Der urheberrechtlich irrelevante Ablauf des Programms findet aus den gleichen Erwägungen wie oben[916] Erwähnung. Soll dem Anwender eine Mehrfachnutzungslizenz verschafft werden, so wäre ausreichend, in Nr. 1 die Anzahl der zulässigen Arbeitsspeicherkopien zu erhöhen und eine entsprechende Korrektur in § 2 Nr. 2 Satz 1 vorzunehmen.

Nr. 2 stellt klar, daß auch im Falle eines Netzwerkbetriebs der Hardware, gleich in welcher Form, eine zeitgleiche Mehrfachnutzung nicht erlaubt ist. Die Beschränkung der urheberrechtlichen Befugnis zur Nutzung innerhalb eines Netzes auf den Fall der Installation besonderer Zugriffsschutzmechanismen zur Vermeidung zeitgleicher Nutzung[917], erscheint derzeit mit dinglicher Wirkung nicht möglich. Denn hierbei handelt es sich nicht um eine wirtschaftlich-technisch selbständige und abgrenzbare Nutzung. Grundsätzlich ist dem Käufer ein Einsatz auf beliebiger Hardware zu erlauben. Die Vielzahl von Rechnern kommt in Netzwerken ganz unterschiedlicher Konfiguration zum Einsatz. Derartige Netze besitzen zwar in aller Regel einen Zugriffsschutz, der auch das Aufrufen von Programmen verhindern kann, jedoch berücksichtigt dieser Kontrollmechanismus, falls der Zugriff erlaubt ist, nicht, ob das Programm zum Zeitpunkt des Aufrufs bereits in einem anderen Arbeitsspeicher im Netzwerk geladen ist. Sobald mehrere Nutzer zum Zugriff autorisiert sind, kann es zu somit zu Mehrfachnutzungen kommen. Die vorliegende Klausel soll dies vermeiden. Sie hat nur schuldrechtliche Wirkung, erlaubt also urheberrechtlich-dinglich die Netzwerknutzung in Rechnernetzen, verpflichtet den Anwender aber zur Installation von Schutzmechanismen.

---

916 Siehe oben zu § 2, S. 210.
917 So *Marly*, S. 423.

§ 5 Fehlerberichtigung

1. *Gemäß § 69d Abs. 1 UrhG darf der Anwender Fehler im Computerprogramm berichtigen und in diesem Zusammenhang notwendige Änderungen und Vervielfältigungen vornehmen. Ein berichtigungsfähiger Fehler liegt nur vor, wenn*
   a) die Eigenschaften des Programms von der Programmbeschreibung in der Benutzerdokumentation abweichen oder das Programm seine objektiv vorgesehene Aufgabe nicht erfüllt und
   b) zusätzlich der Ablauf des Programms nicht nur unerheblich gestört ist.
2. *Der Hersteller ist vom Vorliegen eines solchen Fehlers zu benachrichtigen. Er bemüht sich ohne eine Rechtspflicht hierzu um Unterstützung des Anwenders. Berichtigt der Hersteller den Fehler innerhalb angemessener Frist, so sind Fehlerberichtigungen seitens des Anwenders unzulässig.*
3. *Verbesserungen über eine Fehlerberichtigung hinaus darf der Anwender nicht vornehmen.*
4. *Ein Anspruch auf Ersatz von Fehlerbeseitigungskosten besteht nicht.*
5. *Gewährleistungsrechte des Anwenders bleiben von dieser Regelung unberührt.*

§ 5 behandelt die urheberrechtlich-dingliche Berechtigung des Anwenders zur Fehlerberichtigung. Diesbezüglich gibt § 69d Abs. 1 UrhG i. V. m. dem 17. Erwägungsgrund der EG-Richtlinie einen zwingenden Rahmen vor[918]. Wenn auch der Umfang des Rechts zur Fehlerberichtigung noch nicht abschließend geklärt ist, so muß man für die Vertragsgestaltung von einer gegebenenfalls weiten Interpretation durch die Gerichte ausgehen und aus diesem Grunde vorbeugend zur Vermeidung unangemessener Ergebnisse eine vertragliche Ausgestaltung dieses Rechts vorsehen.

Nr. 1 bezieht sich auf § 69d Abs. 1 UrhG und präzisiert die Voraussetzungen für eine Fehlerberichtigung, die vom Gesetz nicht näher erläutert werden. Das Gesetz faßt die Fehlerberichtigung als Tätigkeit zur Herbeiführung der bestimmungsgemäßen Benutzung auf, schweigt jedoch, was den Fehlerbegriff betrifft. Diesbezüglich ergeben sich zwei grundsätzliche Möglichkeiten: Zum einen könnte man den gewährleistungsrechtlichen subjektiven Fehlerbegriff[919] übernehmen, zum anderen könnte man den Fehler nach objektiven Kriterien bestimmen.

Unmittelbare Anwendung kann der subjektive Fehlerbegriff des Gewährleistungsrechts nicht finden, da es hier um eine urheberrechtlich-dingliche Berechtigung des Anwenders geht, nicht um eine Regelung schuldrechtlicher Folgen des Fehlers[920]. Für einen subjektiven Fehlerbegriff spricht jedoch, daß sich auch die bestimmungsgemäße Nutzung, wozu die Fehlerberichtigung zu rech-

---

918 Siehe oben B I 4 a) cc), S. 130 f., insbesondere zum Umfang des Rechts zur Fehlerberichtigung.
919 H. M., vgl. nur *Palandt/Putzo*, § 459 Rdnr. 8.
920 Siehe oben B I 4 a) cc), S. 131.

nen ist, nach subjektiven Kriterien bemißt und an der vertraglichen Regelung ausrichtet[921].

Jedoch ist damit nicht zwingend gesagt, daß auch der Fehlerbegriff subjektiver Art sein muß. Vielmehr stellt § 69d Abs. 1 UrhG klar, daß unabhängig von der konkreten Vertragsart und dem konkreten Vertragszweck die bestimmungsgemäße Benutzung eine Fehlerberichtigung mitumfaßt. Die Fehlerberichtigung ist somit ein fester Kernbestandteil der im übrigen vertragsbezogen zu ermittelnden bestimmungsgemäßen Benutzung. Ein objektiver Fehlerbegriff steht nicht im Widerspruch zum Gesetz, sondern legt einen objektiven Kern der bestimmungsgemäßen Benutzung fest. Für eine Fehlerermittlung nach objektiven Kriterien sprechen vor allem urheberrechtliche Überlegungen: Das Recht zur Fehlerberichtigung wird im Falle der Weitergabe der Software als Bestandteil des einfachen Nutzungsrechts zum Normalgebrauch mitübertragen. Dem Zweiterwerber kann das Recht also nur in dem Umfang übertragen werden, in dem es dem Erstkäufer eingeräumt wurde. Wählt man nun den subjektiven Fehlerbegriff als Grundlage des Rechts zur Fehlerberichtigung, so ist der Erstkäufer bei abweichender Zweckbestimmung im Rahmen des zweiten Überlassungsvertrages nicht in der Lage, dem Zweiterwerber das entsprechende Nutzungsrecht zu verschaffen, wozu er aber nach § 69d Abs. 1 UrhG (zwingend) verpflichtet ist. Theoretisch müßte er also die Software immer zu genau dem Vertragszweck und mit der Leistungsbeschreibung weitergeben, wie er sie erhalten hat[922]. In der Praxis wäre die Folge allerdings eine andere: Gutgläubige Zweiterwerber würden in der Annahme eines Rechts zur Fehlerberichtigung das Programm ändern, ohne aber Inhaber eines entsprechenden Nutzungsrechts zu sein, welches sich als urheberrechtlich-dingliches Recht ja nur am Inhalt des ersten Überlassungsvertrages ausrichten kann. Im Falle einer mehrfachen Weitergabe würde sich die Lage komplizieren; eine klare Ermittlung des Umfangs des Rechts zur Fehlerbeseitigung wäre praktisch nicht mehr möglich. Zur Vermeidung dieser Folgen muß man von einem objektiven, vertragszweckunabhängigen Gehalt des Rechts zur Fehlerberichtigung ausgehen, mithin von einem objektiven Fehlerbegriff. Hierfür spricht auch, daß es bei der Fehlerberichtigung um eine nutzungsarttypische Handlung geht, die klar abgrenzbar sein sollte, um mit der Nutzungsartsystematik in Einklang zu stehen. Und schließlich besteht der Zweck von § 69d Abs. 1 UrhG nicht darin, einzelne Fehlerberichtigungshandlungen individualvertraglich ausgerichtet zuzulassen, sondern Grundelemente einer Nutzung vertragsartbezogen und teilweise zwingend festzulegen, d. h. unter anderem eine Fehlerberichtigungshandlung als solche überhaupt zu ermöglichen.

Sinnvollerweise kann man daher nur von einem **objektiven Fehlerbegriff** ausgehen. Daher versucht Nr. 1 eine objektive Fehlerdefinition für Computerpro-

---

921 Siehe oben B I 4 a) bb), S. 128.
922 Denkbar wäre natürlich auch, jeweils die Zustimmung des Urhebers einzuholen – eine praxisferne Lösung.

gramme vorzunehmen. Der üblicherweise erfolgende Vergleich mit der arttypischen Beschaffenheit vergleichbarer Sachen hilft bei Software nicht weiter, da sie in ihrer Gestaltung, Funktion, Qualitätsstufe und Einsatzbreite viel zu komplex und spezifisch ist, um Vergleiche zuzulassen. Maßgeblich kann daher nur die Dokumentation des Programms sein; hilfsweise ist darauf abzustellen, ob Funktionen, die offensichtlich vorgesehen waren, nicht ordnungsgemäß ausgeführt werden. Dabei berechtigen unerhebliche Fehler, die den Programmlauf nicht stören und die Brauchbarkeit des Programms nicht beeinträchtigen, nicht zu Eingriffen in den Programmcode.

Nr. 2 sieht eine Benachrichtigung des Herstellers vor. Wird der Vertrag nicht mit dem Hersteller geschlossen, handelt es sich insoweit um einen Vertrag zugunsten Dritter. Ein Verstoß gegen das AGBG kann darin nicht gesehen werden. Insbesondere dient die Regelung schützenswerten Interessen des Herstellers und kommt auch dem Anwender zugute. Denn der Hinweis auf einen Fehler an den Hersteller ermöglicht diesem eine einfache und unproblematische Berichtigung. Eine gegebenenfalls mühsame und unprofessionelle Fehlerbeseitigung durch den Softwarenehmer ist dann nicht mehr notwendig und auch nicht mehr statthaft. Verweigert der Hersteller aber eine Berichtigung, zu der er gerade nicht verpflichtet ist, so kann jetzt der Anwender den Fehler selbst beseitigen. Auch soweit ein Softwarefehler gar nicht vorliegt, sondern es sich um einen Bedienungsfehler oder fehlerhaftes Dokumentationsmaterial handelt, kann eine Unterstützung seitens des Herstellers hilfreich sein. Konsequent in der Praxis angewendet, führt die vorgeschlagene Regelung auch unter volkswirtschaftlichen Aspekten zu effizienten Ergebnissen: Die Fehlerbeseitigung wird im Idealfall durch den Hersteller, also den cheapest-cost-avoider[923] vorgenommen, der zudem umfassend sein Produkt verbessern und somit einen gesteigerten Beitrag zum technischen Fortschritt leisten kann.

Von der Vereinbarung einer Verpflichtung des Herstellers zur Fehlerbeseitigung wurde hier abgesehen; sie stößt auf Bedenken: Grundsätzlich ist im Rahmen eines Kaufvertrages ein Nachbesserungsrecht des Käufers nicht vorgesehen. Es kann jedoch gemäß § 476a BGB vereinbart werden. Zwar könnte dann zunächst mangels Notwendigkeit eine Fehlerbeseitigung durch den Anwender vertraglich untersagt werden[924], jedoch müßte im Falle des Fehlschlagens der Nachbesserung (ähnlich wie bei der gewährleistungsrechtlichen Regelung des § 11 Nr. 10 lit. b) AGBG) ein Wiederaufleben des Rechts zur Fehlerberichtigung gesichert sein. Der praktische Unterschied zur obigen Regelung wäre letzten Endes nicht groß. Allerdings wäre der Anwender in der Lage, die Fehlerbe-

---

923 Nach dem ökonomischen Aspekt des cheapest-cost-avoider ist derjenige, der die Kosten zur Fehlerbeseitigung oder das Risiko einer Fehlerhaftigkeit (cheapest-risk-avoider) minimieren kann, verantwortlich zu machen, vgl. *Horn*, AcP 176 (1976), S. 321, 325 und *Calabresi*, The Costs of Accidents. A Legal and Economic Analysis, 1970, S. 140 ff., zit. nach *Horn*, a.a.O.
924 So auch *Lehmann*, NJW 1993, S. 1823.

richtigung einzuklagen – gegebenenfalls trotz Ablaufs der Gewährleistungsfrist. Dies wäre eine für den Hersteller nachteilige und im Falle eines Kaufvertrages wenig interessengerechte Folge. Die Vermeidung eines Eingriffs in den Programmcode würde faktisch durch eine erheblich verlängerte Quasi-Gewährleistung erkauft. Hinzu kommen aufgrund der Nähe zum Gewährleistungskomplex Differenzierungsschwierigkeiten – zumindest für den Anwender: Er wird kaum in der Lage sein, zwischen einem Gewährleistungsanspruch auf Nachbesserung und einem faktisch inhaltsgleichen, jedoch urheberrechtlich bedingten Anspruch auf Fehlerbeseitigung, das der Vermeidung einer Programmänderung durch ihn selbst dient, zu unterscheiden. Es kann leicht zu Mißverständnissen über den Gewährleistungszeitraum und -umfang kommen, wobei unklare Regelungen zu Lasten des Verwenders auszulegen sind (§ 5 AGBG). Vor allem aber stößt die Vereinbarung einer derartigen Pflicht des Herstellers dann an rechtliche Grenzen, wenn er – wie häufig – den Vertrag mit dem Anwender nicht selbst schließt. Denn dann würde es sich um eine unzulässige Regelung zu Lasten Dritter handeln[925]. Hier kann auch ein Einverständnis des Herstellers nicht weiterhelfen, da eine Verpflichtungsermächtigung dem deutschen BGB fremd ist. Denkbar wäre aber eine Bevollmächtigung des Softwaregebers zur Eingehung einer derartigen Verpflichtung. Letztlich würden damit jedoch innerhalb einer einzigen Urkunde zwei Verträge geschlossen: einer mit dem Softwaregeber und ein weiterer mit dem Hersteller, in dessen Namen der Softwaregeber aufzutreten hätte. Wenn auch grundsätzlich AGB-rechtliche Bedenken wegen der Anwenderfreundlichkeit der Klausel nicht bestehen, so erscheint die Lösung nicht sehr praktikabel[926].

Nr. 3 stellt klar, daß das Recht nur der Beseitigung von objektiven Fehlern dient, Verbesserungen aber nicht vorgenommen werden dürfen. So darf z. B. weder eine Anpassung an neuere Betriebssystemversionen erfolgen, noch dürfen die Schnittstellen verbessert werden. Derartige Verbesserungen bleiben dem Urheber vorbehalten, der an ihnen auch wirtschaftlich partizipieren können soll.

Nr. 4 und **Nr. 5** grenzen zur Vermeidung von Unklarheiten (§ 5 AGBG) das Recht des Anwenders zur Fehlerberichtigung noch einmal von seinen Gewährleistungsansprüchen ab. Diese bleiben von der urheberrechtlich-dinglichen Befugnis zum Eingriff in den Programmcode unberührt.

Die vorgeschlagene Regelung hat zusammenfassend folgende Konsequenzen: Zwischen berichtigungsfähigem (objektiven) Fehler im Sinne des Urheberrechts und (subjektivem) Fehler im Sinne des Gewährleistungsrechts ist zu unterscheiden, auch wenn beide häufig zusammenfallen dürften. Der Ersterwerber

---

925 Vgl. *Palandt/Heinrichs*, vor § 328 Rdnr. 10.
926 Gleiches gilt für die Annahme einer Botenschaft: Dann müßte der Softwaregeber eine tatsächlich vom Hersteller stammende Erklärung übermitteln. Dies wird in den meisten Fällen nicht zutreffen.

bleibt in seiner schuldrechtlichen Gestaltungsfreiheit für den Fall der Weitergabe unbeschränkt. Der Zweiterwerber erhält ein klar umrissenes Recht zur Fehlerberichtigung. Sollte der Erstkäufer unzutreffende Angaben über die Einsatz- und Leistungsfähigkeit der Software gemacht haben, so darf der Zweitkäufer das Programm nur berichtigen, wenn zugleich ein objektiver Fehler vorliegt, andernfalls ist er auf seine (ohnehin bestehenden) Gewährleistungsansprüche gegenüber dem Erstkäufer beschränkt. Nur ein solches objektives Verständnis von einem berichtigungsfähigen Fehler stellt sicher, daß das grundsätzlich schutzbedürftige Interesse des Programmurhebers, Eingriffe in den Programmcode, Änderungen und vor allem Dekompilierungen zu verhindern, auch tatsächlich berücksichtigt wird. Ferner ist eine Fehlerberichtigung durch den Anwender nur dann notwendig und zulässig, wenn er den Hersteller informiert hat und dieser den Fehler nicht von sich aus beseitigt.

§ 6 Reverse Engineering und Schnittstellen

1. *Der Anwender kann vom Hersteller, den insoweit keine Rechtspflicht trifft, auf Anfrage die zur Erstellung eines interoperablen Programms notwendigen Schnittstelleninformationen erhalten. Diese Informationen dürfen nur zur Erstellung eines interoperablen Programms, welches nicht wesentlich ähnliche Ausdrucksform hat, verwendet werden und nur bei zwingender Erforderlichkeit zu diesem Zweck weitergegeben werden.*
2. *Soweit der Hersteller innerhalb angemessener Frist dem Anwender die Schnittstelleninformationen nicht oder nur gegen ein unangemessen hohes Entgelt zukommen läßt, darf der Lizenznehmer in den Grenzen von § 69e UrhG eine Dekompilierung vornehmen. Hierbei gewonnene Informationen, die nicht Schnittstellen betreffen, sind unverzüglich zu vernichten.*
3. *Darüber hinaus darf der Anwender ein Reverse Engineering (Rückführung des Computerprogramms auf vorhergehende Entwicklungsstufen, z. B. den Quellcode, Rückwärtsanalyse, Zurückentwickeln, Dekompilieren, Disassemblieren), gleich in welcher Form und mit welchen Mitteln, nicht vornehmen. § 5 des Vertrages sowie § 69a Abs. 2 Satz 2 und § 69d Abs. 3 UrhG bleiben unberührt.*

§ 6 behandelt die Problematik des Reverse Engineering. Ähnlich wie bei der Frage der Fehlerberichtigung geht es dabei um das Verhältnis zwischen Anwender und Urheber. Mit § 69e UrhG liegt für das Reverse Engineering eine gemäß § 69g Abs. 2 UrhG zwingende Regelung vor, deren Voraussetzungen durch eine vertragliche Regelung ergänzt und präzisiert werden können. Dabei ist im Kern davon auszugehen, daß eine Dekompilierung nur zur Ermittlung von Schnittstelleninformationen erfolgen darf und nur dann, wenn diese Informationen nicht bereits anderweitig erhältlich sind. Die nicht abschließend geklärte Problematik der Zulässigkeit der Erstellung von Ersatzprogrammen[927] wurde aus der Vertragsformulierung ausgeklammert, um einen Verstoß gegen

---

927 Siehe hierzu oben B 1 5 b), S. 140 ff.

§ 69e UrhG zu vermeiden. Insofern muß die Entwicklung der Rechtsprechung abgewartet werden.

Nr. 1 weist darauf hin, daß der Anwender die gewünschten Schnittstelleninformationen leicht vom Hersteller erhalten kann. Eine geringe Aufwandsentschädigung des Herstellers stellt bei Abwägung der Interessen kein Hindernis dar, welches eine Dekompilierung rechtfertigen könnte[928] und dürfte auch mit dem französischen, deutlicheren Wortlaut der EG-Richtlinie zu vereinbaren sein, wonach die entsprechenden Schnittstelleninformationen für den Anwender "facilement et rapidement" zugänglich sein müssen. Die Dekompilierung bleibt auch bei einer nicht unangemessen hohen, prohibitive Wirkung entfaltenden Aufwandsentschädigung unzulässig mangels Erfüllung der Bedingung von § 69e Abs. 1 Nr. 2 UrhG. Der nachfolgende Hinweis auf die Verwendungsrestriktionen hat informatorischen Charakter und entspricht § 69e Abs. 2 UrhG. Eine Verpflichtung des Herstellers zur Offenlegung der Informationen ist zur Vermeidung der Dekompilierung durch den Anwender nicht erforderlich und erscheint wenig interessengerecht. Sollte der Vertrag mit einem Händler geschlossen werden, läge zudem ein unzulässiger Vertrag zu Lasten Dritter vor.

Nr. 2 regelt ein Aufleben des Rechts zur Dekompilierung im Falle der Nichtoffenbarung der Schnittstelleninformation. Andernfalls könnte die Klausel aufgrund unangemessener Benachteiligung bei zeitlicher Verzögerung leicht unwirksam sein. Insofern ist auf den der Regelung von § 11 Nr. 10 lit. b) AGBG zugrundeliegenden Gedanken entsprechend abzustellen.

Nr. 3 untersagt im übrigen ein Reverse Engineering, unabhängig von Form, Zweck oder Mittel. Die erläuternden Begriffe zu Reverse Engineering sollen einer Unwirksamkeit der Klausel mangels Verständlichkeit[929] angesichts des ungeklärten Begriffs des Reverse Engineering vorbeugen. Hier wird erkennbar für den Anwender von einem weiten Verständnis, wie es auch in der Literatur vorherrscht, ausgegangen. Völliger Verzicht auf die Verwendung von EDV-technischen Fachtermini erscheint nicht möglich. Zur Vermeidung weiterer Unklarheiten und Widersprüchlichkeiten stellt Satz 2 klar, daß andere Rechte des Anwenders, die möglicherweise bereits ein Reverse Engineering gestatten, unberührt bleiben.

Will der Hersteller auch für die Zukunft sicherstellen, daß jegliches Reverse Engineering unzulässig ist, so bietet sich an, die relevanten Schnittstelleninformationen mit in die Dokumentation aufzunehmen. Dann wäre folgende alternative Fassung von § 6 zulässig:

---

928 Vgl. *Marly*, NJW-CoR 4/93, S. 23 f. A. A. *Lehmann*, Europäische Richtlinie, Rdnr. 21.
929 Vgl. hierzu *Schmidt*, Rdnr. 17.

1. *Die Benutzerdokumentation enthält die Schnittstelleninformationen. Diese Informationen dürfen nur zur Erstellung eines interoperablen Programms, welches nicht wesentlich ähnliche Ausdrucksform hat, verwendet werden und nur bei zwingender Erforderlichkeit zu diesem Zweck weitergegeben werden. § 8 bleibt unberührt.*
2. *Der Anwender darf ein Reverse Engineering (Rückführung des Computerprogramms auf vorhergehende Entwicklungsstufen, z. B. den Quellcode, Rückwärtsanalyse, Zurückentwickeln, Dekompilieren, Disassemblieren), gleich in welchem Umfang, zu welchen Zwecken, in welcher Form und mit welchen Mitteln, nicht vornehmen. § 5 des Vertrages sowie § 69a Abs. 2 Satz 2 und § 69d Abs. 3 UrhG bleiben unberührt.*

§ 7 Grenzen der Nutzung

1. *Der Anwender darf das Computerprogramm auf jeder Hardware und in Verbindung mit jeder Software einsetzen, solange die Systemumgebung dem Betriebssystem XY-OS entspricht.*
2. *Eine Portierung (Übertragung, Transfer, Migration) auf andere Systemumgebungen darf nicht erfolgen, es sei denn der Hersteller muß einer Änderung des Programms nach Treu und Glauben zustimmen.*

§ 7 Nr. 1 definiert in Übereinstimmung mit den §§ 1 und 2 die dem Nutzungsrecht zugrundeliegende Nutzungsart Normalgebrauch durch Bezugnahme auf eine bestimmte Betriebssystemumgebung. Die Systemumgebung, für die das Programm konzipiert wurde, stellt ein zentrales wirtschaftliches und technisches Abgrenzungskriterium dar. Es ist somit bei der Nutzungsartbestimmung heranzuziehen[930].

Nr. 2 untersagt mit eher deklaratorischem Inhalt vor diesem Hintergrund die Portierung von Anwendungssoftware auf andere Betriebssysteme, denn eine derartige Verwendung ist nicht mehr von der Nutzungsart und damit auch nicht mehr vom bestimmungsgemäßen Gebrauch gedeckt. Ein Verstoß gegen § 69d Abs. 1 UrhG liegt somit nicht vor. Anders verhält es sich jedoch, wenn die Software von vornherein zur Verwendung mit unterschiedlichen Betriebssystemen oder Betriebssystemversionen konzipiert ist und der Anwender lediglich eine Anpassung im Sinne einer Parametrisierung der Software vornimmt. In diesem Falle gehören mehrere Betriebssystemumgebungen zum Normalgebrauch dieser Anwendungssoftware. Entsprechend müßte auch § 2 Nr. 2 angepaßt werden.

In der Literatur wurde die Portierung und Migration von Anwendungssoftware für zulässig erachtet[931]. Allerdings war dabei vorausgesetzt, daß zur Por-

---

930 Siehe hierzu ausführlich oben B III 1 a), S. 153 f.
931 So vor allem *Lehmann*, CR 1990, S. 625 ff. und 700 ff.

tierung lediglich die Veränderung punktueller Programmelemente, nämlich sogenannter calls (Adressierungen), erforderlich ist, somit letztlich nur Schnittstellen verändert werden[932], gegebenenfalls urheberrechtlich geschützte Teile des Programms gar nicht berührt sind[933] und das Programm in seiner wesentlichen Struktur erhalten bleibt. Unter diesen Voraussetzungen wird man die Portierung auch weiterhin für gestattet halten dürfen, insbesondere im Hinblick auf § 39 Abs. 2 UrhG, der neben § 69d Abs. 1 UrhG anwendbar bleibt[934]. Allerdings wird bei der im Rahmen von § 39 Abs. 2 UrhG vorzunehmenden Interessenabwägung zu berücksichtigen sein, inwieweit aufgrund der Portierung Überschneidungen mit anderen Nutzungsarten derselben Software bestehen und daher wirtschaftliche Interessen des Urhebers verstärkt betroffen sind. Das Portierungsverbot wurde daher um eine § 39 Abs. 2 UrhG berücksichtigende Einschränkung ergänzt. Die Fälle zulässiger Portierung, die den obigen Restriktionen entsprechen, lassen sich in der Praxis jedoch vernachlässigen; Abgrenzungsschwierigkeiten dürften sich nicht ergeben. Denn eine Veränderung von calls reicht zur Adaption auf eine andere Systemumgebung nur in den seltensten Fällen aus. Fast jedes etwas anspruchsvollere Anwendungsprogramm greift in vielfacher Weise auf Funktionen der Systemsoftware zu, wodurch eine Portierung nahezu unmöglich gemacht wird. Selbst für den Hersteller, der Zugang zu umfassender Entwicklungsdokumentation und zum Quellcode hat, bedeutet es mitunter einen mehrmonatigen Entwicklungsaufwand, Anwendungssoftware so umzuschreiben, daß sie auch auf anderen Systemumgebungen einsatzfähig ist.

§ 7 bewirkt im Ergebnis, daß der Anwender ein Nutzungsrecht für all die Einsatzmöglichkeiten der Software hat, für die sie technisch konzipiert ist. Eine Erweiterung des Einsatzspektrums durch Eingriffe in den Programmcode ist hingegen grundsätzlich nicht zulässig.

---

932 Vgl. *Lehmann*, CR 1990, S. 625.
933 Vgl. *Lehmann*, CR 1990, S. 628.
934 Siehe hierzu oben B I 3 b), S. 115; *Haberstumpf*, GRUR Int. 1992, S. 723 und *Lehmann*, CR 1990, S. 630 f.

§ 8 Weitergabe und Weitervermietung

1. *Der Anwender darf die Software nur vollständig, so wie sie ihm übergeben wurde, d. h. die Originaldisketten mit der Benutzerdokumentation und nur bei gleichzeitiger Mitübertragung des Nutzungsrechts weitergeben. Voraussetzung ist, daß der Übernehmer sich mit den Vertragsbedingungen der §§ 2 bis 8 einverstanden erklärt.*
2. *Eine Übertragung des Programms durch Überspielen in jeder Form ist unzulässig.*
3. *Im Falle der Weitergabe sind sämtliche Vervielfältigungsstücke beim Anwender vollständig und irreversibel unbrauchbar zu machen.*
4. *Der Anwender hat dem Hersteller unverzüglich den Übernehmer mitzuteilen.*
5. *Eine Weitervermietung, d. h. eine zeitweise Überlassung gegen Entgelt, ist dem Anwender untersagt.*

§ 8 behandelt die Problematik der Weitergabe von Software. Viele der bisher in der Praxis verwendeten Vertragsformulare sahen an dieser Stelle ein Weitergabeverbot vor[935]. Derartige Klauseln sind gemäß § 9 Abs. 2 Nr. 1 AGBG unwirksam[936]. Wesentlicher Grundgedanke des Kaufvertragsrechts ist, daß der Käufer einer Sache bzw. eines Rechts in seiner Verfügungsmacht unbeschränkter Eigentümer bzw. Rechtsinhaber wird. Man mag aufgrund urheberrechtlichen Schutzes eine Beschränkung gewisser Nutzungen akzeptieren – in seiner Möglichkeit zur Weiterveräußerung jedoch muß auch der Käufer des Immaterialgutes Software unbeschränkt sein. Urheberrechtliche Gründe können dem nicht entgegengehalten werden, wie als zwingendes Recht der Erschöpfungsgrundsatz des § 17 Abs. 2 UrhG[937] (für die Dokumentation) bzw. § 69c Nr. 3 Satz 2 UrhG (für das Computerprogramm) zeigt. Er erlaubt die Weiterverbreitung des einzelnen, veräußerten Werkstücks durch den Erwerber. In der Literatur wird diese Argumentation kritisiert, da der Erschöpfungsgrundsatz nur eine urheberrechtlich-dingliche Wirkung entfalte und nicht einer schuldrechtlich wirkenden Klausel entgegenstehen könne[938]. Dabei wird jedoch die Wertung von § 17 Abs. 2 bzw. § 69c Nr. 3 Satz 2 UrhG unterschätzt. Denn die Er-

---

935 Entsprechende Klauseln lauten etwa: "... Der Kunde verpflichtet sich, Lizenzmaterial einschließlich Kopien jeder Art ohne zeitliche Begrenzung Dritten (einschließlich anderen Lizenznehmern des betreffenden Programms) nicht zugänglich zu machen. ... Eine Übertragung der gewährten Nutzungsrechte oder die Einräumung von Unterlizenzen an dem Lizenzmaterial ist nicht zulässig."
Oder: "5. Der Auftraggeber wird die Software und Dokumentation vertraulich behandeln und über sie weder ganz noch teilweise verfügen, sie bekanntmachen oder anderweitig Dritten zugänglich machen."
936 Vgl. *Bartsch*, CR 1987, S. 13; *Haberstumpf*, GRUR Int. 1992, S. 722; *Hoeren*, S. 65; *Köhler/Fritzsche*, Rdnr. 56; *Lehmann*, NJW 1993, S. 1825; *Malzer*, S. 130 ff.; *Marly*, Rdnr. 693 ff.; *Schmidt*, Rdnr. 70; *Jochen Schneider*, Rdnr. G 39; OLG Nürnberg, Urteil vom 20.6.1989, CR 1990, S. 118. A. A.: *Moritz*, CR 1993, S. 264, der allerdings eine Kontrolle nach dem AGBG völlig vernachlässigt.
937 Vgl. nur *Schricker/Loewenheim*, § 17 Rdnr. 27.
938 So vor allem *Schmidt*, Rdnr. 68; auch *Moritz*, CR 1993, S. 264.

schöpfung setzt eine Veräußerung voraus, der als typisches Kausalgeschäft ein Kaufvertrag zugrundeliegt. Außerdem könnte einer Weitergabe von Urheberseite nur das Verbreitungsrecht des § 17 Abs. 1 bzw. § 69c Nr. 3 Satz 1 UrhG entgegengehalten werden. Gerade dieses ist aber erschöpft. Der Erschöpfungsgrundsatz ermöglicht somit letztlich die Kontrolle anhand des AGBG, da eine urheberrechtlich fundierte Beschränkung nicht möglich ist, und gibt gleichzeitig ein Leitbild vor.

In Anbetracht dieser Rechtslage scheinen viele Hersteller ihre Formularverträge angeglichen zu haben und verlangen lediglich, daß ihre Zustimmung eingeholt wird[939]. Jedoch bleibt die Unwirksamkeit gemäß § 9 AGBG[940], da die Software gemäß § 69c Nr. 3 Satz 2 UrhG ohne Zustimmung weiterverbreitet werden darf[941]. Einzig wirksam ist eine Klausel, die dem Anwender eine Pflicht zur Mitteilung der Weitergabe und des Empfängers auferlegt; damit sind die Interessen des Urhebers bzw. Rechtsinhabers gewahrt.

Denkbar wäre aber, daß die Weiterübertragung des Nutzungsrechts zum Normalgebrauch eine Zustimmung des Urhebers erfordert. Bisher gebräuchliche Standardformulierung war, daß dem Anwender ein "nicht-ausschließliches und nicht-übertragbares" Nutzungsrecht eingeräumt wird[942]. Abgesehen von einer Widersprüchlichkeit der AGB in sich[943], ist die Einräumung eines nichtübertragbaren Nutzungsrechts auch gemäß § 9 AGBG unwirksam. Denn dadurch würde die von den §§ 69c Nr. 3 Satz 2, 17 Abs. 2 UrhG postulierte Fungibilität des Werkstücks mangels Mitübertragbarkeit des zum Gebrauch erforderlichen Nutzungsrechts faktisch verhindert. Hier greifen Weiterverbreitungsrecht und Übertragbarkeit der Nutzungsrechte ineinander[944]. Wird die Übertragung des Nutzungsrechts aber an die vom Urheber oder Rechtsinhaber nicht wider Treu und Glauben zu verweigernde Zustimmung gebunden[945], so stimmt die Klausel mit § 34 Abs. 1 UrhG überein und wird von einem Teil der

---

939 Z. B.: "Dem Lizenznehmer ist untersagt, ohne vorherige schriftliche Einwilligung ... die Software oder das dazugehörige schriftliche Material an einen Dritten zu übergeben oder einem Dritten sonstwie zugänglich zu machen."
940 Jedenfalls bei derart pauschalen Formulierungen, vgl. *Schmidt*, Rdnr. 72.
941 Und auch ohne zusätzliche Lizenzgebühr, vgl. *Lehmann*, CR 1987, S. 423 (zu § 17 Abs. 2 UrhG).
942 Vgl. auch *von Ohlen*, S. 26.
943 Einerseits die Nicht-Übertragbarkeit, andererseits das Zustimmungserfordernis bei Weitergabe.
944 An dieser Stelle zeigt sich die Unzulänglichkeit der Auffassung, bei einem einfachen Nutzungsrecht handele es sich nur um einen schuldrechtlichen Duldungsanspruch, der zudem nicht übertragbar sei, vgl. *Fromm/Nordemann/Hertin*, §§ 31/32 Rdnr. 2; *Möhring/Nicolini*, § 31 Anm. 9; *Nirk*, S. 137. A. A. ist die h. M.: *Bappert/Maunz/Schricker*, § 28 Rdnr. 23, S. 503; *W. Erdmann*, CR 1986, S. 258; dezidiert *v. Gamm*, § 31 Rdnr. 11; *Ulmer*, S. 368 f. Siehe oben B II 3, S. 149 f.
945 Vgl. den Vorschlag des Ausschusses "Vertragsrecht" der *DGIR* (mittlerweile DGRI), Protokoll, S. 5, zit. nach Hoeren, S. 65.

Literatur für wirksam erachtet[946]. Ob diese Rechtslage auch nach Änderung des UrhG besteht, erscheint zweifelhaft. Auch ein Zustimmungserfordernis beschränkt faktisch die Weitergabemöglichkeit, die § 69c Nr. 3 Satz 2 UrhG gewährleisten möchte. Man wird daher, auch wenn sich die Erschöpfung nur auf das Verbreitungsrecht bezieht, das Nutzungsrecht im übrigen aber unberührt läßt, die zugrundeliegende Wertung nur dann aufrechterhalten können, wenn man die zustimmungsfreie Übertragung des Nutzungsrechts annimmt. Hierfür spricht auch der Sinn und Zweck von § 69d Abs. 1 UrhG, der durch Festlegung von Mindeststandards sichern will, daß jeder rechtmäßige Verwender in diesem Umfang Nutzungsrechte erhält, also eine Akzessorietät von Rechtsinhaberschaft am Werkstück und Nutzungsrecht zum Ziel hat[947]. Würde man die Abspaltung des Nutzungsrechts vom Werkstück durch zustimmungsfreie Weitergabe, jedoch zustimmungsbedürftige Nutzungsrechtsübertragung ermöglichen und damit in der Praxis provozieren, wäre dieses Ziel unerreichbar. Bei Schaffung des § 34 Abs. 1 UrhG hatte der Gesetzgeber zudem nicht die Situation eines massengutbezogenen Nutzungsrechts auf Endverbraucherebene vor Augen, für das eine zustimmungsbedürftige Weiterübertragung wenig sachgerecht ist. Für ein Zustimmungserfordernis lassen sich auch keine schützenswerten Interessen des Urhebers anführen[948]. Dieser hat die Software durch den Verkauf endgültig dem Wirtschaftskreislauf übergeben und ist dafür über den Kaufpreis entlohnt worden. Eine weitere Kontrolle über den Umlauf des Werkstücks läßt sich nicht rechtfertigen. Die Software kann also mit dem zugehörigen Nutzungsrecht zustimmungsfrei an Zweiterwerber übertragen werden[949]. Allenfalls zulässig ist eine den Anwender schuldrechtlich verpflichtende Bestimmung, von der Weitergabe abzusehen, wenn Urheberrechtsverletzungen

---

946 Vgl. *Köhler/Fritzsche*, Rdnr. 61; *Schmidt*, Rdnr. 72. So ist wohl auch OLG Nürnberg, Urteil vom 20.6.1989, CR 1990, S. 121 zu verstehen; im konkreten Fall war die pauschal Zustimmung verlangende Klausel unwirksam. Unklar erscheinen die Ausführungen *Böserts*, S. 117 f., zur Unübertragbarkeit des Nutzungsrechts.
947 Siehe oben B I 4 a) ee), S. 133; ähnlich *Lehmann*, NJW 1993, S. 1825. Aufgrund ihres anderen Verständnisses von § 69d Abs. 1 UrhG (hierzu oben B I 4 a) aa), S. 121 f.) wollen *Köhler/Fritzsche*, Rdnr. 61, dies nicht anwenden: Soweit der Ersterwerber wegen des Erschöpfungsprinzips zur Weiterverbreitung berechtigt sei, werde der Zweiterwerber Berechtigter i. S. v. § 69d Abs. 1 UrhG und dürfe die Software auch ohne (!) Nutzungsrechtsübertragung nutzen. Dagegen ist zum einen einzuwenden, daß § 69d Abs. 1 UrhG so einen einer gesetzlichen Lizenz ähnlichen Charakter erhält und zum anderen wird nicht mehr ganz klar, warum *Köhler/Fritzsche* dann ein Zustimmungserfordernis für die Weiterübertragung des Nutzungsrechts für rechtlich wirksam halten: Wirtschaftlich wäre es wertlos.
948 Dem Interesse an einer Kenntnis der berechtigten Nutzer (*Köhler/Fritzsche*, Rdnr. 61) kann voll durch eine Informationspflicht genügt werden.
949 Eine andere Regelung ist beim Kaufvertrag mit nachfolgender Veräußerung nur individualvertraglich möglich. Davon ist z. B in den Fällen auszugehen, in denen ein Unternehmen mehrere Hundert Softwareexemplare zu Sonderkonditionen erwirbt. Hier kann der Softwaregeber ein Verbot der Übertragung des Nutzungsrechts sowie ein schuldrechtliches Weitergabeverbot für eine gewisse Zeitspanne aussprechen, um eine Vertriebskonkurrenz durch seinen Großkunden zu vermeiden.

C. Die Gestaltung des urheberrechtlichen Softwarelizenzvertrages

durch den Softwarenehmer zu befürchten sind. Doch dürfte die Effektivität und vor allem Justitiabilität einer derartigen Regelung zweifelhaft sein.

Nr. 1 regelt vor diesem Hintergrund die Weitergabe der Software. Der Erschöpfungsgrundsatz erfaßt nur das dem Anwender übergebene Exemplar der Software; er darf also auch nur dieses Exemplar weitergeben. Die Beschränkung der Weitergabe auf die gleichzeitige Mitübertragung des Nutzungsrechts entspricht dem Grundgedanken des Gesetzes und soll vertraglich absichern, daß keine Werkstücke in Umlauf sind, die nicht verwendet werden dürfen. Die Weitergabe darf gemäß Satz 2 nur erfolgen, wenn der Übernehmer mit der Geltung der urheberrechtsbezogenen Vertragsbestandteile der §§ 2 bis 8 einverstanden ist. Diese Regelung entspricht in ihrem Gehalt § 34 Abs. 5 UrhG, der zwingendes Recht darstellt[950] und eine gesamtschuldnerische Haftung des Zweiterwerbers vorsieht. Dies ist letztlich auch eine Konsequenz der besonderen kausalen Bindung des einfachen Nutzungsrechts. Die vorgeschlagene Klausel stellt daher weder einen Verstoß gegen das AGBG noch gegen § 15 oder § 20 GWB dar[951]. Die so als Vertragsbestandteil auch zwischen Ersterwerber und Zweiterwerber vorausgesetzten Bestimmungen der §§ 2 bis 8 betreffen außerdem zum größten Teil das urheberrechtliche Nutzungsrecht, welches der Ersterwerber ohnehin nicht in anderem Umfang weiterübertragen kann, als es ihm eingeräumt wurde. Zudem entsprechen sie weitestgehend zwingendem Recht (§§ 69d und 69e UrhG). Soweit zugunsten des Herstellers Pflichten des Ersterwerbers bestehen (zur Information in § 5 Nr. 2 und § 8 Nr. 4, zum Schutz der Software in § 4 Nr. 2 und § 6 Nr. 2 Satz 2) und vom Zweiterwerber mitübernommen werden, sind diese durch überwiegende Urheberinteressen gedeckt und sachlich eng mit dem Nutzungsrecht verknüpft. Die so zwischen Erst- und Zweiterwerber zu treffende vertragliche Verpflichtung zugunsten des Herstellers tritt neben die gesetzliche Haftung des Zweiterwerbers aus § 34 Abs. 5 UrhG[952].

Diese Überlegungen zeigen, daß der vorstehende Vertragstext durchaus auch im Verhältnis zwischen Händler als Ersterwerber und Anwender als Zweiterwerber Anwendung finden kann und bei entsprechender Vertragsgestaltung durch den Hersteller[953] Anwendung finden muß. Auch bei einer längeren Absatzkette bleibt der nutzungsrechtsbezogene und urheberrechtlich fundierte Vertragskern immer derselbe: Er "reproduziert" sich bei jeder Weitergabe der Software. Kaufpreis, Gewährleistung und Haftung hingegen können sich von Vertrag zu Vertrag ändern. Sie haben keinen Bezug zum urheberrechtlichen

---

950 Vgl. *Schricker/Schricker*, § 34 Rdnr. 25; *Fromm/Nordemann/Hertin*, § 34 Rdnr. 6.
951 Unbeschränkter kartellrechtlicher Kontrolle unterliegen nur solche Vertragsbestimmungen, die nicht urheberrechtlich legitimiert sind, vgl. *Lehmann*, Kartellrechtliche Grenzen, Rdnr. 39 f., 49 ff., insb. 62.
952 Vgl. *Schricker/Schricker*, § 34 Rdnr. 24 f.
953 Siehe hierzu den Entwurf eines Vertriebsvertrages C II 1 § 4, S. 250 f.

Nutzungsrecht; eine Bindung in dieser Hinsicht wäre somit unzulässig[954], da nicht vom Urheberrecht gedeckt.

Nr. 2 untersagt eine Übertragung des Programms durch Überspielen, da dadurch ein neues Werkexemplar geschaffen wird, nicht aber das vorhandene Originalexemplar, bezüglich nur dessen das Verbreitungsrecht erschöpft ist, weitergegeben wird.

Nr. 3 sieht die Vernichtung aller beim Ersterwerber vorhandener Kopien vor, da er nach der Weitergabe der Software nicht mehr Inhaber des Nutzungsrechts ist.

Nr. 4 verpflichtet den Anwender, dem Hersteller den Zweiterwerber mitzuteilen. Dies dient der Vorbeugung gegen Softwarepiraterie und ermöglicht dem Hersteller die Berechtigung von Nutzungen und Anfragen nach Schnittstelleninformationen zu beurteilen sowie von sich aus Fehlerberichtigungen vorzunehmen.

Nr. 5 untersagt in Übereinstimmung mit § 69c Nr. 3 Satz 2 UrhG (am Ende) die Weitergabe in Form der Vermietung. Die Regelung hat klarstellenden Charakter und dient der Information des Anwenders über diese neu ins UrhG eingefügte Restriktion[955].

§ 9 Gewährleistung

1. *Auch für inhaltliche Mängel der Software gelten die §§ 459 ff., 480 BGB. Der Anwender kann bei Mangelhaftigkeit der Software nach seiner Wahl Nachlieferung, Herabsetzung des Kaufpreises (Minderung) oder Rückgängigmachung des Kaufvertrages (Wandelung) verlangen. Ein Anspruch auf Beseitigung des Mangels besteht nicht.*
2. *Der Anwender hat dem Lieferanten einen offensichtlichen Mangel innerhalb von zwei Wochen nach Lieferung schriftlich mitzuteilen. Bei Versäumnis dieser Frist sind Gewährleistungsansprüche wegen des betreffenden Mangels ausgeschlossen.*

---

954 Vgl. *Lehmann*, Kartellrechtliche Grenzen, Rdnr. 51.
955 Siehe hierzu oben B I 3 c), S. 116 f. Auch ein Verleihverbot halten offensichtlich *Geissler/Pagenberg*, Rdnr. 81, § 2 Nr. 2 für wirksam.

Alternativ zu 1.:

1. Bei einem inhaltlichen Mangel der Software oder einem sonstigen Sachmangel ist der Lieferant nach seiner Wahl zur Mängelbeseitigung oder mangelfreien Ersatzlieferung verpflichtet. Im Falle des Fehlschlagens von Nachbesserung und Ersatzlieferung innerhalb angemessener Frist kann der Anwender nach seiner Wahl Herabsetzung des Kaufpreises (Minderung) oder Rückgängigmachung des Kaufvertrages (Wandelung) verlangen. Im übrigen gelten die §§ 459 ff., 480 BGB.

§ 9 Nr. 1 behandelt die Frage des anzuwendenden Gewährleistungsrechts[956]. Nach überwiegender Meinung findet beim Kaufvertrag über Software auch das kaufrechtliche Gewährleistungsrecht Anwendung[957]. Angesichts des Meinungsstreits und der Tendenz in der Rechtsprechung, teilweise Werkvertragsrecht anzuwenden, scheint ein klarstellender Hinweis ratsam. Grundsätzlich bieten sich zwei Gestaltungsmöglichkeiten, zwischen denen der Softwaregeber nach seiner wirtschaftlichen Interessenlage entscheiden muß: Entweder er vereinbart ein Nachbesserungsrecht, um nicht einer Wandelungswelle ausgesetzt zu sein oder er beläßt es bei der üblichen Beschränkung auf Nachlieferung gemäß § 480 Abs. 1 BGB, Wandelung bzw. Minderung, um einem andernfalls bei Fehlschlagen der Nachbesserung unausweichlichen Anspruch auf Aufwendungsersatz vorzubeugen. Dies ist dem Händler insbesondere dann zu empfehlen, wenn er – wie in der Regel – mangels Zugang zum Quellcode nicht in der Lage ist, den Fehler selbst zu beseitigen. Eine daraufhin vom Anwender kostenintensiv vorgenommene Fehlerbeseitigung hätte einen wegen § 11 Nr. 10 lit. c) AGBG nicht abdingbaren Erstattungsanspruch zur Folge – ein erhebliches wirtschaftliches Risiko für den Händler. Sieht der Händler aber ein Nachbesserungsrecht vor, so muß § 5 Nr. 4 dahingehend abgeändert werden, daß ein Kostenersatzanspruch nach Gewährleistungsrecht unberührt bleibt. Andernfalls dürfte eine Widersprüchlichkeit der Klauseln vorliegen, da eine Differenzierung zwischen einem gewährleistungsrelevanten Fehler und einem zur Berichtigung gemäß § 5 berechtigenden, objektiven Fehler vom Anwender nicht erwartet werden kann.

Die unbefriedigende Verjährungsfrist des § 477 BGB ließe sich zwar vertraglich verlängern (§ 477 Abs. 1 Satz 2 in Ausnahme zu § 225 Satz 1 BGB), doch würde ein solcher Regelungsvorschlag von Verwenderseite nicht akzeptiert werden. Hier kann eine Korrektur nur durch die Rechtsprechung[958] oder den Gesetzgeber erfolgen. Insoweit dürfte zukünftig von einem Verjährungsbeginn nicht vor Ende der Einarbeitungsphase auszugehen sein[959].

---

956 Siehe hierzu oben B IV 2 b), S. 172 ff.
957 Vgl. nur *Köhler/Fritzsche*, Rdnr. 76, 85; *Schmidt*, Rdnr. 33.
958 Vgl. die Hinweise bei *Schmidt*, Rdnr. 45.
959 Vgl. *Zahrnt*, CR 1993, S. 135 f.

Die Formulierung folgt den auch sonst üblichen Grundsätzen AGB-fester Gewährleistungsregeln, insbesondere § 11 Nr. 10 AGBG[960]. Besonderheiten für Software ergeben sich hier nicht. Unzulässig sind aber gemäß § 11 Nr. 10 lit. a) AGBG insbesondere alle in der Vergangenheit oft verwendeten Klauseln, die unter Hinweis auf die nicht herbeizuführende Fehlerfreiheit von Software die Gewährleistung beschränkt oder ausgeschlossen haben[961].

Nr. 2 sieht eine schriftliche Rüge bezüglich offensichtlicher Mängel der Software innerhalb von zwei Wochen vor. Auf offensichtliche Mängel findet § 11 Nr. 10 lit. e) AGBG keine Anwendung[962]. Die Verpflichtung zur Schriftform verstößt nicht gegen das AGBG[963]. Nicht zulässig ist nach dem klaren Wortlaut von § 11 Nr. 10 lit. e) AGBG bei nicht offensichtlichen Mängeln die Vereinbarung einer Rügefrist ab Erkennen des Mangels[964], sofern diese kürzer ist als die Gewährleistungsfrist[965].

Problematisch erscheint, wenn bei Softwareüberlassung zwischen Händler und Anwender durch Abtretung der Gewährleistungsansprüche des Händlers an den Anwender diesem ein Nachbesserungsrecht gegenüber dem Hersteller verschafft wird und daneben die Gewährleistungsansprüche gegen den Händler zunächst ausgeschlossen sind. Eine solche alternativ zu erwägende Regelung verstößt dennoch nicht gegen § 11 Nr. 10 lit. a) AGBG[966], da trotz unglücklicher Formulierung durch den Gesetzgeber von einer grundsätzlichen Zulässigkeit derartiger Dritthaftungsklauseln auszugehen ist, soweit die dem Abnehmer zugestandenen Gewährleistungsrechte den übrigen Anforderungen des AGBG entsprechen und der Rückgriff auf Ansprüche gegen den Vertragspartner nicht durch eine vorherige gerichtliche Inanspruchnahme des Dritten erschwert ist.

---

960 Vgl. auch *Marly*, S. 419 f.; *Schmidt*, Rdnr. 33 ff., 41.
961 Vgl. insbesondere *Schmidt*, Rdnr. 42.
962 Vgl. *Palandt/Heinrichs*, § 11 AGBG Rdnr. 66, *Schmidt*, Rdnr. 45.
963 Vgl. § 11 Nr. 16 AGBG; *Palandt/Heinrichs*, § 11 AGBG Rdnr. 66.
964 A. A. unter Berufung auf AGB-Verwenderinteressen *Marly*, NJW 1988, S. 1184 und *ders.*, Rdnr. 907 und S. 420.
965 Dies ist ganz h. M.: Vgl. *Ulmer/Brandner/Hensen*, § 11 Nr. 10 Rdnr. 73; *Staudinger/Schlosser*, § 11 Nr. 10 AGBG Rdnr. 78; *Palandt/Heinrichs*, § 11 AGBG Rdnr. 66; OLG Köln, NJW 1986, S. 2581.
966 Vgl. *Löwe/v. Westphalen/Trinkner*, § 11 Nr. 10 a Rdnr. 21, 28; *Ulmer/Brandner/Hensen*, § 11 Nr. 10 a Rdnr. 18; *Palandt/Heinrichs*, § 11 AGBG Rdnr. 53.

§ 10 Haftung

1. *Für zugesicherte Eigenschaften und bei grober Fahrlässigkeit oder Vorsatz haftet der Lieferant unbegrenzt nach den gesetzlichen Vorschriften.*
2. *Bei einfacher Fahrlässigkeit wird die Haftung ausgeschlossen, soweit weder eine wesentliche Vertragspflicht (Kardinalpflicht) verletzt wurde, noch Leib oder Leben verletzt wurden, oder ein Fall des Verzugs oder der Unmöglichkeit vorliegt.*
   Bei einfacher Fahrlässigkeit wird, soweit eine wesentliche Vertragspflicht (Kardinalpflicht) verletzt wurde oder ein Fall des Verzugs oder der Unmöglichkeit vorliegt, die Haftung für Schäden, die nicht auf einer Verletzung von Leib oder Leben beruhen, begrenzt auf die Höchstsumme von .... DM und auf solche Schäden, die vorhersehbar waren.
3. *Die unter Nr. 2 vereinbarte Haftungsbegrenzung gilt auch im Falle des anfänglichen Unvermögens des Lieferanten.*
4. *Dem Anwender ist bekannt, daß er im Rahmen seiner Schadensminderungsobliegenheit insbesondere für regelmäßige Sicherung seiner Daten zu sorgen hat und im Falle eines vermuteten Softwarefehlers alle zumutbaren zusätzlichen Sicherungsmaßnahmen ergreifen muß.*

§ 10 regelt Verschuldensmaßstab, Schadensart und Schadenshöhe, für die einzustehen ist. Diesbezüglich sind insbesondere § 11 Nr. 7, Nr. 8 und Nr. 11 AGBG zu beachten[967]. Die Unvermeidbarkeit einzelner Fehler in der Software und die extrem hohen Schäden, die auftreten können, machen eine Haftungsregelung in den meisten Fällen unumgänglich.

Nr. 1 hat vor diesem Hintergrund klarstellende Funktion und trägt § 11 Nr. 7 und Nr. 11 AGBG Rechnung. In beiden Fällen (verschuldensabhängige Haftung infolge mindestens grober Fahrlässigkeit und verschuldensunabhängige Haftung infolge Zusicherung) kann durch AGB die Haftung weder ausgeschlossen noch eingeschränkt werden[968].

Nr. 2 regelt die Haftung im Falle nur einfacher Fahrlässigkeit. Ein **Ausschluß** ist auch hier in den meisten Fällen unzulässig: Soweit es um Verzug oder Unmöglichkeit geht, untersagt § 11 Nr. 8 lit. b) AGBG den Ausschluß der Haftung[969]. Soweit es um die Verletzung einer Kardinalpflicht geht, ist ein Haftungsausschluß gemäß § 9 Abs. 2 Nr. 2 AGBG nicht möglich[970]. Und im Falle von Schäden aufgrund der Verletzung von Leib oder Leben verstoßen ein Haf-

---

967 Vgl. *Jaeger*, MDR 1992, S. 97 ff.; *Marly*, Rdnr. 860 ff.; *Schmidt*, Rdnr. 51 ff., zum Meinungsstand Rdnr. 53.
968 Siehe auch *Schmidt*, Rdnr. 54. Trotz korrekter Darstellung der Rechtslage in Rdnr. 870 falsch daher *Marly* mit seinem Klauselvorschlag auf S. 420, bei dem die Haftung für Verzug und Unmöglichkeit ohne Rücksicht auf den Verschuldensgrad, also auch im Falle von Vorsatz und grober Fahrlässigkeit (!) begrenzt wird.
969 Vgl. *Palandt/Heinrichs*, § 11 AGBG Rdnr. 42; *Jaeger*, MDR 1992, S. 100; *Schmidt*, Rdnr. 57.
970 Vgl. *Schmidt*, Rdnr. 60; *Jaeger*, MDR 1992, S. 99; *Marly*, Rdnr. 875; BGH, NJW 1985, S. 1166.

tungsausschluß und auch eine Beschränkung gegen § 9 AGBG[971]. Für einen vollständigen Ausschluß der Haftung verbleiben demnach nur die übrigen Fälle, etwa Ansprüche aus positiver Vertragsverletzung wegen leicht fahrlässiger Verletzung unwesentlicher Nebenpflichten auf Ersatz von Vermögensschäden. Jedoch ist bei leichter Fahrlässigkeit, soweit es um Vermögensschäden geht, eine **Haftungsbegrenzung** zulässig. Dies regelt Satz 2. Allerdings darf die Begrenzung nicht dazu führen, daß faktisch ein Ausschluß vorliegt. Daher müssen typische, vorhersehbare Schäden ersatzfähig bleiben[972]. Die einzusetzende Haftungshöchstsumme richtet sich nach denselben Kriterien und ist softwarespezifisch zu ermitteln.

Nr. 3 sieht die gleiche Beschränkung für den Fall der verschuldensunabhängigen Haftung wegen anfänglichen Unvermögens vor. Darin dürfte keine unangemessene Benachteiligung des Anwenders liegen, da nur atypische Schäden ausgeschlossen werden[973].

Die Klausel läßt im übrigen die verschuldensunabhängige Haftung wegen Rechtsmängeln unberührt. Zwar wird auch hier vertreten, daß eine Haftungsbegrenzung zulässig sei[974], jedoch ist eine Risikoabwälzung auf den Anwender nicht sachgerecht, zumindest dann nicht, wenn der Vertrag mit dem Hersteller als Softwaregeber geschlossen wird. Soweit ein Händler als Softwaregeber auftritt, scheint angesichts dessen Rückgriffsmöglichkeiten ein Abweichen von der gesetzlichen Regelung auch nicht gerechtfertigt. Im Falle einer Softwareweitergabe unter Anwendern dürfte regelmäßig kein AGB-Vertrag vorliegen, so daß hier individualvertraglich sogar ein Ausschluß vereinbart werden kann.

Nr. 4 weist den Anwender informatorisch auf seine Schadensminderungsobliegenheiten hin. Ob infolgedessen bei Schäden in Form von Datenverlusten eine Haftungsbegrenzung auf den Wiederherstellungsaufwand zulässig ist, erscheint fraglich[975]. Da sich das gleiche Ergebnis über die Anwendung von § 254 BGB im Einzelfall erzielen läßt, ist eine explizite Regelung entbehrlich.

---

971 Vgl. *Palandt/Heinrichs*, § 9 AGBG Rdnr. 43. Diesbezüglich ist zukünftig auf Grund der Umsetzung der EG-Richtlinie 93/13/EWG über mißbräuchliche Klauseln in Verbraucherverträgen möglicherweise mit einem Klauselverbot ohne Wertungsmöglichkeit im Rahmen des § 11 AGBG zu rechnen, vgl. *Heinrichs*, NJW 1993, S. 1821.
972 Vgl. *Jaeger*, MDR 1992, S. 99 f.; *Schmidt*, Rdnr. 60 a. E. m. w. N.
973 Vgl. *Schmidt*, Rdnr. 56; *Marly*, Rdnr. 866. Auch eine analoge (so *Wolf/Horn/Lindacher*, § 11 Nr. 8 Rdnr. 5) oder unmittelbare (so *Palandt/Heinrichs*, § 11 AGBG Rdnr. 40) Anwendung von § 11 Nr. 8 AGBG anstelle von § 9 AGBG auf Regelungen betreffend das anfängliche Unvermögen deutet auf eine Beschränkbarkeit der Haftung.
974 Vgl. *Schmidt*, Rdnr. 56.
975 Bejahend für den Fall leichter Fahrlässigkeit *Jaeger*, MDR 1992, S. 100; *Schmidt*, Rdnr. 61.

b) Unzulässige Regelungen der bisherigen Vertragspraxis

Der Vertragsentwurf enthält einige der bisher üblichen Verwendungsbeschränkungen nicht. Sie können mangels Wirksamkeit keine Verwendung finden. Hierzu zählen insbesondere die bereits erwähnten Weitergabeverbote, pauschale Änderungsverbote, pauschale Dekompilierungsverbote und Schutzhüllenklauseln. Desweiteren ist noch auf die Unwirksamkeit sogenannter CPU-Klauseln und von Bestimmungen über Vertragsbeendigung und Kündigung im Rahmen von Kaufverträgen hinzuweisen. Dabei werden zu Lasten des Käufers lizenzvertragliche Elemente integriert, die den Interessenausgleich empfindlich stören.

aa) CPU-Klauseln

Unter einer CPU-Klausel versteht man eine Geschäftsbedingung, die dem Anwender die Benutzung der Software nur auf einem einzigen, genau bezeichneten Rechner gestattet[976]. Eine solche Klausel ist beim Kaufvertrag wegen Verstoßes gegen § 9 Abs. 2 Nr. 2 AGBG unwirksam[977], denn die Rechtsstellung des Erwerbers wird dadurch stark beschränkt, insbesondere soweit keine Ausnahmeregelung existiert. Zwar ist ein Interesse des Verkäufers daran, daß die Software nicht mehrfach zur gleichen Zeit genutzt wird, anzuerkennen, doch ist dafür nicht die Festlegung einer bestimmten Zentraleinheit erforderlich. Diese Koppelung an eine Hardware soll unter anderem zum Zwecke der Absatzsteigerung durch Ausschluß der Portabilität erfolgen. Damit werden originäre Käuferinteressen, nämlich mit Erworbenem grundsätzlich frei verfahren zu können, vernachlässigt. Dies gilt umso mehr angesichts immer häufigerer Hardwarewechsels beim Anwender[978].

Eine Zulässigkeit der Klausel könnte sich aus § 32 UrhG ergeben, der eine Beschränkung ausdrücklich erlaubt und so die eigentlich umfassende Verfügungsmacht des Erwerbers begrenzt. Aber § 32 UrhG ermöglicht lediglich auf dinglicher Ebene die Beschränkung; der Charakter des schuldrechtlichen Kaufgeschäfts wird damit nicht verändert. Will der Softwaregeber die Nutzung der Software begrenzen, so muß er einen anderen schuldrechtlichen Vertragstypus wählen – im Rahmen eines Kaufvertrages ist die Klausel unwirksam. Im übrigen wäre es widersinnig, wenn der Erwerber die Software aufgrund von § 69c

---

[976] So z. B.: "Die lizenzierte Software darf nur auf der Zentraleinheit oder Systemkonfiguration betrieben werden, deren Seriennummer im ... Lizenz-Zertifikat oder im Antrag des Kunden auf Erteilung einer Softwarelizenz oder in dem vom Kunden ausgefüllten Registrierschein angegeben ist ("Lizenzierte Anlage"); ist die Seriennummer ausnahmsweise nicht in vorstehender Weise dokumentiert, gilt die Zentraleinheit oder Systemkonfiguration als Lizenzierte Anlage, auf die die Lizenzierte Software zuerst betrieben worden ist."
[977] Vgl. *Haberstumpf*, GRUR Int. 1992, S. 722; *ders.*, Rdnr. 165; *Hoeren*, Rdnr. 219 ff.; *Schmidt*, Rdnr. 74; *Jochen Schneider*, Rdnr. 43. Zum Lizenzvertrag siehe unten C I 2 § 7, S. 239 f.
[978] Vgl. auch *Lehmann*, CR 1990, S. 625.

Nr. 3 Satz 2 UrhG zwar an Dritte weitergeben[979], sie jedoch nicht auf eine andere Zentraleinheit übertragen dürfte, denn insoweit ist nur ein Minus angestrebt[980].

Ferner ergibt sich die Unwirksamkeit einer CPU-Klausel im Falle des Kaufvertrages auch wegen eines Verstoßes gegen § 69d Abs. 1 UrhG, denn die bestimmungsgemäße Benutzung (nämlich die eben beschriebene, möglichst freie Verwendung der Software im Rahmen des Normalgebrauchs) wird hier durch Festlegung auf nur eine einzelne Hardwareeinheit beschränkt und so der Vertragszweck unterlaufen.

bb) Kündigungsrecht und Vertragsende

Unwirksam sind Klauseln, die dem Überlasser ein außerordentliches Kündigungsrecht einräumen oder eine automatische Beendigung des Vertrages vorsehen[981] und damit Elemente eines Dauerschuldverhältnisses einbeziehen[982]. Soweit diese Klauseln nicht sogar den Vertragstyp prägen und insoweit ein Kaufvertrag nicht mehr vorliegt, ergibt sich ihre Unwirksamkeit gleich aus mehreren Gründen:

Eine Einbeziehung in den Vertrag scheitert gemäß § 3 AGBG daran, daß bei einem Kaufvertrag mit einer unbefristeten Rückabwicklungsmöglichkeit seitens des Verkäufers (!) oder mit einer Beendigung nicht gerechnet zu werden braucht. Insbesondere bleibt ungeregelt, ob der Kaufpreis zurückerstattet wird. Hier hilft auch eine anwenderfreundliche Auslegung[983] nicht mehr.

Ferner hat die mündliche und individuelle Vereinbarung eines Kaufvertrages und einer Rechtsübertragung auf Dauer gemäß § 4 AGBG Vorrang vor einer hierzu im Widerspruch stehenden Kündigungsmöglichkeit.

Soweit die Beendigung auf einer Pflichtverletzung des Käufers beruht und automatisch erfolgt, ohne daß der Verkäufer eine Fristsetzung vorzunehmen braucht, wie sie in Anlehnung an § 326 Abs. 1 BGB auch im Rahmen einer posi-

---

979 Siehe oben C I 1 a) § 8, S. 223 ff.
980 Damit läßt sich der Erschöpfungsgrundsatz durchaus als Argument verwenden, was *Hoeren*, Rdnr. 218, verkennt.
981 Vgl. *Jochen Schneider*, Rdnr. G 177 ff.
982 So z. B.: "Der Vertrag läuft auf unbestimmte Zeit. Das Recht des Lizenznehmers zur Benutzung der Software erlischt automatisch ohne Kündigung, wenn er eine Bedingung dieses Vertrages verletzt. Bei Beendigung des Nutzungsrechts ist er verpflichtet, die Originaldiskette wie alle Kopien der Software einschl. etwaiger abgeänderter Exemplare, sowie das schriftliche Material zu vernichten."
983 Von *Jochen Schneider*, Rdnr. G 177, aufgezeigt, aber nicht vertreten.

tiven Vertragsverletzung als Rücktrittsgrundlage[984] zu erfolgen hat, liegt ein Verstoß gegen § 11 Nr. 4 AGBG vor.

Eine Abweichung von den gesetzlichen Voraussetzungen eines Rücktrittsrechts zu Gunsten des Verwenders darf gemäß § 10 Nr. 3 AGBG nur bei dessen überwiegendem Interesse erfolgen[985]. Dies liegt aber nicht schon bei jeder Verletzung einer beliebigen Vertragsbedingung vor. Allenfalls bei nicht unerheblicher Fertigung von Raubkopien überwiegt das Verwenderinteresse.

Bei einer Überlassung im kaufmännischen Geschäftsverkehr ist von einer Unwirksamkeit der Klausel gemäß § 9 AGBG auszugehen.

cc) Abnahmeregelungen

Mitunter wird angesichts der Schwierigkeit, die Funktionsfähigkeit von Software und ihre Mangelfreiheit zum Zeitpunkt der Übergabe festzustellen, eine Abnahmeregelung getroffen. Darin allein liegt keine Benachteiligung des Anwenders. Soweit AGB-Verwender aber mit der Abnahme als zusätzliche Bestätigung die Mangelfreiheit attestiert haben wollen, um dies späteren Gewährleistungsansprüchen entgegenhalten zu können[986], ist von einer Unwirksamkeit gemäß § 9 AGBG auszugehen.

2. Überlassung auf Zeit oder unter besonderer Beschränkung (Lizenzvertrag)

Für die zeitweise oder nutzungsbeschränkte Überlassung von Standardsoftware, bei der eine kaufvertragliche Einordnung ausscheidet, wird nachfolgender Mustervertrag[987] vorgeschlagen. Die Kommentierung beschränkt sich auf die vom Kaufvertrag abweichenden Regelungen. Für die Lizenzierung gilt, daß

---

984 Vgl. *MüKo/Emmerich*, Vor § 275 Rdnr. 138; *Palandt/Heinrichs*, § 276 Rdnr. 124; *Staudinger/Otto*, § 326 Rdnr. 188.
985 Vgl. *Wolf/Horn/Lindacher*, § 10 Nr. 3 Rdnr. 14, 17; *Ulmer/Brandner/Hensen*, § 10 Nr. 3 Rdnr. 11; *Löwe/v. Westphalen/Trinkner*, § 10 Nr. 3 Rdnr. 11 ff.; *Palandt/Heinrichs*, § 10 AGBG Rdnr. 15.
986 Z. B.: "(Softwaregeber) kann bei jeder Lieferung oder Teillieferung eine schriftliche Annahmeerklärung des Kunden verlangen, mit dem Inhalt, daß Lieferung und Leistung richtig, vollständig und mangelfrei erfolgt. Die Annahme der Lieferung und die Erteilung der Annahmebestätigung dürfen nur verweigert werden, wenn die Lieferung wesentliche oder nicht nachbesserungsfähige Mängel hat."
Nach dem Wortlaut der zitierten Klausel müßte der Kunde auch bei unwesentlich unvollständiger Lieferung und unwesentlichen, nachbesserungsfähigen Mängeln Vollständigkeit und Mangelfreiheit bestätigen. Derselbe Vertrag enthält die Feststellung, daß "nach dem Stand der Technik Fehler der Software ... nicht ausgeschlossen werden können". Der AGB-Verwender verlangt vom Kunden eine Bestätigung über einen Zustand, den er herzustellen nicht in der Lage ist.
987 Auch dieser Vertragsentwurf läßt sich zusammenhängend dem Anhang (unter II) entnehmen.

sie in der Praxis regelmäßig mit dem Hersteller abgewickelt wird und nicht via Händler erfolgt. Daher bezieht sich die Vertragsformulierung auf den Hersteller als Softwaregeber. Häufig wird im Zusammenhang mit einer zeitbezogenen Softwareüberlassung ein begleitender, rechtlich aber selbständiger Wartungsvertrag geschlossen[988].

§ 1 Parteien, Gegenstand, Laufzeit, Vergütung

1. *Lizenznehmer ist ....*
   Lizenzgeber ist ....
2. *Gegenstand des Lizenzvertrages ist die Einräumung eines Nutzungsrechts an dem Computerprogramm "A-Programm für XY-OS". Der Lizenznehmer erhält hierzu ein Exemplar der "A-Software für XY-OS", bestehend aus der auf den Originaldisketten befindlichen Kopie des Programms "A-Programm für XY-OS" mit der Registriernummer A1234XY im Objektcode und die zugehörige Anwenderdokumentation (Benutzerhandbuch A-Software).*
3. *Der Vertrag läuft auf unbestimmte Zeit / ist zeitlich begrenzt auf den Zeitraum vom .... bis zum ....*
4. *Die Lizenzgebühr beträgt monatlich / jährlich / einmalig .... DM.*

§ 1 des Vertrages legt die essentialia fest: Parteien, lizenzierte Software, Lizenzgebühr und Laufzeit des Vertrages. Der Lizenzvertrag zeichnet sich durch einen starken Nutzungsrechtsbezug aus. Die Bestimmung der Nutzungsrechtseinräumung als zentraler Vertragsgegenstand macht dies deutlich. Ferner ist eine Bestimmung über die Laufzeit zu treffen. Hier kommt wie bei anderen Dauerschuldverhältnissen eine unbestimmte Laufzeit mit Kündigungsmöglichkeit oder eine bestimmte, sich gegebenenfalls auch automatisch verlängernde Laufzeit in Betracht. Auch das Entgelt kann entweder zeitabschnittsweise fällig werden oder einmalig geschuldet sein. Vertragstypenverändernde Wirkung haben diese alternativen Möglichkeiten nicht. Sie sind auf den Einzelfall abzustimmen.

---

988 Vgl. zum Problemkreis der Wartungsverträge *Jochen Schneider*, Rdnr. G 382 ff.

C. Die Gestaltung des urheberrechtlichen Softwarelizenzvertrages

§ 2 Nutzungsrecht am Computerprogramm

1. *Der Lizenzgeber verschafft dem Lizenznehmer ein gemäß § 11 kündbares, nichtausschließliches und nicht-übertragbares Nutzungsrecht an dem Computerprogramm.*
2. *Das Nutzungsrecht berechtigt den Lizenznehmer zur Einzelnutzung des Computerprogramms im Rahmen eines normalen Gebrauchs in einer Softwareumgebung, die dem Betriebssystem XY-OS entspricht. Auf andere Nutzungsarten erstreckt sich das Nutzungsrecht nicht.*
3. *Der Normalgebrauch umfaßt als zulässige Nutzungshandlungen*
   a) die Programminstallation und die Anfertigung einer Sicherungskopie gemäß § 3,
   b) das Laden des Programms in den Arbeitsspeicher und seinen Ablauf gemäß § 4,
   c) notwendige Handlungen im Rahmen einer Fehlerberichtigung gemäß § 5 und
   d) ausnahmsweise ein Reverse Engineering zur Schnittstellenermittlung gemäß § 6.
4. *Außerhalb dieser Handlungen darf der Anwender aufgrund des Urheberrechtsschutzes keinerlei Änderungen, Übersetzungen oder Vervielfältigungen des Computerprogramms vornehmen, auch nicht teilweise oder vorübergehend, gleich welcher Art und mit welchen Mitteln. Eine unzulässige Vervielfältigung stellt auch der Ausdruck des Programmcodes dar. Änderungen, zu denen nach Treu und Glauben die Zustimmung nicht verweigert werden kann (§ 39 Abs. 2 UrhG), sind statthaft.*
5. *Die Nutzungsbeschränkungen des § 7 (Bindung an eine bestimmte Hardware) und des § 8 (Weitergabeverbot) sind vom Lizenznehmer zu beachten.*

Auch beim Lizenzvertrag handelt es sich um eine Nutzung im Rahmen eines Normalgebrauchs. Allerdings ist das Nutzungsrecht hier nicht übertragbar und außerdem kündbar. Im Unterschied zum Kaufvertrag unterliegt der Lizenznehmer besonderen Nutzungsrechtsbeschränkungen.

§ 3 Installation und Sicherungskopie

1. *Der Lizenznehmer darf von den Originaldisketten eine einzige funktionsfähige Kopie auf einen Massenspeicher übertragen (Installation).*
2. *Stimmen die installierte Kopie und der Inhalt der Originaldisketten überein, so verbleiben die Originaldisketten als Sicherungskopie. Die Anfertigung einer zusätzlichen Sicherungskopie von den Originaldisketten ist dann untersagt. Stimmen die installierte Kopie und der Inhalt der Originaldisketten nicht überein, so darf der Lizenznehmer von den Originaldisketten eine einzige weitere Sicherungskopie anfertigen.*
3. *Ist eine der dem Lizenznehmer genehmigten Kopien beschädigt oder zerstört, so darf er eine Ersatzkopie erstellen.*

§ 3 bleibt für Lizenzverträge unverändert, denn er basiert auf § 69d Abs. 1 und Abs. 2 UrhG, die insoweit unabhängig von der Vertragsart zwingendes Recht darstellen. Auch die oben angesprochenen Alternativ- und Zusatzregelungen sind verwendbar.

§ 4 Laden und Ablauf des Programms

1. *Der Lizenznehmer darf das Computerprogramm in den Arbeitsspeicher der in § 7 bestimmten Hardware laden und ablaufen lassen. Das Programm darf zu jedem Zeitpunkt nicht mehr als ein einziges Mal in einem Arbeitsspeicher funktionsfähig vorhanden sein (Einzelnutzung).*
2. *Dies gilt auch und gerade im Falle miteinander verbundener Computer. Eine zeitgleiche Mehrfachnutzung im Netzwerk ist durch Zugriffsschutzmechanismen zu verhindern.*

Soweit der Lizenzvertrag eine CPU-Klausel (wie hier in § 7) vorsieht, ergibt sich schon daraus die Beschränkung auf eine Einzelnutzung. Eine Klarstellung kann jedoch nicht schaden. Auch im Falle des Lizenzvertrages kann die Anzahl der benutzbaren CPUs und damit der zeitgleich möglichen Nutzungen erhöht und so eine Mehrfachnutzung ermöglicht werden.

§ 5 Fehlerberichtigung

1. *Gemäß § 69d Abs. 1 UrhG darf der Lizenznehmer Fehler im Computerprogramm berichtigen und in diesem Zusammenhang notwendige Änderungen und Vervielfältigungen vornehmen. Ein berichtigungsfähiger Fehler liegt nur vor, wenn*
    a) *die Eigenschaften des Programms von der Programmbeschreibung in der Benutzerdokumentation abweichen oder das Programm seine objektiv vorgesehene Aufgabe nicht erfüllt und*
    b) *zusätzlich der Ablauf des Programms nicht nur unerheblich gestört ist.*
2. *Der Lizenzgeber ist vom Vorliegen eines solchen Fehlers zu benachrichtigen. Berichtigt der Lizenzgeber den Fehler innerhalb angemessener Frist, so sind Fehlerberichtigungen seitens des Lizenznehmers unzulässig.*
3. *Verbesserungen über eine Fehlerberichtigung hinaus darf der Lizenznehmer nicht vornehmen.*
4. *Änderungen, die der Lizenznehmer vornimmt, sind zu dokumentieren und dem Lizenzgeber mitzuteilen.*
5. *Ein Anspruch auf Ersatz von durch die Fehlerbeseitigung entstandenen Kosten besteht nur im Rahmen der Gewährleistungsrechte des Lizenznehmers.*
6. *Gewährleistungsrechte des Lizenznehmers bleiben von dieser Regelung unberührt.*

Das Recht des Anwenders zur Fehlerberichtigung gehört auch beim Lizenzvertrag zum von § 69d Abs. 1 UrhG zwingend vorgeschriebenen Vertragsinhalt. Angesichts der hier gültigen Mietrechtsgewährleistung muß jedoch die Klausel über den Ersatz von Fehlerbeseitigungskosten angepaßt werden, um nicht zu Widersprüchlichkeiten oder zum Verstoß gegen § 9 AGBG zu führen. Gleiches gilt für die Formulierung von Nr. 2. Da der Lizenzgeber einer dauerhaften Gewährleistung unterliegt, wobei Fehler nicht wie beim Kaufvertrag bereits bei der Übergabe vorgelegen haben müssen, und er nach Ablauf des Vertrages die

Software zurückerhält, ist eine Informationspflicht über Änderungen, die der Lizenznehmer vornimmt, vorgesehen.

Die Klausel geht dabei von der Überlassung vom Hersteller aus. Ist der Lizenzgeber nicht mit dem Hersteller identisch, so kommt es nicht in dem Maße zu einer Überschneidung von urheberrechtlich-dinglicher Berechtigung zur Fehlerberichtigung gegenüber dem Hersteller und gewährleistungsrechtlichen Ansprüchen gegenüber dem Lizenzgeber. Dann kann die Formulierung im wesentlichen wie beim Kaufvertrag übernommen werden.

§ 6 Reverse Engineering und Schnittstellen

1. Der Lizenznehmer kann vom Hersteller, den insoweit keine Rechtspflicht trifft, auf Anfrage die zur Erstellung eines interoperablen Programms notwendigen Schnittstelleninformationen erhalten. Diese Informationen dürfen nur zur Erstellung eines interoperablen Programms, welches nicht wesentlich ähnliche Ausdrucksform hat, verwendet werden und nur bei zwingender Erforderlichkeit zu diesem Zweck weitergegeben werden. § 8 bleibt unberührt.

2. Soweit der Hersteller innerhalb angemessener Frist dem Lizenznehmer die Schnittstelleninformationen nicht oder nur gegen ein unangemessen hohes Entgelt zukommen läßt, darf der Lizenznehmer in den Grenzen von § 69e UrhG eine Dekompilierung vornehmen. Hierbei gewonnene Informationen, die nicht Schnittstellen betreffen, sind unverzüglich zu vernichten.

3. Darüber hinaus darf der Anwender ein Reverse Engineering (Rückführung des Computerprogramms auf vorhergehende Entwicklungsstufen, z. B. den Quellcode, Rückwärtsanalyse, Zurückentwickeln, Dekompilieren, Disassemblieren), gleich in welcher Form und mit welchen Mitteln, nicht vornehmen. § 5 des Vertrages sowie § 69a Abs. 2 Satz 2 und § 69d Abs. 3 UrhG bleiben unberührt.

§ 6 basiert auf der zwingenden Regelung des § 69e UrhG, die auch für den Lizenzvertrag Geltung beansprucht. Auch die oben dargestellte Alternativregelung kann Verwendung finden.

§ 7 Bindung an eine bestimmte Hardware

1. *Der Lizenznehmer darf das Computerprogramm nur auf der Zentraleinheit (CPU) der Hardware mit der Seriennummer .... einsetzen (Zugelassene Anlage). Bei Ausfall dieser Hardware oder Einstellung ihrer Nutzung durch den Lizenznehmer darf er die Software auf der Zentraleinheit mit der Hardware mit der Seriennummer .... einsetzen (Ersatzanlage).*
2. *Eine Verwendung auf einer anderen Zentraleinheit ist nur nach Zustimmung des Lizenzgebers, die nicht wider Treu und Glauben verweigert werden darf, zulässig.*

§ 7 Nr. 1 legt eine bestimmte Hardware für die Nutzung der Software fest. Es handelt sich um eine CPU-Klausel. Für den Fall des Kaufvertrages ist eine derartige Klausel nach h. M. unwirksam[989]. Mitunter werden CPU-Klauseln pauschal und damit auch für den Fall zeitweiser Überlassung im Rahmen eines Lizenzvertrages als rein schuldrechtliche Klauseln für unwirksam gemäß § 9 Abs. 2 AGBG gehalten[990]. Begründet wird dies mit der Interessenlage, die sich nicht von derjenigen beim Kaufvertrag unterscheide. Dem Anwender dürfe ein Hardwarewechsel nicht unmöglich gemacht werden. Insbesondere werde die auch bei zeitweiser Überlassung bestehende wesentliche Vertragspflicht zur Gebrauchsgewährung vertragszweckgefährdend eingeschränkt[991]. Demgegenüber trete das Interesse des Urhebers, zeitgleichen Mehrfachnutzungen und Softwarepiraterie vorbeugen zu wollen, zurück.

Dieser Auffassung ist nicht in vollem Umfang zuzustimmen. Vielmehr muß eine differenziertere Betrachtung erfolgen. Natürlich darf eine CPU-Klausel nicht dazu führen, daß die Software im Falle eines Ausfalls der Hardware überhaupt nicht genutzt werden kann. Dem beugt die vorgeschlagene Formulierung durch Vereinbarung einer Ersatzanlage vor. Zudem ermöglicht sie auch die Nutzung auf einer dritten Hardware, allerdings nach vorheriger Zustimmung des Lizenzgebers. Doch darf diese nicht wider Treu und Glauben versagt werden. Damit ist die Gebrauchsüberlassung nicht vertragszweckgefährdend beschränkt. Ferner ist zu bedenken, daß eine CPU-Klausel zwar keine eigenständige Nutzungsart beschreibt, jedoch als inhaltliche Beschränkung von § 32 UrhG gedeckt ist und urheberrechtlich-dingliche Wirkung in Form einer Nutzungsartmodifikation erhält[992]. Die Bezugnahme auf eine bestimmte Hardware führt durchaus zu einer selbständigen und einheitlichen, wirtschaftlich und technisch klar abgrenzbaren Nutzung. Daher ist ein mietrechtliches Leitbild[993] nicht in voller Strenge zu berücksichtigen, denn es handelt sich um einen urhe-

---

[989] Siehe oben C I 1 b) aa) S. 232 f.
[990] Vgl. *Haberstumpf*, Rdnr. 165; *ders.*, GRUR Int. 1992, S. 722; *Marly*, Rdnr. 759; *Schmidt*, Rdnr. 74. Ablehnend wohl auch *Lehmann*, Kartellrechtliche Grenzen, Rdnr. 59. Für ihre Zulässigkeit bei Lizenzverträgen wohl *Köhler/Fritzsche*, Rdnr. 62.
[991] Vgl. *Marly*, Rdnr. 759.
[992] A. A. *Marly*, Rdnr. 748: "urheberrechtlich ohne Bedeutung".
[993] Welches insbesondere als Vertreter der Sachtheorie *Marly*, Rdnr. 759, zugrundelegt.

berrechtlichen Lizenzvertrag im engeren Sinne, auf den Mietrecht (über die Verweisungsvorschrift des § 581 Abs. 2 BGB) nur zur Anwendung kommt, soweit keine urheberrechtlichen Besonderheiten bestehen. Und selbst der Maßstab des Mietrechts untersagt zusätzliche Verwendungsbeschränkungen nicht grundsätzlich, sondern läßt dem Vertragszweck gemäße inhaltliche Ausgestaltungen der Gebrauchsgewährung zu[994]. Dazu gehört bei der zeitbezogenen Softwareüberlassung die Festlegung der Nutzung auf vorherbestimmte Hardware. Der Lizenznehmer hat, anders als der Käufer, nicht zwingend das Recht zum freien Einsatz der Software. Kaufvertrag und Mietvertrag unterscheiden sich nicht nur durch die Weitergabemöglichkeit. Vielmehr können einem Lizenznehmer ohne Verstoß gegen das AGBG auch genauere Nutzungsvorschriften gemacht werden. Hierfür spricht ferner die Interessenlage bei der Softwareüberlassung auf Zeit. Häufig handelt es sich hierbei um sehr wertvolle Software[995], die der Urheber zur Vorbeugung gegen Reverse Engineering und Piraterie niemals völlig aus der Hand geben will. Angesichts ihres Wertes besteht ein hohes Verlustrisiko für den Hersteller im Falle einer unrechtmäßigen Leistungsübernahme. Dies rechtfertigt es auch, vom Nutzer eine Beschränkung auf bestimmte Hardware zu verlangen. Im tatsächlichen Gebrauch wird er dadurch nicht behindert. Ferner steht im Falle eines Lizenzvertrages einer CPU-Klausel auch nicht die Wertung des Erschöpfungsgrundsatzes entgegen.

Dient eine derartige Klausel, indem sie die Nutzung nur auf der Hardware eines bestimmten Herstellers zuläßt, einer Bundling-Strategie, also der Kontrolle des Hardwaremarktes über eingeschränkte Softwarenutzung[996], so ist insbesondere eine kartellrechtliche Überprüfung der Klausel geboten[997]. Insoweit ist die Klausel auch nicht von originären Verwertungsinteressen des Urhebers gedeckt. Es handelt sich dann nicht um eine CPU-Klausel im eigentlichen Sinne, sondern um eine Klausel, die einen Hardwaretyp vorgibt. Hier ist, soweit die Klausel von einem marktstarken Hersteller verwendet wird, von einer Unwirksamkeit gemäß § 26 GWB i. V. m. § 134 BGB auszugehen[998].

Als Ergebnis ist festzuhalten, daß CPU-Klauseln im eigentlichen Sinne im Rahmen eines Lizenzvertrages zulässig sind, soweit sie eine Ausweichmöglichkeiten auf andere Zentraleinheiten vorsehen.

Eine Regelung über die Systemsoftwareumgebung und die Portierbarkeit erscheint im Falle einer CPU-Klausel, die indirekt auch das Betriebssystem bestimmt, entbehrlich, wäre aber zulässig.

---

994 Vgl. *Palandt/Putzo*, § 535 Rdnr. 8.
995 Etwa aus dem wissenschaftlich-technischen Bereich.
996 Derartige Strategien dienen vor allem der Verhinderung des Absatzes kompatibler Hardware, vgl. *Jörg Schneider*, S. 82, aber auch der Kontrolle eines Gebrauchtmarktes, vgl. *Lehmann*, BB 1985, S. 1209.
997 Vgl. hierzu *Moritz*, CR 1993, S. 263; *Jörg Schneider*, S. 143 ff.
998 Vgl. *Lehmann*, CR 1990, S. 704; ders., BB 1985, S. 1210 ff.; *Jörg Schneider*, S. 172, siehe oben A II 1 c) bb), S. 43.

§ 8 Weitergabe- und Überlassungsverbot

1. *Der Lizenznehmer darf die Software oder Teile davon nicht weitergeben, weder endgültig noch zeitlich begrenzt, und darf sie Dritten in keiner Weise zugänglich machen. Mitarbeiter des Lizenznehmers gelten nicht als Dritte in vorstehendem Sinne.*
2. *Der Lizenznehmer bewahrt die Software so auf, daß Unbefugte keinen Zugriff haben.*

§ 8 untersagt für den Fall des Lizenzvertrages die Weitergabe in jeder Form. Dies ergibt sich aus der Rückgabeverpflichtung des Lizenznehmers und auch aus § 549 Abs. 1 Satz 1 BGB. Das Erschöpfungsprinzip kann keine Anwendung finden[999]. Die Nutzung durch Angestellte und sonstige Dienstverpflichtete des Lizenznehmers wird durch einen klarstellenden Zusatz gesichert. § 549 Abs. 1 Satz 2 BGB kann beim Lizenzvertrag keine Anwendung finden. Dies ergibt sich auch aus § 584a Abs. 1 BGB.

§ 9 Gewährleistung

1. *Für Mängel der Software gelten grundsätzlich die §§ 537 ff. BGB. Die verschuldensunabhängige Haftung für Mängel, die bei Vertragsabschluß vorhanden waren, wird ausgeschlossen.*
2. *Für Fehler der Software, die auf einer Änderung des Programmcodes durch den Lizenznehmer oder durch ihn Beauftragte beruhen, wird nicht gehaftet.*

§ 9 sieht für den Lizenzvertrag die Anwendung des mietvertraglichen Gewährleistungsrechts vor. Die bisher in der Praxis verwendeten Regelungen decken ein beachtliches Spektrum ab. Es reicht von werkvertraglicher Ausgestaltung mit Nachbesserungsrecht und Abnahme über kaufvertragliche Elemente[1000] mit Anwendung von § 377 HGB bis hin zu mietvertraglich angenäherter Gewährleistung regelmäßig unter Ausschluß von Schadensersatzansprüchen. Allgemeine Tendenz ist, im Unterschied zu den §§ 537 ff. BGB eine zeitliche Begrenzung der Gewährleistung zu erreichen[1001]. Hier stellt sich die Frage, ob das in Teilen ungeeignete[1002] mietrechtliche Gewährleistungsrecht Leitbildfunktion übernehmen kann. Zweifel sind jedoch nur bezüglich der Art der Gewährleistung angebracht. Gegen eine Leitbildfunktion der Perpetuierung der Gewährleistungspflicht während der Vertragsdauer durch § 537 BGB ("zur Zeit der Überlassung", "im Laufe der Miete") ist nichts einzuwenden. Denn dabei han-

---

999 Vgl. *Jochen Schneider*, Rdnr. G 19.
1000 So z. B. der Vorschlag von *Geissler/Pagenberg*, Rdnr. 82. Von den Hauptleistungspflichten her betrachtet, handelt es sich um einen Lizenzvertrag im engeren Sinne, auch wenn *Geissler/Pagenberg*, Rdnr. 80, einen Kaufvertrag annehmen.
1001 Z. B.: "Die Gewährleistung beträgt zwölf (12) Monate ab erfolgter Installation..., sofern diese von (Lizenzgeber) übernommen ist, sonst ab Lieferung."
1002 Siehe oben B IV 3 c), S. 177 f.

delt es sich um eine Grundwertung bei Dauerschuldverhältnissen, die sich auch auf die Softwareüberlassung übertragen läßt[1003]. Der Softwaregeber, der die Software nicht verkaufen will, sie also zur besseren Kontrolle nur auf Zeit oder unter Nutzungsbeschränkungen überläßt, muß im Gegenzug strengere Gewährleistungsregeln in Kauf nehmen[1004]. Hiervon abweichende Klauseln sind daher gemäß § 9 AGBG[1005] zu überprüfen. Zeitliche Beschränkungen der Gewährleistungen im Rahmen von Lizenzverträgen verstoßen dabei gegen § 9 Abs. 2 Nr. 1 AGBG, da sie einen (zeitweisen) völligen Gewährleistungsausschluß vorsehen[1006]. Eine Parallele zum Leasingvertrag, bei dem die mietrechtliche Gewährleistung durch eine kaufrechtliche ersetzt wird, kann nicht gezogen werden, denn anders als dort besteht hier weder ein Ausgleich des höheren Risikos des Abnehmers durch Steuereinsparungen und Finanzierungsvorteile noch die Aussicht auf den Erwerb der Software, wodurch eine zeitlich vorverlagerte käuferähnliche Stellung gerechtfertigt sein könnte.

Nr. 1 sieht basierend auf diesen Überlegungen die Geltung der mietvertraglichen Gewährleistung vor. Satz 2 schließt die wenig sachgerechte Garantiehaftung für anfängliche Mängel der Software gemäß § 538 Abs. 1 Fall 1 BGB aus. Angesichts des Ausnahmecharakters dieser Vorschrift verstößt ihr Ausschluß nicht gegen § 9 AGBG[1007]. Damit stellt sich die Gewährleistungssituation als im wesentlichen interessengerecht dar. Nicht möglich ist ein Ausschluß des Aufwendungsersatzanspruchs gemäß § 538 Abs. 2 BGB[1008]. Eine Mängelanzeige sieht bereits § 545 BGB vor, so daß eine Rügepflicht nicht geregelt werden muß.

Nr. 2 sieht einen Gewährleistungsausschluß bei vom Lizenznehmer verursachten Mängeln vor. Anders als nach Kaufvertragsrecht haftet der Softwaregeber beim Lizenzvertrag kraft Gesetzes (§ 537 Abs. 1 Satz 1 Fall 2 BGB) verschuldensunabhängig auch für nach der Übergabe auftretende Mängel. Da dem Lizenznehmer unter Umständen ein Recht zum Eingriff in den Programmcode zusteht, erscheint wichtig, durch solche Eingriffe verursachte Fehler, die nicht in den Verantwortungsbereich des Lizenzgebers fallen, von der Gewährleistung auszunehmen.

1003 Daher werden von der h. M. die §§ 537 ff. BGB angewendet: *Köhler/Fritzsche*, Rdnr. 192 ff.; *Malzer*, S. 242 ff.; *Marly*, Rdnr. 496 ff.; *Moritz/Tybusseck*, Rdnr. 853; *Schmidt*, Rdnr. 50, 55; *Ruppelt*, S. 44 f. mit Modifikationen; *Jochen Schneider*, Rdnr. G 133. A. A. *Kilian*, CR 1986, S. 194.
1004 Vgl. *Jochen Schneider*, Rdnr. D 65 f.; *ders.*, CR 1991, S. 393.
1005 Entgegen einer früheren Auffassung ist § 11 Nr. 10 AGBG nicht auf Mietverhältnisse anwendbar, vgl. *Ulmer/Brandner/Hensen*, § 11 Nr. 10 Rdnr. 3.; *Palandt/Heinrichs*, § 11 AGBG, Rdnr. 46; *Wolf/Horn/Lindacher*, § 11 Nr. 10 Rdnr. 3; BGHZ 94, S. 186.
1006 Vgl. *Jochen Schneider*, Rdnr. D 65 f., H 148. Das rechtliche Ergebnis aufgrund des AGBG deckt sich hier mit der ablehnenden ökonomischen Beurteilung, siehe oben A IV 3, S. 104.
1007 Vgl. *Marly*, Rdnr. 882; *Moritz/Tybusseck*, Rdnr. 894; *Köhler*, CR 1987, S. 831; *Köhler/Fritzsche*, Rdnr. 194; *Schmidt*, Rdnr. 55; *Wolf/Horn/Lindacher*, § 9 Rdnr. M 34.
1008 Vgl. *Palandt/Putzo*, § 538 Rdnr. 7.

§ 10 Haftung

1. Für zugesicherte Eigenschaften und bei grober Fahrlässigkeit oder Vorsatz haftet der Lizenzgeber unbegrenzt nach den gesetzlichen Vorschriften.
2. Bei einfacher Fahrlässigkeit wird die Haftung ausgeschlossen, soweit weder eine wesentliche Vertragspflicht (Kardinalpflicht) verletzt wurde, noch Leib oder Leben verletzt wurden, oder ein Fall des Verzugs oder der Unmöglichkeit vorliegt.
   Bei einfacher Fahrlässigkeit wird, soweit eine wesentliche Vertragspflicht (Kardinalpflicht) verletzt wurde oder ein Fall des Verzugs oder der Unmöglichkeit vorliegt, die Haftung für Schäden, die nicht auf einer Verletzung von Leib oder Leben beruhen, begrenzt auf die Höchstsumme von .... DM und auf solche Schäden, die vorhersehbar waren.
3. Die unter Nr. 2 vereinbarte Haftungsbegrenzung gilt auch im Falle des anfänglichen Unvermögens des Lizenzgebers.
4. Dem Lizenznehmer ist bekannt, daß er im Rahmen seiner Schadensminderungsobliegenheit insbesondere für regelmäßige Sicherung seiner Daten zu sorgen hat und im Falle eines vermuteten Softwarefehlers alle zumutbaren zusätzlichen Sicherungsmaßnahmen ergreifen muß.
5. Eine Rechtsmängelhaftung bleibt von der vorstehenden Regelung unberührt.

§ 10 kann für den Lizenzvertrag übernommen werden.

§ 11 Kündigung und Rückgabepflicht

1. Dieser Lizenzvertrag kann mit einer Frist von .... zum Monatsende / Quartalsende / Jahresende schriftlich gekündigt werden.
2. Der Lizenzgeber kann den Lizenzvertrag fristlos kündigen, wenn der Lizenznehmer Raubkopien fertigt, die Software unbefugt weitergibt, unbefugten Zugriff nicht verhindert, unberechtigt dekompiliert oder trotz Abmahnung fortgesetzt vertragswidrigen Gebrauch macht.
3. Nach Beendigung des Vertrages hat der Lizenznehmer die Software vollständig dem Lizenzgeber zurückzugeben. Ferner hat er sämtliche vorhandenen Kopien irreversibel unbrauchbar zu machen.

§ 11 regelt die Vertragsbeendigung und ihre Folgen. **Nr. 1** sieht ein beiderseitiges ordentliches Kündigungsrecht vor. Hat der Vertrag eine feste Laufzeit, so kann diese Regelung entfallen.

Nr. 2 sieht in Präzisierung und Ergänzung von § 553 BGB ein außerordentliches Kündigungsrecht des Lizenzgebers vor. Ein solches Recht besteht nach allgemeinen Grundsätzen bei Dauerschuldverhältnissen dann, wenn nach Abwägung aller Umstände die Fortsetzung unzumutbar ist[1009]. Dies ist auch ohne vorherige Abmahnung bei groben Vertragsverletzungen der Fall. Als solche

---

[1009] Vgl. nur *Palandt/Heinrichs*, Einl v § 241 Rdnr. 18 f.

sind insbesondere die unberechtigte Dekompilierung und die Anfertigung von Raubkopien anzusehen. Insoweit wird die Vorschrift von § 553 BGB präzisiert. Soweit auf die unbefugte Weitergabe und vertragswidrigen Gebrauch trotz Abmahnung abgestellt wird, besteht Inhaltsgleichheit mit § 553 BGB. Unwirksam sind Regelungen der früheren Vertragspraxis, die bei jedem Vertragsverstoß ohne Differenzierung nach der Schwere oder bei Nutzungsaufgabe ein Kündigungsrecht oder ein Erlöschen des Nutzungsrechts vorsahen[1010].

3. Zusammenfassung

Für den urheberrechtlichen Softwarelizenzvertrag in der Form des Kaufvertrages läßt sich angesichts sehr gleichförmiger Geschäftssituationen ein eindeutiger Vertragsinhalt bestimmen. Erwartungsgemäß gibt das neue Urheberrecht hier klare Leitbilder vor und führt zu einem in weiten Teilen neuen, sich von der bisherigen Vertragspraxis deutlich abhebenden Standardvertrag. Abweichungen hiervon sind angesichts AGB-rechtlicher Schranken und urheberrechtlich zwingender Regelungen, insbesondere der §§ 69d Abs. 1 und 69e UrhG, kaum denkbar.

Größere Gestaltungsspielräume ergeben sich naturgemäß im Rahmen eines urheberrechtlichen Softwarelizenzvertrages im engeren Sinne. Hier müssen Laufzeit, Zahlungsmodalitäten, Kündigungsrecht und die erweiterte Nutzungsrechtsbeschränkung der im einzelnen unterschiedlichen Interessenlage angepaßt werden. Doch auch für den Lizenzvertrag gibt das neue Urheberrecht einen zwingenden Kern vor, der von der bisherigen Vertragspraxis abweicht. Neben der eingeschränkten Nutzungsmöglichkeit des Lizenznehmers und einem Weitergabeverbot unterscheidet den Lizenzvertrag im wesentlichen die strengere mietrechtliche Gewährleistung vom Kaufvertrag.

Zur Verwendung in der Praxis müssen die vorgeschlagenen Formulierungen gegebenenfalls um einige allgemeine und verwenderspezifische Klauseln ergänzt und angepaßt werden. Hierbei ist insbesondere an AGB über Zahlungsmodalitäten und Eigentumsvorbehalte, Anlieferung und Abnahme der Software, Installation, Anpassung, Wartung, kostenfreie Testphase, Geheimhaltungsverpflichtungen[1011], Gerichtsstand[1012] und Bezugsrechte für Updateversionen oder weitere Lizenzen zu denken. Diese Klauseln hängen stark von Art und Einsatzspektrum der überlassenen Software ab, so daß sich ein allgemein

---

1010 Z. B.: "Ein Grund zur fristlosen Kündigung liegt für (Softwaregeber) insbesondere vor, wenn der Kunde Pflichten nach §§ 3, 5, 7, 8, 13 und 14 nachhaltig verletzt oder wenn die Einhaltung der Pflichten nicht mehr gesichert ist oder wenn der Kunde den Betrieb aufgibt oder aus einem anderen Grund die Software auf Dauer nicht mehr benötigt."
1011 Soweit überhaupt Know-how bzw. Geheimnisse offengelegt werden, siehe oben A II 2 j) aa), S. 56 f.
1012 Eine Gerichtsstandsvereinbarung kann wirksam nur zwischen Kaufleuten getroffen werden, vgl. § 38 ZPO.

gültiger Regelungsvorschlag nur schwer aufstellen läßt. Die praktische Abwicklung des AGB-Vertrages läßt sich auch durch eine Auslagerung der einzelvertragsbezogenen Elemente wie z. B. der genauen Bezeichnung der Vertragsparteien, der Software, ihrer Seriennummer und der Zahlungsmodalitäten auf ein getrenntes Formular[1013] und den Verweis auf die im übrigen allgemein formulierten AGB bewerkstelligen. So könnte auch die Schriftform des § 34 GWB unproblematisch gewahrt werden.

II. VERTRIEB VON STANDARDSOFTWARE

Die Gestaltung des Vertriebsvertrages unterliegt im Einzelfall erheblich variierenden wirtschaftlichen Rahmenbedingungen. So hängt die Marketing- und Absatzstrategie von Zielgruppe, Einsatzspektrum, Komplexität, Preis und Wartungsbedürftigkeit der Software ab. Angesichts der Heterogenität der Gruppe der Softwarehersteller[1014] kommt es ferner zu Verträgen mit Partnern schwankender Verhandlungsstärke; ein klares Machtgefälle wie im Anwenderbereich läßt sich nicht erkennen. Auch sind gegebenenfalls mehrere Handelsstufen zu unterscheiden. Typische Standardsituationen des Vertriebs lassen sich daher nur grob ermitteln. Sieht man einmal von dem Fall des schlichten Vertriebs ab, bei dem der Händler eher vermittelnd tätig wird, so ist für die grundsätzliche Entscheidung zwischen Kaufvertrag und Lizenzvertrag maßgeblich, ob dem Händler ein Vervielfältigungs- oder auch Bearbeitungsrecht zukommen, er also (Hilfs-)Tätigkeiten im Produktionsbereich übernehmen soll oder nicht.

Soweit der Urheber bereits auf erster Handelsstufe eine **kaufrechtliche Gestaltung**[1015] der Verwertung wählt, kann im wesentlichen auf die obige Darstellung der dauerhaften Überlassung von Software im Rahmen eines Kaufvertrages an den Anwender verwiesen werden[1016]. Die urheberrechtliche Problematik unterscheidet sich kaum.

Im folgenden soll daher der interessantere Fall einer typischen **Vertriebslizenz** näher betrachtet werden. Der Entwurf einer Vertragsregelung beschränkt sich auf urheberrechtlich relevante sowie einige softwarespezifische Punkte. Typische Vertriebsvereinbarungen wie z. B. Wettbewerbsverbote, Preisbindungen oder -empfehlungen oder die Vereinbarung eines selektiven Vertriebssystems, die auch bei anderen Gütern üblich sind, einzelfallbezogene Ausgestaltung erhalten und vornehmlich kartellrechtliche Probleme aufwerfen, bleiben außer Betracht. Demgemäß kann auch kein vollständiger Mustervertrag für den Vertriebsbereich vorgelegt werden; es handelt sich um punktuelle Regelungsvor-

---

1013 Oft Programmschein oder Lizenzschein genannt.
1014 Siehe oben A III 1 a) bb), S. 66.
1015 Siehe oben A V 2, S. 197 f.
1016 Siehe hierzu oben C I 1 a), S. 208 ff.

schläge, die in den Gesamtzusammenhang eines Vertriebsvertrages integriert werden müssen.

Folgende Standardsituation wird dem Softwarelizenzvertrag zugrundegelegt: Der Hersteller und Urheber überläßt dem Händler, der als sogenannter Distributor exklusiv die Vervielfältigung und Verbreitung für den deutschsprachigen Raum vornehmen soll, ein Exemplar einer Standardanwendungssoftware im Objektcode als Kopiervorlage. Der Distributor kann weitere Händler zwischenschalten. Eine zeitweise Überlassung an Abnehmer soll aber nicht erfolgen. Zu Änderungen der Software soll der Distributor grundsätzlich nicht berechtigt sein. Die Software ist auf ein bestimmtes Betriebssystem zugeschnitten und kann nicht ohne erhebliche Änderungen mit einem anderen System interoperieren. Wartungsvereinbarungen sind nicht vorgesehen.

1. Vertragsentwurf und Kommentierung

Der vorgeschlagene Vertragsentwurf[1017] gliedert sich folgendermaßen: § 1 regelt die essentialia, § 2 Zeitpunkt und Modalitäten der Abnahme als dem wesentlichen, das Dauerschuldverhältnis in Vollzug setzenden Vorgang. Die §§ 3 bis 6 definieren das Nutzungsrecht des Händlers sowie das den Anwendern einzuräumende Nutzungsrecht. Die §§ 7 bis 9 enthalten softwarevertriebsspezifische Regelungsvorschläge, die eine vertrauensvolle Zusammenarbeit absichern sollen. § 10 und § 11 regeln die Beendigung des Vertrages, § 12 Gerichtsstand und anwendbares Recht.

1017 Auch hier kann der Vertragstext zusammenhängend dem Anhang (unter III) entnommen werden.

II. Vertrieb von Standardsoftware

§ 1 Parteien, Gegenstand, Vertragsdauer, Vergütung

1. *Lizenznehmer ist ....*
   Lizenzgeber ist ....
2. *Gegenstand des Lizenzvertrages ist die Einräumung einer exklusiven Vertriebslizenz an der Software "A-Software für XY-OS, Version 1.0 deutsch", bestehend aus dem Computerprogramm "A-Programm für XY-OS, Version 1.0 deutsch" und der zugehörigen Anwenderdokumentation (Benutzerhandbuch A-Software für XY-OS, Version 1.0 deutsch), für das Gebiet der Staaten Bundesrepublik Deutschland, Republik Österreich, Schweiz und Fürstentum Liechtenstein.*
3. *Der Vertrag wird für die Dauer von fünf Jahren abgeschlossen. Er verlängert sich um jeweils ein weiteres Jahr, wenn nicht eine der Parteien sechs Monate vor Ablauf schriftlich kündigt. Die Kündigung hat durch eingeschriebenen Brief zu erfolgen.*
4. *Die Lizenzgebühr beträgt je vervielfältigtem Exemplar .... DM, mindestens jedoch monatlich .... DM. Sie ist jeweils am 10. des Monats für den vorausgegangenen Monat fällig, erstmalig in dem auf die Abnahme der Software folgenden Kalendermonat.*

§ 1 legt die essentialia des Vertrages fest. Wichtig ist beim Vertriebsvertrag die genaue Angabe der Softwareversion, für die die Lizenz erteilt wird. Insbesondere wenn Rechte anderer Vertragspartner für ältere oder anderssprachige Versionen existieren, dient dies der Klarheit. Die Vertragsdauer richtet sich nach der Vermarktungsfähigkeit und dem Produktlebenszyklus der Software. Der Regelungsvorschlag sieht insoweit eine mittlere Laufzeit vor. Ferner besteht nach Ablauf von fünf Jahren ein ordentliches Kündigungsrecht. Das Formerfordernis eines Einschreibens wäre bei Nichtkaufleuten nach gemäß § 11 Nr. 16 AGBG unwirksam. Bei Kaufleuten ist im vorliegenden Fall aufgrund der besonderen wirtschaftlichen Bedeutung einer Kündigung für beide Vertragsparteien von einem anerkennenswerten Bedürfnis nach einer sicheren Übermittlung auszugehen, so daß die Regelung nicht gegen § 9 AGBG verstößt[1018]. Laufzeit und Kündigungsmöglichkeit sowie die Ausgestaltung der Lizenzgebühren, für die eine den Lizenzgeber zum tatsächlichen Vertrieb anhaltende Gestaltung gewählt wurde, sind Gegenstand individueller Verhandlungen und hier nur beispielhaft angeführt.

1018 Vgl. hierzu *Staudinger/Schlosser*, § 11 Nr. 16 AGBG Rdnr. 8.

§ 2 Übergabe und Abnahme der Software, Pflicht zum Vertrieb

1. *Der Lizenzgeber ist verpflichtet, dem Lizenznehmer ein vollständiges Exemplar der Software (Computerprogramm im Objektcode und Anwenderdokumentation) in kopierfähigem Zustand zu übergeben (Masterkopie). Die Masterkopie bleibt Eigentum des Lizenzgebers.*
2. *Der Lizenznehmer ist verpflichtet, die Software unverzüglich auf Mängel zu überprüfen und abzunehmen. Er darf die Abnahme nur verweigern, wenn die Software unvollständig ist oder nicht nur unerhebliche Mängel aufweist.*
3. *Die Abnahme gilt als erfolgt, wenn der Lizenznehmer nicht innerhalb eines Monats ab Übergabe der Software widerspricht oder wenn der Lizenznehmer mit der Vervielfältigung der Software zu Vertriebszwecken beginnt. Der Lizenzgeber verpflichtet sich, den Lizenznehmer bei der Übergabe auf diese Bestimmung hinzuweisen.*
4. *Die ausdrücklich erfolgte Abnahme ist dem Lizenzgeber schriftlich zu bestätigen.*
5. *Nach der Abnahme ist der Lizenznehmer zum Vertrieb der Software im Vertragsgebiet verpflichtet nach Maßgabe folgender Regelung ...*

§ 2 regelt Übergabe und Abnahme der Software. Eine explizite Regelung ist im Rahmen eines Vertriebslizenzvertrages zu empfehlen. Vor Übergabe und Abnahme der Software kann vom Lizenznehmer eine Vertriebstätigkeit nicht erwartet werden, ebensowenig eine Lizenzzahlung. Dieser wird seinerseits darauf bestehen, die Software auf ihre Tauglichkeit zu überprüfen, um Gewährleistungsansprüchen seiner Abnehmer vorzubeugen. Nr. 2 versucht, einen zügigen Vertriebsbeginn sicherzustellen. Eine Nichtaufnahme der Vertriebstätigkeit kann nach der vorgeschlagenen Regelung nicht mit unerheblichen Fehlern begründet werden, die fast jede Software enthält, die aber einen Zweiterwerber nicht zu einer Fehlerberichtigung und angesichts § 459 Abs. 1 Satz 2 BGB auch nicht zu Wandelung oder Minderung gegenüber dem Lizenznehmer berechtigen können. Eigene Gewährleistungsansprüche des Lizenznehmers werden durch die Pflicht zur Abnahme nicht automatisch ausgeschlossen; dem Händler bleibt die Möglichkeit eines Vorbehalts gemäß der pachtvertraglichen Regelung der §§ 581 Abs. 2, 539 Satz 2, 464 BGB, die aufgrund gleichgelagerter Regelungssituation auf den Vertriebsvertrag Anwendung finden. Die Abnahmefiktion in Nr. 3 entspricht den Anforderungen des § 10 Nr. 5 AGBG, dessen Wertung im Rahmen von § 9 AGBG auch bei Kaufleuten Anwendung findet[1019]. Nr. 5 verpflichtet den Händler zu Vertriebstätigkeiten und läßt eine individuelle Ausgestaltung zu. Dies ist insbesondere im Hinblick auf eventuelle Schadensersatzansprüche aufgrund ungenügender Vertriebstätigkeit zu empfehlen.

1019 Vgl. nur *Palandt/Heinrichs*, § 10 AGBG Rdnr. 31.

§ 3 Vertriebslizenz

1. *Der Lizenzgeber räumt dem Lizenznehmer ab Abnahme der Software für die Laufzeit dieses Vertrages ein exklusives, nicht-übertragbares und räumlich begrenztes Nutzungsrecht an der Software zum Vertrieb eigenerstellter Softwareexemplare ein. Einfache oder ausschließliche Unterlizenzen zum Vertrieb dürfen nicht erteilt werden.*
2. *Das Nutzungsrecht berechtigt den Lizenznehmer zur beliebig häufigen Vervielfältigung der Software von der Masterkopie. Das Computerprogramm darf nur auf Diskette und CD vervielfältigt werden; andere Datenträger dürfen nicht verwendet werden.*
3. *Das Nutzungsrecht berechtigt den Lizenznehmer zur Verbreitung dieser eigenerstellten Exemplare durch Veräußerung. Hierbei sind die §§ 4 und 7 zu beachten. Eine Verbreitung mittels Datenfernübertragung ist untersagt. Eine zeitweise Überlassung gegen Entgelt und ein Verleih der Software sind nicht erlaubt.*
4. *Das Nutzungsrecht ist räumlich begrenzt auf das Staatsgebiet der Bundesrepublik Deutschland, der Republik Österreich, der Schweiz sowie des Fürstentums Liechtenstein.*

§ 3 regelt das Nutzungsrecht des Lizenznehmers zum Vertrieb. Es bezieht sich auf die komplette Software, nicht nur auf das Computerprogramm. Umfaßt ist lediglich die Nutzungsart "Vertrieb eigenerstellter Werkexemplare"[1020]. Auch im Vertriebsbereich ist angesichts § 31 Abs. 5 UrhG auf eine exakte Definition der Nutzungsarten Wert zu legen. Nr. 1 bestimmt wie schon § 1 Nr. 2 den ausschließlichen Charakter des Nutzungsrechts. Trotz der Wirkung als ausschließliche Gebietslizenz für das EG-zugehörige Gebiet der Bundesrepublik Deutschland liegt kein Verstoß gegen europäisches Wettbewerbsrecht vor, solange nicht ein absoluter Gebietsschutz gewährt werden soll[1021]. Das Nutzungsrecht ist nicht übertragbar. Satz 2 bestimmt zudem, daß der Lizenznehmer keine Nutzungsrechte von seinem Vertriebsrecht ableiten, also keine "Enkelrechte" einräumen darf. Dies steht in Einklang mit den §§ 34 Abs. 1, Abs. 4, 35 UrhG. Auch insoweit bestehen keine kartellrechtlichen Bedenken[1022]. Nr. 2 spezifiziert die Nutzungsart im Hinblick auf die zur Verbreitung und Vervielfältigung zulässigen Datenträger. Nr. 3 erlaubt dem Lizenznehmer eine Verbreitung nur durch Veräußerung der erstellten Werkexemplare. Aufgrund des in § 69c Nr. 3 Satz 2 UrhG geschaffenen eigenen Vermietrechts kann insoweit eine Begrenzung mit urheberrechtlich-dinglicher Wirkung geregelt werden. Nur schuldrechtliche Wirkung entfaltet das Verleihverbot. Es ist jedoch durch

---

1020 Siehe hierzu oben B III 2 b), S. 161 f.
1021 Vgl. *Lehmann*, Kartellrechtliche Grenzen, Rdnr. 10, 23; *Moritz*, CR 1993, S. 342 f.; *v. Gamm*, Art. 85 EWGV Rdnr. 49; EuGH vom 8.6.1982, NJW 1982, S. 1932 – Maissaatgut. Auf die Gruppenfreistellungsverordnung der EG für Alleinvertriebsvereinbarungen, ABl. EG 1983 Nr. L 173, S. 1 ff., kommt es daher gar nicht an.
1022 Vgl. *Lehmann*, Kartellrechtliche Grenzen, Rdnr. 26 für das europäische Kartellrecht, Rdnr. 67 für das deutsche Kartellrecht.

schützenswerte Urheberinteressen gerechtfertigt, da das Piraterierisiko beim Verleih genauso hoch ist wie bei der Vermietung. Somit liegt weder ein Verstoß gegen Kartellrecht noch gegen das AGBG vor. **Nr. 4** enthält in Übereinstimmung mit § 32 UrhG eine räumliche Begrenzung auf die deutschsprachigen Staatsgebiete. Die Bestimmung entfaltet urheberrechtlich-dingliche Wirkung. Dabei ist zu beachten, daß die Schweiz, Österreich[1023] und Liechtenstein nicht Mitglieder der EG sind. Insoweit ist also EG-Kartellrecht nicht anwendbar[1024]. Das Exportverbot in andere Staaten der EG, das aus der auf die Bundesrepublik Deutschland beschränkten Gebietslizenz resultiert, verstößt nicht gegen EG-Kartellrecht[1025], denn an den beim Lizenznehmer erstellten Kopien ist vor Veräußerung noch keine Erschöpfung eingetreten. Ein Exportverbot für den ersten Lizenznehmer ist also zulässig, während innerhalb der EG ein Exportverbot zweiter Hand nicht auferlegt werden darf. Letzteres betrifft das Rechtsverhältnis zwischen dem Lizenznehmer und seinen Abnehmern.

§ 4 Ermächtigung, Inhalt der Verträge mit dem Abnehmer

1. *Der Lizenzgeber ermächtigt den Lizenznehmer, seinen Abnehmern im eigenen Namen ein einfaches, übertragbares, dauerhaftes Nutzungsrecht zur Einzelnutzung des Computerprogramms im Rahmen eines Normalgebrauchs entsprechend nachfolgender Regelung einzuräumen.*
2. *Der Lizenznehmer hat folgende Vertragsregelungen der Weitergabe der Software an seine Abnehmer zugrundezulegen:*
    a) Nutzungsrecht am Computerprogramm ...
    b) Programminstallation und Sicherungskopie ...
    c) Laden und Ablauf des Programms ...
    d) Fehlerberichtigung ...
    e) Reverse Engineering und Schnittstellen ...
    f) Grenzen der Nutzung ...
    g) Weitergabe und Weitervermietung ...
    Soweit der Lizenznehmer die Software Zwischenhändlern überläßt, wird er diese auf die Weitergabebestimmung unter Buchstabe g) hinweisen.
3. *Der Lizenznehmer ist nicht berechtigt, im Namen des Lizenzgebers zu handeln. Eine Vollmacht wird nicht erteilt.*

§ 4 trifft Bestimmungen über das den Abnehmern des Distributors (und Anwendern) einzuräumende Nutzungsrecht zum Normalgebrauch.

1023 Österreich hat bereits eine der EG-Richtlinie entsprechende Urheberrechtsregelung gesetzlich verankert, vgl. *Dreier*, Rdnr. 38, Fn. 84.
1024 Jedoch muß künftig bei Zustandekommen des Europäischen Wirtschaftsraums mit einer Gleichstellung gerechnet werden. Dies gilt auch für die Grundsätze der EG-Richtlinie, vgl. *Dreier*, Rdnr. 38.
1025 Vgl. *Lehmann*, Kartellrechtliche Grenzen, Rdnr. 20, 23, 27.

Nr. 1 ermächtigt den Lizenznehmer seinerseits im eigenen Namen einfache Nutzungsrechte zum Normalgebrauch einzuräumen. Ohne eine solche Ermächtigung wäre der Händler nicht in der Lage, die Verträge mit seinen Abnehmern zu erfüllen. Sein eigenes ausschließliches Nutzungsrecht zum Vertrieb, welches grundsätzlich gemäß § 31 Abs. 3 UrhG zur Einräumung einfacher Nutzungsrechte befugt – wegen § 3 Nr. 1 allerdings nicht im vorliegenden Fall –, kann nicht als Grundlage einer Rechtseinräumung an den Anwender dienen. Das Recht zum Normalgebrauch stellt ein inhaltlich völlig anderes Recht dar, ist also kein "Enkelrecht", sondern wie das Vertriebsrecht ein Tochterrecht des Urheberrechts. Verfügungsbefugt ist damit nur der Urheber, der einen Dritten gemäß § 185 Abs. 1 BGB ermächtigen kann[1026]. Die Ermächtigung des Lizenznehmers wird durch die Regelung von Nr. 1 auf den Fall einfacher Nutzungsrechte zum Normalgebrauch begrenzt. Diese Einschränkung der dinglichen Verfügungsbefugnis entfaltet Außenwirkung im Verhältnis zu den Abnehmern des Lizenznehmers, so daß eine Überschreitung der Rechtsmacht durch den Lizenznehmer bei der Vergabe von Nutzungsrechten nicht zu befürchten ist. Auch ein gutgläubiger Erwerb ist nicht möglich[1027]. Ein umfassenderes Nutzungsrecht als in Nr. 1 vorgegeben kann nicht entstehen.

Nr. 2 gibt dem Händler Inhalte bezüglich der Verträge mit seinen Abnehmern vor. Die unter lit. a) bis g) aufgeführten Regelungen entsprechen grundsätzlich den §§ 2 bis 8 des oben[1028] erläuterten Kaufvertrags. Unter lit. d) müssen aber die unter § 5 Nr. 4 und 5 des Kaufvertrages angeführten Regelungen (Ersatz von Fehlerbeseitigungskosten, Verhältnis zu Gewährleistungsrechten) unerwähnt bleiben, um den Lizenznehmer nicht in der Gestaltung seiner Gewährleistung zu beschränken. Darin wäre ein Verstoß gegen § 15 GWB zu sehen. Trotz des Charakters der verbleibenden Regelungen in Nr. 2 als vertikale Vertriebsbeschränkungen liegt kein Verstoß gegen Kartellrecht, insbesondere nicht gegen § 15 GWB, vor. Die Problematik entspricht derjenigen bei § 8 des Kaufvertrages. Die dem Lizenznehmer als Vertragsinhalt vorgeschriebenen Regelungen betreffen weitgehend den urheberrechtlich-dinglichen Umfang des einzuräumenden Nutzungsrechts, welches ohnehin nicht in anderem Umfang entstehen kann. Die wenigen schuldrechtlichen Inhalte, die der Lizenznehmer seinen Abnehmern aufzuerlegen hat (vorwiegend Informationspflichten), sind von wesentlichen Urheberinteressen gedeckt und stellen keine schwere Belastung der Wettbewerbssituation dar. Damit klärt sich die Frage[1029], ob ein Kaufvertrag über Software mit einem Händler den gleichen Vertragsinhalt haben muß wie ein Kaufvertrag mit dem Hersteller, dahingehend, daß **die urheberrechtlich bedingten Regelungen identisch** sind. Im übrigen liegt es an den

---

1026 Vgl. *Schricker/Schricker*, Vor §§ 28 ff. Rdnr. 44.
1027 Ein gutgläubiger Erwerb von Nutzungsrechten wird im Urheberrecht grundsätzlich für ausgeschlossen gehalten, vgl. nur *Schricker/Schricker*, Vor §§ 28 ff. Rdnr. 63 m. w. N. Siehe oben B V 3 a), S. 200, Fn. 889 zur Anwendbarkeit von § 366 HGB in diesem Fall.
1028 C I 1 a), S. 208 ff.
1029 Siehe oben C I vor 1, S. 207 f.

Parteien des jeweiligen Vertrages, eine individuelle Regelung auszuhandeln; dies betrifft vor allem Preis, Liefermodalitäten und Gewährleistung. Da der Distributor häufig weitere Zwischenhändler als Abnehmer hat, erlangt die Weitergabebestimmung unter lit. g) verstärkte Bedeutung. Der Lizenznehmer wird daher zu einem besonderen Hinweis verpflichtet

Nr. 3 stellt ausdrücklich klar, daß dem Lizenznehmer keinerlei Vollmacht zukommt, und er nicht im Namen des Lizenzgebers handeln darf.

§ 5 Gebrauchsrecht

1. Der Lizenzgeber räumt dem Lizenznehmer für die Dauer des Vertrages ein einfaches, nicht-übertragbares Nutzungsrecht zum normalen Gebrauch des Computerprogramms ein. Dieses Nutzungsrecht berechtigt zur zeitgleichen Mehrfachnutzung des Programms, soweit dies zur Durchführung des Vertriebs erforderlich ist.
2. Bezüglich dieses Normalgebrauchs unterliegt der Lizenznehmer im übrigen den gleichen Beschränkungen und Verpflichtungen, die er seinen Abnehmern gemäß § 4 Nr. 2 aufzuerlegen hat.

§ 5 regelt neben dem Vertriebsrecht zusätzlich ein Gebrauchsrecht des Lizenznehmers. Für die Durchführung des Vertriebs, insbesondere zur Anfertigung von Produktbeschreibungen, für Produktpräsentationen und Schulungsmaßnahmen, muß der Lizenznehmer in der Lage sein, das Programm normal zu nutzen und sich mit ihm vertraut zu machen. Um hier gleichzeitig mehreren Personen, z. B. Außendienstmitarbeitern, die Programmnutzung zu ermöglichen, erhält der Lizenznehmer ein entsprechendes Recht zum Normalgebrauch. Der Verweis in **Nr. 2** stellt klar, daß insoweit auch die üblichen Bestimmungen, insbesondere Dekompilierungs- und Änderungsverbote gelten.

§ 6 Grenzen der Nutzung

1. Die Vertriebslizenz gewährt keine weitergehenden Rechte zur Änderung oder zur Fehlerberichtigung als sich dies aus dem Gebrauchsrecht des Lizenznehmers nach § 5 ergibt. Der Lizenznehmer darf insbesondere das Computerprogramm nicht an ein anderes Betriebssystem anpassen.
2. Veränderte Versionen der Software darf der Lizenznehmer nur nach vorheriger, schriftlicher Zustimmung durch den Lizenzgeber vervielfältigen und verbreiten. Der Lizenzgeber wird die Zustimmung nicht wider Treu und Glauben verweigern.

§ 6 behandelt die Grenzen des Vertriebsrechts in Bezug auf veränderte Softwareversionen. Damit ist der wirtschaftlich brisante und rechtlich noch unklare Bereich der Auswirkung von § 69d Abs. 1 UrhG auf den Vertriebsbereich angesprochen[1030]. Fraglich ist, ob auch dem Vertriebspartner, der nicht Käufer ist, zu Vertriebszwecken ein Recht zur Fehlerberichtigung zukommt und inwieweit er veränderte Programme vertreiben darf. Dabei wird gerade ein Distributor ein erhebliches und berechtigtes Interesse daran haben, das Programm möglichst fehlerfrei und gegebenenfalls sogar in verbesserter Version vertreiben zu können, allein um sein Gewährleistungsrisiko zu minimieren. Auf der anderen Seite können Urheberinteressen entgegenstehen, wenn der Hersteller eine uneinheitliche Vermarktung vermeiden möchte, die Gefahr einer Programmverschlechterung durch unsachgemäße Eingriffe besteht oder dem Hersteller künftig das Urheberrecht an dem bearbeiteten Werk nicht mehr alleine zusteht und die wirtschaftliche Verwertung der Ursprungsversion behindert wird. Die vorgeschlagene Regelung versucht, ohne eine bestimmte rechtliche Wertung vorauszusetzen, einen praxisnahen und interessengerechten Ausgleich zu finden.

Nr. 1 stellt klar, daß das Vertriebsrecht jedenfalls kein gegenüber einem Normalgebrauch erweitertes Recht zur Veränderung des Computerprogramms umfaßt. Bezüglich der gemäß § 5 in seinem Normalgebrauch befindlichen Exemplare kommt dem Lizenznehmer ein Recht zur Fehlerberichtigung zu. Sind diese Exemplare nicht nur unerheblich mangelhaft, so darf er die Software korrigieren. Insoweit handelt es sich um zwingendes Recht. Er könnte ferner den von ihm verkauften Exemplaren eine Anleitung zur Fehlerbeseitigung beilegen. Dann aber ist es sinnvoller, dem Lizenznehmer gleich den Vertrieb des veränderten Programms zu gestatten. Dies vermeidet, daß Anwender zusätzliche, normalerweise verdeckte Informationen über das Programm erhalten und vermindert die Gefahr einer unprofessionellen Fehlerbeseitigung. Um dem Hersteller dennoch eine Kontrolle über die verbreiteten Versionen zu ermöglichen und einem Mißbrauch vorzubeugen, sieht **Nr. 2** dessen Zustimmung vor, die freilich nicht wider Treu und Glauben verweigert werden darf. Im Ergebnis gilt für den Vertriebsbereich die gleiche Änderungsbefugnis wie im Anwenderbereich. Urheberinteressen werden damit nicht geschädigt, denn die Regelung führt bei kumulierter Betrachtung nicht zu einer Vermehrung von Änderungsbefugnissen, sondern zu einer anderen Verteilung der Änderungsbefugnisse und zur Konzentration auf einer dem Anwenderbereich vorgelagerten Stufe. Fehler, die der Händler beseitigt hat, können den Anwender nicht mehr zur Fehlerberichtigung berechtigen.

Die Klausel übt sanften, wirtschaftlichen Druck auf die Vertragsparteien zur Zusammenarbeit bei Fehlerhaftigkeit der Software aus. Der Händler, der keinen Zugang zum Quellcode hat, wird eine eigene und kostenintensive Fehlerbeseitigung scheuen und sich bemühen, eine verbesserte Version der Software vom Hersteller zu erhalten. Der Hersteller seinerseits wird einer Dekompilierung durch den Händler mit einer rechtzeitigen Fehlerbeseitigung vorbeugen. Die rasche Beseitigung von Fehlern durch den Hersteller kommt letztlich bei-

---

1030 Der Wortlaut von § 69d Abs. 1 UrhG scheint eine Anwendung zuzulassen, siehe oben B I 4 a) bb), S. 128.

den Vertragsparteien zugute und entspricht dem Prinzip des cheapest-cost-avoider.

§ 7 Weitergabemodalitäten

1. *Der Lizenznehmer verpflichtet sich, sämtliche Sachbestandteile der erstellten Softwareexemplare vor der Weitergabe mit einem von außen sichtbaren Urheberrechtsvermerk "© 1993 [Lizenzgeber]" zu versehen. Die Datenträger sind je Softwareexemplar zusätzlich mit einer fortlaufenden Seriennummer zu versehen.*
2. *Über Anzahl, Empfänger und Seriennummern der weitergegebenen Exemplare hat der Lizenznehmer genaue Aufzeichnungen zu führen.*

§ 7 sieht Einzelheiten zur Verbreitung der Software vor, die den urheberrechtlichen Schutz der Software durch tatsächliche Maßnahmen flankieren sollen. **Nr. 1** verpflichtet den Lizenznehmer zur Anbringung eines Urhebervermerks und zur fortlaufenden Numerierung. Der Urhebervermerk hat keine konstitutive Wirkung, löst aber die Vermutung gemäß § 10 UrhG aus[1031]. Die Seriennummer erlaubt eine Identifikation des einzelnen Werkstücks, somit eine Kontrolle der Weitergabe und grundsätzlich eine Bestimmung von Raubkopien sowie deren Herkunft. In der Praxis dürfte dies allerdings mit großem Aufwand verbunden sein. **Nr. 2** dient ebenfalls der Kontrolle der Weitergabe, hat daneben aber auch die Funktion, den Absatz der Software insgesamt zu dokumentieren und dem Lizenzgeber eine Prüfung der monatlichen Lizenzgebührenberechnung zu ermöglichen.

§ 8 Informationspflichten

1. *Der Lizenznehmer hat den Lizenzgeber zu Beginn eines jeden Kalendermonats über die Anzahl der abgesetzten Softwareexemplare zu informieren. Auf Verlangen des Lizenzgebers hat er auch eine Abschrift der gemäß § 7 Nr. 2 zu führenden Aufzeichnungen zu übergeben.*
2. *Der Lizenznehmer hat den Lizenzgeber über praktische Erfahrungen beim Einsatz der Software, insbesondere etwaige Fehlerhaftigkeit sowie Verbesserungswünsche von Anwenderseite zu informieren*
3. *Der Lizenzgeber hat dem Lizenznehmer neue Erkenntnisse bezüglich der Software, insbesondere zu Möglichkeiten der Fehlerbeseitigung und -vermeidung sowie zum Programmverhalten mitzuteilen. Ferner hat er möglichst frühzeitig über ergänzende Produkte, bevorstehende Produktänderungen und beabsichtigte Weiterentwicklungen der Software zu informieren.*

§ 8 sieht für beide Parteien Informationspflichten vor und präzisiert damit für Dauerschuldverhältnisse charakteristische Nebenpflichten, die aus der dauern-

---

1031 Vgl. *Geissler/Pagenberg*, Rdnr. 52.

den Leistungsanspannung resultieren. Die gegenseitige Information soll eine wirtschaftliche Abwicklung des Vertragsverhältnisses ermöglichen und gleichzeitig eine Weiterentwicklung der Software fördern. **Nr. 1** ermöglicht dem Lizenzgeber auch eine Aufzeichnungen des Lizenznehmers gemäß § 7 Nr. 2[1032] und ist im Zusammenhang mit der Entgeltregelung zu sehen. **Nr. 2** soll die Entwicklung verbesserter Programmversionen erleichtern. **Nr. 3** soll frühzeitige Marketingaktivitäten ermöglichen und erhält zusätzliches Gewicht im Zusammenhang mit der Regelung des § 9, der auch für Updates ein Vertriebsrecht vorsieht.

§ 9 Vertrieb von Updates

1. Erstellt der Lizenzgeber eine verbesserte oder erweiterte Version der Software, die zum Einsatz beim Anwender tauglich ist (Update), so ersetzt diese die bis zu diesem Zeitpunkt vertragsgegenständliche Version der Software. § 2 gilt entsprechend. Die Laufzeit des Vertrages bleibt unberührt.
2. Drei Monate nach Abnahme des Update erlischt die Vertriebslizenz für die vorhergehende Version der Software.

§ 9 regelt die Folgen bei Entwicklung einer neuen Version der Software. Ohne vertragliche Regelung käme dem Lizenznehmer an dieser Software kein Vertriebsrecht zu, da es sich bei einer veränderten Version regelmäßig um eine Bearbeitung handelt, an der eigene Urheberrechte bestehen. Auf der anderen Seite könnte der Lizenzgeber dem Lizenznehmer bei einem (zunächst) auf bestimmte Dauer geschlossenen Vertrag auch nicht den Vertrieb der alten Version untersagen[1033] und ihn zum Vertrieb des Update zwingen. Diese Situation entspricht weder den Interessen des Lizenzgebers noch denen des Lizenznehmers. Vielmehr muß sich der Lizenzgeber darauf verlassen können, für die Dauer des Vertrages einen zuverlässigen Vertriebspartner gewonnen zu haben, der den Absatz der Software übernimmt. Der Lizenznehmer wiederum muß darauf vertrauen können, das jeweils neuste Produkt während der vollen Laufzeit des Vertrages vertreiben und so seine Investitionen in den Aufbau einer Absatzorganisation amortisieren zu können. Nr. 1 regelt daher im Interesse beider Parteien, daß ein Update automatisch an die Stelle der ursprünglichen bzw. vorherigen Softwareversion tritt, ohne daß sich die ursprünglich vereinbarte Vertragsdauer ändert. Ein Update führt daher nicht zu einer verstärkten Bindung. In seiner Grundkonzeption bleibt der Vertrag unberührt. Daher dürfte regelmäßig auch kein Verstoß gegen Kartellrecht vorliegen[1034]. Nähme man hier – etwa in analoger Anwendung der Grundsätze des Art. 2 Abs. 1 Nr. 10

1032 Gegebenenfalls ist hier auch eine weitergehende Regelung zu treffen, vgl. den Vorschlag von *Geissler/Pagenberg*, Rdnr. 49.
1033 Vgl. LG München I, Urteil vom 3.6.1992, CR 1993, S. 143.
1034 Zweifelnd wohl *Moritz*, CR 1993, S. 262.

der Gruppenfreistellungsverordnung für Patentlizenzvereinbarungen[1035] – eine unzulässige Wettbewerbsbeschränkung an, so wäre ein ausschließlicher Vertrieb von Software für eine feste Zeitspanne nicht möglich, da Software in relativ kurzen Abständen Verbesserungen unterliegt. Letztlich würden so die Partizipationsinteressen des Urhebers mit innovationshemmender Wirkung vernachlässigt. Gemäß Satz 2 muß vor Beginn eines Vertriebs in entsprechender Anwendung von § 2 eine Abnahme des Update erfolgen. Nr. 2 regelt den Auslauf der Vertriebslizenz für die zuvor vertragsgegenständliche Softwareversion, um dem Lizenznehmer die Verwertung von Restbeständen zu ermöglichen.

Die vorstehende Klausel stellt nur eine von mehreren denkbaren Lösungsmöglichkeiten dar[1036]. Alternativ wäre zu erwägen, bei Entwicklung eines erheblich veränderten Update ein Kündigungsrecht für beide Seiten vorzusehen oder auch eine Pflicht des Lizenzgebers zur Abgabe eines Angebots mit gegebenenfalls anderer Lizenzgebührengestaltung. Eine automatische Entgeltanpassung erscheint, abgesehen von rechtlichen Bedenken, bei stückzahlbezogener Entlohnung des Lizenzgebers nicht erforderlich, da er an einem verbesserten Produkt über den erhöhten Absatz partizipieren kann.

Der Vertrieb von Updates erinnert an Neuauflagen bei Druckwerken. Die im Verlagsgesetz zugrundegelegte Interessenlage ist jedoch nicht vergleichbar. So geht § 5 VerlG davon aus, daß der Verleger grundsätzlich nur zu einer Auflage berechtigt ist, und § 17 VerlG stellt dem Verleger frei, ob er im Falle einer Berechtigung zu weiteren Auflagen von dieser Berechtigung Gebrauch macht. Allenfalls der Rechtsgedanke des § 5 Abs. 1 Satz 2 VerlG, wonach für neue Auflagen die gleichen Abreden wie für vorhergehende gelten, kann als Anhaltspunkt dienen.

1035 ABl. EG 1984 Nr. L 219, S. 15 ff.
1036 Vgl. z. B. den Vorschlag von *Geissler/Pagenberg*, Rdnr. 57 § 13, zu einem (anders gelagerten) Fall aus dem Herstellungsbereich.

§ 10 Außerordentliche Kündigung

1. *Jede Vertragspartei kann den Vertrag aus wichtigem Grund fristlos kündigen*
2. *Für den Lizenznehmer liegt ein wichtiger Grund insbesondere dann vor, wenn der Lizenzgeber dem Lizenznehmer ein Update trotz Mahnung nicht innerhalb angemessener Frist zur Verfügung stellt.*
3. *Für den Lizenzgeber liegt ein wichtiger Grund insbesondere dann vor, wenn der Lizenznehmer die nach § 7 Nr. 2 vorgeschriebenen Aufzeichnungen nicht führt, das Computerprogramm unberechtigt dekompiliert, unberechtigt veränderte oder veraltete Versionen vertreibt oder trotz Abmahnung die Rechte des Lizenzgebers fortgesetzt erheblich verletzt, insbesondere seiner Vertriebspflicht gemäß § 2 Nr. 4 nicht ordnungsgemäß nachkommt.*
4. *Eine Kündigung hat durch eingeschriebenen Brief zu erfolgen.*

§ 10 Nr. 1 regelt ein außerordentliches Kündigungsrecht der Vertragsparteien. Andere Kündigungsrechte bleiben von der Regelung unberührt. Nr. 2 und Nr. 3 zählen Fälle auf, die eine Fortsetzung des Vertrages für den jeweils anderen Teil unzumutbar erscheinen lassen. Dabei wird das für Dauerschuldverhältnisse typische Recht zur Kündigung aus wichtigem Grund[1037] in Gesamtanalogie zu den §§ 554a, 626, 723 BGB präzisiert. Nr. 4 sieht, wie schon § 1 Nr. 3, Schriftform der Kündigung und eine Übermittlung durch eingeschriebenen Brief vor.

§ 11 Pflichten bei Vertragsbeendigung

1. *Nach Vertragsende hat der Lizenznehmer dem Lizenzgeber die Masterkopie zu übergeben.*
2. *Der Lizenznehmer hat nach Wahl des Lizenzgebers sämtliche noch vorhandenen Vervielfältigungsstücke der Software zu vernichten oder dem Lizenzgeber gegen Ersatz der Materialkosten zu überlassen.*
3. *Der Lizenznehmer hat dem Lizenzgeber die vollständigen, nach § 7 Nr. 2 geführten Aufzeichnungen in Kopie zu überlassen.*

§ 11 regelt die Pflichten des Lizenznehmers bei Vertragsende. Er stellt sicher, daß beim Lizenznehmer keinerlei Material verbleibt, welches zu Urheberrechtsverletzungen mißbraucht werden könnte.

1037 Vgl. nur *Palandt/Heinrichs*, Einl v § 241 Rdnr. 18 ff.

§ 12 Anwendbares Recht, Gerichtsstand

1. Auf diesen Vertrag findet das Recht der Bundesrepublik Deutschland Anwendung.
2. Gerichtsstand für alle Streitigkeiten aus diesem Vertrag ist das Landgericht München I.

§ 12 regelt Gerichtsstand und anwendbares Recht[1038]. Nr. 1 beruht auf Art. 27 EGBGB. Nr. 2 beruht auf § 38 Abs. 1 ZPO und setzt Vollkaufmannseigenschaft voraus.

2. Weitere Regelungspunkte

Weitere Regelungspunkte des Vertriebsvertrages dürften in der Praxis Vereinbarungen über die Benutzung von **Warenzeichen** des Lizenzgebers[1039], **Geheimhaltungsverpflichtungen** bezüglich Know-how[1040], **Wettbewerbsverbote**[1041], salvatorische Klauseln[1042], gegebenenfalls auch Vertragsstrafeversprechen und eventuell Schiedsgerichts- und Schiedsgutachtenklauseln[1043] sein.

Von erheblicher wirtschaftlicher und rechtlicher Bedeutung sind Bestimmungen über **Gewährleistung und Haftung des Lizenzgebers**. Ihre Ausgestaltung hängt im Einzelfall vor allem von der wirtschaftlichen Leistungsfähigkeit der Vertragsparteien, dem Schadensrisiko bei einem Einsatz der Software und auch von der Entgeltgestaltung ab. Daher wurde hier auf die Formulierung entsprechender Klauseln verzichtet. Für die Vertragsgestaltung, die letztlich eine wirtschaftlich interessengerechte Verteilung des Gewährleistungsrisikos zwischen Anwender, Händler und Urheber leisten muß, können folgende Überlegungen als Anhaltspunkt dienen: Die Interessenlage weist trotz Vorliegen eines Dauerschuldverhältnisses Parallelen zu derjenigen eines normalen Warenabsatzes im Rahmen von Kaufverträgen auf, da Fehler in Computerprogrammen normalerweise nicht bei der Erstellung der Kopie entstehen, sondern aus einer inhaltlich fehlerhaften Vorlage resultieren, also dem Verantwortungsbereich des Urhebers zuzurechnen sind. Werden bei einer regulären Absatzkette die Softwareexemplare vom Hersteller sukzessive verkauft und innerhalb kurzer Frist an den Endabnehmer weitergeleitet, so besteht bezüglich jedes einzelnen Exemplars im Falle einer Gewährleistungsverpflichtung für den Händler die Rückgriffsmöglichkeit gegenüber dem Hersteller. Bei einem Lizenzvertrag im engeren Sinne läßt sich diese Rechtslage aber gerade nicht durch Vereinbarung einer kaufrechtlichen Gewährleistung für die Masterkopie herbeiführen. Die Verjäh-

---

1038 Vgl. hierzu *Geissler/Pagenberg*, Rdnr. 67.
1039 Vgl. *Geissler/Pagenberg*, Rdnr. 27 ff.
1040 Vgl. *Geissler/Pagenberg*, Rdnr. 45 ff.
1041 Vgl. *Lehmann*, Kartellrechtliche Grenzen, Rdnr. 66 f.
1042 Vgl. *Geissler/Pagenberg*, Rdnr. 67. Sie sind im Falle eines AGB-Vertrages allerdings gem. § 9 Abs. 2 AGBG unwirksam, vgl. *Palandt/Heinrichs*, § 6 AGBG Rdnr. 7.
1043 Vgl. *Geissler/Pagenberg*, Rdnr. 51 unter § 9 Abs. 4.

rungsfrist würde dann mit Übergabe oder Abnahme der Masterkopie beginnen und auch entsprechend enden, ohne sich bezüglich einzelner Vervielfältigungsstücke zu verlängern. Daher erscheint eine mietrechtliche Gewährleistung, die während der vollen Laufzeit des Vertrages eine Minderung der Lizenzgebühr vorsieht, im Regelfalle vorzugswürdig. Eine Minderung darf jedoch nur in dem Umfang erfolgen, in dem das Äquivalenzinteresse des Lizenznehmers beeinträchtigt ist, d. h. daß dieser keinesfalls vollumfänglich Verluste aus Wandelungen oder Minderungen seiner Abnehmer gegenüber dem Lizenzgeber in Abzug bringen darf. Andernfalls läge eine Haftung für das Erfüllungsinteresse in Form des entgangenen Gewinns vor. Ferner sollte die Haftung gemäß § 538 Abs. 1 Fall 1 BGB ausdrücklich ausgeschlossen werden[1044].

Eine Gewährleistungsregelung ist in den Gesamtzusammenhang des Vertrages einzupassen. Insoweit ist zu berücksichtigen, wie weit das Recht des Händlers zur Fehlerberichtigung reicht, ob er Zugang zum Quellcode erhält oder erhalten kann, inwiefern Zusicherungen gemacht wurden oder aus sonstigen Gründen Schadensersatzansprüche bestehen und ob dem Händler ein Kündigungsrecht zukommt.

III. ZUSAMMENFASSUNG ZU TEIL C UND ERGEBNIS

Der Gestaltung des urheberrechtlichen Softwarelizenzvertrages und damit des Regelfalls der Softwareüberlassung zieht das neue Softwarerecht engere Grenzen als sie nach bisheriger, vielfach ungeklärter Rechtslage bestanden. Insofern sollten die betroffenen Verkehrskreise ihre Vertragsbedingungen überprüfen und gegebenenfalls anpassen. Die erarbeiteten Regelungsvorschläge zeigen, daß eine Vertragsgestaltung keineswegs entbehrlich ist, auch wenn dem neuen Recht teilweise zwingende Wirkung zukommt. Vielmehr müssen die gesetzlichen Vorschriften durch vertragliche Ausgestaltung und Präzisierung (z. B. im Bereich des Vervielfältigungsrecht des Nutzers oder der Fehlerberichtigung) an die jeweilige Situation angepaßt werden. Im Anwenderbereich lassen sich aufgrund klarer Standardsituationen genauere Aussagen über die Vertragsgestaltung treffen als im Vertriebsbereich. Dort ergeben sich noch vielfach ungeklärte Probleme (z. B. beim Vertrieb veränderter Versionen oder im Gewährleistungsbereich), die die künftige Vertragspraxis auf dem Weg zu einer verkehrstypischen Ausprägung sukzessive bewältigen muß. Es zeigt sich aber schon jetzt, daß bei der Gestaltung des Vertriebsvertrages die Interdependenzen zum Anwenderbereich berücksichtigt werden können und ohne Verstoß gegen Kartellrecht ein Rahmen für Verträge mit dem Endabnehmer vorgegeben werden kann, der die Wahrung genuiner Urheberinteressen sicherstellt.

1044 Siehe oben B V 3 c), S. 202.

D. ZENTRALE THESEN

Die Zusammenstellung der wichtigsten rechtlichen Kernaussagen vergegenwärtigt noch einmal komprimiert die Rahmenbedingungen für eine Vertragsgestaltung. Gleichzeitig läßt sich anhand dieser zentralen Thesen die vorliegende Untersuchung in einem von mannigfaltigen Meinungsstreiten und unscharfen Grenzen gekennzeichneten juristischen Umfeld positionieren.

1. Software ist ein immaterielles Gut[1045].

2. Software ist regelmäßig urheberrechtlich geschützt[1046].

3. Zur Aufnahme des Computerprogramms in den Arbeitsspeicher ist ein urheberrechtliches Nutzungsrecht erforderlich[1047].

4. Die Pflicht zur Verschaffung des Nutzungsrechts ist Hauptleistungspflicht des Softwaregebers. Ein bestimmter Vertragstyp ist dadurch nicht bedingt[1048].

5. Das Nutzungsrecht enthält vertragsabhängig gesetzlich zwingend vorgeschriebene Mindestinhalte, insbesondere die Befugnis zum Laden, zum Ablaufenlassen, zur Fehlerberichtigung und zur Anfertigung einer Sicherungskopie[1049].

6. Im Anwenderbereich ist für Standardsoftware grundsätzlich zwischen einer Überlassung aufgrund eines Kaufvertrages und einer Überlassung aufgrund eines urheberrechtlichen Lizenzvertrages im engeren Sinne zu unterscheiden[1050].

7. Ergänzende Nutzungsverträge mit dem Hersteller sind grundsätzlich unwirksam sowie zur Wahrung von Urheberinteressen nicht erforderlich[1051].

8. Im Vertriebsbereich ist grundsätzlich zwischen einer normalen Veräußerung der Software aufgrund eines Kaufvertrages und der Einräumung eines Vervielfältigungs- und Verbreitungsrechts aufgrund eines urheberrechtlichen Lizenzvertrages im engeren Sinne zu unterscheiden[1052].

1045 Siehe oben A II 1 a), S. 21.
1046 Siehe oben A II 1 b) aa), S. 27.
1047 Siehe oben B I 3 a), S. 112.
1048 Siehe oben A II 1 b) aa) (5), S. 37.
1049 Siehe oben B I 8, S. 146.
1050 Siehe oben B IV 2, S. 170 ff. und 3, S. 175 ff. sowie C I, S. 207 ff.
1051 Siehe oben B IV 4 d), S. 186 f.
1052 Siehe oben B V, S. 194 ff. sowie C II, S. 245 ff.

E. Ergebnis und Ausblick

Die Änderung des Urheberrechtsgesetzes vom 9. Juni 1993 schafft durch Gewährung von Urheberrechtsschutz für nicht-triviale Software ein marktangemessenes und innovationsförderndes Property Right. Dadurch wird grundsätzlich die Position der Softwarehersteller und -anbieter gestärkt. Eine befürchtete Übervorteilung des Verbrauchers, die trotz effizienzsteigernder Rechtsstrukturen letztlich eine marktbegrenzende Wirkung entfaltet hätte, wird dennoch vermieden. Als geeignetes Mittel zur Auflösung des Spannungsverhältnisses und zur Ausbalancierung der je nach Geschäftssituation erheblich variierenden Interessen erweist sich der urheberrechtliche Softwarelizenzvertrag im weiteren Sinne mit seinen grundlegenden Ausprägungen als Werkvertrag, Kaufvertrag und urheberrechtlicher Lizenzvertrag im engeren Sinne.

Für den Softwareüberlassungsvertrag lassen sich insbesondere aufgrund der Spezifikations- und Modifikationsmöglichkeiten von Nutzungsarten und korrelierenden Nutzungsrechten, wie sie das neue Softwarerecht auf der Grundlage der §§ 69c ff. UrhG ermöglicht und vorgibt, typische Ausprägungen mit Mindestinhalten ermitteln. Der urheberrechtliche Begriff der Nutzungsart stellt sich dabei aufgrund seiner wirtschaftlich-technischen Ausrichtung als "Kompatibilität" erzeugende "Schnittstelle" zwischen der Typologie der Geschäftssituationen und der Typologie der Vertragsarten dar. Für die schon bisher grundsätzlich den Vertragstypen des BGB zugeordneten Verträge mit dem Anwender (Kaufvertrag und Werkvertrag) ergibt sich keine völlig neue Typisierung, sondern eine verkehrstypische Ausprägung und Modifikation durch Detailgestaltung der lizenzbezogenen Elemente und Ausstattung der Softwarenehmer mit Mindestrechten. Für den bisher unscharfen Typus des urheberrechtlichen Lizenzvertrages im engeren Sinne entfalten die Neuregelungen in Verbindung mit konsequenter Anwendung der sonstigen urhebervertragsrechtlichen und schuldrechtlichen Normen eine starke Definitionswirkung. Auch er läßt sich somit als verkehrstypischer Vertrag identifizieren, wobei wegen unterschiedlicher Interessenlagen zwischen Verträgen im Vertriebsbereich und im Anwenderbereich zu differenzieren ist.

Im Anwenderbereich lassen sich Musterverträge für Kaufvertrag und Lizenzvertrag formulieren. Hierbei zieht insbesondere das AGBG der Vertragsgestaltung Schranken[1053], deren konsequente Beachtung zu einem Umschwung der gegenwärtigen Vertragspraxis in Richtung einer "Lizenzkultur"[1054] führen dürfte. Die Akzeptanz eines Softwarelizenzvertrages der vorgeschlagenen Art am Markt könnte für alle Marktteilnehmer eine Transaktionskostenreduktion

---

1053 Zukünftig müssen die aufgrund der EG-Richtlinie 93/13/EWG über mißbräuchliche Klauseln in Verbraucherverträgen anstehenden Änderungen des AGBG beachtet werden, vgl. *Heinrichs*, NJW 1993, S. 1817 ff. Für den EDV-Bereich sind allerdings keine wesentlichen Auswirkungen zu erwarten.
1054 *Lehmann*, NJW 1993, S. 1823.

E. Ergebnis und Ausblick

bewirken und zu einem fairen Wettbewerbsklima führen, ohne genuine Urheberinteressen zu vernachlässigen.

Die rechtlichen Wertungen im Anwenderbereich haben Konsequenzen für das Verhältnis zum Urheber und die Vertragsgestaltung im Vertriebsbereich. Insbesondere standardmäßig vorgesehene, ergänzende Nutzungsverträge mit dem Urheber trotz indirekten Vertriebs der Software werfen erhebliche Wirksamkeitsbedenken auf und sind nach neuer Rechtslage zur Sicherung der Urheberinteressen auch nicht mehr erforderlich. Für den Vertriebsbereich kann der urheberrechtsbezogene Regelungsvorschlag nur Anhaltspunkte abgeben. Vertriebsbeziehungen sind oft individuell geprägt und erfordern Vereinbarungen allgemein vertriebsbezogener, nicht softwarespezifischer Art. Der Vertriebsvertrag sollte vor allem eine klare Definition der Nutzungsrechte enthalten, zum einen der Nutzungsrechte des Händlers, zum anderen der dem Anwender zu verschaffenden Nutzungsrechte.

Für weite Bereiche des Softwaremarkts lassen sich eindeutige, rechtssichere Vertragsgestaltungen ermitteln, die aufgrund teilweise zwingender gesetzlicher Ausgestaltung nicht mehr grundsätzlich zur Disposition der Vertragspartner stehen. Damit kristallisieren sich aus einer amorphen und lange Zeit verwirrenden Vertragspraxis verkehrstypische Verträge heraus, die in nächster Zukunft durch Praxisgebrauch und Rechtsprechung weitere Präzisierung und Fortbildung erfahren können. Nimmt die wirtschaftliche Bedeutung des Softwarevertragsrechts mit dem Wachstum der Informations- und Kommunikationsindustrie erwartungsgemäß weiterhin zu und bewähren sich die gewonnenen Erkenntnisse, so sollte ein nächster Schritt sein, die verkehrstypischen Vertragsausprägungen durch Kodifikation in gesetzliche Vertragstypen umzuwandeln und dem in den §§ 69c ff. UrhG angesiedelten allgemeinen Softwarevertragsrecht ein besonderes Softwarevertragsrecht hinzuzufügen. Dabei käme auch eine Umsetzung im Rahmen einer Regelung des aus gesetzgeberischer Sicht ohnehin vernachlässigten Urhebervertragsrechts in Betracht.

Die Entwicklung auf dem Gebiet des Softwarerechts darf nicht als singuläre Problematik oder isolierter Prozeß mißverstanden werden, die man mit möglichst konservativen rechtlichen Mitteln zu bremsen hätte. Sie ist symptomatisch für den Bedeutungszuwachs von Informationen und informationellen Gütern im wirtschaftlichen und gesellschaftlichen Bereich und bietet eine Chance und einen ersten Ansatz zur maßvollen Evolution differenzierter rechtlicher Strukturen, wie sie eine hochentwickelte Informationsgesellschaft erfordert.

F. Anhang

I. Kaufvertrag über Standardsoftware

§ 1 Parteien, Kaufgegenstand, Vergütung

1. Käufer ist ...., nachfolgend "Anwender" genannt.
   Verkäufer ist ...., nachfolgend "Lieferant" genannt.
2. Kaufgegenstand ist ein Exemplar der Software "A-Software für XY-OS", bestehend aus der auf den Originaldisketten befindlichen Kopie des Computerprogramms "A-Programm für XY-OS" im Objektcode mit der Registriernummer A1234XY und der zugehörigen Anwenderdokumentation (Benutzerhandbuch A-Software).
3. Der Kaufpreis beträgt .... DM.

§ 2 Nutzungsrecht am Computerprogramm

1. Der Lieferant verschafft dem Anwender ein nicht ausschließliches, dauerhaftes, nicht einseitig widerrufliches, übertragbares Nutzungsrecht an dem Computerprogramm.
2. Das Nutzungsrecht berechtigt den Anwender zur Einzelnutzung des Computerprogramms im Rahmen eines normalen Gebrauchs in einer Softwareumgebung, die dem Betriebssystem XY-OS entspricht. Auf andere Nutzungsarten erstreckt sich das Nutzungsrecht nicht.
3. Der Normalgebrauch umfaßt als zulässige Nutzungshandlungen
   a) die Programminstallation und die Anfertigung einer Sicherungskopie gemäß § 3,
   b) das Laden des Programms in den Arbeitsspeicher und seinen Ablauf gemäß § 4,
   c) notwendige Handlungen im Rahmen einer Fehlerberichtigung gemäß § 5 und
   d) ausnahmsweise ein Reverse Engineering zur Schnittstellenermittlung gemäß § 6.
4. Außerhalb dieser Handlungen darf der Anwender aufgrund des Urheberrechtsschutzes keinerlei Änderungen, Übersetzungen oder Vervielfältigungen des Computerprogramms vornehmen, auch nicht teilweise oder vorübergehend, gleich welcher Art und mit welchen Mitteln. Eine unzulässige Vervielfältigung stellt auch der Ausdruck des Programmcodes dar. Änderungen, zu denen nach Treu und Glauben die Zustimmung nicht verweigert werden kann (§ 39 Abs. 2 UrhG), sind statthaft.

§ 3 Installation und Sicherungskopie

1. *Der Anwender darf von den Originaldisketten eine einzige funktionsfähige Kopie auf einen Massenspeicher übertragen (Installation).*
2. *Stimmen die installierte Kopie und der Inhalt der Originaldisketten überein, so verbleiben die Originaldisketten als Sicherungskopie. Die Anfertigung einer zusätzlichen Sicherungskopie von den Originaldisketten ist dann untersagt. Stimmen die installierte Kopie und der Inhalt der Originaldisketten nicht überein, so darf der Anwender von den Originaldisketten eine einzige weitere Sicherungskopie anfertigen.*
3. *Ist eine der dem Anwender genehmigten Kopien beschädigt oder zerstört, so darf er eine Ersatzkopie erstellen.*

§ 4 Laden und Ablauf des Programms

1. *Der Anwender darf das Computerprogramm in einen Arbeitsspeicher laden und ablaufen lassen. Dabei darf das Programm zu jedem Zeitpunkt nicht mehr als ein einziges Mal in einem Arbeitsspeicher funktionsfähig vorhanden sein (Einzelnutzung).*
2. *Dies gilt auch und gerade im Falle miteinander verbundener Computer. Eine zeitgleiche Mehrfachnutzung im Netzwerk ist durch Zugriffsschutzmechanismen zu verhindern.*

§ 5 Fehlerberichtigung

1. *Gemäß § 69d Abs. 1 UrhG darf der Anwender Fehler im Computerprogramm berichtigen und in diesem Zusammenhang notwendige Änderungen und Vervielfältigungen vornehmen. Ein berichtigungsfähiger Fehler liegt nur vor, wenn*
   a) die Eigenschaften des Programms von der Programmbeschreibung in der Benutzerdokumentation abweichen oder das Programm seine objektiv vorgesehene Aufgabe nicht erfüllt oder
   b) zusätzlich der Ablauf des Programms nicht nur unerheblich gestört ist.
2. *Der Hersteller ist vom Vorliegen eines solchen Fehlers zu benachrichtigen. Er bemüht sich ohne eine Rechtspflicht hierzu um Unterstützung des Anwenders. Berichtigt der Hersteller den Fehler innerhalb angemessener Frist, so sind Fehlerberichtigungen seitens des Anwenders unzulässig.*
3. *Verbesserungen über eine Fehlerberichtigung hinaus darf der Anwender nicht vornehmen.*
4. *Ein Anspruch auf Ersatz von Fehlerbeseitigungskosten besteht nicht.*
5. *Gewährleistungsrechte des Anwenders bleiben von dieser Regelung unberührt.*

§ 6 Reverse Engineering und Schnittstellen

1. Der Anwender kann vom Hersteller, den insoweit keine Rechtspflicht trifft, auf Anfrage die zur Erstellung eines interoperablen Programms notwendigen Schnittstelleninformationen erhalten. Diese Informationen dürfen nur zur Erstellung eines interoperablen Programms, welches nicht wesentlich ähnliche Ausdrucksform hat, verwendet werden und nur bei zwingender Erforderlichkeit zu diesem Zweck weitergegeben werden.
2. Soweit der Hersteller innerhalb angemessener Frist dem Anwender die Schnittstelleninformationen nicht oder nur gegen ein unangemessen hohes Entgelt zukommen läßt, darf der Lizenznehmer in den Grenzen von § 69e UrhG eine Dekompilierung vornehmen. Hierbei gewonnene Informationen, die nicht Schnittstellen betreffen, sind unverzüglich zu vernichten.
3. Darüber hinaus darf der Anwender ein Reverse Engineering (Rückführung des Computerprogramms auf vorhergehende Entwicklungsstufen, z. B. den Quellcode, Rückwärtsanalyse, Zurückentwickeln, Dekompilieren, Disassemblieren), gleich in welcher Form und mit welchen Mitteln, nicht vornehmen. § 5 des Vertrages sowie § 69a Abs. 2 Satz 2 und § 69d Abs. 3 UrhG bleiben unberührt.

§ 7 Grenzen der Nutzung

1. Der Anwender darf das Computerprogramm auf jeder Hardware und in Verbindung mit jeder Software einsetzen, solange die Systemumgebung dem Betriebssystem XY-OS entspricht.
2. Eine Portierung (Übertragung, Transfer, Migration) auf andere Systemumgebungen darf nicht erfolgen, es sei denn der Hersteller muß einer Änderung des Programms nach Treu und Glauben zustimmen.

§ 8 Weitergabe und Weitervermietung

1. Der Anwender darf die Software nur vollständig, so wie sie ihm übergeben wurde, d. h. die Originaldisketten mit der Benutzerdokumentation und nur bei gleichzeitiger Mitübertragung des Nutzungsrechts weitergeben. Voraussetzung ist, daß der Übernehmer sich mit den Vertragsbedingungen der §§ 2 bis 8 einverstanden erklärt.
2. Eine Übertragung des Programms durch Überspielen in jeder Form ist unzulässig.
3. Im Falle der Weitergabe sind sämtliche Vervielfältigungsstücke beim Anwender vollständig und irreversibel unbrauchbar zu machen.
4. Der Anwender hat dem Hersteller unverzüglich den Übernehmer mitzuteilen.
5. Eine Weitervermietung, d. h. eine zeitweise Überlassung gegen Entgelt, ist dem Anwender untersagt.

§ 9 Gewährleistung

1. *Auch für inhaltliche Mängel der Software gelten die §§ 459 ff., 480 BGB. Der Anwender kann bei Mangelhaftigkeit der Software nach seiner Wahl Nachlieferung, Herabsetzung des Kaufpreises (Minderung) oder Rückgängigmachung des Kaufvertrages (Wandelung) verlangen. Ein Anspruch auf Beseitigung des Mangels besteht nicht.*
2. *Der Anwender hat dem Lieferanten einen offensichtlichen Mangel innerhalb von zwei Wochen nach Lieferung schriftlich mitzuteilen. Bei Versäumnis dieser Frist sind Gewährleistungsansprüche wegen des betreffenden Mangels ausgeschlossen.*

§ 10 Haftung

1. *Für zugesicherte Eigenschaften und bei grober Fahrlässigkeit oder Vorsatz haftet der Lieferant unbegrenzt nach den gesetzlichen Vorschriften.*
2. *Bei einfacher Fahrlässigkeit wird die Haftung ausgeschlossen, soweit weder eine wesentliche Vertragspflicht (Kardinalpflicht) verletzt wurde, noch Leib oder Leben verletzt wurden, oder ein Fall des Verzugs oder der Unmöglichkeit vorliegt. Bei einfacher Fahrlässigkeit wird, soweit eine wesentliche Vertragspflicht (Kardinalpflicht) verletzt wurde oder ein Fall des Verzugs oder der Unmöglichkeit vorliegt, die Haftung für Schäden, die nicht auf einer Verletzung von Leib oder Leben beruhen, begrenzt auf die Höchstsumme von .... DM und auf solche Schäden, die vorhersehbar waren.*
3. *Die unter Nr. 2 vereinbarte Haftungsbegrenzung gilt auch im Falle des anfänglichen Unvermögens des Lieferanten.*
4. *Dem Anwender ist bekannt, daß er im Rahmen seiner Schadensminderungsobliegenheit insbesondere für regelmäßige Sicherung seiner Daten zu sorgen hat und im Falle eines vermuteten Softwarefehlers alle zumutbaren zusätzlichen Sicherungsmaßnahmen ergreifen muß.*

II. LIZENZVERTRAG ÜBER STANDARDSOFTWARE

§ 1 Parteien, Gegenstand, Laufzeit, Vergütung

1. Lizenznehmer ist ....
   Lizenzgeber ist ....
2. Gegenstand des Lizenzvertrages ist die Einräumung eines Nutzungsrechts an dem Computerprogramm "A-Programm für XY-OS". Der Lizenznehmer erhält hierzu ein Exemplar der "A-Software für XY-OS", bestehend aus der auf den Originaldisketten befindlichen Kopie des Programms "A-Programm für XY-OS" mit der Registriernummer A1234XY im Objektcode und die zugehörige Anwenderdokumentation (Benutzerhandbuch A-Software).
3. Der Vertrag läuft auf unbestimmte Zeit / ist zeitlich begrenzt auf den Zeitraum vom .... bis zum ....
4. Die Lizenzgebühr beträgt monatlich / jährlich / einmalig .... DM.

§ 2 Nutzungsrecht am Computerprogramm

1. Der Lizenzgeber verschafft dem Lizenznehmer ein gemäß § 11 kündbares, nichtausschließliches und nicht-übertragbares Nutzungsrecht an dem Computerprogramm.
2. Das Nutzungsrecht berechtigt den Lizenznehmer zur Einzelnutzung des Computerprogramms im Rahmen eines normalen Gebrauchs in einer Softwareumgebung, die dem Betriebssystem XY-OS entspricht. Auf andere Nutzungsarten erstreckt sich das Nutzungsrecht nicht.
3. Der Normalgebrauch umfaßt als zulässige Nutzungshandlungen
   a) die Programminstallation und die Anfertigung einer Sicherungskopie gemäß § 3,
   b) das Laden des Programms in den Arbeitsspeicher und seinen Ablauf gemäß § 4,
   c) notwendige Handlungen im Rahmen einer Fehlerberichtigung gemäß § 5 und
   d) ausnahmsweise ein Reverse Engineering zur Schnittstellenermittlung gemäß § 6.
4. Außerhalb dieser Handlungen darf der Anwender aufgrund des Urheberrechtsschutzes keinerlei Änderungen, Übersetzungen oder Vervielfältigungen des Computerprogramms vornehmen, auch nicht teilweise oder vorübergehend, gleich welcher Art und mit welchen Mitteln. Eine unzulässige Vervielfältigung stellt auch der Ausdruck des Programmcodes dar. Änderungen, zu denen nach Treu und Glauben die Zustimmung nicht verweigert werden kann (§ 39 Abs. 2 UrhG), sind statthaft.
5. Die Nutzungsbeschränkungen des § 7 (Bindung an eine bestimmte Hardware) und des § 8 (Weitergabeverbot) sind vom Lizenznehmer zu beachten.

267

§ 3 Installation und Sicherungskopie

1. Der Lizenznehmer darf von den Originaldisketten eine einzige funktionsfähige Kopie auf einen Massenspeicher übertragen (Installation).
2. Stimmen die installierte Kopie und der Inhalt der Originaldisketten überein, so verbleiben die Originaldisketten als Sicherungskopie. Die Anfertigung einer zusätzlichen Sicherungskopie von den Originaldisketten ist dann untersagt.
Stimmen die installierte Kopie und der Inhalt der Originaldisketten nicht überein, so darf der Lizenznehmer von den Originaldisketten eine einzige weitere Sicherungskopie anfertigen.
3. Ist eine der dem Lizenznehmer genehmigten Kopien beschädigt oder zerstört, so darf er eine Ersatzkopie erstellen.

§ 4 Laden und Ablauf des Programms

1. Der Lizenznehmer darf das Computerprogramm in den Arbeitsspeicher der in § 7 bestimmten Hardware laden und ablaufen lassen. Das Programm darf zu jedem Zeitpunkt nicht mehr als ein einziges Mal in einem Arbeitsspeicher funktionsfähig vorhanden sein (Einzelnutzung).
2. Dies gilt auch und gerade im Falle miteinander verbundener Computer. Eine zeitgleiche Mehrfachnutzung im Netzwerk ist durch Zugriffsschutzmechanismen zu verhindern.

§ 5 Fehlerberichtigung

1. Gemäß § 69d Abs. 1 UrhG darf der Lizenznehmer Fehler im Computerprogramm berichtigen und in diesem Zusammenhang notwendige Änderungen und Vervielfältigungen vornehmen. Ein berichtigungsfähiger Fehler liegt nur vor, wenn
   a) die Eigenschaften des Programms von der Programmbeschreibung in der Benutzerdokumentation abweichen oder das Programm seine objektiv vorgesehene Aufgabe nicht erfüllt und
   b) zusätzlich der Ablauf des Programms nicht nur unerheblich gestört ist.
2. Der Lizenzgeber ist vom Vorliegen eines solchen Fehlers zu benachrichtigen. Berichtigt der Lizenzgeber den Fehler innerhalb angemessener Frist, so sind Fehlerberichtigungen seitens des Lizenznehmers unzulässig.
3. Verbesserungen über eine Fehlerberichtigung hinaus darf der Lizenznehmer nicht vornehmen.
4. Änderungen, die der Lizenznehmer vornimmt, sind zu dokumentieren und dem Lizenzgeber mitzuteilen.
5. Ein Anspruch auf Ersatz von durch die Fehlerbeseitigung entstandenen Kosten besteht nur im Rahmen der Gewährleistungsrechte des Lizenznehmers.
6. Gewährleistungsrechte des Lizenznehmers bleiben von dieser Regelung unberührt.

§ 6 Reverse Engineering und Schnittstellen

1. Der Lizenznehmer kann vom Hersteller, den insoweit keine Rechtspflicht trifft, auf Anfrage die zur Erstellung eines interoperablen Programms notwendigen Schnittstelleninformationen erhalten. Diese Informationen dürfen nur zur Erstellung eines interoperablen Programms, welches nicht wesentlich ähnliche Ausdrucksform hat, verwendet werden und nur bei zwingender Erforderlichkeit zu diesem Zweck weitergegeben werden. § 8 bleibt unberührt.
2. Soweit der Hersteller innerhalb angemessener Frist dem Lizenznehmer die Schnittstelleninformationen nicht oder nur gegen ein unangemessen hohes Entgelt zukommen läßt, darf der Lizenznehmer in den Grenzen von § 69e UrhG eine Dekompilierung vornehmen. Hierbei gewonnene Informationen, die nicht Schnittstellen betreffen, sind unverzüglich zu vernichten.
3. Darüber hinaus darf der Anwender ein Reverse Engineering (Rückführung des Computerprogramms auf vorhergehende Entwicklungsstufen, z. B. den Quellcode, Rückwärtsanalyse, Zurückentwickeln, Dekompilieren, Disassemblieren), gleich in welcher Form und mit welchen Mitteln, nicht vornehmen. § 5 des Vertrages sowie § 69a Abs. 2 Satz 2 und § 69d Abs. 3 UrhG bleiben unberührt.

§ 7 Bindung an eine bestimmte Hardware

1. Der Lizenznehmer darf das Computerprogramm nur auf der Zentraleinheit (CPU) der Hardware mit der Seriennummer .... einsetzen (Zugelassene Anlage). Bei Ausfall dieser Hardware oder Einstellung ihrer Nutzung durch den Lizenznehmer darf er die Software auf der Zentraleinheit mit der Hardware mit der Seriennummer .... einsetzen (Ersatzanlage).
2. Eine Verwendung auf einer anderen Zentraleinheit ist nur nach Zustimmung des Lizenzgebers, die nicht wider Treu und Glauben verweigert werden darf, zulässig.

§ 8 Weitergabe- und Überlassungsverbot

1. Der Lizenznehmer darf die Software oder Teile davon nicht weitergeben, weder endgültig noch zeitlich begrenzt, und darf sie Dritten in keiner Weise zugänglich machen. Mitarbeiter des Lizenznehmers gelten nicht als Dritte in vorstehendem Sinne.
2. Der Lizenznehmer bewahrt die Software so auf, daß Unbefugte keinen Zugriff haben.

§ 9 Gewährleistung ✓

1. Für Mängel der Software gelten grundsätzlich die §§ 537 ff. BGB. Die verschuldensunabhängige Haftung für Mängel, die bei Vertragsabschluß vorhanden waren, wird ausgeschlossen.
2. Für Fehler der Software, die auf einer Änderung des Programmcodes durch den Lizenznehmer oder durch ihn Beauftragte beruhen, wird nicht gehaftet.

§ 10 Haftung

1. Für zugesicherte Eigenschaften und bei grober Fahrlässigkeit oder Vorsatz haftet der Lizenzgeber unbegrenzt nach den gesetzlichen Vorschriften.
2. Bei einfacher Fahrlässigkeit wird die Haftung ausgeschlossen, soweit weder eine wesentliche Vertragspflicht (Kardinalpflicht) verletzt wurde, noch Leib oder Leben verletzt wurden, oder ein Fall des Verzugs oder der Unmöglichkeit vorliegt.
   Bei einfacher Fahrlässigkeit wird, soweit eine wesentliche Vertragspflicht (Kardinalpflicht) verletzt wurde oder ein Fall des Verzugs oder der Unmöglichkeit vorliegt, die Haftung für Schäden, die nicht auf einer Verletzung von Leib oder Leben beruhen, begrenzt auf die Höchstsumme von .... DM und auf solche Schäden, die vorhersehbar waren.
3. Die unter Nr. 2 vereinbarte Haftungsbegrenzung gilt auch im Falle des anfänglichen Unvermögens des Lizenzgebers.
4. Dem Lizenznehmer ist bekannt, daß er im Rahmen seiner Schadensminderungsobliegenheit insbesondere für regelmäßige Sicherung seiner Daten zu sorgen hat und im Falle eines vermuteten Softwarefehlers alle zumutbaren zusätzlichen Sicherungsmaßnahmen ergreifen muß.
5. Eine Rechtsmängelhaftung bleibt von der vorstehenden Regelung unberührt.

§ 11 Kündigung und Rückgabepflicht

1. Dieser Lizenzvertrag kann mit einer Frist von .... zum Monatsende / Quartalsende / Jahresende schriftlich gekündigt werden.
2. Der Lizenzgeber kann den Lizenzvertrag fristlos kündigen, wenn der Lizenznehmer Raubkopien fertigt, die Software unbefugt weitergibt, unbefugten Zugriff nicht verhindert, unberechtigt dekompiliert oder trotz Abmahnung fortgesetzt vertragswidrigen Gebrauch macht.
3. Nach Beendigung des Vertrages hat der Lizenznehmer die Software vollständig dem Lizenzgeber zurückzugeben. Ferner hat er sämtliche vorhandenen Kopien irreversibel unbrauchbar zu machen.

III. VERTRIEBSVERTRAG ÜBER STANDARDSOFTWARE

§ 1 Parteien, Gegenstand, Vertragsdauer, Vergütung

1. Lizenznehmer ist ....
   Lizenzgeber ist ....
2. Gegenstand des Lizenzvertrages ist die Einräumung einer exklusiven Vertriebslizenz an der Software "A-Software für XY-OS, Version 1.0 deutsch", bestehend aus dem Computerprogramm "A-Programm für XY-OS, Version 1.0 deutsch" und der zugehörigen Anwenderdokumentation (Benutzerhandbuch A-Software für XY-OS, Version 1.0 deutsch), für das Gebiet der Staaten Bundesrepublik Deutschland, Republik Österreich, Schweiz und Fürstentum Liechtenstein.
3. Der Vertrag wird für die Dauer von fünf Jahren abgeschlossen. Er verlängert sich um jeweils ein weiteres Jahr, wenn nicht eine der Parteien sechs Monate vor Ablauf schriftlich kündigt. Die Kündigung hat durch eingeschriebenen Brief zu erfolgen.
4. Die Lizenzgebühr beträgt je vervielfältigtem Exemplar .... DM, mindestens jedoch monatlich .... DM. Sie ist jeweils am 10. des Monats für den vorausgegangenen Monat fällig, erstmalig in dem auf die Abnahme der Software folgenden Kalendermonat.

§ 2 Übergabe und Abnahme der Software, Pflicht zum Vertrieb

1. Der Lizenzgeber ist verpflichtet, dem Lizenznehmer ein vollständiges Exemplar der Software (Computerprogramm im Objektcode und Anwenderdokumentation) in kopierfähigem Zustand zu übergeben (Masterkopie). Die Masterkopie bleibt Eigentum des Lizenzgebers.
2. Der Lizenznehmer ist verpflichtet, die Software unverzüglich auf Mängel zu überprüfen und abzunehmen. Er darf die Abnahme nur verweigern, wenn die Software unvollständig ist oder nicht nur unerhebliche Mängel aufweist.
3. Die Abnahme gilt als erfolgt, wenn der Lizenznehmer nicht innerhalb eines Monats ab Übergabe der Software widerspricht oder wenn der Lizenznehmer mit der Vervielfältigung der Software zu Vertriebszwecken beginnt. Der Lizenzgeber verpflichtet sich, den Lizenznehmer bei der Übergabe auf diese Bestimmung hinzuweisen.
4. Die ausdrücklich erfolgte Abnahme ist dem Lizenzgeber schriftlich zu bestätigen.
5. Nach der Abnahme ist der Lizenznehmer zum Vertrieb der Software im Vertragsgebiet verpflichtet nach Maßgabe folgender Regelung ...

§ 3 Vertriebslizenz

1. Der Lizenzgeber räumt dem Lizenznehmer ab Abnahme der Software für die Laufzeit dieses Vertrages ein exklusives, nicht-übertragbares und räumlich begrenztes Nutzungsrecht an der Software zum Vertrieb eigenerstellter Softwareexemplare ein. Einfache oder ausschließliche Unterlizenzen zum Vertrieb dürfen nicht erteilt werden.
2. Das Nutzungsrecht berechtigt den Lizenznehmer zur beliebig häufigen Vervielfältigung der Software von der Masterkopie. Das Computerprogramm darf nur auf Diskette und CD vervielfältigt werden; andere Datenträger dürfen nicht verwendet werden.
3. Das Nutzungsrecht berechtigt den Lizenznehmer zur Verbreitung dieser eigenerstellten Exemplare durch Veräußerung. Hierbei sind die §§ 4 und 7 zu beachten. Eine Verbreitung mittels Datenfernübertragung ist untersagt. Eine zeitweise Überlassung gegen Entgelt und ein Verleih der Software sind nicht erlaubt.
4. Das Nutzungsrecht ist räumlich begrenzt auf das Staatsgebiet der Bundesrepublik Deutschland, der Republik Österreich, der Schweiz sowie des Fürstentums Liechtenstein.

§ 4 Ermächtigung, Inhalt der Verträge mit dem Abnehmer

1. Der Lizenzgeber ermächtigt den Lizenznehmer, seinen Abnehmern im eigenen Namen ein einfaches, übertragbares, dauerhaftes Nutzungsrecht zur Einzelnutzung des Computerprogramms im Rahmen eines Normalgebrauchs entsprechend nachfolgender Regelung einzuräumen.
2. Der Lizenznehmer hat folgende Vertragsregelungen der Weitergabe der Software an seine Abnehmer zugrundezulegen:
   a) Nutzungsrecht am Computerprogramm ...
   b) Programminstallation und Sicherungskopie ...
   c) Laden und Ablauf des Programms ...
   d) Fehlerberichtigung ...
   e) Reverse Engineering und Schnittstellen ...
   f) Grenzen der Nutzung ...
   g) Weitergabe und Weitervermietung ...
   Soweit der Lizenznehmer die Software Zwischenhändlern überläßt, wird er diese auf die Weitergabebestimmung unter Buchstabe g) hinweisen.
3. Der Lizenznehmer ist nicht berechtigt, im Namen des Lizenzgebers zu handeln. Eine Vollmacht wird nicht erteilt.

§ 5 Gebrauchsrecht

1. Der Lizenzgeber räumt dem Lizenznehmer für die Dauer des Vertrages ein einfaches, nicht-übertragbares Nutzungsrecht zum normalen Gebrauch des Computerprogramms ein. Dieses Nutzungsrecht berechtigt zur zeitgleichen Mehrfachnutzung des Programms, soweit dies zur Durchführung des Vertriebs erforderlich ist.
2. Bezüglich dieses Normalgebrauchs unterliegt der Lizenznehmer im übrigen den gleichen Beschränkungen und Verpflichtungen, die er seinen Abnehmern gemäß § 4 Nr. 2 aufzuerlegen hat.

§ 6 Grenzen der Nutzung

1. Die Vertriebslizenz gewährt keine weitergehenden Rechte zur Änderung oder zur Fehlerberichtigung als sich dies aus dem Gebrauchsrecht des Lizenznehmers nach § 5 ergibt. Der Lizenznehmer darf insbesondere das Computerprogramm nicht an ein anderes Betriebssystem anpassen.
2. Veränderte Versionen der Software darf der Lizenznehmer nur nach vorheriger, schriftlicher Zustimmung durch den Lizenzgeber vervielfältigen und verbreiten. Der Lizenzgeber wird die Zustimmung nicht wider Treu und Glauben verweigern.

§ 7 Weitergabemodalitäten

1. Der Lizenznehmer verpflichtet sich, sämtliche Sachbestandteile der erstellten Softwareexemplare vor der Weitergabe mit einem von außen sichtbaren Urheberrechtsvermerk "© 1993 [Lizenzgeber]" zu versehen. Die Datenträger sind je Softwareexemplar zusätzlich mit einer fortlaufenden Seriennummer zu versehen.
2. Über Anzahl, Empfänger und Seriennummern der weitergegebenen Exemplare hat der Lizenznehmer genaue Aufzeichnungen zu führen.

§ 8 Informationspflichten

1. Der Lizenznehmer hat den Lizenzgeber zu Beginn eines jeden Kalendermonats über die Anzahl der abgesetzten Softwareexemplare zu informieren. Auf Verlangen des Lizenzgebers hat er auch eine Abschrift der gemäß § 7 Nr. 2 zu führenden Aufzeichnungen zu übergeben.
2. Der Lizenznehmer hat den Lizenzgeber über praktische Erfahrungen beim Einsatz der Software, insbesondere etwaige Fehlerhaftigkeit sowie Verbesserungswünsche von Anwenderseite zu informieren
3. Der Lizenzgeber wird dem Lizenznehmer neue Erkenntnisse bezüglich der Software, insbesondere zu Möglichkeiten der Fehlerbeseitigung und -vermeidung sowie zum Programmverhalten mitzuteilen. Ferner hat er möglichst frühzeitig über ergänzende Produkte, bevorstehende Produktänderungen und beabsichtigte Weiterentwicklungen der Software zu informieren.

F. Anhang

§ 9 Vertrieb von Updates

1. *Erstellt der Lizenzgeber eine verbesserte oder erweiterte Version der Software, die zum Einsatz beim Anwender tauglich ist (Update), so ersetzt diese die bis zu diesem Zeitpunkt vertragsgegenständliche Version der Software. § 2 gilt entsprechend. Die Laufzeit des Vertrages bleibt unberührt.*
2. *Drei Monate nach Abnahme des Update erlischt die Vertriebslizenz für die vorhergehende Version der Software.*

§ 10 Außerordentliche Kündigung

1. *Jede Vertragspartei kann den Vertrag aus wichtigem Grund fristlos kündigen*
2. *Für den Lizenznehmer liegt ein wichtiger Grund insbesondere dann vor, wenn der Lizenzgeber dem Lizenznehmer ein Update trotz Mahnung nicht innerhalb angemessener Frist zur Verfügung stellt.*
3. *Für den Lizenzgeber liegt ein wichtiger Grund insbesondere dann vor, wenn der Lizenznehmer die nach § 7 Nr. 2 vorgeschriebenen Aufzeichnungen nicht führt, das Computerprogramm unberechtigt dekompiliert, unberechtigt veränderte oder veraltete Versionen vertreibt oder trotz Abmahnung die Rechte des Lizenzgebers fortgesetzt erheblich verletzt, insbesondere seiner Vertriebspflicht gemäß § 2 Nr. 4 nicht ordnungsgemäß nachkommt.*
4. *Eine Kündigung hat durch eingeschriebenen Brief zu erfolgen.*

§ 11 Pflichten bei Vertragsbeendigung

1. *Nach Vertragsende hat der Lizenznehmer dem Lizenzgeber die Masterkopie zu übergeben.*
2. *Der Lizenznehmer hat nach Wahl des Lizenzgebers sämtliche noch vorhandenen Vervielfältigungsstücke der Software zu vernichten oder dem Lizenzgeber gegen Ersatz der Materialkosten zu überlassen.*
3. *Der Lizenznehmer hat dem Lizenzgeber die vollständigen, nach § 7 Nr. 2 geführten Aufzeichnungen in Kopie zu überlassen.*

§ 12 Anwendbares Recht, Gerichtsstand

1. *Auf diesen Vertrag findet das Recht der Bundesrepublik Deutschland Anwendung.*
2. *Gerichtsstand für alle Streitigkeiten aus diesem Vertrag ist das Landgericht München I.*